革命の儀礼

中国共産党根拠地の政治動員と民俗

丸田 孝志 著

汲古書院

目　　次

序章　問題の所在と本書の課題 ……………………………… 3
　　はじめに　3
　　第Ⅰ節　時間・象徴と民俗利用　5
　　第Ⅱ節　農民大衆の心性と革命　10
　　第Ⅲ節　国家・権力と社会　14
　　第Ⅳ節　対象地域と史料　21

第1部　時間と記念日

第1章　陝甘寧辺区の記念日活動と新暦・農暦の時間 ………… 39
　　はじめに　39
　　第Ⅰ節　中華民国の時間・記念日と中国共産党　39
　　第Ⅱ節　陝甘寧辺区の記念日と新暦の時間　44
　　第Ⅲ節　陝甘寧辺区における農暦の民間活動と政治動員　50
　　第Ⅳ節　新暦の記念日活動と農暦活動の相互浸透　61
　　第Ⅴ節　陝甘寧辺区における民間信仰と農暦の時間　65
　　おわりに　68

第2章　華北傀儡政権の記念日活動と民俗利用―山西省を中心に―
　　………………………………………………………………… 75
　　はじめに　75
　　第Ⅰ節　満州国の記念日構成　75

第Ⅱ節　日本の華北占領政策と「東方の文化道徳の発揚」　78
　　第Ⅲ節　臨時政府の記念日構成　80
　　第Ⅳ節　華北政務委員会の記念日構成　85
　　第Ⅴ節　記念日活動の特徴　88
　　第Ⅵ節　農暦の時間の後退と新暦の浸透による生活規律の強調　94
　　第Ⅶ節　記念日活動の宣伝効果の限界と問題点　98
　　おわりに　102

第3章　晋冀魯豫辺区の記念日活動と新暦・農暦の時間 ………… 111
　　はじめに　111
　　第Ⅰ節　中共根拠地の記念日構成と国民政府・華北傀儡政権の記念日　111
　　第Ⅱ節　民俗利用と農暦の時間　119
　　第Ⅲ節　太行区・太岳区の新暦・農暦の時間 ―1944年まで―　123
　　第Ⅳ節　大衆運動・土地改革における農暦の時間と新暦の浸透
　　　　　　　―1945年以降―　130
　　おわりに　140

第2部　象徴と儀礼

第4章　日中戦争期・国共内戦期における中国共産党根拠地の象徴
　　　　　―国旗と指導者像― ……………………………………… 149
　　はじめに　149
　　第Ⅰ節　中共根拠地における国旗使用　149
　　第Ⅱ節　中共根拠地における指導者像とその表象　161
　　おわりに　172

第5章　中国共産党根拠地の権力と毛沢東像 ……………………… 177
　　はじめに　177

第Ⅰ節　太行区・太岳区における毛沢東像の普及と民俗利用　177
　　第Ⅱ節　冀魯豫区の毛沢東像と神像の改造　185
　　第Ⅲ節　冀魯豫区の大衆動員と毛沢東像　188
　　第Ⅳ節　冀魯豫区の文芸工作の急進化とその是正　193
　　第Ⅴ節　毛沢東像の表現形式　195
　　おわりに　204

第6章　中国共産党根拠地の追悼のセレモニーと土地改革期の民俗 ……………………………………………………… 215
　　はじめに　215
　　第Ⅰ節　追悼会と民俗利用　215
　　第Ⅱ節　土地改革期の民俗　228
　　おわりに　233

第3部　組織と動員

第7章　日中戦争期・国共内戦期における冀魯豫区の中国共産党組織 ……………………………………………… 241
　　はじめに　241
　　第Ⅰ節　日中戦争期における中共党組織の拡大と退縮　242
　　第Ⅱ節　党員の質、規律、流動性　247
　　第Ⅲ節　組織力・指導力強化の方策と根拠地の防衛　257
　　第Ⅳ節　内戦期の中共党組織　261
　　おわりに　266

第8章　国共内戦期冀魯豫区の大衆動員と政治等級区分 ………… 275
　　はじめに　275
　　第Ⅰ節　政治等級区分と権威の序列　275

第Ⅱ節　盟誓による秩序形成と大参党運動　281
　　第Ⅲ節　参軍運動　284
　　第Ⅳ節　会門の復活と迷信の流行　287
　　第Ⅴ節　整党運動と政策転換　290
　　第Ⅵ節　政治等級区分の再編成と出身・成分規定　293
　　おわりに　296

終章　中国共産党根拠地の政治動員と民俗 …………………… 303
　　第Ⅰ節　時間・象徴と政治動員　303
　　第Ⅱ節　共同性と個別性：政治動員と統合　306
　　第Ⅲ節　権威の序列と出身血統主義　308
　　第Ⅳ節　平等主義と真命天子：中国共産党の政治イデオロギー　309

参考文献一覧　313
あとがき　331
索引　337

[図表一覧]

表1-1	北京政府の記念日・節句・祭祀	40
表1-2	国民政府国定記念日（1935年／1942年）	42
表1-3	本党記念日（1938年3月以前通用）／国民政府革命記念日（1942年6月制定）	42
表1-4	陝甘寧辺区の記念日活動（1937年1月〜1947年3月）	47
表1-5	陝甘寧辺区における24節気の農作業／新暦記念日／農暦活動	51
表1-6	陝甘寧辺区の代表的廟会（数千人〜数万人規模）とその利用	57
表1-7	陝甘寧辺区の騾馬大会（数千〜数万人規模）とその利用	59
表1-8	安塞県真武洞市場の集市利用（旧4、9日集期）	63
表2-1	満州国の祝祭日	76
表2-2	臨時政府・華北政務委員会の法定記念日と農暦節句・祭祀	81
表2-3	山西省における主な新暦記念日と記念活動（1941年1月〜1944年3月）	84
表2-4	汪精衛政権の新暦記念日（1941〜1945年）	85
表2-5	山西省公署が主催した主な廟会（農暦）	91
表2-6	華北傀儡政権における農暦の節句の利用	92
表3-1	晋東南根拠地・太行区の記念日活動（1939年1月〜1949年8月）	113
表3-2	太岳区の記念日活動（1940年1月〜1947年8月）	114
表3-3	晋東南各界救国会の成立日（1938年）	115
表3-4	太行区・太岳区における24節気の農作業／新暦記念日／農暦活動	125
表3-5	土地改革期の太行区・太岳区・冀魯豫区における節句を利用した「翻身記念日」	132
表3-6	武郷県農村の記念日・節句	135
表4-1	陝甘寧辺区における国旗使用	152〜153
表4-2	太行区・太岳区における国旗使用-1（1939年〜1945年）	154〜155
表4-3	国旗を掲揚する記念日／国民政府規定（1942年）と陝甘寧辺区政府規定（1944年）	157
表4-4	太行区・太岳区における国旗使用-2（1946年〜1949年8月）	158
表5-1	晋冀魯豫辺区の機関紙における毛沢東肖像件数の推移	198
表5-2	毛沢東切手の肖像別発行件数の推移	198
表5-3	肖像①の集会・セレモニーでの使用例（1946〜1949年）	198

表5-4	肖像②の集会・セレモニーでの使用例（1946〜1949年）	199
表5-5	その他の肖像の集会・セレモニーでの使用例（1946〜1949年）	199
表6-1	晋東南根拠地・太行区・太岳区の記念日における追悼儀礼	217
表6-2	日中戦争期の太行区・太岳区における農暦を使用した追悼儀礼	219
表7-1	冀魯豫区中共党員総数	245
表7-2	滑県中共党員総数	245
表7-3	1942年冀魯豫区中共支部整頓の結果	251
表7-4	魯西区中共幹部党歴（1941年）	251
表7-5	冀魯豫区中共幹部党歴（1941年9月）	251
表7-6	1943年末冀魯豫区中共党員党歴	251
表7-7	冀魯豫区中共党員の「階級成分」（1943年末）	255
表7-8	冀魯豫区中共党員の「社会出身」（1943年末）	255
表7-9	魯西区中共幹部の「成分」（1941年6、7月）	255
表7-10	冀魯豫区中共幹部の「社会出身」（1943年末）	255
表7-11	冀魯豫区中共幹部の「階級成分」（1943年末）	256
表7-12	冀魯豫区中共幹部の教育水準（1943年末）	256
表7-13	冀魯豫区中共党員の「本人出身」（1949年1月）	264
表7-14	冀魯豫区中共党員の「家庭成分」（1949年1月）	264
表8-1	内戦期冀魯豫区の参軍運動と達成数	287

図序-1	陝甘寧辺区地図	22
図序-2	晋冀魯豫辺区地図	24〜25
図2-1	「神薬」と書かれた宣撫班所持の目薬の箱	95
図2-2	「共産匪」を「親日」の手が掴むデザインを施した宣撫班所持の感冒薬包	95
図2-3	五色旗を配した年画	95
図2-4	神霊／保護満洲新国家	95
図5-1	「毛主席肖像之一」	197
図5-2	「毛主席肖像之二」	197

図5-3　「永遠跟着毛主席走」　　　　　　　　　　　　201
図5-4　「三年早知道」　　　　　　　　　　　　　　　201
図5-5　王式廓「毛主席像」　　　　　　　　　　　　　202

［凡例］
① 本書で使用する新聞史料については、以下のような略号を用いる。
『新中華報』(XZ)、『解放日報』(JR)、『辺区群衆報』(BQ)、『新華日報（華北版）』(XRH)、『新華日報（太行版）』(TH)、『太岳日報』(TY)、『新華日報（太岳版）』(XTY)、『新大衆』(XD)、『人民日報』(RR)、『戦友報』(ZY)、『冀魯豫日報』(JL)、『新民報（北京版）』(XB)、『山西新民報』(SX)、『新民報（山西版）』(XS)、『太原日報』(TR)。

記事の日付については、『新中華報』1939年4月13日の場合、XZ39.4.13のように略記する。

② 近現代中国の記念日の名称は、当該の日にちによって代用されることも多く（三八［国際婦人デー］、五一［メーデー］など）、本書で使用した原史料の多くもそのような形式を採用しているが、記念日の内容を明確に示すため、本書では正式な記念日名を使用する。その際、日本語で定着した訳語があるものを除いては、原則として史料のままとし、政権によって名称が異なる場合も、そのまま使用する（同じ政権において、まれに名称が変化する場合もあるが、その場合は、表においては代表的なもので整理し、個別の事項については、その時々の史料の名称に従う）。また、国民党の「先烈廖仲愷先生殉国記念日」などのように、記念日に尊称が用いられる場合もあるが、煩雑になるため、「先師孔子誕辰記念日」を除いて、尊称を省略する。

③ 日付の前の「新」、「旧」は、それぞれ、グレゴリオ暦（新暦）と中国の伝統暦（農暦）の日付を意味する。

④ 日本傀儡政権の名称については煩雑さを避けるため、「　」を外している。

⑤ 各政権の暦書は一般に奥付を付さない形式をとっているため、書誌情報を付記していない。

⑥ ［　］は、用語についての著者の説明を示す。

革命の儀礼

―中国共産党根拠地の政治動員と民俗―

序章　問題の所在と本書の課題

はじめに

　本書は、日中戦争期から国共内戦期における時間・象徴・民俗とこれらに関わる信仰を使用した政治権力の政治宣伝・動員工作を、主に中国共産党（以下、中共）の根拠地を中心に検討するものである。

　中共および中共根拠地に関する研究は、中共の内戦勝利ないし中国革命「勝利」の原因の探求を強い動機として開始され、日本では、指導者の思想、政治理論、路線闘争と政治的事件、運動などに関わる研究を端緒としつつ、1970年代からは政治過程、社会経済に関する分析を通じて、統一戦線との関係における中共の権力構想や権力構成、根拠地の存立基盤を巡る問題などを考察する研究が次第に発展してきた[1]。欧米では国際共産主義運動およびソビエト連邦の指導とその組織原則の適応による権力奪取に関する研究を先駆けとして、1960年代には、日中戦争期の農民ナショナリズムを革命の動員力として着目するC.ジョンソンの研究、陝甘寧辺区における大衆の政治参加を保障する社会経済組織の変革を文化大革命まで続く革命路線の原型として確認するM.セルデンの研究が論争的局面を生み出した。これらの研究で提示されたナショナリズムと社会経済的要因という革命の原動力に関する論点は、一方で継続していた中共党組織に着目する研究によって総合され、農民大衆を動員する中共の組織力の問題についての実証研究が深められていった[2]。

　中国が近代化路線へと転換し、文化大革命のもたらした混乱が明らかになり、革命史観の存立基盤が失われていく中、多くの研究者の関心は中共とその根拠地研究から離れ、研究対象は統治権力を含む様々な政治勢力、社会集団などにも広がるとともに、長期的な政治・経済・社会の変化に着目する研究が主流と

なっていった。この間、中共とその根拠地の歴史を中国近代政治史、社会経済史の流れの中に位置づける諸研究によって、革命史観は相対化されてきたが、現実の政治と社会の大きな転換は、「革命はいかにして成功したか」を問うことの魅力を失わせ、研究の関心はむしろ「現実には何が起こったのか」を問い直すことへと変化した。同時に、研究者は革命の負の側面にも向き合わざるを得なくなった。

現在の中共とその根拠地に関する諸問題は、飛躍的に発展した中国近代史研究の諸領域の中で改めて位置づけ直され、伝統社会と近代化、国家建設、国民統合、地域の統合など様々な枠組みの中で研究されるようになっている。このような状況に加えて、比較革命研究の進展と地域ごとの革命運動の実証的研究の発展により、革命権力のリーダシップと農民の利益の本来的な一致の可能性は否定されるとともに、様々な階層、社会集団の革命に対する対応の重要性が確認されるようになり、研究者の関心は、伝統的な社会関係や心性の強固な継続を認めながら、人々がその中で権力や革命とどのように向き合うかという問題に集まるようになった。また、革命に対抗した諸統治権力や社会集団の国家統合、近代化への貢献などが再評価されるにつれて、中共研究は、改めて中共の権力掌握の意味を説明する必要に迫られているが、実証研究の進展は地域の文脈に即した様々な革命像を提供しているものの、中国革命の全体像を提示することは困難になっているとも指摘されている[3]。

本書が政治動員分析において取り上げる時間、象徴、民俗の問題は、中国近代史研究において近年急速な発展の見られる社会史研究のテーマの一部分であり、中共根拠地の研究においては、これまで相対的に重視されてこなかった分野である。政治権力と社会を人々の生活感覚によって結ぶこれらの事象は、中共根拠地社会の伝統と近代化、社会統合、政治動員などについて考える際にも無視できない重要な問題である。本章では関連する近年の研究動向を提示しながら、本書の問題意識と課題を明らかにする。

第Ⅰ節　時間・象徴と民俗利用

　この十数年来、中国近現代史研究の分野においても、社会史研究が急速に発展し、家族、農村社会、環境、エスニシティ、民俗、身体、ジェンダーなどを対象とした研究によって、近代化過程における伝統の断続・継続、国民統合の問題などが多面的に議論され、豊富な成果を上げつつある。また、これらの研究には、アナール派歴史学、社会学、文化人類学の手法の影響も受けつつ、テキスト、言説、記憶、シンボル（象徴）[4]などの作用に着目し、人々の意識と実態との関係性から歴史を再構成するものもあり、歴史叙述の方法に多様性を与えている[5]。本書は、このような社会史の手法が提示した多様な素材の中でも、特に時間・象徴・民俗に関わる問題を対象として、政治動員の分析を行う。

　時間意識は、人類の諸文明において、哲学・宗教とも深く関わりながら、当該社会が共有する世界観・宇宙観として精錬化され、権力を神聖化して統治を正当化するシステムに組み込まれていった。近代においては、産業化の進展を背景とした時間の厳密な計量化の必要性と国民生活の統一的な管理のために、暦と時間の厳格な統制が求められるようになるが、これに留まらず、近代国家は、その成立・発展に関わる重要な歴史的記憶を記念日や紀年法の制定を通じて確認し、その理念を人々に理解、共有させることで、国家意識、国民意識を形成する手段のひとつとしてきた。これらセレモニーとして演出され、反復性をもって日常に浸透していく時間は、国家、国民の統合のための象徴としての役割を担っていた[6]。

　近代中国においては、清末より学校、工場などで時計時間の影響力が広がる中、グレゴリオ暦（以下、新暦）の要素が一部採用されるようになるが[7]、中華民国の成立によって新暦が中華民国暦として導入されると、この暦は民国体制を象徴する時間として、政府機関、軍隊、学校などを通じて普及していった。その一方で、社会的には農暦の時間が根強く継続して、官と民の「二元化」した時間が併存することとなった[8]。

近代中国の時間の問題については、近年来、時間の民俗一般や個別の記念日の成立・変遷などについての研究が進展している他[9]、清末からの国家・国民意識の成立の過程に時間認識の変容を位置づけて論じた研究[10]、北京政府や国民政府、中共政権を対象として、権力の正統性や国民意識の形成に関わる施策を検討した研究[11]、時計時間が身体を規制する概念として社会に浸透する過程を検討した研究[12]、記憶と歴史の語りに着目し、フィールドワークとテキスト分析を通じて土地改革を巡る地域や個人の時間・事件認識を分析した研究[13]などが現れ、時間を素材として近代中国の政治思想、国民統合、身体の組織化などを分析する様々な視角が提供されつつある。

本書が対象とする日中全面戦争以降の時期、日本の傀儡政権の出現と中共根拠地の拡大により、中国においては権力の正統性・正当性を巡る複雑な局面が現れた。そして、この状況は、正統性・正当性について象徴的役割を担う時間、記念日の構成、および民俗を利用した政治宣伝・動員の問題にも投影されていた。また、総力戦の戦時動員は、社会に対して時間規律の徹底を求める形で進行し、民俗利用は、総力戦の中で利用すべき手段の一つとして位置づけられるとともに、諸権力がナショナリズムや「東亜の一体性」を強調する際の重要な根拠としても見なされた。

時間と記念日は特定の集団が共有する歴史の記憶に関わり、権力はこのような記憶を人々に浸透させて正統性を主張するとともに、その価値に基づく行動を求める。対抗する諸権力は、「中華民族」、「大東亜の諸民族」、「世界の勤労大衆」などの記憶を操作しつつ正統性・正当性を争っており、その状況が紀年法・標準時などの時間や記念日の体系に反映されている。また、総力戦の戦時動員の進展にともない、社会への近代的な時間規律の浸透が強く求められるようになった。その一方で祝日には余暇・娯楽の機能があり、新暦の時間と記念日の大衆化にはこのような性格を取り込むことも重要になる。その意味で、節句などの民俗における余暇・娯楽を新暦と近代的象徴に吸収することが重視されるが、そこにも民俗利用の意義が存在する。

中共根拠地における民俗利用の大衆動員については、特に秧歌改造運動や年

画改造などに関して、研究が進められてきた。D. ホーンは秧歌劇の宣伝活動が「封建迷信」、猥雑の要素を改造して進められながらも、伝統的宇宙観や易姓革命の思想を継承し、中共の権威確立に貢献していく状況を明らかにしている[14]。李世偉は、検討対象を廟会利用などにも広げ、民衆の文化的嗜好に配慮した中共の文化政策の有効性をグラムシの「文化的ヘゲモニー」の議論に依拠して指摘しつつも、民衆文化の「かす」を取り去り、優れたものを発展させるという方針が、実際には、革命の必要に応じた臨機応変の対応となっていたことを指摘する。ここには、容易に改造され得ない民衆文化の根強い自律性が認められている[15]。

秧歌改造を中心とした春節[旧正月]娯楽運動の組織化を検討した李軍全も李世偉と同様に、大衆化・政治化する改造秧歌劇の運動に、「文化的ヘゲモニー」の重要性を見出している[16]。筆者は、「文化的ヘゲモニー」の一般的な重要性を肯定するものの、本書では、後述するような中国の政治イデオロギーと個別性が優位を占める民俗との関係に視点をおいて、民俗利用の問題を議論する。洪長泰は、アナール学派、文化人類学の「新文化史」が対象とするシンボル、図像芸術、空間をテーマとして取り上げながらも、「新文化史」の手法における、文化の定義の曖昧さから起こる方法上の混乱、文化に内在する多様性・複雑性の軽視、政治分析におけるシンボルの過大評価、テキストの過度の強調といった問題点を批判し、歴史学的分析を重視する手法によって、近現代中国の漫画、版画、説書[民間で行われる講談の一種]、版画、新聞、祝日、建築など広範な大衆文化と政治の関わりを議論している。洪の研究は、民俗利用に関わりながらも近代化の中で生まれた大衆文化の役割についても分析し、その対象とする範囲は知識人や世論の問題などにもおよび示唆に富む[17]。

日中戦争期の中共政権の宣伝動員政策は、日本の中国占領政策に対抗するものであり、中共の諸政策を検討するためには、これら日本とその傀儡政権の政策についても理解が必要となる。日本とその傀儡政権のイデオロギーや文化教育政策については、かつての中国の研究では日本と「漢奸」[民族の裏切者]によって、「愛国主義」を抹殺する「奴隷化政策」が行われたとする評価が一般的

であった[18]。一方、日本の諸研究や回想録では、中国側の指導者が追求したナショナリズムの側面にも光をあて、日本の知識人や軍人の一部のこれに対する一定の支持、日本の政策意図との矛盾や相互の利用と牽制の状況が、新民会運動や東亜連盟運動の分析などを通じて明らかにされてきた[19]。被統治者の主体性に着目する観点は、近年、中国の研究者にも共有されるようになり、研究対象は印刷メディア、映画、ツーリズム、学術調査、葬送儀礼、記憶、心性、都市の表象など多様に広がり、侵略と抵抗の枠組みのみにとらわれない、植民地や占領地の多様なアイデンティティのあり方が文化・民俗・芸術などに関して議論されている[20]。本書はこれらの成果に学びながらも、先行研究が十分に議論をしていない時間を巡る正統性・正当性、宣伝・動員と民俗利用の問題を、中共や国民党・国民政府の政策と対比させつつ検討する[21]。

　近代中国の象徴については、H. ハリソンが国民意識の形成や国民党による党国体制の建設において象徴が果たした役割を、国旗、国歌、身体、礼服、孫文追悼儀礼などから広範囲に論じており[22]、小野寺史郎は清末、北京政府、国民政府の三つの政権の国旗、国歌、国慶［建国記念日］の生成・転換の過程を分析している[23]。小野寺によれば、立憲派・革命派を問わず、ナショナル・シンボルにおいて一貫してモデルとされたのは、共和国であるアメリカとフランスであった。近代中国の知識人らには、近代以前の共同体のシンボルや集団的帰属感をナショナル・シンボルに組み込んで利用しようとする姿勢は希薄であり、情念に訴えるよりも論理的な説得を重視する傾向があった。また、歴史状況の制約もあり、北京政府も国民政府も特定の階級や民族の「敵」を排除する論理を国民統合の中心に据えることができず、敵が何者であるかを明示できないナショナリズム言説は「迫力と魅力を欠くものであった」という。小野寺の研究は、近代中国の国家の象徴の特徴を長期的な視点で議論した貴重な成果であるが、小野寺が対象としたナショナル・シンボル以外の領域では、伝統や民俗に依拠した象徴操作が行われており、象徴操作の全体像については、更なる研究の進展が期待される。また、一旦は中華民国を否定し、その後中華民国の枠組みの中で国民党と国家権力を争った中共の政権や、その他の地域権力、傀儡政

権の象徴使用についての研究は依然として十分ではない。これらを含めた分析によって、ナショナリズムの成長と国家統合の進展の指標としての象徴の浸透状況が明らかになるであろうし、中央権力と地域諸権力の対抗という近代中国の国家統合、国民統合が面した課題を、象徴を素材に考えることも可能となるであろう。総じて、近代中国における文化的国民統合の研究は、主に中央権力の施策や都市の文化を中心として進展しているが、多様で複雑な中国社会を統合する政治の原理を考察するには、地域権力と農村を対象とした研究が必要である。

また、象徴を利用した動員や国民統合の諸政策を、中国社会の特徴との関係で検討することが求められる。階層間の流動性が比較的大きく、基層社会の地縁的な規制力が弱い一方で、状況依存的で戦略的なネットワークが展開する社会状況[24]は、象徴操作にどのような影響を与えたのだろうか。統治者となった国民党は、このような社会の特徴を動員の力として利用するよりも、そのエネルギーの暴走を恐れて、象徴操作においては正規化・制度化の面をより強調したと考えられるが、革命による既存の社会秩序の破壊を優先する中共の方針において、象徴はどのように利用されたのであろうか。民俗・社会関係を利用したり、破壊してナショナリズムを浸透させようとする権力と、これを様々に読み替える社会の文脈などが、近現代中国を通じて明らかにされることが望まれる。西欧や日本などと異なる特徴をもつ社会を対象とした象徴研究が意識的に深められることで、象徴と国民統合・ナショナリズムを巡る議論は、より豊かになっていくであろう。

一方、中共政権の重要な象徴となった毛沢東像については、毛の権威形成、中共のプロパガンダ政策と独自の芸術様式との関係、ポスト毛沢東時代における毛の表象の意義などを検討する研究が、切手・彫像・絵画・ポスターなど様々なメディアを素材として進展している[25]。川田進、内藤陽介は、毛沢東の権力確立過程、権威の浸透過程と肖像使用の関係などを分析しているが、地域権力と中央権力の対抗における象徴の位置づけと国家統合の問題を解明するためには、国民政府の象徴の使用も含めた検討が更に必要であろう[26]。また、毛沢東

像の農村への浸透に関しては、川田が根拠地の労働英雄大会や土地改革における配布について指摘しているが、農民の伝統的信仰と毛沢東崇拝との関係については言及されていない。深尾葉子、韓敏は、1990年代における毛沢東廟の建設過程の分析を通じて、現代の陝北農村における毛沢東信仰の展開を伝統中国の政治文化や民俗信仰の文脈に位置づけ、その社会的機能について論じている。ただし、毛沢東信仰の内実を考察するためには、中共権力の浸透過程における農村の信仰や社会関係、大衆動員と毛沢東崇拝が生成された歴史的経緯、文脈がまず明らかにされなければならないであろう[27]。中国の象徴と権力の関係については、近代的国民国家形成に関わる普遍性を持つ問題に留まらず、中国政治・社会の特徴に即した固有の文脈からも行われる必要があり、その意味でも権力の生成過程と象徴の関係を歴史的に検討する作業が求められるであろう。

第Ⅱ節　農民大衆の心性と革命

中国民衆反乱史の諸研究は、行商人、運送業者、出稼ぎ労働者、離農した流民などの流動人口から構成される会門［秘密宗教結社や会党］[28]が、千年王国思想、均分思想などの救世主を待望する平等主義的な世界観によって、農民大衆を反乱へと組織する過程を指摘してきた[29]。下層の農民大衆が宗教的ないし政治的世界へと越境することで、在地での経済闘争を政治闘争へと転換させる契機が、これらの研究によって示されたのであるが、中共史研究や思想史研究の一部には、上述の千年王国思想や平等主義的心性を農民大衆固有の心性として把握し、これと中共の政策が結びつくことによって革命の原動力となったことを主張する研究もある[30]。ここにおいては、反乱の組織者と在地の農民の心性・世界観は、ほぼ予定調和的な関係におかれ、両者の区別は曖昧となっている。総じて、民衆反乱を素材に変革主体の形成や社会変革の契機をみつけようとする視点においては、民衆の心性は、反乱組織のイデオロギーないし反乱時の非日常の心性を中心に語られる傾向があったといえる[31]。また、このような

文脈から、これまでの反乱・革命史研究は、反乱の組織者が農民の心性を呼び覚ます過程として、ハレの日の戯劇や祭礼の機能に注目し、反乱者による戯劇改造工作などにも関心を払っていた。村落共同体の強固な存在を前提とする議論やモラル・エコノミーの一部の立場からは、そこに強固な信仰のまとまりも想定され、失われた信仰の共同体を再生させようとする民衆の心性が確認されるものと考えられてきた[32]。

 しかし、上述のような民衆反乱の心性の構造を提示してきた小林一美自身が指摘しているように、本来、均分思想・平等主義的思想は、天子の恩恵は万民に均しく平等であるとする専制国家のイデオロギーであり、真命天子などの宗教反乱のイデオロギーもまた天命を受けた有徳の天子による支配の正当性を主張する国家のイデオロギーである。民衆反乱はこれら国家から与えられた理念の仮像を現実化しようとしたものであった[33]。それ故、王朝から反乱組織までの政治権力が擬制として利用するこれらの思想を中心に、農民大衆の心性を議論することにはやはり慎重さが求められよう。1990年代に入り、小島晋治は、中国政治のイデオロギーと反乱の関係を太平天国運動とドイツ農民戦争の比較によって再整理した。小島によれば、太平天国運動は農民自身の政権を目指す「農民戦争」ではなく、新たな皇帝・官僚による支配体制を生み出す運動であった。皇帝・官・民の枠組みが強固に持続しながら、身分固定がない故にその構成要員の流動性が比較的大きい中国社会においては、社会の流動性の高まりとともに、大量の流民が析出し、人々は真命天子の下で官となることを目指して反乱に参加する[34]。反乱のイデオロギーは、村落レベルの信仰も含む農民の心性とは区別されるとともに、その目指す方向も、農民の生活論理とは乖離したものとなることが示されている。

 一方、「礼教」としての儒教イデオロギーが明代より農村の民衆レベルへ浸透し、農村が「道徳秩序共同体」として組織されていくことを主張する議論もある[35]。ここでの儒教思想は、千年王国思想へ繋がる大同思想としての側面ではなく[36]、家父長制の身分秩序を強調する千年王国思想の反対物として措定されているが、国家の提示するイデオロギーの基層への浸透を認め、支配層の文

化伝統と民衆の文化伝統の隔絶よりも双方の親和性を認めるという意味では、小林の枠組みと同様の状況が指摘されているともいえる。このような王朝の道徳教義と会門の教義の親和性は、清代に宣講［清の地方官が儒教道徳を宣読する教化儀礼］と扶鸞［神の宣託を受ける白蓮教系教門の儀礼］が結合して、「扶鸞・宣講系宗教結社」が誕生した過程にも示されており[37]、王朝と会門がともに提唱する関羽信仰においても確認される。元末紅巾の乱を時代背景に成立した『三国志演義』によって神格化され、異姓結拝の模範例、反清復明の象徴となった関羽は、その一方で忠君の武人として王朝の高い評価と保護を受けて多くの尊称を与えられ、村レベルでの廟の築造が推進されるとともに、中華世界、ユーラシア世界を統合する聖性を持つ守護神として祭られている[38]。そのため、R.サクストンのように、関羽信仰を一神教的な大衆の反乱精神の象徴としてのみ把握することは[39]、階層序列的でありながら平等主義的理想を同時に提示する中国政治イデオロギーと大衆の心性の複雑な二面性を見落とすことになるであろう。

　この他、陳永発とG.ベントンは、反儒教的で平等主義的な農民の「小伝統」と儒教エリートの「大伝統」の対立を強調するサクストンのモラル・エコノミーの枠組みを批判する中で、地主を含む農民諸階層の文化的価値観の基本的な共通性を指摘し、「小伝統」と結びついたとされる中共の諸政策の実態を実証面から否定している[40]。身分固定がなく階層間の流動性の大きい中国農村においては、厳然たる地主階級の存在を想定し得ず、それ故、地主ら農村エリートと農民大衆の文化嗜好についても厳密な区別を想定しない方が実態に即していると考えられる。区別されるべきは、農村エリートと農民大衆の文化ではなく、諸政治権力のイデオロギーと農民一般の心性であろう。1940年代の中共の土地改革政策を分析した田中恭子は、均分政策などの内戦期の政策急進化の主な要因を、農民の要求よりも中共の政策上の必要性に求め、農民の中共に対する行動については、1）自己と家族の安全の確保、2）政治的・社会的利害得失への配慮、3）経済的得失への関心の優先順位で、自己の利益の最大化ないし不利益の最小化を図るという行動様式を示している[41]。政治権力が自己の政権の理

想として均分政策を掲げるのに対し、農民大衆がこれを選択するには様々な前提条件が必要なのである。なお、田中の議論は、モラル・エコノミーとポリティカル・エコノミーの論争[42]における農民の心性のあり方を総合的に捉える視点を提供しているともいえる。危機回避は合理的な選択のひとつでもあり、打算的な農民に外部から政治的インセンティブを与える革命家が、農民の情緒や倫理に訴えようとすることも十分に想定されるため[43]、モラル・エコノミーにおいて言及される村落共同体的結合の存在という前提を除外するならば、農民の行動は、田中のような序列で多様な戦略として包括して理解することができる。しかし、田中の研究においては、中共の政治動員手法の詳細な分析に比して、2)の「政治的・社会的利害得失への配慮」を構成する、人々の行動規範を支える民俗や慣行に関して具体的な検討がなされているわけではない。

　平等主義的で救世主を待望する千年王国思想は、農村社会研究や民俗学・人類学が示してきた、多神教的・現世利益的で、生者との関係で鬼神の位置づけや評価が変動する相対主義的な民間信仰の形態とは隔絶がある[44]。侯傑と范麗珠は、このような信仰形態を前提としつつ、福を求め災厄を避けようとする現世利益的な民衆を、会門が医療や様々な保護機能、現金収入の機会の提供、および「劫」の予言などによって組織する状況を指摘しており、戦乱・外民族の侵入などの特殊な環境においてのみ、弥勒信仰の伝統が呼び起こされて、反乱が組織されるとしている。これに従うならば、大衆の心性に第一義的に合致したのは、会門や反乱組織が提示する信仰の内容そのものではなく、生活の糧を得る手段や保護機能などの現世利益を信仰の代償として与えてくれる組織のあり方であったともいえる。彼らによれば、結社の組織者すらも平時には一般に現金収入を得る機会、生活の手段としてこれらを組織運営しているという[45]。会門の社会的機能を検討してきた近年の会門研究もこのような議論を裏付けており、広域に広がる会門は単一の原理によって組織されたものではなく、様々な地域・階層の利害を反映して拡大しており、人々は理念やイデオロギーでは動員されにくく、安全保障や実質的な利害を最優先に行動していた[46]。

　そして、これらのイメージは、高橋伸夫が中共のソビエト区について指摘し

た、中共組織に対する大衆側の「勝手な包摂」にも通じる[47]。会門の組織原理が、特に平時においてイデオロギーよりも現世利益や保護を求めようとする大衆の心性を基礎としているとすれば、流動性・開放性の大きい中国農村社会においては、流民層と在地の農民の行動原理の差異すら不明確になり、結果として会門、農村エリートと農民大衆の心性・行動原理はより近いものとして想定できるかもしれない。中国村落の共同体的結合の弱さが明らかにされ、中共と農民の必然的な利害の一致も認められなくなる中、反乱・革命と農民の心性の関係は、以上の問題を踏まえた上で、日常の心性を含む農民の民俗全般を視野に入れて再検討する余地があると考える。特に中共の革命運動は、未曾有の規模と浸透度をもって農村社会を変革しようとしており、その過程を跡付けるには日常の心性・民俗との対話が必要となろう。

第Ⅲ節　国家・権力と社会

　上述の問題については、中国独自の権力と社会の関係の編成に着目する諸議論にも注意を向ける必要がある。中国における独自の国家・社会関係の展開に着目する専制国家論においては、中国社会の地縁的組織性・団体性の弱さが指摘されているが[48]、その一方で中国社会には、非組織的で状況依存的な個人関係のネットワークの存在が確認されている[49]。上田信によって砂鉄に作用する磁場と形容されたこれらの社会関係は[50]、時に強い凝集力を発揮し、また政治権力と複雑に結びつくことで、中国政治に大きな変動をもたらしてきた。費孝通は「差序格局」という概念によって、個人を中心に同心円的に広がる可変的・状況依存的な人間関係を説明し[51]、寺田浩明は「約」に関する議論において、不安定な関係性の中で、実力者が主導し、他の者が唱和することで規範が形成される過程を中国の秩序形成のモデルとして確認している[52]。寺田は、このような「約」の関係性を王朝権力の秩序形成にまで延伸させている。これらの議論は、いずれも非固定的で状況依存的なネットワークの特色に着目して

社会、秩序、権力の問題を捉えている。溝口雄三によれば、中国の「公」観念は、天下の「公」の下では朝廷・国家も「私」となり、万民を以て公となす以上、全ての人が「公」を名乗って行動できるという特徴をもつが、三品英憲は、このような「公」の特徴を、上述のような流動性によって結ばれた社会と権力の関係が反映されたものとして把握し、更にこのような「公」のあり方を「人民」の意志を代弁する中共の国家権力とこれに唱和していく社会との関係において再確認している[53]。

奥村哲は、日中戦争以後の総力戦を通じて社会の凝集力が高まり、戦時動員体制が構築されていくことを展望し、中華人民共和国を身分固定的な社会として捉えるが[54]、基層組織の自律性を有利に動員できた日本や欧米の総動員体制をモデルとして、中国の国家権力の浸透過程を展望することには一定の留保が必要であると思われる。また、奥村が議論において参照する強制的均質化論においては、社会の凝集性に基づく中間団体に依拠した統合よりも、むしろ中間団体を排除して、個人を権力が直接把握して社会を均質化していく過程が確認されている[55]。総動員体制の行きつく先が中間団体の掌握でなく、その解体による個別性の掌握であるとするならば、議論はむしろ中間団体やネットワークを利用しつつも、これを破壊していく権力の作用に着目する必要に迫られることになるであろう。笹川裕史と奥村は、その共著において、日中戦争期の四川省における総動員体制と社会の反応を分析し、日中戦争から国共内戦期における総動員体制の下で地域の凝集力の一定の高まりを展望したが[56]、国共内戦期における四川省の総動員体制を論じた笹川の近著においては、強制的均質化の圧力が高まる政治状況において、社会がむしろその圧力に背を向けて矛盾を深めていく実態を活写している。同著においては、国共内戦期に至っても地域の凝集力の向上は展望されず、私的ネットワークが権力の収奪に様々に対抗する中で国民党の統治と社会秩序が崩壊し、中共の統治が、私的ネットワークを排除しつつ立ち上がる過程が示されている[57]。

中共根拠地の土地改革や都市の政治動員・社会統合に関する近年の研究においても、地域の凝集性の高まりよりも社会的紐帯の破壊による個別性の把握の

状況が明らかにされており、三品英憲はこのような研究状況を指摘した上で、既存の社会結合を解体した大衆運動が可能となったメカニズムの解明が必要であると指摘している(58)。また、田原史起によれば、建国初期の中共は、「掃匪反覇」と土地改革を通じて私的なネットワークを排除し、自らの政治権力の浸透を図ったが、この運動は政治闘争の繰り返される厳しい緊張状態を生み、社会の再生産を阻害する状況を作り出している(59)。絶えざる政治闘争によって疑わしい私的関係を根絶する手法は文化大革命においても継続しているが、社会自身の力に依拠した安定した統治とは言い難いこれらの状況を見るならば、権力の浸透過程を社会の凝集力の高まりの結果として考察するよりも、基層における地縁的組織性が弱い社会に蔓延する私的関係と向き合う権力の構造を考察することの必要性が見えてくる。

　一方、高橋伸夫によれば、ソビエト革命期の中共基層組織における大衆の入党動機は、生命の安全の確保や就業の機会確保などのためであり、宗族、会門などの社会組織が党内に浸透しており、入党・離脱・復帰は容易であった。組織間の意思疎通は滞りがちで、基層組織は、鉄の規律の貫徹する階級政党とは反対物の、散漫な大衆政党的組織であった。このような組織は攻撃には弱く、容易に崩壊するが、高い自己復元能力を有し、大衆組織を駆動できないが故に軍事力に依拠する運動のスタイルを有していた(60)。中共組織と民衆とのこのような関係は、上述のように、互助組織的な保護機能をその本質とし、多様な階層・地域の多様な利害に支えられて発展した会門と民衆との関係に通じるものがある。個人や個別家庭を保護する社会の機能が不足していれば、大衆は強烈な信仰や政治理念によらなくとも、特に秩序の混乱に際して容易に保護機能をもつ結社の下に組織され得る。組織の迅速な発展は、その組織の強靭な凝集力を示すようであるが、その内部には様々な社会関係の利害が浸透しており、かえってその散漫さが組織の生命力となっていたことにも注意を払う必要がある。近年の研究では、日中戦争期の華北の中共基層組織において民衆が中共と会門を混同して入党している状況や(61)、華中根拠地で中共自らが幇会を組織して闘争を堅持する例が確認されている(62)。

「散漫」な組織の生命力が、中共の指導する革命の勝利に寄与し得る可能性については、高橋は一定の展望を示すに留まっている[63]。近年の中国の研究も、日中戦争期、内戦期における基層党組織の散漫性を指摘するようになっているが、散漫性と表裏一体となった柔軟な組織の特性については、高橋のように十分な注意が向けられず、散漫性は大衆との密接な関わりの中で党が社会に根を降ろしていく困難な過程の表現として評価されるか、中共の社会変革成功の前段階の状況として指摘されるに留まっている[64]。総じて、日中戦争以降の中共組織の変化と革命の進展過程の関係についての検討は、今後に残された課題となっている。

　また、ソビエト期の散漫で雑多な中共基層組織と、私的社会関係の生成を強力に排除する建国初期の中共組織とは、全く性格の異なる組織のように見えながら、組織の発展・退縮・粛清・再発展の循環、政策の急進化と政策調整の反復という行動様態には、大きな変化が見られない。そこには、安全保障や利得を求めて組織に参入する人々と、これを利用しつつ、その私的関係を分断しようとする権力の対抗関係が認められよう。中国の政治権力は、基層社会における地縁的な組織性の弱さを背景として、社会を代替する機能を発展させて社会に干渉しており、時に暴力的な政治動員が引き起こされる。また、社会も地域を超える状況依存的なネットワークを展開して、権力に接合し、あるいはこれに対抗する。このような特徴に留意することが、中国の政治変動を理解する上で有用であると考える。本書は、このような中国社会における結社のあり方との関連において、日中戦争から内戦期の中共党組織の問題について検討する。

　村落共同体の凝集力を利用しつつ国家権力が浸透した日本では、社会自体が志向し維持してきた秩序と、政治権力が構成しようとする治安維持・政治動員・統治に関わる秩序とが相互補完的に作用したのに対し、中国において両者は乖離するか排他的に働くことが指摘されている[65]。しかし、社会秩序の構築において重要な役割を果たす民俗・慣習・文化を考察の対象として社会と政治権力の秩序構成を検討した研究は、民俗事象に関する調査研究の蓄積に反して十分ではない。平野義太郎は、日本の村における族の祭祀と地域の祭祀が融合し

て高次の権力の祭祀へ接合する形で成立する国家神道のあり方との対比において、族の祭祀が村の祭祀へと発展せず人々を高次の権力の祭祀へ導く構造が欠如した華北の祭祀のあり方を確認しているが[66]、このような信仰・民俗・文化に関わる視点を地域と国家の統合原理へと延伸させる研究意識は充分に継承されてこなかった。

　1980年代末になり、P. デュアラによって、近代華北農村社会の文化と政治の関係性についての構造的な分析が試みられた。デュアラによれば、近代以前、国家権力・地域権力は、宗族、宗教、市場圏、水利組織などの領域を有する組織および個人関係の非制度的ネットワークによって成り立つ伝統的な文化紐帯を通じて、農村社会に権威を確立していた。しかし、近代国家の形成過程において、国家はこれら文化的紐帯の外に行政組織を設置し、国家権力の社会への浸透とともに文化的紐帯の一部が破壊され、伝統的な権威を支えていた農村エリートに変わって利益追求型のブローカーが参入し、社会の秩序は乱され、国家は新たな権威の確立に失敗したとされる[67]。デュアラの議論には、論証しようとした内容に対する史料の限界性の問題、農村社会の経済的変化の問題を考慮に入れずに停滞的な史観に陥り、結果として日本の侵略の影響を過小評価することになっていることなどについての批判があり[68]、このような問題点に留意しつつ、権力と社会の連環の中に文化・民俗・信仰を位置づける視点を再構築する必要がある。この点、小田則子、祁建民らは、デュアラと同じ華北農村慣行調査の村を対象にフィールドワークを行い、人民共和国建国後も含む長期的な視点によって、村落の信仰・宗族の祭祀の変化と継続、国家と村落の権力関係の変遷について議論を展開している。祁建民は、華北村落の民間信仰は組織的結合が弱く、国家権力に対抗することができなかったが、共通の信念によって支えられた信仰は村民の行為を拘束し続けたと指摘し、組織の緩やかな特徴こそが信仰を長く温存させた理由であると主張する[69]。ここにも個別性、散漫性と表裏一体となった民俗の柔軟な構造が確認できよう。

　開放性と一体となった社会関係の多様な選択性、重層性に着目する視点は、岸本美緒の「人倫関係の網」という概念にも反映されている。岸本は「打算的

にして倫理的、利己的にして親和的」[70]という一見相反する関係性をもつ中国の社会の特徴を、基層の排他的共同体が介在しない開放的な人間関係を基礎に、無限に開放的に広がる人倫関係の網の目が個人を縛る構造として分析している[71]。この他、地域社会の権力構造を文化・民俗を含めて歴史的に分析した研究としては、近年、山本真が福建省を対象に、地縁・血縁（宗族）の結合に、神縁（祭祀圏）を加えた三層構造によって形成される地域社会の秩序構成のモデルを提示しており、示唆に富む[72]。また、近年、華北村落内の人間関係について「面子」をキーワードとして分析した三品英憲の研究が、共同性の担保のされ方を動態的に捉えており、権力と基層社会の繋がりを説明する新たな視点として興味深い[73]。

　中共の革命理論としての階級区分の問題については、地主・小作関係を中国革命の主要問題とする通説が崩壊した後も、中国社会の実態と中共の政治動員の手法の問題に関わって、多くの議論がなされてきた。黄金麟はソビエト革命期を対象に、階級概念の導入や政治動員技術を駆使した権力の社会への浸透と社会の統制について論じているが、社会の特性に即した統治の手法の問題には十分な関心が向けられていない[74]。李里峰、P. ホワンは、華北農村の社会実態と乖離した中共の階級区分が、土地改革を機に社会統制の強力な手段となり、既存の社会関係を階級関係に読み替えて新たな政治等級の秩序を構築していく情況を指摘している[75]。このような等級秩序は固定的なものとして把握されるが、浜口允子は、ソビエト革命期・土地改革期の地主・富農の階級区分が、「左傾的」[76]偏向の経験を経て、農村社会の現実に対応して変更可能なものとして構想され、建国初期の階級区分論に継承されたことを指摘している[77]。伝統的血縁関係の土地改革への影響を分析した川井伸一は、世代を遡って地主・富農を探し、親類縁者を闘争対象に巻き込む闘争方式の背景に、農民の「世襲される社会的地位」の概念があることを指摘し、このような意識の階級概念への投影のあり方に、建国後の世襲化された階級区分の萌芽をみる[78]。

　以上のように、中共の土地改革に関する多くの研究は、階級区分を中心に分析を行っているが、田中恭子は、「漢奸」、「悪覇」［地域の悪徳ボス］、党員、大

衆組織成員など、階級区分とは位相を異にする政治的態度・選択とそれに基づく地位・資格・レッテル貼りなどによる区分の役割についても精緻な議論を行っている[79]。しかし、このような区分と伝統社会の秩序形成との関係について、意識的な分析は行っていない。

これらの研究が示唆するように、中共が政治運動において使用した革命の基本勢力・同盟者・敵を示す様々な区分は、階級的範疇を基本としながらも、党員、各種模範、農会員、「開明紳士」、「悪覇」、「漢奸」など、個々の政治的態度・選択とそれに基づく社会的な地位・資格などを包括している。政治的態度の評価が付着したこれらの区分は、多分に曖昧さと恣意性を孕んでおり、政治運動の急進化に大きな役割を果たしていた。

一般に建国後の社会は身分固定的に捉えられるが、金野純は、権力の恣意的な操作によって政治的区分に流動性が与えられていたため、大衆は自己の政治的立場を安定させるために積極的な政治参加を行い、大衆運動の急進化が導かれたと指摘する[80]。張楽天は、地主・富農などが農村において身分固定的に扱われた一方で、政治運動の度に新たな階級敵の概念が生み出されたことを指摘している[81]。建国後の社会を固定的に捉える論者にあっても、幾許かの上昇の可能性や没落の危険性が、人々を忠誠心の競争へと駆り立てるという論理自体は肯定するところである[82]。そして、このような運動と統制のあり方を生み出す前提として、中共が上述のように革命運動と戦争による激しい流動性の中で、党員・幹部の抜擢と淘汰を繰り返して人々の忠誠心を獲得してきたことを想起する必要がある[83]。中国社会の流動性と革命情勢の不安定性に対応して生み出された、このような恣意的かつ可変性のある区分の作用に着目することが、中共の革命運動・政治運動の特徴を考える上で重要となる。

また、根拠地における革命の実証研究は、無産者や貧農大衆の革命への支持という古典的な図式を覆し、経済的な地位よりも、諸階層の社会経済的な文脈における下降、上昇の状況が、現状を変更しようとする革命勢力への支持・抵抗に関係する場合があること[84]、階級関係ばかりでなく、女性や青年、移民など、様々な社会的文脈における弱者や現状に不満を持つ者が革命に組織されや

すいこと、宗族、会門などの社会集団は、その地域の政治的社会的文脈によって革命に参加、あるいは抵抗することなどを明らかにしてきた[85]。時間、象徴、民俗を使用した宣伝動員政策においても、このような動員、統合、分裂に重要な役割を果たす諸集団への対応が意識されたものと考えられる。

　総じて本書では、近代的政治象徴・儀礼の導入を図る政治権力と、民俗・信仰・会門組織などとの関わり、これらと大衆動員の関係などを対象に、中共権力による政治動員の問題を考察する。具体的には、中共根拠地における新暦の導入と記念日活動の組織、農暦の時間の利用、国旗・指導者像の導入と利用、民間信仰と指導者像の関係、儀礼の組織、党組織の拡大と整頓、土地改革において見られる中国社会の流動性に即した政治動員の手法、これらに関わる民俗利用の問題が対象となる。

第Ⅳ節　対象地域と史料

　対象とする地域は、中共根拠地の陝甘寧辺区と晋冀魯豫辺区の太行区・太岳区・冀魯豫区であり、更にこれらに華北の日本傀儡政権の政策を対比させる。また、民国の政治舞台におけるこれらの政権の政策の意義を検討するために、北京政府、国民政府、汪精衛の南京国民政府の記念日、時間、象徴、民俗利用などについても適宜言及する。

　陝甘寧辺区は、陝北ソビエト根拠地を前身とし、延安を中心として陝西・甘粛・寧夏省の省境地帯に展開した根拠地で、1935年（以下、歴史叙述に関しては西暦の上2桁を省略）10月から47年3月まで中共中央の所在地となった最も安定した統治区であり、政治的な敵対勢力の妨害を免れて、中共の政策意図が十分に展開できた地域である。

　晋冀魯豫辺区は、37年11月、八路軍129師の太行山晋東南地区（山西省東南部）への進攻にともない、山西・河北・河南の省境地帯に成立した冀豫晋根拠地を前身とし、40年1月の晋冀豫区党委員会の成立、同年8月の冀南・太行・太岳

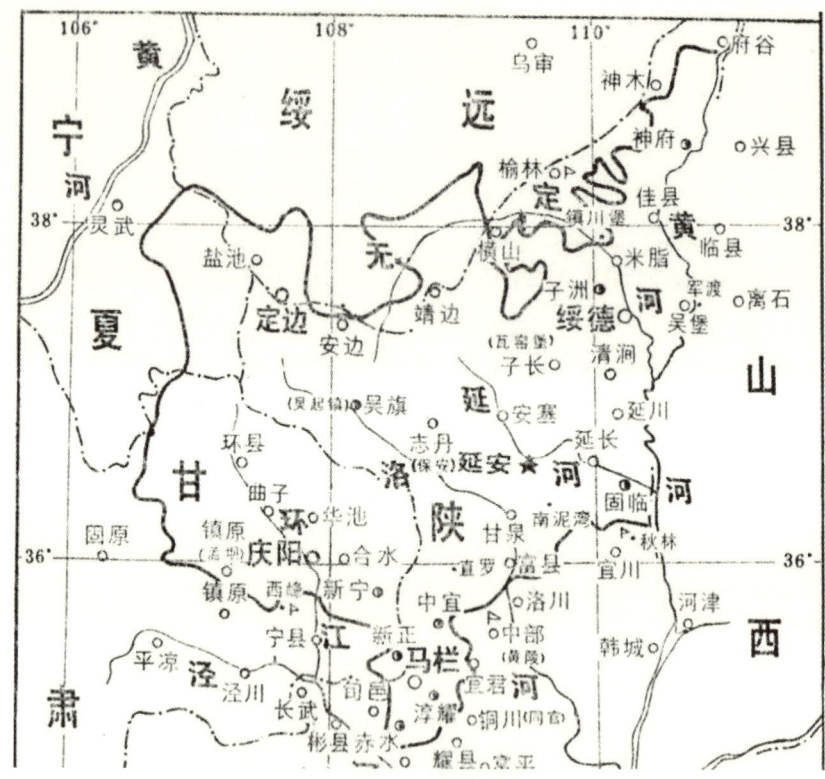

図序-1 陝甘寧辺区地図 （張俊南・張憲臣・牛玉民編『陝甘寧辺区大事記』三秦出版社、1986年より引用）

連合辦事処の成立を経て、41年7月に冀魯豫区を合わせて成立した。日中戦争期には冀南区・太行区・太岳区・冀魯豫区から構成され、内戦期に蘇豫皖区を加えた。太行区・太岳区は、山西省東南部と河北・河南省境に跨る太行山およびその西側の太岳山に拠る根拠地で、平漢線を境に同辺区のおよそ西半分を占める。日中戦争初期には晋東南根拠地を中心に発展したが、39年7月の日本軍の侵攻により東西に分断され、以後、太行区・太岳区の二つの根拠地として展開した。両区は、北方局・八路軍総司令部が所在した晋冀魯豫辺区の中核地域

であり、また内戦期には土地改革の急進化に先鞭をつけて全国の土地改革に影響を与えるなど、華北の前線における中共の活動を考察する上で重要な根拠地である。冀魯豫区は、河北・山東・河南省の省境の黄河（旧道）流域に広がる平原地帯を中心とする根拠地で、東は津浦線、西は平漢線、南は隴海線をおおよその境界とし、北は冀南区に接する。この地区は前線の極めて不安定な根拠地で、日本とその傀儡政権、国共両党、匪賊、会門の諸勢力が複雑な闘争を展開し、日本占領区、国共統治区、遊撃区が目まぐるしく交替した。内戦期においても黄河以南の地区は遊撃区となり、全区が激しい戦時動員と破壊に見舞われた[86]。また、同地区は清代以降、会門組織が著しく発達した地域としての特徴を備えている。

　これに対して、日本傀儡政権については、政策の動向を北京（北平）に成立した「中華民国臨時政府」と、汪精衛政権成立後に「臨時政府」を改組した「華北政務委員会」（以下、華北傀儡政権）について検討し、具体的な政治動員の過程は、主に晋東南根拠地、太行区・太岳区と対抗した山西省公署（43年以降山西省政府）を中心に検討する。山西省は、日本人の入植や中国側への宣伝活動等において、北京に先んじた活発な活動が見られたとされ、民俗利用に適した遺跡、伝承にも恵まれていた。また、独自の経済体制によって戦局の終盤においても比較的安定した統治を維持しており、華北傀儡政権の記念日活動と民俗利用政策の特徴を分析する上で重要な地域であるといえる[87]。

　本研究の時間の分析において一次史料的価値を持つものとして、各政権が発行した暦書や民間暦がある。これらは、中国国家図書館、中国社会科学院近代史研究所、山西省檔案館、上海市図書館、東洋文庫などで調査を行った他、現物を収集した。暦書には、各政権や社会が重視する象徴が配されていることが多く、象徴研究においても重要な史料となる。

　記念日、農暦の節句等を中心とした時間の分析においては、その日その日が表象する意義を明確に示す（あるいは無視する）新聞・雑誌史料が利用価値の高い史料として位置づけられる。本書の執筆にあたっては、近年利用可能となったこれら史料の復刻版やマイクロフィルム等を使用した他、中国国家図書館、

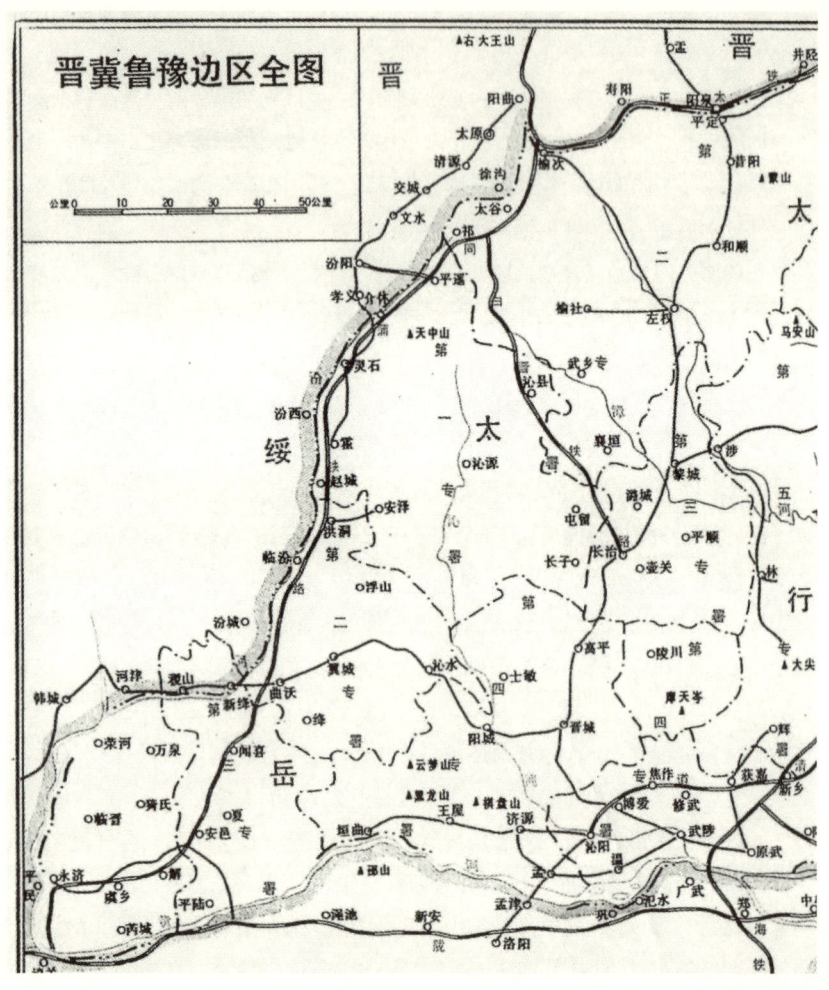

図序-2 晋冀魯豫辺区地図（斉武『晋冀魯豫辺区史』当代中国出版社、1995年より引用）

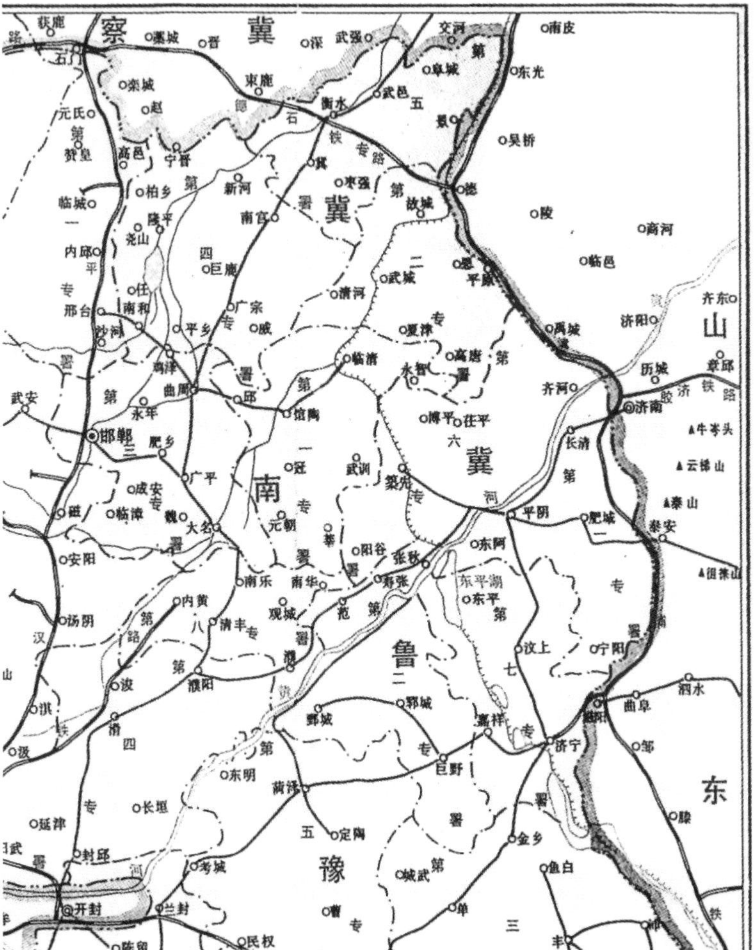
察
冀
南
鲁
豫
山
东
获鹿
石门
藁城
晋
深
武强
交河
南皮
阜城
东光
栾城
赵
束鹿
衡水
武邑
元氏
景
吴桥
宁晋
高邑
赞皇
冀
枣强
柏乡
新河
德
故城
临城
隆平
尧山
南宫
陵
商河
内邱
巨鹿
临邑
武城
平原
任
清河
齐东
邢台
南和
广宗
威
夏津
禹城
济阳
沙河
平乡
高唐
历城
章邱
鸡泽
临清
永智
齐河
武安
曲周
邱
济南
永年
馆陶
博平
茌平
▲牛岑头
邯郸
肥乡
长清
广平
冠
武训
▲云梯山
成安
堂邑
▲泰山
磁
临漳
魏
大名
元朝
平阴
肥城
泰安
安阳
阳谷
东阿
张秋
南乐
南华
寿张
东平湖
内黄
东平
汤阴
观城
范
清丰
汶上
宁阳
濮阳
汲
泗水
曲阜
淇
郓城
嘉祥
鄄城
济宁
滑
邹
汲
东明
巨野
菏泽
延津
长垣
定陶
金乡
封邱
考城
城武
鱼白
开封
兰封
单
陈留
民权
丰

山東省図書館、中華民国法務部調査局資料室での現地調査などによって、可能な限り当該地域で発刊されていた機関紙・機関誌の発掘を行った。中共の機関紙には、陝甘寧辺区の『解放日報』のような対外的な発信機能も持つ中共中央各分局レベルの党機関紙の他、機密性の高い軍区機関紙、農村基層幹部向けに平易に書かれた機関紙などがあり、機関誌については、理論、政治動員・宣伝、教育、文芸など分野に応じて各機関・団体が多様な雑誌を発行していた。根拠地の状況を多面的に浮かび上がらせるため、これら様々なレベル・組織の機関紙・機関誌の使用に留意した。この他、華北傀儡政権についても、政府公報の他に北京と太原の新聞史料を活用した。

　形態、使用状況などが重要な意味を持つ象徴の分析には、写真・映像・現物など、視覚資料の活用が望まれる。このため、建国後編集された写真集の他、当時の画報・画冊・ビラ・ポスター・写真、新聞史料に掲載された画像・写真等を可能な限り調査した。一時的に使用されて長期保存を目的としないビラ・ポスターの類は収集が特に困難であるが、法務部調査局に所蔵されているものを中心に利用した。しかし、中共根拠地を主要な対象とする本書においては、現状では利用可能な視覚資料は非常に限定されており、多くの部分を新聞史料などの記述に依拠せざるを得なかった。新聞史料は、日常における象徴使用や、定着した象徴の使用について十分に伝えていない可能性があり、実態を把握するには一定の限界がある。しかし、特に機関紙には、強調したい象徴操作を集中的に報道するという特徴もあるため、ここから象徴使用の意図を読み取ることも可能である。

　この他、中共根拠地、中共に関する行政文書、党内文書類の利用は制限が多く、基本的には公刊された史料集による他はないが、一部を陝西省、山西省、山東省の檔案館・図書館、南開大学歴史学院中国現代史教研室、中華民国法務部調査局資料室等で確認した。特に中華民国法務部調査局資料室に所蔵されている史料は、断片的ではあるものの、国民党中央統計調査局による鹵獲品を中心とするという性格上、中国大陸では確認・公開されえない貴重なものを大量に所蔵しており、数年の調査を経て、基層から中央に渉る様々な事象に関する

序章　問題の所在と本書の課題　27

史料を収集することができた。

註

(1) 宇野重昭編『中国共産党史研究の現段階』アジア政経学会、1974年、井上久士「日本における抗日根拠地研究の動向」『近きに在りて』第5号、1984年、田中仁『1930年代中国政治史研究―中国共産党の危機と再生―』勁草書房、2002年、序章を参照。

(2) Kathleen Hartford and Steven M. Goldstein, "Perspectives on Chinese Communist Revolution", in Kathleen Hartford and Steven M. Goldstein ed., *Single Sparks: China's Rural Revolutions*, M. E. Sharpe, 1989, C・ジョンソン(田中文蔵訳)『中国革命の源流』弘文堂新社、1967年、マーク・セルデン(小林弘二、加々美光行訳)『延安革命　第三世界解放の原点』筑摩書房、1972年、高橋伸夫『党と農民―中国農民革命の再検討―』研文出版、2007年、補論一「中国共産党と農民革命―研究状況と課題」などを参照。

(3) 註(1)、(2)、本庄比佐子「中国ソビエト運動の研究」、井上久士「抗日根拠地論」、水羽信男「統一戦線論」、野澤豊編『日本の中華民国史研究』汲古書院、1995年、小林弘二『20世紀の農民革命と共産主義運動―中国における農業集団化政策の生成と瓦解―』勁草書房、1997年、序章、三品英憲「「社会主義中国」研究と現代中国」『歴史評論』第667号、2005年を参照。

(4) アナール派歴史学や文化人類学において重視される、様々な象徴作用を持つ"Symbol"の訳語については、日本語ではそのまま「シンボル」とされることも多い(中国語訳は「符号」)。しかし、本書ではこれらの手法を意識的に使用するものではなく、検討する対象も、国旗、指導者像、神像を中心とした具体的な事物に限定されているので、一般的な用語としての「象徴」を使用し、研究史への言及において必要な場合のみ、「シンボル」の語を使用する。

(5) 研究史の一端は、閻傑「20世紀90年代以来中国近代社会史研究述評」『教学与研究』2006年第3期、行龍「二十年中国近代社会史研究之反思」『近代史研究』2006年第1期、吉澤誠一郎「中華民国史における「社会」と「文化」の探究」『歴史学研究』第779号、2003年、同「社会史」、岡本隆司・吉澤誠一郎編『近代中国研究入門』東京大学出版会、2012年などを参照。

(6) 時間と社会統合、国家権力・国家統合に関わる問題については、真木悠介『時間の比較社会学』岩波書店、1981年、佐藤次高・福井憲彦編『地域の世界史6　ときの

地域史』山川出版社、1999年、ジャック・アタリ(蔵持不三也訳)『時間の歴史』原書房、1986年、西川長夫『国民化と時間病』『国民国家論の射程—あるいは"国民"という怪物について』柏書房、1998年、ウィリアム・M・ジョンストン『記念祭・記念日カルト—今日のヨーロッパ、アメリカにみる』現代書館、1993年、岡田芳朗『明治改暦—「時」の文明開化』大修館書店、1994年などを参照。

(7) 黄金麟『歴史、身体、国家—近代中国的身体形成 1885-1937』聯経、2000年、175～229頁。

(8) 左玉河「評民初暦法上的"二元化社会"」『近代史研究』2002年第3期。

(9) 喬志強主編『近代華北農村社会変遷』人民出版社、1998年、羅検秋主編『近代中国社会文化変遷録』全3巻、浙江人民出版社、1998年、簡濤「略論近代立春節日文化的演変」『民俗研究』1998年第2期、謝世誠・伍野春・華国梁「民国時期的体育節、音楽節、戯劇節与美術節」『民国檔案』1999年第1期、伍野春・阮栄「民国時期移風易俗」『民俗研究』2000年第2期、陳恵恵「国民党対社会時間的利用与制作—民国農民節研究」『江西大学学報』第42巻第6期、2009年など。

(10) 遊佐徹『中国近代文化史研究—時間・空間・表象』岡山大学文学部研究叢書、2011年、吉澤誠一郎『愛国主義の創成—ナショナリズムから近代中国をみる』岩波書店、2001年など。

(11) 妹尾達彦「帝国の宇宙論—中華帝国の祭天儀礼—」『王権のコスモロジー』弘文社、1998年、Henrietta Harrison, *The Making of the Republican Citizen: Political Ceremonies and Symbols in China, 1911-1929*, Oxford University Press, 2000、小野寺史郎『国旗・国歌・国慶—ナショナリズムとシンボルの中国近代史』東京大学出版会、2011年、石川禎浩「思い出せない日付—中国共産党の記念日—」、小関隆編『記念日の創造』人文書院、2007年、田中仁「"終戦""抗戦勝利"記念日と東アジア」、西村成雄・田中仁編『現代中国地域研究の新たな視圏』世界思想社、2007年、佐藤卓己・孫安石編『東アジアの終戦記念日』ちくま書房、2007年など。

(12) 前掲黄金麟『歴史、身体、国家』。

(13) 方慧容「"無事件境"与生活世界中的"真実"—西村農民土地改革時期社会生活的記憶」、楊念群『空間・記憶・社会転型—"新社会史"研究論文精選集』上海人民出版社、2001年。

(14) David Holm, *Art and Ideology in Revolutionary China*, Clarendon Press, 1991. 秧歌は農村部で節句や慶祝時に行われる民間舞踊の一種で、ドラや太鼓に合わせて

踊り歌い、春節には村ごとで秧歌隊が組織される。
(15) 李世偉『中共与民間文化』知書房出版社、1996年。
(16) 李軍全「論抗日根拠地的春節娯楽(1937〜1949)」、田中仁・江沛・許育銘編『現代中国変動与東亜新格局』第1輯、社会科学文献出版社、2012年。
(17) 洪長泰『新文化史与中国政治』一方出版、2003年。
(18) 肖效欽・鐘興錦主編『抗日戦争文化史』中共党史出版社、1992年、費正・李作民・張家驤『抗日戦争時期的偽政権』河南人民出版社、1993年、余子道「回眸与展望：建国以来的淪陥区和偽政権研究」『抗日戦争研究』1999年第3期、王智新編著『日本の植民地教育・中国からの視点』社会評論社、2000年。
(19) 利谷信義「『東亜新秩序』と『大アジア主義』の交錯 ─汪政権の成立とその思想背景─」、仁井田陞博士追悼論文集編集委員会編『日本法とアジア』勁草書房、1970年、八巻佳子「中華民国新民会の成立と初期工作状況」、藤井昇三編『1930年代中国の研究』アジア経済研究所、1975年、同「中国における東亜連盟運動」『伝統と現代』第32号、1975年、桂川光正「東亜連盟運動小史」、古屋哲夫編『日中戦争史研究』吉川弘文館、1984年、岡田春生編『新民会外史─黄土に挺身した人達の歴史』前編・後編、五稜出版社、1986、1987年、駒込武『植民地帝国日本の文化統合』岩波書店、1996年、柴田哲雄『協力・抵抗・沈黙─汪精衛南京政府のイデオロギーに対する比較史的アプローチ』成文社、2009年、堀井弘一郎『汪兆銘政権と新国民運動─動員される民衆』創土社、2011年。
(20) 池田浩士編『大東亜共栄圏の文化建設』人文書院、2007年、平野健一郎編『日中戦争期の中国における社会・文化変容』東洋文庫、2007年、愛知大学現代中国学会編『中国21』第31号「特集 帝国の周辺─対日協力政権・植民地・同盟国」、2005年、エズラ・ヴォーゲル・平野健一郎編『日中戦争期中国の社会と文化』慶應義塾大学出版会、2010年、貴志俊彦『満洲国のビジュアル・メディア─ポスター・絵はがき・切手』吉川弘文館、2010年、三澤真美恵『「帝国」と「祖国」のはざま─植民地期台湾映画人の交渉と越境』岩波書店、2010年など。
(21) なお、日本軍による年画の宣伝利用については、川瀬千春『戦争と年画─「十五年戦争」期の日中両国の視覚的プロパガンダ─』梓出版社、2000年がある。
(22) Henrietta Harrison, *Ibid*.
(23) 前掲小野寺史郎『国旗・国歌・国慶』。なお、同書、7〜13頁、小野寺史郎「最近十年来の近代中国政治シンボル研究の展開について」『近きに在りて』第52号、2007

年において、近代中国のシンボルに関する有用な動向整理がなされている。近現代中国の国旗・国徽・国歌に関する概説とシンボルに関する研究史については、貴志俊彦「国旗・国徽・国歌―中国をめぐるシンボルとアイデンティティ」、浅野亮・川井悟編『概説 近現代中国政治史』ミネルヴァ書房、2012年を参照。

(24) 費孝通「郷土中国」『費孝通文集』第4巻、群言出版社、1999年、村松祐次『中国経済の社会態制』東洋経済新報社、1949年。

(25) 内藤陽介『マオの肖像―毛沢東切手で読み解く現代中国―』雄山閣出版、1999年、牧陽一・松浦恒雄・川田進『中国のプロパガンダ芸術―毛沢東様式に見る革命の記憶―』岩波書店、2000年、韓敏「毛沢東の記憶と神格化―中国陝西省北部の「三老廟」の事例研究にもとづいて―」『国立民族博物館研究報告』第29巻第4号、2005年、牧陽一『中国現代アート―自由を希求する表現―』講談社、2007年、韓敏編著『革命の実践と表象―現代中国への人類学的アプローチ―』風響社、2009年、韓敏「韶山の聖地化と毛沢東表象」、塚田誠之編『民族表象のポリティクス―中国南部における人類学・歴史学的研究―』風響社、2009年、楊昊成『毛沢東図像研究』時代国際出版有限公司、2009年など。

(26) 川田進「魯迅芸術学院と毛沢東―凌子風と王朝聞のレリーフをめぐって―」『野草』第56号、1995年、同「毛沢東の肖像に見る権力象徴化の過程」『野草』第65号、2000年、同「毛沢東像の誕生―個人崇拝への道」、前掲牧陽一・松浦恒雄・川田進『中国のプロパガンダ芸術』、前掲内藤陽介『マオの肖像』。

(27) 前掲韓敏「毛沢東の記憶と神格化」、深尾葉子「中国西北省黄土高原における廟会をめぐる社会交換と自律的擬集」『国立民族博物館研究報告』第23巻第2号、1998年。

(28) 中国の秘密宗教結社は、中国語では一般に「教門」と呼ばれ、これに対し異姓結拝によって組織される宗教性のない秘密政治結社は「会党」と呼ばれる。また、両者を合わせて「会道門」あるいは「会門」と称することも多い。「教門」と「会党」は日本語では一般に「秘密結社」と訳されるが、これらの結社が何らかの秘儀・秘密を共有しているとしても、郷村ぐるみで教門に参加する場合など、その様態は「秘密」という状況には当たらないものも見られる。このため、本書では中国語の慣用にならい「会門」という語を使用する。

(29) 小林一美「抗租抗糧闘争の彼方―下層生活者の想いと政治的・宗教的自立の途―」『思想』第584号、1973年、同「斉王氏の反乱―嘉慶白蓮教反乱研究序説―」、青年中国研究者会議『続中国民衆反乱の世界』汲古書院、1983年、同『義和団戦争と明

治国家』汲古書院、1986年、三谷孝「伝統的農民闘争の新展開」『講座中国近現代史』第5巻、東京大学出版会、1978年。

(30) Ralph Thaxton, *China Turned Right Side up : Revolutionary Legitimacy in the Peasant World*, Yale University Press, 1983、富田和広『現代中国社会の変動と中国人の心性』行路社、1993年。

(31) 他にも中共史の叙述においては、「農民の体質化していた『土地均分』への希求」(山田勝芳『中国のユートピアと「均の理念」』汲古選書、2001年、191頁)、「農民世界に潜在する平等願望」(野村浩一『蔣介石と毛沢東—世界戦争のなかの革命—』岩波書店、1997年、393頁)、「相互扶助的な一家的平等の倫理」(山田賢『中国の秘密結社』講談社選書メチエ、1998年、201頁)、「極貧の中の「絶対平等主義」志向」(前掲小林弘二『20世紀の農民革命と共産主義運動』、88頁)などを指摘して、中共の革命の展開を説明するものがある。本来的に平等主義的心性が存在するのか、潜在した心性が呼び覚まされるのか、状況が心性を規定しているのかなど、視点に差異はあるものの、農民大衆の平等主義思想の動員力に注目している点は共通している。

(32) 相田洋『中国中世の民衆文化—呪術・規範・反乱』中国書店、1994年、前掲小林一美『義和団戦争と明治国家』、Ralph Thaxton, *Ibid*. ただし、小林一美『増補版 義和団戦争と明治国家』汲古書院、2008年では、村落の信仰の共同体の存在を指摘する旧著の議論をそのまま掲載しているが、増補部分、581〜588頁においては、中国村落における共同体的結合の存在を否定する観点から民衆反乱の動因を説明している。

(33) 小林一美「中国前近代史像形成のための方法的覚書」、青年中国研究者会議『中国民衆反乱の世界』汲古書院、1974年。中国政治の統治理念としての平等主義思想の重要性については、前掲山田勝芳『中国のユートピアと「均の理念」』も参照。ただし、山田は平等主義思想を民衆一般にも直接認め、統治者と民衆の思想・心性を「均の理念」によって一体的に把握している。

(34) 小島晋二『太平天国と現代中国』研文選書、1993年。

(35) 溝口雄三・伊東貴之・村田雄二郎『中国という視座』平凡社、1995年。

(36) 前掲富田和広『現代中国社会の変動と中国人の心性』、14〜19頁。

(37) 武内房司「清末四川の宗教運動—扶鸞・宣講型宗教結社の誕生」『学習院大学文学部研究年報』第37輯、1990年。

(38) 前掲山田賢『中国の秘密結社』、澤田瑞穂『中国の民間信仰』工作舎、1982年、

Prasenjit Duara, *Culture, Power, and the State Rural North China*、1900-1942、Standford University, 1988 (杜賛奇(王福明訳)『文化、権力与国家―1900-1942年的華北農村』江蘇人民出版社、2008年)、太田出「関帝聖君「顕聖」考―清朝と英雄神の関係をめぐって―」『神戸商科大学人文論集』第37巻第1号、2001年、同「清朝のユーラシア世界統合と関帝聖君―軍事行動における霊異伝説の創出をめぐって―」、歴史学研究会編『戦争と平和の中近世史』青木書店、2001年。

(39) Ralph A. Thaxton, Jr., *Salt of the Earth ; The Political Origins of Peasant Protest and Communist Revolution in China*, University of California Press, 1997.

(40) Chen Yung-fa and Gregor Benton, *Moral Economy and the Chinese Revolution*, University of Amsterdam, 1986. なお、華北においては、大規模地主経営は一般的でなく、経営に関与しない長江以南の地主と異なり、自ら経営に関与する者も多いため、各地域で存在形態の異なる諸経営を地主として包括するには問題がある(奥村哲『中国の資本主義と社会主義―近現代史像の再構成―』桜井書店、2004年、405～406頁を参照)。また、現実においては、土地改革の急進化の中で相対的に富裕な者が「地主」として打倒されることも多かった。このため、中共の主張について言及する場合、本来「　」付きの「地主」という表記がふさわしいが、煩雑さを避けるため、本書では「　」を外している。

(41) 田中恭子『土地と権力―中国の農村革命―』名古屋大学出版会、1996年。

(42) James C. Sccot, *The Moral Economy of the Peasant : Rebellion and Subsistence in Southeast Asia*, Yale University Press. 1976 (ジェームス・C. スコット(高橋彰訳)『モーラル・エコノミー：東南アジアの農民反乱と生存維持』筑摩書房、1999年). モラル・エコノミーとポリティカル・エコノミーの論争と中国社会研究に関する問題については、岸本美緒「モラルエコノミー論と中国社会研究」『思想』第792号、1990年を参照。

(43) 木場紗綾「スラムの住民運動と外部者―フィリピン・マニラ首都圏の事例から―」神戸大学大学院国際協力研究科博士論文、2010年、38頁。

(44) このような民間信仰の特質については、侯傑・范麗珠『世俗与神聖―中国民衆宗教意識―』天津人民出版社、2001年、程歗「中国の民間信仰にみられる信仰意識」、路遙・佐々木衛編『中国の家・村・神々―近代華北農村社会―』東方書店、1990年、94～95頁、渡邊欣雄『漢民族の宗教』第一書房、1991年、第一篇第二章などを参照。

また、マイロン.L.コーエン「魂と救済―中国民間信仰における背反する主題―」、J.L.ワトソン・E.S.ロウスキ編（西脇常記・神田一世・長尾佳代子訳）『中国の死の儀礼』平凡社、1994年の異端宗教と民間信仰の他界観の相違についての分析も参照。

(45)　前掲侯傑他『世俗与神聖』、113〜124頁、第九章。

(46)　前掲山田賢『中国の秘密結社』、三谷孝「天門会再考―現代中国秘密結社の一考察―」『社会学研究』第34号、1995年、同「抗日戦争中的紅槍会」、南開大学歴史系中国近現代史教研室編『中外学者論抗日根拠地』檔案出版社、1993年、喬培華『天門会研究』河南人民出版社、1993年、馬場毅『近代中国華北民衆と紅槍会』汲古書院、2001年、孫江「宗教結社、権力と植民地支配―「満州国」における宗教結社の統合―」『国際日本文化』第24号、2002年、同『近代中国の革命と秘密結社―中国革命の社会史的研究(1895〜1955)―』汲古書院、2007年。なお、山田は、天地会系の結社が「反清復明」の政治的スローガンを掲げながら、実質は相互扶助を目的とする組織であったことを指摘している。しかし、結社の相互扶助の組織原理を、共同体をめざす平等主義的な心性として把握しているため、中共と結社の結びつきについての議論においては、平等主義的心性と中共の革命の結合を展望し（第6章）、結果としてサクストンや富田とほぼ同様の構造を提示することとなっている。

(47)　前掲高橋伸夫『党と農民』。

(48)　中国専制国家論については、中村哲編『東アジア専制国家と社会経済』青木書店、1998年、足立啓二『中国専制国家史論―中国史から世界史へ』柏書房、1998年などを参照。

(49)　註(24)。中国における中間団体、農村社会と国家権力の問題に関わる研究史については、岸本美緒「中国中間団体論の系譜」、岸本美緒編『帝国日本の学知3　東洋学の磁場』岩波書店、2006年に有用なまとめがある。また、安冨歩・深尾葉子「中国農村社会論の再検討」、安冨歩・深尾葉子編『「満洲」の成立―森林の消尽と近代空間の形成』名古屋大学出版会、2010年は、市場と共同性の関係を巡る農村社会論の研究史を整理しており、有用である。

(50)　上田誠「村に作用する磁力」、橋本満・深尾葉子編『現代中国の底流―痛みの中の近代化』行路社、1990年。

(51)　前掲費孝通『郷土中国』。

(52)　寺田浩明「明清法秩序における『約』の性格」、溝口雄三編『国家と社会』東京大

学出版会、1994年。

(53) 三品英憲「毛沢東期の中国における支配の正当性論理と社会」『歴史評論』第746号、2012年、溝口雄三『中国の公と私』研文出版、1992年。

(54) 奥村哲『中国の現代史―戦争と社会主義―』青木書店、1999年、前掲同『中国の資本主義と社会主義』。

(55) ミヒャエル・プリンツ「ナチズムと近代化―ドイツにおける最近の討論」、山内靖・ヴィクター・コンシュマン・成田龍一編『総力戦と現代化』柏書房、1995年。

(56) 笹川裕史・奥村哲『銃後の中国社会―日中戦争下の総動員と農村―』岩波書店、2007年。

(57) 笹川裕史『中華人民共和国誕生の社会史』講談社、2011年。

(58) 荒武達朗「1940年代山東省南部抗日根拠地の土地改革と農村経済」『アジア経済』第39編第11号、1998年、同「抗日戦争期中国共産党による地域支配の浸透」『名古屋大学東洋史研究報告』第25号、2001年、大沢武彦「内戦期、中国共産党による都市基層社会の統合」『史学雑誌』第111編第6号、2002年、同「戦後内戦期における中国共産党統合下の大衆運動と都市商工業」『中国研究月報』第675号、2004年、前掲三品英憲「「社会主義中国」研究と現代中国」。

(59) 田原史起『中国農村の権力構造―建国初期のエリート再編』御茶の水書房、2004年、同「中国農村における革命と社会主義経験―地域社会の『原子化』と『組織化』―」『歴史学研究』別冊第820号、2007年。

(60) 前掲高橋伸夫『党と農民』。

(61) 王友明『革命与郷村―解放区土地改革研究：1941〜1948　以山東莒南県為個案―』上海社会科学院出版社、2006年、93頁。

(62) 前掲孫江『近代中国の革命と秘密結社』。

(63) 前掲高橋伸夫『党と農民』、168〜171頁。高橋は、「党による安定した支配が実現しかけた時点と場所において」、農民大衆が投機的に押し寄せ、組織が雪だるま式に膨張し、動員力が飛躍的に高まる可能性などを指摘している。

(64) 李里峯『革命政党与郷村社会　抗戦時期中国共産党的組織形態研究』江蘇人民出版社、2011年、李秉奎『太行抗日根拠地中共農村党組織研究』中共党史出版社、2011年、岳謙厚・李鑫「太岳解放区之土改整党」『中共党史研究』2012年第7期。

(65) 田原史起「村落自治の構造分析」『中国研究月報』第639号、2001年を参照。

(66) 平野義太郎「北支村落の基礎要素としての宗族及び村廟」、平野義太郎・戒能通

孝・川野重任共編『支那農村慣行調査報告書』第1輯、東亜研究所、1943年。
(67) Prasenjit Duara, *Ibid*.
(68) 貴志俊彦「書評 プランセジット・ドアラ著『文化、権力、国家―華北農村、1900～1942―』」『史学研究』第186号、1990年、前掲奥村哲『中国の資本主義と社会主義』、353～354頁。
(69) 祁建民『中国における社会結合と国家権力―近現代華北農村の政治社会構造』御茶の水書房、2006年、小田則子「華北農村における社会変化と同族結合」『アジア経済』第40巻第3号、1999年、同「解放後の華北農村における社会変化と宗族結合」『アジア研究』第45巻第4号、2000年。
(70) 岸本美緒・宮嶋博史『明清と李朝の時代』中公文庫、1998年、468頁。
(71) 岸本美緒「土地を売ること、人を売ること」、三浦徹・岸本美緒・関本照夫編『比較史のアジア 所有・契約・市場・公正』東京大学出版会、2004年。
(72) 山本真「福建省西南部農村における社会紐帯と地域権力」、山本英志編『近代中国の地域像』山川出版社、2012年。
(73) 三品英憲「近代華北村落における社会秩序と面子―『中国農村慣行調査』の分析を通して―」『歴史学研究』第870号、2010年。
(74) 黄金麟『政体与身体―蘇維埃革命与身体、1928-1937』聯経、2005年。
(75) 李里峰「階級画分的政治功能――一項関於"土改"的政治社会学分析」『南京社会科学』2008年第1期、Philip C.C.Huang, "Rural Class Struggle in the Chinese Revolution: Representational and Objective Realities from the Land Reform to the Cultural Revolution", *Modern China*, vol.21, 1995（黄宗智「中国革命中的農村階級闘争―土改和文革时期的表達性現実与客観性現実」『中国郷村研究』第2輯、商務印書館、2005年）。なお、土地改革と中国農村社会問題に関する研究史の有用な総括として、山本真「土地改革からみた中国農村社会」、飯島渉・久保亨・村田雄二郎編『シリーズ20世紀中国史3 グローバル化と中国』東京大学出版会、2009年がある。
(76) 政策の急進化は、中共の用語では一般に"左"傾と表現されるが、この用語は本来、中国革命を勝利に導いた「正しい」政策・路線の存在を前提として使われる。本書では、このような価値判断の混入する用語を避けて、中共のいう「左傾」現象については、「政策の急進化」などと表現する。
(77) 浜口允子「地主富農階級区分考」『中国―社会と文化』第12号、1997年。地主・富

農の公民権取得に関する類似の情況については、大沢武彦「国共内戦期の農村における『公民権』付与と権力」『歴史評論』第681号、2007年を参照。
(78) 川井伸一「土地改革にみる農村の血縁関係」、小林弘二編『中国農村変革再考―伝統農村と変革―』アジア経済出版会、1987年。
(79) 前掲田中恭子『土地と権力』。
(80) 金野純『中国社会と大衆動員』御茶の水書房、2008年、237〜240頁。
(81) 張楽天『告別理想 人民公社制度研究』上海人民出版社、2005年。
(82) 福本勝清「阿Qたちの祝祭―中国革命史の再検討―」『季刊中国研究』第3号、1986年。前掲奥村哲『中国の資本主義と社会主義』、399〜417頁。
(83) 前掲田原史起『中国農村の権力構造』。
(84) Stephen C. Averi, "Local Elites and Communist Revolution in the Jiangxi Hill Country", in Joseph W. Esherick and Mary Backus Rankin edit., *Chinese Local Elites and Patterns of Dominance*, University of California Press, 1990.
(85) 前掲高橋伸夫『党と農民』、補論一「中国共産党と農民革命―研究状況と課題」、註(46)、鄭浩瀾『中国農村社会と革命―井岡山の村落の歴史的変遷』慶應大学出版会、2009年、山本真「土地改革・大衆運動と村指導層の変遷―外来移民の役割に着目して―」、三谷孝編『中国内陸における農村変革と地域社会―山西省臨汾市近郊農村の変容』御茶の水書房、2011年。
(86) 晋冀魯豫辺区の状況については、斉武『一個革命根拠地的成長―抗日戦争和解放戦争時期的晋冀魯豫辺区概況』人民出版社、1957年、同『晋冀魯豫辺区史』当代中国出版社、1995年、中共中央組織部・中共中央党史研究室・中央檔案館編『中国共産党組織史資料』第3巻(上)、中共党史出版社、2000年、550〜556頁、同第4巻(上)、2000年、506〜510頁を参照。
(87) 前掲岡田春生編『新民会外史』、後編、45〜61頁、青木舜三郎『大日本軍宣撫官―ある青春の記録―』芙蓉出版社、1970年、93〜94頁、城野宏「山西省のこと」、興晋会在華業績記録編集委員会『黄土の群像』興晋会、1983年、498〜501頁。

第1部　時間と記念日

第1章　陝甘寧辺区の記念日活動と新暦・農暦の時間

はじめに

　本章では、まず中華民国成立以降の時間と記念日の問題について概観し、中共政権の時間を中華民国の時間を巡る政治状況に位置づける。その上で、日中戦争期から内戦期までの陝甘寧辺区の中共の記念日活動と時間と農暦の時間との関わり、節句、廟会、集市などの農暦の時間を使用した民俗利用の宣伝・動員活動の状況について検討する。

第Ⅰ節　中華民国の時間・記念日と中国共産党

　中国の伝統暦（以下、農暦）は太陰太陽暦であり、月の朔望をもって1カ月とし、12カ月をもって1年とするが、黄道上における1年間の太陽の動きを基準に設定された24節気を併用することで2、3年ごとに13カ月の年を設定し、季節と暦面のずれを最大1カ月程度に収める工夫がされている。具体的には、24節気の内の各中気を各月に割り当て（例えば、ある朔望月中に雨水［新2月19日頃］が入った場合、その月を1月とする）、中気のない月を閏月とするという方法がとられる[1]。

　中華民国は12年1月1日をもって成立し、この日より新暦が採用された。北京政府期に制定された新暦の国定記念日は、表1-1のとおりである。革命派と立憲派の妥協により成立した民国の建国理念が、共和制の擁護という中立的な価値に帰着したことを反映して、記念日は共和制の護持に関わるもののみによって構成されている。また、旧立憲派が伝統文化を国民統合の理念として採

表1-1　北京政府の記念日・節句・祭祀
［新暦記念日］

1月 1日	中華民国成立	7月 3日	共和回復記念
2月12日	南北統一記念	10月10日	国慶記念
4月 8日	国会開幕記念	12月25日	雲南起義記念

［農暦節句・祭祀］

旧1月1〜3日	春節	旧8月上丁	祀孔
旧2月上丁	祀孔	旧8月15日	秋節
旧3月上戊	祀関岳	旧8月27日	聖誕節
清明	植樹節	旧9月上戊	祀関岳
旧5月5日	夏節	冬至	冬節

民国中央観象台編『中華民国13年暦書』より作成

用しようとしたことを反映して、清朝の農暦の祭祀と節日の一部が、民国初年の内に再編をともないつつ復興された（表1-1）。孔子祭祀（以下、祀孔）は、清末に明の仲春・仲秋祭祀の形式を採用したものを継承し[2]、武廟祭祀（以下、祀武）は、清末に民族の英雄としての地位を高めた岳飛を突出させて関羽と並べた関岳廟祭祀として再編された[3]。この他、12年に一旦新暦で制定された孔子誕辰祭祀（聖誕節）[4] も、翌年には農暦にもどされ[5]、清明［節気：新4月5日頃］は植樹日に指定された[6]。しかし、民国の統合原理は、王朝時代のコスモロジーとは異なる共和制によるため、伝統祭祀で最も重視された祭天儀礼は、帝政を試みた袁世凱による冬至［節気：新12月21日頃］祀天を最後に復興することはなかった[7]。また、黄帝に関わる祭祀や記念日などが採用されなかったことは、これが「伝統」に基礎を持ちながらも、王朝の儀礼とは関わりの薄い「創られた伝統」としての性格が強く、伝統の継承を通じて国家統合の象徴を創造する構想に位置づけにくいこと、黄帝が漢族の反満・反清の象徴として革命派によって提唱されたため、民国の五族共和の理念にそぐわない性格を持っていたことが背景にあったと考えられる[8]。

　これに対して国民党は、孫文を指導者とし、その革命思想と政策方針によっ

て国民革命の完成を目指すイデオロギー政党であり、同党と同党が指導する国民政府の時間は、同様にイデオロギー性の強いものとなった。広東時代の国民政府は、一時農暦の休日を設けることもあったが[9]、南京国民政府成立後は、改めて新暦を唯一の公的な時間とし、農暦を廃止することを宣言している[10]。学校の休暇規定も31年以後、春節［旧正月］によらず、1月下旬や2月上旬を冬休みとし、原則として農暦を排する姿勢を維持していた[11]。農暦は、毎年の月数が不定であり、合理的な計算に適さないこと、暦の一年と一回帰年のずれにより季節を正確に示せないこと、様々な迷信的要素が付随することから、不合理な時間として批判され、新暦は先進的な世界文明を代表する合理的な時間として提唱された。また、これに留まらず、新暦を「総理の遺教」として貫徹させ、農暦や農暦と新暦の併用を清朝や軍閥統治の象徴として使用・出版を厳禁しようとする強いイデオロギー性に特徴がある[12]。国民党・国民政府の記念日は、主に3つの部分から構成される（表1-2、3）。

① 孫文を指導者とする「反帝反封建」の革命運動の歴史

　国民党が指導する国民政府の歴史的記憶は、孫文とその革命派の闘争の歴史に等置された。北京政府期の共和制擁護に関わる記念日の半数は廃止され、孫文自身の事跡、清末の革命派と国民党の革命闘争に関わる独自の記念日が大量に採用されたが、中華民国の正統政府としての権威を象徴する記念日（中華民国成立記念日、国慶節）は国定記念日として維持された。これら革命闘争を記憶する記念日の多くは「国民政府国定記念日」および「本党記念日」（後の「革命記念日」）に採用された。「本党記念日」には、国民党指導者の殉国・逝世の日を多く含むが、これらは38年3月に「本党記念日」を「革命記念日」に変更した際、革命先烈記念日に統合された[13]。また、抗戦建国記念日は38年7月の国民政府訓令により「国定記念日」とされたが[14]、「国定記念日表」には掲載されず、42年10月の国民政府訓令によって抗戦期間中は東北失陥記念日とともに記念活動を行うことが指示されている[15]。

表1-2 国民政府国定記念日（1935年／1942年）

		35	42			35	42
1月1日	中華民国成立	◎	◎	7月9日	国民革命軍誓師	○	―
3月12日	総理逝世記念	◎	―	8月27日	先師孔子誕辰	―	◎
3月29日	革命先烈記念	◎	◎	10月10日	国慶記念	◎	◎
5月5日	革命政府記念	○	―	11月12日	総理誕辰記念	◎	◎
5月9日	国恥記念	○	―	12月25日	雲南起義記念	○	―

◎：休日、記念集会　○：記念集会のみ　―：該当なし
「総理」の呼称は、1942年より「国父」に変更
国立中央研究院天文研究所編製『国民暦』（中華民国27年版、34年版）より作成

表1-3 本党記念日（1938年3月以前通用）／国民政府革命記念日（1942年6月制定）

		党	革			党	革
3月18日	北平民衆革命	△	―	7月9日	国民革命軍誓師	―	○
3月23日	鄧仲元殉国*	△	―	8月20日	廖仲愷殉国*	△	―
4月12日	清党記念	○	○	9月9日	総理第一次起義	○	○
5月5日	革命政府記念	―	○	9月21日	朱執信殉国*	△	―
5月12日	胡展堂殉国*	△	―	10月11日	総理ロンドン蒙難+	○	―
5月18日	陳英士殉国*	△	―	10月31日	黄克強逝世*	△	―
6月16日	総理広州蒙難+	○	○	12月5日	肇和鑑挙義	○	○

党：本党記念日　革：革命記念日
○：記念集会　△：半旗を掲げ記念集会　―：該当なし
*の各記念日は、1938年3月以降、革命先烈記念日に合併して記念
+の各記念日は、1938年3月以降、総理第一次起義記念日に合併して記念
『国民暦』（中華民国 27年版、34年版）、「国民政府訓令 渝字第77号 民国27年3月7日」
『国民政府公報』渝字第30号、1938年3月12日より作成

② 帰属集団別記念日・大衆運動系統記念日

　国民党・国民政府は、職能・帰属集団を組織、発展させつつ、国民革命を遂行しており、社会の側も帰属集団ごとに政治的・経済的要求を掲げて行動する傾向があったことから、帰属集団別の記念日が多数設定されていた。これらには、欧米の労働運動を起源とし、国際共産主義運動が熱心に慶祝するメーデーや国際婦人デーも含まれる。また、特定の帰属集団が重要な役割を果たした大

衆運動にも、当該集団の記念日としての性格が付与され、二七惨案記念日には労働者の記念日の性格が付与され、五四運動記念日は学生ないし青年の記念日としての意義をもつこととなった。この他、児童節と教師節はそれぞれ慈善団体と教育界の請願を通じて制定された(16)。
③ 復古的記念日（民族掃墓節［清明］など24節気の記念日と新暦の先師孔子誕辰記念日）

　統治権力となった国民党・国民政府は、30年代以降に民俗・伝統を利用した文化統合政策を展開するようになり、これらの復古的記念日が採用されるようになった。ただし、農暦については、事実上の太陽暦である24節気のみを使用しており、民俗を利用しつつも節気を根拠とすることで、新暦使用の原則は貫徹されていた。また、新暦普及の宣伝においては、農業において重要な役割を果たす24節気が新暦によってこそ簡便に知ることができることが強調されていた。

　中共は共産主義社会の実現を目指す革命政党として、国際共産主義運動が共有する近代的な時間である新暦によって組織される原則を保持しており、革命の記憶と目的を共有するための新暦の記念日を設定していた。新暦に対する中共の立場は原則的に国民政府と一致しており、これを革命の理念を示す近代的・合理的な時間として、社会生活のリズムに浸透させることを意図していた。新暦によって刻まれた国内外の革命運動、労働運動、国際共産主義運動などに関する諸事件は、中共の指導する革命の意義を過去とのつながりの中で確認するために、記念日として人々の共通の記憶とされる必要があった。

　しかし、国民政府が制度化された記念日・記念方法の規定を持っていたのに対し、国際主義と階級闘争の原則に立つ初期の中共権力にとって、記念日は主に革命運動と階級闘争の文脈において捉えられており、国家・民族の統合の象徴として制度化には十分な関心が払われていなかった。まず、国民革命期には、労働者の権利保障の一環として休日要求の文脈で上述の各種記念日が強調され、ソビエト革命期には30年の「労働保護法」、33年の「労働法」によって、労働者

の休日規定として記念日が言及されている。30年の「労働保護法」では、二七惨案記念日、メーデー、広州暴動記念日、新年、端午、中秋節［旧8月15日］および地方の革命記念日が休日とされ、33年の「労働法」では農暦の節句と地方の革命記念日は除外され、国際共産主義運動の記念日（パリコミューン記念日、ロシア革命記念日・中華ソビエト共和国成立記念日）および五三〇運動記念日、国際反戦デー・中国工農紅軍成立記念日が追加された[17]。「労働法」では、ロシア革命記念日に第一次中華ソビエト全国代表者大会が開催されたことをもって中華ソビエト共和国成立記念日とし（中華ソビエト共和国政府の成立は11月27日）、国家の成立記念日をロシア革命記念日に一致させていること、中華ソビエト共和国国旗の制定が中華ソビエト共和国成立の3年後の1934年であったことなどは[18]、ナショナリズムよりも国際共産主義運動を強調する、ソビエト権力の性格を示していよう。

　農暦の節句の休暇規定は、31年の「労働法草案」において既に削除されており[19]、公的な時間を新暦に統一する原則が確認される。しかし、36年9月の「陝甘省雇農工会簡章及闘争綱領」においては、清明、端午、中秋節、冬至の「四節」の休暇要求が提示されている[20]。農村の環境での活動は、農暦と切り離せないものであった上、中共は国民革命期より、ソビエト・ロシアの大衆宣伝の技術を習得する中で、民謡や戯劇の利用など「地方化」、「大衆化」された民俗利用の宣伝に着手していた[21]。農暦の時間はこのような活動の中で一定の価値を認められていたものと考えられる。

第Ⅱ節　陝甘寧辺区の記念日と新暦の時間

　日中全面戦争開始の前夜、中共は中華ソビエト共和国を取り消し、国民政府の合法的な指導者としての地位を承認した。これにより、中共は国民政府の記念日の形式と活動をほぼ尊重するようになった。また、新暦には中華民国の擁護という意義が加わり、陝甘寧辺区の機関紙の紀年法は、39年2月の『新中華

報』改訂版より、それまでの西暦から中華民国年を採用するようになっている。これは47年3月の延安撤退にともなう『解放日報』の停刊まで維持された。表1－4は陝甘寧辺区政府が、37年から47年3月の延安撤退にかけて記念活動を行った主な記念日とその活動状況を示したものである（37年9月以前は、陝甘寧ソビエト政府）。日中戦争期以後から内戦期にかけての中共政権の記念日構成は、おおよそ以下のように分類できる（複数の性格を持つ記念日も存在する）。

① 国民政府系統の記念日

　抗日民族統一戦線政策への転換によって、中共政権が中華民国の一部としての制度的な位置づけを与えられたことにともない、国民政府の国定記念日の多くが採用された。これらは、上述のように、中華民国の正統な継承権力としての権威を示す記念日（中華民国成立記念日、国慶節）と国民政府独自の記念日とに区別される。「本党記念日」の中では、北平民衆革命記念日（北平惨案記念日）が唯一、中共根拠地において慶祝されている。同記念日は国民革命期の大衆運動の記念日であり、パリコミューン記念日にも重なり、中共の権威を主張できる唯一の記念日である。

② 帰属集団別記念日・大衆運動系統記念日

　国民革命期より帰属集団別組織による大衆運動を重視していた中共もまた、これらの記念日を一貫して熱心に慶祝しており、これらを通じて全中国の各帰属集団に対して連帯をアピールするとともに、根拠地内部では生産運動や軍事的動員において各集団を組織・動員し、模範を奨励する機会としていた。五四運動記念日は、39年に西北青年救国連合会の提案を受けて正式に国民政府の中国青年節とされた[22]。

③ 国際共産主義運動・中共自身の記念日

　ロシア10月革命記念日、ソ連赤軍成立記念日、中共成立記念日、紅軍成立記念日など、国際共産主義運動関連の記念日と中共自身の記念日は、中共の推進する革命運動の意義を宣伝・教育し、統一戦線下での中共のヘゲモニーを主張するため、日中戦争期にも継続して慶祝された。

46

④ 抗日民族統一戦線・反ファシズム国際統一戦線関連の記念日

　抗戦建国記念日、東北淪陥記念日(国民政府規定では東北失陥記念日)は、抗日民族統一戦線の重要な記念日として、中共を含む諸政治勢力や社会団体によっても一貫して重視された。反ファシズム国際統一戦線関連の記念日は、国際共産主義運動に関わる国際反戦デー、国際青年デーの他、国民政府が42年より慶祝を開始した連合国デーが、44年に限って延安で慶祝されている(JR44.6.15)。この他、国内外の諸政治勢力が集結した延安では、回民やモンゴル族などエスニック集団の記念日、朝鮮・台湾の独立運動、日本の共産主義運動に関する記念日の活動が組織されていた。

　各記念日において、中共はその政治的意義と当面の政治情勢に対する自らの立場を宣伝し、国内外に向けたアピールを発するとともに、各種動員目標を設定している。記念日を動員や生産競争の時間的起点や終点としたり、余暇や娯楽の時間とすることで政治意義を共有し、政権の時間的規律に従う辺区の動員体制の確立が目指された。また、記念日の活動は、複雑に変化する政治情勢の中で、国民党・国民政府を含む国内外の諸勢力の支持、支援を確保するとともに、陝甘寧辺区内の反共勢力の活動に対抗して、社会各層に政権の正当性を主張する上でも重要であった。日中戦争初期には国民党の駐留軍や国民党党部代表などを招いた大会も行われ、国民党の県長や「頑固派」の妨害に対抗して、大会を開催している例も確認される[23]。

　記念日の式典への参加や記念活動の構成は、学校、工場、軍隊、青年組織、婦女組織などの帰属集団に分けて行われている。フランス革命の諸式典は、職業、身分構成を排除し、参加者を年齢構成のみで区分した行列を組織したとされ[24]、均質な国民という理念を実現させようとする意図がうかがえるが、陝甘寧辺区の式典においては、各帰属集団の抗戦と革命における役割を意識した構成がとられ、その下での諸階層の統合が意図されている。ただし、42年以前の大会や記念活動において農民は、一部が青年、婦女、児童の組織に帰属して参加している他は、基本的に自衛軍もしくは「武装した民衆」として参加してお

第1章　陝甘寧辺区の記念日活動と新暦・農暦の時間　47

表1-4　陝甘寧辺区の記念日活動（1937年1月～1947年3月）

		37	38	39	40	41	42	43	44	45	46	47
1月1日	中華民国成立	―	◎	／	◎	◎	☆	☆	◎	☆	◎	△
1月21日	レーニン逝世	―	△	／	△	△	△	△	△	△	△	―
1月28日	淞滬抗戦	◎	★j	／	―	―	―	―	―	―	―	△
2月7日	二七惨案	○	☆	☆	☆	◎	◎	◎s	○	(☆*)³	○	―
2月23日	ソ連赤軍成立	―	―	△	△	△	☆	◎	△	☆	○	―
3月8日	国際婦人デー	☆	☆	☆*	☆	☆s	◎js	◎js	◎ms	○	(★)⁵	―
3月12日	孫中山逝世 植樹節	―	☆*	☆	○	△	☆	△	☆	△	△	―
3月18日	パリコミューン 北平惨案	○ ○	△ ○	○ ○	△ △	△ △	△ ―	△ ―	― ―	― ―	― ―	― ―
4月4日	児童節	―	―	―	◎	◎	◎	○s	○	○	△	―
5月1日	メーデー	★	★	★	★	★	―	★	◎*	★j	[○]⁴	★
5月4日	青年節	―	○	★	☆	☆	◎	☆	○	★	[○]⁴	☆
5月5日	マルクス誕辰 学習節	―	―	―	○	○	○	○	△	―	―	―
5月12日	ナイチンゲールデー	―	―	―	―	―	△	△	◎m	◎m	―	―
5月30日	五三〇惨案	★	★	◎	◎	―	―	△	△	―	―	―
6月18日	ゴーリキ・ 瞿秋白逝世	○	○	○	◎	○	○	○s	○	○	△	―
7月1日	中共成立	○	☆	○	◎	◎	◎	○	☆	◎	○	―
7月7日	抗戦建国	☆	★*	☆j*	★	★	☆j*	★*	☆	☆	◎	―
8月1日	紅軍成立 国際反戦デー 八一宣言	☆ ○ ○	★* ○ ○	☆ ○ ○	◎ △ ○	◎ △ ○	◎j ○ ○	☆ ○ ○	◎ ○ ○	○ ○ ○	○ ○ ○	― ― ―
9月上旬	国際青年デー	☆	☆	○	★	★j²	☆	☆	○	◎	―	―
9月18日	東北淪陥	★	★*	☆	★b*	★j²	△	△	△	△	―	―
10月10日	国慶節	(☆)¹	―	―	○	★	☆	◎j	◎	★	―	―
10月19日	魯迅逝世	―	○	○	○	○	☆	☆*	○	○	―	―
11月7日	ロシア革命	△	★	○	○	☆	☆	★j	△	★	△	―
12月9日	一二九運動	―	―	★	○	○	○	―	☆	☆	◎	―

― ：言及なし　／：『新中華報』停刊中のため不明　△：機関紙面での言及など
○：小規模の個別集会・記念活動　◎：各地区、機関等での同時の集会・記念活動
☆：◎のうちで千人～数千人規模の集会が確認できるもの
★：◎のうちで一万人～数万人規模の集会が確認できるもの
（　）は記念日名に言及のないもの　[　]は予定の報道のみで実施が確認できないもの
記号の横のアルファベットはそれぞれ、
　b：廟　j：集市　m：廟会　s：節句　を使用した集会・活動が確認できるもの
＊：追悼会・追悼儀礼　下線：民俗的な儀礼・芸能などの利用が確認できるもの
(◎)¹は「紅軍抗日戦争勝利祝賀大会」など　★j²は安塞真武洞集市の同一の記念大会
(☆*)³は「彭雪楓追悼大会」　[○]⁴は解放区大会代表大会の予定　(★)⁵は「延安防衛大会」
『新中華報』『解放日報』『辺区群衆報』『共産党人』の該当記事などより作成

り（XZ37.1.30、5.13、38.2.5）、彼ら自身の職能団体や帰属集団は確認できない。陝甘寧辺区には組織上、辺区民衆敵後後援会の下に、辺区青年救国会、辺区婦女連合会などと並んで、貧農会を改組した辺区農民会（会員40万程度）という農民組織があるが[25]、農民が実際にこのような組織を通じて記念活動に参加していないことは、この時点での政権の農民把握が専ら自衛軍として動員できた範囲に止まっていたことを反映していると考えられる。また、工場労働者がしばしば休日から部分的に除外される一方で、女性、児童、青年のみの休日が存在するなど、休日についても帰属集団を意識した構成がうかがえる。この他、記念日の構成には、農民固有の祝日がないことも確認できる。

　上述のような中共の記念日構成は、国民党と中共政権の関係を反映して、日中戦争期から内戦期にかけて、①の国民政府系統の記念日を中心に顕著な変化が見られる。本章では、まず日中戦争初期の陝甘寧辺区における状況を確認する。39年12月の国共摩擦以降は、国民政府系統の記念日活動を通じて国民政府擁護の姿勢が引き続き示される一方で、国民政府の反共政策への対抗が意識されるようになる。この変化は特に前線の根拠地で顕著であるので、太行区・太岳区の状況も含めて次章において詳述する。

　陝甘寧辺区において国民政府系統の記念日が積極的に慶祝されるのは、38年以降のことであり、国共合作の成立間もない時期の37年の国慶節の慶祝は行われていない（XZ37.10.14、同日に中央紅軍北上抗日3周年記念大会などの大会を開催）。これは、統一戦線の政府が頂くべき国家構想についての国共間の矛盾を反映したものと考えられる。36年7月以降、中共の統一戦線政策は国民党をも対象とする方向に転換するが、中共は同時に「民主共和国」の組織による国家の再編を主張し、37年2月にソビエト政府の中華民国特区政府への改編を表明した後も、民主的に組織された「国防政府」の構想を保持して、中共の政権と軍隊の解消を主張する国民政府と対立し続けた。中華ソビエト共和国中央政府が正式に解消されるのは同年9月のことで、ソビエト国家と中華民国との関係が早急に清算されなかったことが、国慶節の扱いに影響したものと考えられる[26]。しかし、陝甘寧辺区では日中戦争初期の良好な国共関係を反映して、38年の孫

中山逝世記念日には孫中山逝世13周年祭・抗戦陣亡将士追悼大会が開催され（XZ38.3.15）、その後、多くの国民政府の国定記念日が積極的に導入されていく（表1-4）。

　辺区社会の精神的統合と現実の動員の必要から、一週間の生活リズムを含む新暦の時間は、行政組織、工場、学校、農村教育組織、自衛軍組織などを通じて浸透が図られていく。個別の記念日の休暇に関する具体的な指示を陝甘寧辺区の機関誌で確認できるのは、39年のメーデー以降であるが、それ以前から記念日には、体育大会、演劇、宴会その他の娯楽活動が催されている。農村では、自衛軍訓練や「冬学」［農閑期における社会教育］、「倶楽部」［教育・余暇・宣伝組織、あるいはその集会所］に関する政令や政策などにおいて、記念日や一週間ごとの抗属［出征兵士の家族］への援助、慰問活動、一週間のリズムによる訓練、学習等が指示されている[27]。

　周知のとおり社会的には農暦の影響力が長く保たれており、陝甘寧辺区においても、中共政権が公的に使用する新暦の時間と、社会的に使用される農暦の時間とが併存していた。日中戦争期に至っても、中共政権下においては記念日の制度化は進展せず、慶祝する記念日と活動内容が根拠地の政府や党組織から随時指示される他は、労働者の休暇に関する法令等が一部に確認されるのみである。日中戦争期には中共政権の国民政府への復帰により、独自の記念日体系を主張する制度的根拠を失ったことがこの背景にあると考えられる。日中戦争期の中共の新聞に見られる、新暦の擁護、農暦の不合理性に関する説明は、国民党のものとほぼ一致しているが、論点は新暦の合理性にのみに当てられ、イデオロギーの問題には言及されていない。中共権力は、革命の時間としての新暦に価値を置きながらも、一般的な啓蒙活動においては、国民党のような強いイデオロギー性をもって農暦の時間を否定しているわけではなかった（JR42.1.30、44.4.5）。

　本来民衆の生活との関わりを持たない新暦のリズムは、その浸透が容易ではなく、冬学に関する政令は39年より農暦による時期設定が行われている[28]。陳学昭の「延安訪問記」によれば、延安においても各機関が一斉に新暦を採用す

るのは、39年の元旦からであったという。陳はこれにより「一般民衆も新暦を用いるようにな」り、「暦についての習慣はすっかり統一された」としているが、この状況は、むしろ社会における農暦の支配力の強さを想像させる[29]。政権が社会との関わりを深めていくほど、農暦の時間への対応は避けて通れない問題となる。

第Ⅲ節　陝甘寧辺区における農暦の民間活動と政治動員

　表1-5は、陝甘寧辺区における代表的な農暦の節句、24節気の一部と一年の農作業、および代表的な新暦の記念日の位置関係を示したものである[30]。農暦の各節句は農作業の進行と密接な結びつきをもち、作業の節目に、天候の安定と豊穣、一族の無病息災と繁栄などを祈り、あるいは感謝するため、祖先や各領域を支配する神仏を祭るものであり、余暇や娯楽の時間ともなる。上述のように24節気は黄道上の太陽の位置を忠実に反映しており、農作業の進行の基準として重視されている。この中には清明、冬至のように節句としての性格を持つものもある。24節気によって農作業を進めることは事実上新暦に依拠することに等しく、暦学的な理解は差し置いても農民にとって重要な農業の指標となる。

　各地の廟会、集市もまた、農暦によって日取りが決められている。廟会は、神仏の生誕日などに会期が設けられ、加護を求める民衆が集まるという信仰活動の性格の他に、集市としての経済的な機能をも果たしている。節句の年中行事の多くが各家庭規模で行われるのに対し、廟会、集市は、大規模なものでは数千から数万に上る人々が、人口がまばらで分散した陝甘寧辺区の農村数十里［1里は500m］周辺から集まり、遠隔地の商人なども訪れる。この他、職業神の生誕日は、各職業に従事する人々にとって重要な祭祀の日となる[31]。

　このように民衆は、生活の様々な分野において農暦に依拠し、自らの生活規範、習慣に基づいて、ある共通の期待や願望をもって自発的に定められた行動

表1-5　陝甘寧辺区における24節気の農作業／新暦記念日／農暦活動

24節気（一部）の農作業と新暦記念日	主な農暦の節句
（新暦）	12月23日　竈神昇天　年越し準備
立春2月4日頃　春耕準備	1月1日　春節　（生産計画）
〔二七惨案〕	1月15日　元宵節
啓蟄3月5日頃　春耕開始	2月2日　龍抬頭　春耕開始
春小麦など播種開始	
〔国際婦人デー〕	
清明4月5日頃　墓参　植樹　播種	4月8日　浴仏節　廟会
〔メーデー〕〔中国青年節〕	
立夏5月6日頃　春小麦播種終了	5月5日　端午　厄除　互助
芒種6月6日頃　黍など播種開始	
夏至6月22日頃　夏収開始　〜小暑	
除草・変工　〜立秋	6月6日　麦収節　親戚訪問
〔中共成立記念〕〔抗戦建国記念〕	
小暑7月7日頃　春小麦など収穫	7月15日　中元節　秋収祈願
大暑7月23日頃　冬小麦播種　〜秋分	墓参
立秋8月8日頃　（除草　〜秋分）	8月15日　中秋節　収穫祭
〔東北淪陥記念〕	
秋分9月23日頃　秋収開始	9月9日　重陽　収穫祭
〔国慶節〕	10月1日　寒衣節　墓参
霜降10月23日頃　秋収終了	10月15日　下元節　集市
〔ロシア革命〕	
冬至12月22日頃　新春起点（81日後）	12月8日　臘八節　豊作祈願
〔新暦新年〕　生産計画	

農作業日程は地域により1カ月ほどのずれがあるが、延安地区を中心に整理した。節句の名称、意味には地域によりずれがあるが、代表的なものでまとめた。

を行う。民衆の自律的な行動と心性を把握して、行動が行われる時間と場所に対して、適切な宣伝、動員を行うことができれば、多くの成果を期待できる[32]。しかし、これを利用するには、農暦の活動にともなう民間信仰の要素、伝統的社会秩序や社会道徳などのいわゆる「封建」的要素への対応が同時に示されなければならない。農暦の時間への対応の問題は、日中全面戦争以来議論のなされてきた「民族形式［民族固有の芸術・文化の形式］の利用と改造」問題に関わるものであった。

日中戦争初期の陝甘寧辺区においても、新暦の新年を含む記念日に旧劇や灯籠行列などの民俗的な芸能・娯楽が使用されており、38年春節には抗属慰問や下郷宣伝も行われ、この年から民衆劇団その他の職業劇団および機関団体の劇団が、記念日などに宣伝劇を公演していることが確認される[33]。38年10月の六期六中全会の毛沢東報告は、党員のマルクス主義学習の問題について理論的な整理を行い、マルクス主義は必ず民族の形式をとることによってこそ実現できるとする「マルクス主義の民族化」の問題を提起した[34]。これにより、中共の民俗利用の方針も、民俗の中の「封建」、「迷信」などの部分を捨て去り、民族の文化伝統の精華を守り、発展させていくことが改めて確認された。しかし、このような民俗利用の宣伝動員活動が全辺区的な動きとして展開するには、整風運動を通じて、「民族形式」に固有の価値を認める「マルクス主義の中国化」の方針が確定され、文芸の「工農兵」への普及と向上のために、幹部が組織的に動員されるのを待たなければならなかった[35]。

　日中全面戦争開始後の数年間、陝甘寧辺区の機関紙においては、農暦に依拠した可能性が高いにも関わらず、これに言及しない例が多く見受けられる。41年までの春節期の労働英雄大会、生産運動などはともに春節に言及していない。39年春節の『新中華報』一面の標題の角には、「中国人民の領袖」として毛沢東の肖像が掲載されている。この欄は、新暦の記念日を絵とスローガンで示すのに使用されているもので、明らかに春節を意識したものと考えられるが、紙面はソ連赤軍創設記念日に際しての毛沢東の論評を掲載するに止まっている（XZ 38.1.10、39.2.22、40.3.26）。また、国民政府が清明に行っていた黄帝陵での「民族掃墓節」式典への中共、ソビエト政府、陝甘寧区政府の代表派遣（37年から39年）や、40年の延属分区における清明前後の植樹活動に関しても、清明への言及は見られない[36]。

　整風運動の発動期にあたる42年2月の春節より、中共の農暦の時間の利用は明確な形をとっていくことになる。この年の春節は5日間の休日となり、延安市政府は「民間の習慣を尊重して各種娯楽宴会を禁止せず」、公安局は「爆竹を特別に許可し」ている（JR42.2.15）。元宵節［旧1月15日］には十里周囲の農民

が妻子を連れて市内に流入し、「数年来、なかった賑わい」を呈した（JR42.3.3）。毛沢東の「在延安幹部会議的講話」は、旧12月23日［年越し準備開始の日］に行われ、除夕［大晦日］より各種劇団による新旧劇の公演や団体、クラブの娯楽活動などが繰り広げられた（JR42.2.15、2.16）。延安市文化クラブは、農暦元日を「毛沢東デー」とし、毛の経歴、著作等についての講演会を行い（JR42.2.18）、中共中央宣伝部の会議では、康生が、後に整風文献に指定される「反主観主義、宗派主義問題」の講話を行っている（JR42.2.21）。辺区の暗部を一面的に強調したとして後に批判された風刺画展も、春節活動の一環として行われていた（JR42.2.18）。また『解放日報』は、旧1月4、5日には、「中国のマルクス・レーニン主義」である「毛沢東主義」の学習を訴えた張如心の「学習和掌握毛沢東的理論和戦術」を（JR42.2.18、2.19）、春節活動の最終日となる元宵節翌日の旧1月16日には、中共中央「在職幹部教育的決定」を掲載している（JR42.3.2）。整風運動は、まず春節の祝賀活動を利用する形で本格的に発動されたのである。

　43年以降、中共中央、八路軍総司令部、陝甘寧辺区政府は、春節期を擁政愛民・擁軍運動月[37]に指定し、軍隊、政府、民衆、抗属の合同宴会、相互慰問、軍への慰労品、慰労金の供出などが行われるようになる。年賀状、民家の掃除、春聯書きなど[38]、春節の習俗にあわせた民衆への奉仕活動や宣伝も軍隊や各機関、学校によって広範に行われるようになる。綏徳分区では、春節の廟会で政府の劇団が演劇を行い、お布施的な募金が集められている。民衆は春節に縁起の悪いことを言うのを禁忌としていたので、擁政愛民運動の中で軍への意見、批判を聴取する際にも、軍民団結の雰囲気を作り上げるのに有利であったと考えられる。春節などの節句を豊か、賑やかに過ごすのは、民衆の幸福の尺度であり、この時期の娯楽活動、奉仕活動を通じて、八路軍進駐による生活の向上を印象づける目的があった。『解放日報』では、この意図に則した民衆の発言が宣伝されている[39]。

　民衆が一年の豊穣と幸福を祈る春節は、生産運動にも重要な位置づけを与えられている。43年より労働英雄運動が展開され、労働英雄や機関団体、農村の生産計画、生産競争が発表されるようになる[40]。年画は竈神や門神などを改造

して、労働英雄、農業生産、自衛軍、八路軍などをモチーフに描かれ[41]、延安地区に移民した綏徳地区出身の農民が春節に帰省する機会を利用して、更なる移民の奨励が行われた（JR43.1.13、2.22、45.3.6）。

44年以降の春節には、市民代表、労働英雄などが毛沢東ら中央指導者に大会、宴会などで年始挨拶の会見をし、娯楽、宣伝活動において民衆、労働英雄の秧歌隊などの活動が見られるようになる[42]。春節は新暦の記念日の構成に加えられていなかった農民の代表が登場する農民の祝日としての意義も持つことになる。また、44年の元宵節前後には各県で大規模な自衛軍検閲大会が開かれている[43]。春節期は、この他、重要な政策、方針が発表、宣伝される時期として重視されるようになった。44年より開始された機関職員や民間の長寿者への祝寿活動［長寿者への慶祝の活動］は、45年の春節以降、大規模に組織されているが、これは党、政府、軍は民衆の「子供」、民衆は党、政府、軍の「父」であるという形で、民衆の長幼秩序意識に訴えて、その支持を取りつけるようとするものであった。この年、過去の擁軍運動が物資供出に偏重し、民衆が負担を感じているとの報告が出されており、より民衆を尊重する形式をとる必要が感じられたものと思われる[44]。

前述のように24節気は農作業の進行に重要な意味を持つが、中共は42年以後、生産の指示の中でこれを強調するようになり、その際、「農諺」と呼ばれる農作業、天候に関する民間の諺も多用している。24節気による農作業は、労働英雄の一年の生産経験、生産計画などを通じて、実践、宣伝され、棉やジャガイモなどの新たな作物の導入を含め、節気ごとの細かな作業日程が示されている[45]。生産運動は、これらの民間の生産知識や時間の感覚を利用しながら進められた。幹部学習の計画も、24節気による農作業の進行を念頭に作られるものが現れ、機関、学校の休暇は44年以後、除草や秋収を援助できるような時期設定が行われるようになった[46]。また中共は、国民党と同様に、24節気は新暦によって容易に把握できる点を強調し、迷信的要素が強い農暦を排して新暦を普及すべきことを主張している（JR42.1.30、44.4.5）。春耕の到来を告げる啓蟄と龍抬頭のうち、24節気の啓蟄［新3月4日頃］は非常に重視され、生産運動の日程に取

り入れられたが、迷信的要素が強く毎年新暦とずれを生じる龍抬頭［旧2月2日］は正面から取り上げられることはなかった。

新華書店発売のカレンダーは、42年には新旧暦と24節気を併記したものを発行しており、また『解放日報』と『辺区群衆報』は、それぞれ44年と45年の1月より、日付に新旧暦と24節気を併記するようになった。43年以後になると、農業以外にも各種動員工作や事件、事故の報道、広告、農村党支部の会合日程などにも農暦や24節気の記録、日程が大幅に登場するようになる。

清明は42年以降、農作業の一過程として言及される他に、桑、果実、棉などの植樹の日として位置づけられ、労働英雄と模範郷を中心に植樹運動が繰り広げられていた（墓参などの側面については後述）[47]。端午は、40年には綏徳分区において、塩採取労働者を組織、動員する「塩工節」として利用され、41、42年には、文芸界において民族的英雄、屈原記念の日として位置づけられる。43年以後は、労働互助を推進する政府の意図の下、民間の労働互助である変工、札工の開始時期としても言及され、学校の体育大会、娯楽会、駐留部隊の農村援助の例も確認される。また、45年には曲子県政府が、端午を非常食糧としての南瓜を植える「種瓜節」とする試みを行っている[48]。秋の収穫を祝う家族団欒の日である中秋節は、43年以降、擁政愛民・擁軍運動の中に位置づけられ、軍、党、政府、民衆などの相互慰労活動、娯楽活動の日となり、軍への物資供出に利用されるようになる。これらの活動によって家族主義的な団結の雰囲気を盛り上げることが目指された。節句を豊かに送ることは、春節同様、辺区経済の発展や八路軍の貢献によるものとして宣伝されている[49]。この他、組織化が困難な小規模な農暦の節句も、個別の農村の習慣に従い、基層工作に利用されるようになっている（JR44.8.16、9.6、45.1.21など）。また、この時期の民謡改造は、12カ月の節句などを歌い出しにする民謡に、労働互助を含む一年間の生産指示を盛り込む形もとられている[50]。

廟会は、迷信によって時間と財貨を浪費し、古い社会秩序を正当化するという面から、中共政権にとって本来的に否定されるべきものであった。しかし、災厄を免れ現世での幸福を得ようとする民衆の信仰活動を強制的に排除するこ

とも容易にはできず、廟会を主管する現地の有力者が存在する場合、その排除は更に困難なものであったと考えられる。廃廟は学校や工場などとしても使用されていたが、39年から42年にかけて、辺区各地の軍や政府機関などが、自給のために廟を破壊して材木を売却し、民衆と対立する状況が生じ、辺区政府と八路軍総司令部は、このような行為の禁止を命令している[51]。この状況は、廟や廟会を利用するという発想が、党、政府、軍の当事者に希薄であったことをうかがわせ、この時期、廟会を利用した宣伝や大会はほとんど確認できない。

　上述のような性格を持ちながらも、廟会は、分散した農村から多くの人々が共通の願望をもって集まる機会であり、その中には、普段外出する機会のない農村女性が、子供の出産や成長などを祈願するために集まるものも多く、平素、動員、組織が困難な人々を把握することのできる好機でもあった。また、経済活動を活発化し、辺区の危機を克服するという面からも、集市の機能をもつ廟会の利用が求められるようになった。活動を停止していた廟会も、44年頃には大半が復活したとされ、44年の「不完全な統計」では、隴東分区で271カ所、三辺分区で367カ所、綏徳分区の4県で演劇のあるものだけで500カ所余りの廟会が開かれている。人口110,000余りの綏徳県で1年間に廟会に詣でる者の延べ人数は350,000人で、女性を含めて毎年1人平均3回以上参会している計算になる（JR44.7.15）。42年以降、中共は廟会のこのような性格に着目しつつ、積極的な工作を進めていく。

　表1-6は、陝甘寧辺区の代表的廟会とその利用を示したものである。この他にも規模の不明な廟会20カ所余りでの活動が、機関紙上で確認される。37、38年の廟会利用は、集まった人々を廟から移動させて、廟会の趣旨や人々の願望とは直接関係のない政治宣伝を行ったり、廟会に決定的な役割をもつ劇団の組織も不十分で、技術的に洗練されていなかった（XZ37.6.3、38.12.19）。42年以降は、学校、軍隊、政府機関などの劇団が、改造した秧歌劇などを上演して、各種宣伝を行うようになり、宣伝の内容も、集まる人々の願望に配慮したものとなっている。女性が集まる各地の娘娘廟会などでは、女性労働英雄の表彰、紡織の奨励、衛生、出産、育児に関する科学的知識の宣伝などが行われている。

第1章　陝甘寧辺区の記念日活動と新暦・農暦の時間　57

表1-6　陝甘寧辺区の代表的廟会（数千人～数万人規模）とその利用

場所、名称	会期(農暦)	内容
慶陰県桃花山	3月1日	43年　労働英雄、植棉模範奨励 44年　植棉教育宣伝 45年　植棉、衛生教育宣伝
綏徳県合龍山	3月3日	43年　労働英雄奨励、戦闘劇社など公演
淳陽県香山	3月15日 10月15日	42年頃～　関中八一劇団等 47年頃　宣伝工作
米脂県娘娘廟	3月18日 （祈子節）	43年　女性労働英雄奨励大会 45年　衛生、育児教育宣伝
子長県陽家園子	3月18日	45年　衛生、育児教育宣伝
甘泉六里廟香火大会	3月20日	43年　退役軍人模範ら奨励
綏徳市	3月28日	42年　辺区銀行懸賞金付貯蓄券当選発表
安塞自楊樹湾	4月ごろ	45年　衛生、育児教育宣伝
志丹市	4月8日	37年　救国宣伝
延安市清涼山	4月8日	44年　衛生教育宣伝、迷信打破 45年　衛生教育、凶作への対応宣伝
葭県白雪山	4月8日	43年　労働英雄、模範工属奨励 45年　綏徳文芸工作団など宣伝工作
延長県	4月8日	43年　婦女紡縫運動宣伝
米脂県青雲山香煙会	4月8日	44年　印斗区生産業余劇団公演
延安県蟠龍香煙大会	4月27～30日	37年　普通選挙、生活改善等の宣伝
慶陽県	6月23日	44年　文教工作、生産教育、時事宣伝
慶陽県三十舗里高廟	7月12～30日	44年　衛生、育児、文教宣伝
延安県鳥陽区娘娘廟	7月15日	46年　時事、衛生宣伝
米脂県	7月	46年　時事宣伝
靖辺県僜羊羔山	7月	46年　時事宣伝
同宜輝県大香山	10月中旬	42年　時事宣伝

『新中華報』『解放日報』『辺区群衆報』などの関連記事から作成

　44年からの疫病の大流行に際しては、迷信に頼らず、医療を受けることの重要性を民衆に理解させるために、衛生所の医師などが廟会に出向き、医療知識の宣伝と患者の治療にあたるようになり、これを契機に廟会工作はより広範に展開されていく。この後、同年11月の辺区文教大会において、廟会工作の重要性は更に強調され、「廟会を利用し、廟会を消滅させる」方針の下、廟会には、

社会教育、衛生宣伝、生産宣伝、模範奨励、時事宣伝など、様々な役割が期待されるようになる。廟会工作の模範例としては、慶陽県三十里舗高廟の「文化棚」［仮設の大衆教育館］の活動があげられ、同廟では、臨時助産訓練班、識字班、医務所などの活動が報告されている。廟会への喜捨や劇団の費用を合作社や民間学校の資金として使用している例も見受けられ、廟に貼られる宣伝用の対聯も、「中国を救え」、「日本を打倒せよ」などの「民衆の不満を引き起こす」政治宣伝から、「金のなる樹の桑を植えよう」、「労働力を交換すれば、四方の財が集まる」など、民衆の発財志向に沿う形での生産指示に変えられた例が確認される[52]。

　集市は廟会同様、42年以降、各種宣伝に活用される一方で、大規模な動員大会の場として利用されている。廟会に比して民間信仰に配慮する必要が少なく[53]、商業政策によって政府の管理下におけることが、その理由であると考えられる。また、日本や国民党の封鎖に対抗して辺区内の商業網を強化し、自給できない必需品を確保するためにも、その活性化が求められた。伝統的な集市ばかりでなく、中共政権下で復活、創設された集市も、35年以後、集期が確認できるもの全てが農暦で運営されている。民衆の基本的な経済活動である集市は、彼ら固有の時間によって運営されなければ成立し得ない上、辺区外の客商などを招致する必要からも、農暦による集市は現実に規定された選択であった。

　陝甘寧辺区の大規模集市は騾馬大会と呼ばれ、家畜交易を中心としたことに名前が由来するが、家畜に限らず農産物、日用雑貨を始め様々な商品が取り引きされている。騾馬大会は年に1、2回、数週間から1カ月の会期で、陝甘寧辺区各地の代表的市場において開催され、最大規模のものでは辺区内外より毎日数千人から1万人が集まるとされる。騾馬大会は、清末まで遡る伝統的集市であるが、陝甘寧辺区の機関紙にその活動が報道されるのは42年以降からで、中共が封鎖に対抗して、辺区の商業活動を活性化させる政策に転じた時期にほぼ一致している。途絶していた延安や延長の大会が復活し、各地に新たな大会が創設され、各種宣伝や模範奨励の場などとして利用されるようになっている（表1-7）[54]。

表1-7 陝甘寧辺区の騾馬大会(数千〜数万人規模)とその利用

場所、名称	会期（農暦）	内容
延安市南門外	春節	44年 延安市民の秧歌隊活動
葭県	2月13〜18日	45年 文教宣伝、生産展覧会、劇団公演
延川県文安駅	2月24日	42年 労働英雄奨励大会
	2月13日	44年 国際婦人デー記念大会3月7日
慶陽市駅馬関	4月28日〜5月7日	42年 劇団の時事宣伝等
		44年 毛沢東肖像販売、劇団公演
慶陽県	6月27日〜7月4日	42年 七七宣言、各種法律宣伝
	9月27日〜10月3日	43年 分区労働英雄大会、生産展覧会
	6月23日	44年 文教生産時事宣伝（廟会工作）
	10月1日	44年 分区労働英雄大会と同時開催
固臨県臨鎮	6月	44年 中心小学校秧歌の衛生宣伝
環県	7月12〜18日	42年 各種政策の宣伝
延安市新市場	7月15日〜8月1日	44年 延安各劇団公演
	8月20日〜	45年 抗戦勝利祝賀大会、劇団公演
	10月11日〜11月3日	43年 辺区労働英雄大会、生産展覧会
志丹県	7月15日	43年 運塩英雄奨励大会
		44年 延安保安処秧歌隊など公演
安塞磚窯湾	7月15日〜	44年 難民工場秧歌公演、巫神自白大会
米脂県	7月25日	46年 時事宣伝
綏徳県	8月2〜7日	44年 魯迅芸術学院劇団公演
	10月10〜11日	43年 分区労働英雄大会、生産展覧会
馬欄市	9月30日〜	43年 分区労働英雄大会、生産展覧会

『解放日報』の関連記事から作成

　特に43年の第1回辺区労働英雄大会は、旧9、10月に開催された辺区の主要市場の7つの騾馬大会と連動して準備、開催された。この内、三辺分区を除く各分区と延安の騾馬大会は、各分区および延安各系統の生産展覧会・陝甘寧辺区労働英雄大会と同時開催され、辺区レベルの大会に参加する各労働英雄、模範生産者が選出されている。これに続き、延安騾馬大会の期間中に第3回辺区生産展覧会と第1回辺区労働英雄大会が延安で開会されている（表1-7）。労働英雄、模範生産者中、農民は76%を占め、業種区分においても農業労働英雄が全体の52%を占めており、新暦の記念活動において帰属集団や職業代表として

見出すことができなかった農民が、この大会で自らを代表して参加している。また、市場を管理、経営する商人層も、合作事業英雄などとして大会の構成員となっている[55]。

　労働英雄は「新社会」の「状元」[科挙の最高試験の首席合格者]と称され、彼らの延安行きと毛沢東らとの面会は状元の上京よりも名誉なことと讃えられており、ここには「昇官発財」[官僚となり、財を成す]の伝統的価値観の利用がうかがえる（JR44.8.16、9.6、45.11.21）。大会終了後、彼らは各地に戻り、生産に励むとともに、基層における政策推進者として働くことが期待された。また、44年の労働英雄大会は、12月初めの予定が延期されて、新12月22日に開会されているが、この日は冬至に当たり、冬が極まり、春を迎える日として伝統的に重視されている日である。旧時、紳士は衙門に出向いたり、相互に訪問し合い、この日を新年のように祝ったとされ、農民はこの日を起点として81日後に春耕を本格的に開始する[56]。また、冬至祀天は王朝の祭天儀礼の最高位に位置しており、『群衆』の記事では、登壇した毛沢東をみた労働英雄らが、「秋雨連綿たる季節に太陽が現われたような心情」を抱いたと形容している[57]。天命を受けた「新時代の聖人」の出現を演出し、生産運動の優秀者を状元として讃え、新たな生産運動の起点となる日として、冬至は最もふさわしい日であったと考えられる。

　陝甘寧辺区の数千から数万人規模の騾馬大会の内、宣伝、大会などの利用内容が明らかなものは、表1-7のとおりである。これ以外にも規模や利用内容の不明なものが多数確認されるが、一般的に大集市には演劇がともなうので、これらの大会でも各種劇団の宣伝劇が公演されたことは推察できる。この他、各地の大小多数の集市が、模範奨励大会、生産宣伝などに利用されている。表1-8は、安塞県真武洞集市（同県政府所在地）を例に、その状況を示したものである。また、国民党との軍事緊張が高まった43年7月、各地で緊急の辺区防衛民衆大会、自衛軍検閲大会が開かれるが、このうち延安、延長県の3つの地区の大会は集市に乗じて民衆を動員しており、集市の凝集力が活用されたことがうかがえる[58]。

集市は民衆の生活サイクルの単位でもあり、大会の形式でなくとも、生産や学習、宣伝等において、そのリズムが組入れられている。安塞県真武洞、綏徳県義合区などの集市には「黒板報」が導入され、ニュースや生活に関わる知識が提供されている（JR44.5.21、10.9）。延長県内で行われた区級幹部の整風学習においては、城内集市の日を利用して、区級幹部が集市に出向いた自分の区の民衆を指導する計画が立てられ、子洲の一村落では、集市を代表による物資の買付けと下肥拾いの日として組み込んで運営される生産、学習組織の例が報告されている。なお、集市との関係は不明であるが、綏徳の2つの村落では、農暦の十日間のリズムで運営される学習組織の例も報告され、綏徳分区では45年に学習教育の一週間のリズムが農村にそぐわないとして、見直しが指示されている[59]。

第Ⅳ節　新暦の記念日活動と農暦活動の相互浸透

42年以降、農暦の諸活動は積極的に利用されていくが、中共政権は新暦の記念活動も同様に組織し続けており、その重要性が減じることはなかった。ただし、辺区の危機克服の過程において、政治的宣伝に比して生産や民生改善に関わる宣伝、工作が充実され、当面の政治情勢と辺区社会の問題に接点を持ちにくい記念日や、大規模な大会は次第に整理されていく。各郷村一律の同時開催も放棄され、関係機関や職場、地域、郷村ごとの実質的な動員を重視した記念活動に取って代わられる。一部の宣伝、動員工作は農暦の節句や廟会、集市に譲られるようになる。一方、記念活動における民俗的な儀礼・芸能の様式の使用は、民衆に新暦の記念日を自身のものとして認識させる上で重視されるとともに、新暦の記念日と農暦の重要な時間が重なったり接近している場合、農暦の時間を利用して、新暦の記念日の意義を浸透させていく方策がとられるようになる（表1-4も参照）。中共政権は、新暦の記念日を浸透させようとする一方で、民衆の心性に合致し、自発的に民衆を動員へと向かわせる可能性をもつ

た農暦の利点を知り、この2つの時間を動員工作の中で充分に活用しようとしていた。このようにして、新暦の記念日活動と農暦活動は相互に浸透していく。

　整風運動期には、魯迅芸術学院を中心に開始された秧歌劇の改造運動が全辺区に広がり、党、政府、軍隊、学校、商会その他の団体や民衆が、広範に秧歌隊や劇団を組織して、新暦の記念日やその他の重要な大会で宣伝劇や娯楽活動を行うようになっている。新暦の新年にも、旧劇、春聯、講談、年賀状、清掃などの春節の民俗の要素がより豊富に取り入れられ、秧歌隊などによる中央指導者への年始挨拶や党、政府による民衆への祝寿活動も、春節と同様に行われた(60)。また、国際婦人デーや中国青年節、抗戦建国記念日、ロシア10月革命記念日など多くの記念大会において、民衆は春節などの節句と同様に新しい服を着て参加していることが確認される(61)。

　安塞県真武洞における43年の国際婦人デー記念大会は、集市の日の旧2月4日（新3月9日）に労働英雄奨励大会、春耕動員大会として開催され、40里周囲の青年農民や新服を着た農村女性と子供を含む5,000人が動員されている。この日の3日前は春耕開始を告げる啓蟄、2日前は龍抬頭にあたり、大会では、啓蟄の春耕開始の儀礼と同様に角に赤い布を纏った耕牛が牽き出され、労働英雄に賞品として渡されている。正業に励まない「ゴロツキ」に指定された者は、自らの「悪事」が書かれた白札を首に下げて批判を受け、大会の夜には、元宵節や龍抬頭の夜に行われる「転九曲」と呼ばれる灯籠のくぐり抜けが行われている(62)。真武洞では、この他にも新暦の各記念大会が集市の日に開かれている（表1-8）。

　この他、集市を利用した各地の記念大会には、42年、清澗の抗戦建国記念日、44年、新正の中国青年節、延安県文安駅騾馬大会における国際婦人デーの大会が確認される。また、43年の各地騾馬大会、労働英雄大会、生産展覧会の会期はロシア10月革命記念日に重なり、記念大会も開かれている(63)。45年の国際婦人デーの記念活動は、気候が安定せず農繁期にかかる新3月8日に民衆大会を開く形式をやめて、元宵節の前後3日間の農村女性が家を出て遊興に赴く日や、旧3月8日、4月8日の各地の子宝祈願等の廟会を利用して、宣伝、展覧会など

第1章　陝甘寧辺区の記念日活動と新暦・農暦の時間　63

表1-8　安塞県真武洞市場の集市利用（旧4、9日集期）

41年7月24日	新9月15日　東北淪陥記念、国際青年デー記念大会
42年5月24日	新7月7日　各界連合の抗戦建国記念大会
42年7月24、26、27日	騾馬大会において、民衆、公糧を送付
42年12月19日	擁軍生産大会500余人参加
43年2月4日	新3月9日　労働英雄春耕動員大会　国際婦人デー大会
43年3月頃	労働英雄奨励大会
43年9月14日	運塩模範、模範騾馬店の奨励
43年10月9日	新11月6日　ロシア10月革命記念大会　今年の徴糧公布
43年10月24日〜	騾馬大会　県代表労働英雄の延安行き歓送、公糧納付の例
444年春節	県労働英雄大会　安塞保育院小学校、平劇［京劇］院の活動
44年8月24日	国慶節　市郷労働英雄選挙
46年7月24日	騾馬大会

『解放日報』の関連記事から作成　日付は農暦

を開催する方法に転換している[64]。辺区保育院小学校は、43年の児童節に春季郊外旅行を組織しているが、この日程は清明に重なっており、清明に郊外で遊興する民間の習慣に依拠したものと考えられる[65]。

　また、新暦と農暦の二つの時間によって、宣伝、動員工作の時間的根拠が増加し、新暦新年と春節は徴糧や生産計画を含めて連続した宣伝、動員期間として重視された。特に生産運動は、この二つの時間を徹底的に利用して展開された。衛生工作では、春節や清明の民俗に依拠して民家や街の清掃が行われるとともに、新暦の諸記念日にも清掃が行われている[66]。44、45年のナイチンゲールデーの活動は、前述の廟会活動と連動して行われた。このように農暦の時間は、民衆の効率的な動員に積極的に活用されたが、中共政権は、民俗の時間を利用しながらも、農暦に関わりなく重要な記念大会を多く開催しており、新暦の時間浸透の方針は維持されていた。集市の日に多くの記念大会を組織した安塞県真武洞においても、集市に関わらない記念大会が多数開催されている。

　基層においても記念日は、労働互助組織、学習組織、民間学校、労働英雄な

どを通じて、娯楽会、模範奨励、学校や合作社設立の日などとして、より実質的な形での浸透が図られている(67)。また、37年頃の個別の郷村の教育の指示、自衛軍訓練の計画などは、一般的に新暦の一週間のリズムによっている。毎年の冬学の開始日は基本的に農暦で示されているが、運営においては一週間のリズムが多く確認される。米脂県印斗区高家溝の民間学校は、44年の旧3月3日に設立されたが、やはり一週間のリズムで運営されており、これらの一週間リズムの計画は、集市や農暦リズムの計画よりも具体例が豊富である(68)。また、前述の集市を組み込んだ学習、生産計画などでは、経済上、宣伝上の効果が望まれない小集市が時間と財貨の浪費につながらないように配慮されており、利用価値のない小廟会も同様に制限、禁止されていた(69)。『解放日報』紙上では、春節などの労働禁忌を破って働く労働英雄や模範幹部、模範郷の例が多く報道されており、時間に関する禁忌を破る上でも、彼らの中心的役割が期待されていた(70)。

　農暦活動の活発な利用の背後には、このような新暦浸透の意図を見ることができ、政権の新暦定着の努力は、農暦の時間と矛盾を生じることもあったと考えられる。詳細な状況を明らかにすることはできないが、農作業の組織においてその一端をうかがうことができる。農暦と24節気のずれは、民間においても農諺と暦によって調整可能ではあるが、主に労働強化と労働力の組織化による増産を奨励していた政権は、農暦の要素をできる限り排除して、時間的により正確な作業慣行を普及させようとしていた。しかし、農作業の進行を24節気のみで組織することはできず、労働英雄や模範郷などの生産記録にも農暦の日付や龍抬頭、端午、麦収節[旧6月6日]、中元節[旧7月15日]などの節句が現れている(71)。これは、農暦の一定の合理性、信仰や慣習上の問題の他に、農暦でのみ機能する労働互助、集市などの農村の社会的な生活のリズムが影響しているものと考えられる。陝北の農民は一般に龍抬頭に春耕を開始するとされ(JR44.1.28)、44年にさほど強調されなかった啓蟄が45年に再び強調されるのは、この年の龍抬頭が例年よりも遅い新3月15日にあたっていたことによると推察される。労働互助を通年の安定的な組織にすることを意図していた政権にとっ

て、端午の変工、扎工は満足できるものではなかったためか、『解放日報』ではこの消息を新暦のみで伝え、端午に触れない例も見受けられる（JR43.6.22、7.14）。

第Ⅴ節　陝甘寧辺区における民間信仰と農暦の時間

　中共は、後進農村地域を根拠地として抗戦と革命を遂行する困難な状況の中で、民衆の迷信打破を最優先の課題とするような状況にはなかった。宗教一般に対して、中共は、状況によっては必要な協力関係を結び、政権の安定と政治目的の達成を図っていた。ソビエト期には哥老会と同盟し、統一戦線政策への転換後は、39年の「施政綱領」で人民の信仰の自由の保障をうたい、少数民族の宗教活動を支援し、44年以降はキリスト教会の社会教育活動を政府の文教工作に取り込んでいる。宗教ないし迷信への対抗が組織的に行われるのは、反共組織の宗教利用への対抗や[72]、44、45年の疫病大流行下の反巫神運動などのように、抗戦動員や政権の安定に深刻な影響を与える場合においてのみであった。民衆も、貧困、医療施設の不足、相次ぐ天災や疫病の中で、現実的な救済策が早急にとられない限り、信仰にすがる他はなかった。陝甘寧辺区の44年の衛生工作の目標は、5年内に各区に1つの医療所、各郷に助産婦1人を置くという水準であり、44年12月の段階で、医者は漢方医が質を問わず全辺区で1,000人、機関、部隊の西洋医が200人であるのに対して、巫神は2,000人であったとされる。「政府は我々に巫神の治療を受けさせないが、薬屋も増やさず、医者も養成しない」と民衆に批判を受ける所以である（JR44.4.2、12.10、45.11.21）。

　基層幹部自身もまた、民間信仰の世界に生きる人々であることが、政権の民間信仰への対応を複雑にしていた。44年の調査によれば、延安県の区級幹部の大多数が神仙を信じていたとされ、その他の地区でも幹部が雨乞いに参加したり、労働英雄がこれに期待をかけるなど、民間信仰に生きる多くの幹部の姿が報告されている。更に巫神の役割を演じる駐軍の獣医、行政村主任などの例も

確認される[73]。秧歌劇などの新しい内容の宣伝劇を演じることのできる劇団は、絶対数が不足していた。民間の秧歌隊は、44年12月段階で、全辺区の秧歌隊994隊中、古いものは618隊、完全に新しいものは僅か77隊という状況であった。このため、廟会や集市、春節の活動などでは、往々にして改造された新劇と「封建迷信」の旧劇が抱き合わせで上演されることとなり、その後もこの状況が急速に変わることはなかった。このような状況の下、中共政権は民間信仰とも一定の妥協をしながら、その改良を進めざるを得なかった（JR44.12.10、45.1.11、2.20）。

　農暦の活動との関係において、まず明らかなことは、死者、祖先崇拝に関するものの利用が慎重に行われていたことである。「民族掃墓節」参列が途絶えてからの清明の利用は、墓参には触れずに植樹運動に集中している。清明について墓参や死者に関するものは、陝甘寧辺区内では45年4月の綏徳駐留軍の革命烈士墓への墓参と、44年清明の『解放日報』に掲載された、母を回顧する朱徳の文章を見るのみである。『辺区群衆報』では墓参よりも開墾が重要だとして、清明に開墾を行う農民開墾組の姿も報じられている[74]。秋の豊作を祈願し、大規模集市が集中する中元節は、「鬼節」としての祖先崇拝の側面が取り上げられず、純粋な墓参の日である寒衣節は完全に無視されている。

　これに対し、抗戦と革命による犠牲者の追悼は基本的に新暦の記念日に行われ、毎年の抗戦建国記念日に追悼式典が挙行されている（38年は孫中山逝世記念日にも挙行）。41年には、陝甘寧辺区政府による革命公墓建設が進められ、毎年の抗戦建国記念日に墓前での公祭が行われることになった。慶陽では、抗戦建国記念日に烈士記念碑、記念塔が設立されている[75]。また、陝北ソビエトの指導者、劉志丹の公祭は、42年のロシア10月革命記念日前後に予定され、その後、43年のメーデーに延期されている（実際には5月2日に開催）（JR42.10.5、43.4.20、5.2）。なお、清明が陝甘寧辺区において革命烈士墓の墓参の日として正式に位置づけられるのは、49年3月の陝甘寧辺区政府の条例によってである[76]。

　生産意欲を刺激する信仰はむしろ利用されることがあった。啓蟄の春耕において、鋤で耕地に円と十字を描き四方の神を祭る儀礼は、『解放日報』では農民

が生産に励む1コマとしてのみ紹介されている（JR43.3.16、46.3.10）。また、43年より毎年、新暦新年や春節、春耕期に一年の豊作を予兆する「瑞雪」のニュースが繰り返し報道されている。春節期の雪は、冬小麦の成長を助けるという科学的根拠もあるが、農民に一年の豊作を信じさせる心理的効果の意義が大きく、元旦に樹の上に落ちた雪の形で豊凶を占う習俗も紹介されている[77]。この他、前出の「転九曲」は、本来一年の天候の安定を神に祈るものであった。

　民衆の心性に訴え、民衆に理解しやすい形で宣伝を行う中で、迷信の要素が許容されていく例も見受けられ、また政権の権威確立のために民間信仰を利用する状況も認められる。農諺の中には、生産運動で引用された科学的根拠を持つもの以外に、旱魃、冷害などを節句の天候などで予想するような迷信もあり、中共政権が強調する農諺とこれら迷信の農諺は、民衆の中では明確に区別されるものではなかった[78]。45年には、政府が迷信を提唱していると疑われるような「半神半人」の年画が作られ、新華書店などを通じて売られたことや、雨乞いの無益さを理解させるため、区政府幹部が民衆とともに龍王の神輿を担いだことが議論を巻き起こしている[79]。中共の政策を受け入れて多数の改良説書［民間で行われる講談の一種］を創作した民間講釈師の韓祥起は、自らも民間信仰の世界に留まりながら、中共の政策意図を伝えようとし、民衆の祭祀に際して、位牌に「土地労働大神」や共産党、解放軍の「神さま」を呼び出している[80]。この他、廟会などで治療にあたる衛生工作員が民衆に「生き菩薩」、「生き娘娘」と称せられ、春節の大会で八路軍、共産党が「生きた神仙」などと讃えられているが、中共もそれを民衆の支持の現れとして宣伝している[81]。擁軍運動その他の負担も信仰を媒介とすることで、民衆の抵抗を和らげようとする意図がうかがえる。

　前述の劉志丹の公祭で霊柩の行列が各地を通過する際、多くの民衆が自発的に路傍に祭壇を設け線香をあげて劉を祀っているが、『解放日報』はこれをその人望の高さを示す証明として宣伝している。延安では、このような行為が迷信にあたるのではないかと相談に訪れた鉄工職人に対し、区長が「自分たちのやりたい方法で、気持ちを表せばよい」と許可を与えている[82]。紙銭や線香の使

用も、一般には浪費や迷信として批判されたが、革命烈士の墓参や追悼に関してのみ、肯定的扱いを受けている。

おわりに

　抗日民族統一戦線政策への転換にともない、中共の根拠地においては、国際共産主義運動・中共自身の記念日、大衆運動・帰属集団別記念日に加えて、国民政府系統の記念日、日中戦争と反ファシズム国際統一戦線を象徴する記念日が慶祝されるようになった。各記念日において、中共はその政治的意義と当面の政治情勢に対する自らの立場を宣伝し、国内外に向けたアピールを発するとともに、各種動員目標を設定した。記念日を動員や生産競争の時間的起点や終点とし、また余暇や娯楽の時間とすることで、政治意義を共有し、政権の時間的規律に従う辺区の動員体制の確立が目指された。

　その一方で、陝甘寧辺区では、特に42年以後、社会的に根強く継続する農暦の時間を利用することで、民衆の組織、動員に一定の成果を上げることができた。節句、廟会、集市といった農暦の時間は、人々の心性に沿う形で、各種宣伝、生産の発展、民生の改善、政権の権威確立などに利用され、民間信仰の要素も取り入れられていた。農暦の時間は、新暦の帰属集団別記念日に存在しない農民の記念日としての意味をもって台頭していた。農暦の民俗利用の宣伝動員工作には困難な闘争を戦い抜く中で、利用できるものを全て利用するという中共の現実主義的な対応を見ることができるが、中共政権が新暦による辺区社会の組織化を目指していたことを考慮するならば、農暦に依拠しなければ動員が困難な辺区社会の状況が、改めて確認される。

註
(1)　内田正男『暦と時の事典』雄山閣、1986年、219〜224頁。24節気は12個ずつの節気と中気に分けられ、交互に配置される。24節気は黄道を基準に設定されているた

め、新暦では日付は毎年ほぼ同じ日になり、節気は新暦では各月の上旬に、中気は各月の中下旬にそれぞれ位置する。

(2) 『明太祖実録』巻34、中央研究院歴史語言研究所、奥付なし、4頁、喬志強主編『近代華北農村社会変遷』人民出版社、1998年、612頁。

(3) 羅検秋主編『近代中国社会文化変遷録』第3巻、浙江人民出版社、1998年、225～227頁。

(4) 同上69頁。

(5) 伍野春・阮栄「民国時期移風易俗」『民俗研究』2000年第2期、67頁、前掲羅検秋主編『近代中国社会文化変遷録』第3巻、141、142頁。

(6) 前掲伍野春・阮栄「民国時期移風易俗」、67頁。

(7) 妹尾達彦「帝国の宇宙論—中華帝国の祭天儀礼—」、水林彪・金子修一・渡部節夫編『王権のコスモロジー』弘文堂、1998年。

(8) 近代における革命派知識人による黄帝伝説の創生については、石川禎浩「20世紀初頭の中国における"黄帝"熱—排満・肖像・西方起源説—」『20世紀研究』第3号、2002年を参照。

(9) 小野寺史郎「南京国民政府的革命記念日政策与国族主義」、彭明輝・唐啓華編『東亜視角下的近代中国』国立政治大学歴史系、2006年。

(10) 「内政部致国民政府呈」、中国第二歴史檔案館編『中華民国檔案資料彙編』第5輯第1編「文化」(1)、江蘇古籍出版社、1994年、425頁。

(11) ただし、現実には慣習に従う形で、春節、清明、中秋節の休暇が政府機関でも行われていたことが、檔案史料で断片的に確認される(「紀念節日案(11)」(1940年7月11日～1947年12月30日)、国史館、国民政府檔案0010516160005、「紀念節日案　史略暨宣伝」(1934年11月20日～1935年4月10日)、国史館、国民政府檔案001051616A004)。

(12) 中国国民党中央執行委員会宣伝部編『国暦之認識』中国国民党中央執行委員会宣伝部、1929年。

(13) 「国民政府訓令　渝字第77号」(1938年3月7日)『国民政府公報』渝字第30号、1938年3月12日。

(14) 「国民政府訓令　渝字第352号」(1938年7月4日)『国民政府公報』渝字第63号、1938年7月6日。

(15) 「国民政府訓令　渝文字第985号」(1941年10月31日)『国民政府公報』渝字第63号、1942年11月4日。「革命記念日簡明表」(1930年7月、中央執行委員会第100次常務委会

議通過。以後数度にわたり修正)では、国民政府の「革命紀念日」を第一類「国定記念日」と第二類「本党紀念日」とに分類していたが、42年6月に「国定紀念日」が大幅に整理された際、「国定紀念日」に先師孔子誕辰紀念が加わったことにより、それまでの「革命紀念日簡明表」は「国定紀念日日期表」と「革命紀念日日期表」とに分けられ、「国定紀念日」と「革命紀念日」は区別される概念となった。日中戦争期、国共内戦期の国民党の紀念日については、小野寺史郎「抗戦期・内戦期における国民党政権の国民統合政策—政治シンボルと政治儀式の再編をめぐって」『2005年度 財団法人交流協会日台交流センター 日台研究支援事業報告書』、2005年を参照。

(16) 教育部『第一次中国教育年鑑』戊編、1934年(伝記文学出版社、1971年影印)、396〜398頁。

(17) 「労働保護法」(全区蘇維埃区域代表大会通過)、中国社会科学院法学研究所・韓延龍・常兆儒編『中国新民主主義革命時期根拠地法制文献選編』第4巻、中国社会科学出版社、1984年、547頁、「中華蘇維埃労働法」(1933年10月15日頒布)、同上589〜590頁。

(18) 「第二次蘇維埃共和国関於国徽国旗及軍旗的決定」(1934年1月)、中央檔案館『中共中央文件選編』第10巻、中共中央党校出版社、1992年、258頁。

(19) 「蘇維埃第一次全国代表大会労働法草案」(1931年2月1日)、前掲中国社会科学院法学研究所他編『中国新民主主義革命時期根拠地法制文献選編』第4巻、559頁。

(20) 「陝甘省雇農工会簡章及闘争綱領」(1936年9月24日)、陝西省総工会工運史研究室編『陝甘寧辺区工人運動史料選編』(上)、工人出版社、1988年、99頁。

(21) David Holm, *Art and Ideology in Revolutionary China*, Clarendon Press, 1991, pp. 15-30。

(22) XZ39.4.13、湯浅正一『中国の各種紀念日の沿革概説』帝国地方行政学会、1941年、32〜33頁。

(23) XZ38.7.15、39.3.16、5.23、40.9.15。

(24) モナ・オズーフ(立川孝一訳)『革命祭典』岩波書店、1989年、vii頁。

(25) 『陝甘寧辺区民衆敵後後援会工作概況』、1939年、奥付なし。

(26) この間の中共の統一戦線政策の展開過程については、田中仁『1930年代中国政治史研究—中国共産党の危機と再生—』勁草書房、2002年を参照。

(27) 陝甘寧辺区中央教育部「関於冬学的通令」(1937年10月13日)、呂良「辺区的社会教育」、中央教育科学研究所編『老解放区教育資料』(2)抗日戦争期下冊(以下、『教

第 1 章　陝甘寧辺区の記念日活動と新暦・農暦の時間　71

育資料』2 抗下と略記)教育科学出版社、1986年、2、11頁。
(28)　陝甘寧辺区教育庁第11号通告「開於冬学問題」(1938年 9 月 6 日)『教育資料』2 抗下、21頁、辺区政府「徴収 5 万石救国公糧的訓令」(1939年12月26日)、陝甘寧辺区財政経済史編組、陝西省檔案館『抗日戦争時期陝甘寧辺区財政経済史料摘編』第 6 編、陝西人民出版社(以下、『財政史料』6 のように略記)、1980年、110頁、「保証責任陝甘寧辺区合作社聯社章程」(1939年10月17日)『財政史料』7、527頁。
(29)　陳学昭(中野美代子訳)「延安訪問記」、小野忍編『延安の思い出』平凡社、1972年、156頁。上述のように、陝甘寧辺区の機関紙の紀年表記が西暦から中華民国暦に改まるのは、39年 2 月の『新中華報(刷新版)』発刊からであり、暦の慣習に関するこの改革に付随して中華民国暦の普及が同時に行われた可能性を示唆する。
(30)　表 1-5 の作成には、『延安市志』、1994年、『安塞県志』、1993年、『米脂県志』、1993年、『甘泉県志』、1993年、『子長県志』、1993年(以上、陝西人民出版社)、『塩池県志』、1986年、『鎮原県志』(上)(下)、1987年(以上、寧夏人民出版社)、『慶陽県志』、1993年、甘粛人民出版社などの陝甘寧辺区該当地域の地方志を使用した(編者は各書の編纂委員会)。
(31)　李喬『中国行業神崇拝』中国華僑出版公司、1990年。
(32)　この点については、民衆の「集合的心性」と革命運動の関わりを論じた、ジュルジュ・ルフェーブル(二宮宏之訳)『革命的群衆』創文社、1982年も参照。
(33)　XZ38.1.10、39.2.22、2.28、40.3.6。
(34)　毛沢東「中国共産党在民族戦争中的地位」(1938年10月)、毛沢東文献資料研究会編『毛沢東集(第二版)』第 6 巻、蒼蒼社、1983年、260～261頁。
(35)　この間の「民族形式」と文芸政策を巡る議論については、David Holm, *Ibid*, pp.83-101、李世偉『中共与民間文化』知書房出版社、1996年、68～112頁を参照。
(36)　XZ37.4.6、39.4.10、40.4.23、柏明・季穎科『黄帝与黄帝陵』西北大学出版社、1990年、115～116頁など。なお、38年の「民族掃墓節」は、張国燾逃亡事件の舞台となったため、報道自体が行われていない。
(37)　擁政愛民運動は、軍隊が駐留地の政府を擁護し、民衆を愛護する運動、擁軍運動は、駐留地の政府と民衆が軍隊を擁護する運動で、軍の駐留による負担に起因する軍と駐留地の摩擦を軽減するために行われた。
(38)　春聯は、春節に民家などの門の両側に貼られる吉祥の対句。春節に限らず、神像、建物などの両側に対句で配されるものを対聯と総称する。

(39) JR43.1.21、1.24、2.15、2.18、2.24、4.9、44.1.26、2.4、2.8、45.2.13、2.19。

(40) JR43.2.1、2.14、2.28、3.1、44.1.26、2.3。

(41) JR43.1.30、45.3.22、4.12。また、前掲李世偉『中共与民間文化』、164～184頁を参照。

(42) JR44.2.10、2.12、45.2.17、19、46.2.13、47.1.28、BQ46.2.17。秧歌については、本書序章註(14)、28～29頁を参照。春節の秧歌運動については、David Holm, *Ibid*を参照。

(43) JR44.1.9、2.8、2.10、2.25、2.29、BQ44.3.19。

(44) JR45.2.13、2.15、2.18、2.20、2.22、3.1、3.4、46.2.21。

(45) JR42.9.21、43.2.1、3.6、3.7、9.7、12.28、44.2.16、3.14、45.8.22、8.30、BQ44.4.30、5.14、8.22、8.29、46.3.17、「陝甘寧辺区政府指示信」(1944年2月26日)、陝西省檔案館・陝西省社会科学院『陝甘寧辺区政府文献選編』第8輯(以下、『陝区選編』8のように略記)、檔案出版社、1990年、81～82頁。陝甘寧辺区の代表的農諺は、前掲安塞県志編纂委員会編『安塞県志』、80～81頁、114～117頁、前掲米脂県志編纂委員会編『米脂県志』、591～593頁、前掲慶陽県志編纂委員会編『慶陽県志』、313～315頁を参照。

(46) JR43.4.24、44.7.26、8.22、45.7.7、46.7.1。

(47) JR42.2.18、42.2.18、43.4.5、44.4.6、4.26、45.4.14。

(48) 趙平「開展警備区工会工作的経験」(1940年7月7日)、前掲陝西省総工会工運史研究室編『陝甘寧辺区工人運動史料選編』(上)、460頁、JR41.6.3、6.5、42.6.18、43.6.23、8.15、44.7.24、45.6.29。

(49) JR43.9.9、9.17、44.10.23、45.9.22、46.9.6、9.13、9.14。

(50) 「鬧変工」、華池県志編写領導小組『華池県志』甘粛人民出版社、1984年、261～262頁、JR44.4.5など。

(51) 「陝甘寧辺区政府便函」(1939年5月9日)陝西省檔案館蔵、JR42.12.19。

(52) JR44.5.5、10.6、45.2.20、5.5、BQ45.5.13、46.1.2。

(53) 大集市は一般に廟会から発展したため、廟を中心に節句に開かれ、劇団を招いて成立するなど、民間信仰の要素を残している。

(54) JR43.8.6、7.26、44.9.23、前掲子長県志編纂委員会編『子長県志』363～364頁、呉旗県地方志編纂委員会編『呉旗県志』三秦出版社、1991年、395頁など。この時期の辺区の商業活性化政策については、今井駿「辺区政権と地主階級」『講座中国近現

第1章　陝甘寧辺区の記念日活動と新暦・農暦の時間　73

代史』6、東京大学出版会、1978年を参照。
(55) JR43.7.15、10.11、10.13、10.21、10.28、11.3、11.12、11.16、12.5、12.10、12.19。
(56) 『群衆』第10巻第7・8期(1945年4月30日)、丁世良・趙放主編『中国地方志民俗資料彙』西北巻、書目出版社、1985年、86、111、113、120、191頁、烏丙安『中国民俗学』遼寧大学出版社、1985年、301頁、前掲安塞県志編纂委員会編『安塞県志』、80頁など。
(57) 冬至祀天については、妹尾達彦「帝国の宇宙論—中華帝国の祭天儀礼—」、水林彪・金子修一・渡部節夫編『王権のコスモロジー』弘文堂、1998年を参照。『群衆』第10巻第7・8期(1945年4月30日)。
(58) JR43.7.20、7.28、7.30。延安地区の集市の日取りについては、前掲延安市志編纂委員会編『延安市志』、321～312頁を参照。
(59) JR43.5.22、44.9.2、11.23、45.3.24。
(60) JR41.12.19、42.12.30、44.1.10、45.1.2、1.3、12.29、46.1.2。
(61) XZ40.5.7、JR41.3.13、43.11.18、44.3.17、3.20、7.8。
(62) JR43.3.5、3.17、3.24。「転九曲」については、前掲安塞県志編纂委員会編『安塞県志』、579頁、David Holm, *Ibid*, pp.194～197を参照。
(63) JR42.7.14、7.15、43.11.12、11.15、11.16、44.5.15。
(64) JR45.2.18、2.28。この地域の一部では旧1月16日に外出すると、一年の健康が得られるという信仰がある。前掲呉旗県地方志編纂委員会編『呉旗県志』、868頁、延長県地方志編纂委員会編『延長県志』陝西人民出版社、1991年、576頁、前掲慶陽県志編纂委員会編『慶陽県志』、468頁。
(65) JR43.4.6。1943年の山東根拠地における児童節の児童植樹運動もまた、清明を意識したものと考えられる(JR43.4.7)。
(66) JR40.4.16、44.3.17、6.16、9.27、BQ45.1.7。
(67) JR44.5.7、5.15、6.1、6.9、10.19、「介紹大衆合作社」(1944年6月)『財政史料』7、378頁。
(68) 猶萃生「辺区延川党支部教育的概況」(1941年3月24日)『共産党人』第17期、1941年4月、JR44.11.6、11.23、45.2.1、12.27、郭林「延属分区冬学総決材料」(1945年6月18日)『教育資料』2抗下、77～85頁。
(69) JR44.4.11、5.28、6.4、11.23、45.5.25、BQ45.7.1。

(70) JR43.4.13、8.4、44.4.17、45.3.17、4.1。
(71) JR44.1.1、1.28、2.2、45.4.4。
(72) 「陝甘寧辺区布告：禁止仏教会、一心会活動」（1938年7月15日）『陝区選編』1、82～83頁、XZ38.10.20。
(73) JR45.11.21、12.2、BQ45.7.8。
(74) JR44.4.5、45.4.17、BQ45.5.7。
(75) JR41.8.15、8.27、前掲慶陽県志編纂委員会編『慶陽県志』、304頁。
(76) 「陝甘寧辺区政府関於民政工作方面条例、提案、意見等給民政庁的函」（1949年3月4日）『陝区選編』13、1991年、106頁、「陝甘寧辺区政府民政庁通知」（1949年3月13日）陝西省档案館蔵。『延長県志』、564頁によると、同県では陝甘寧辺区政府期より清明の烈士陵墓参が行われていたとされるが、これが日中戦争期を含むものかは不明である。
(77) JR43.1.22、3.6、3.7、44.1.8、2.22、2.24。
(78) 前掲安塞県志編纂委員会編『安塞県志』114～117頁、前掲延長県地方志編纂委員会編『延長県志』、75頁など。
(79) JR45.3.22、4.12、5.18、7.7、7.19、9.23。また、前掲李世偉『中共与民間文化』、164～184頁を参照。
(80) 何藍（新島淳良訳）「延安十年」『延安の思い出』、249～252頁。韓祥起とその改良説書については、洪長泰『新文化史与中国政治』一方出版、2003年、第5章を参照。
(81) JR44.4.29、43.2.20、BQ44.6.18、12.31。
(82) JR43.3.23、3.24、3.25、3.27、5.6。

第2章　華北傀儡政権の記念日活動と民俗利用
　　　―山西省を中心に―

はじめに

　日中戦争期、日本は中国において「東亜新秩序」、「大東亜共栄圏」などのイデオロギーに基づく記念日活動、民俗利用の宣伝・動員活動を行った。その内実を理解することは、これに対抗しながら形成された中共の新暦の記念日活動、農暦の民俗利用活動を理解する上でも重要である。本章では、この問題を華北に成立した日本傀儡政権について検討する。華北傀儡政権においては、日本の統治と戦争遂行の下、政権の正統性・正当性の根拠となる「伝統の復興」の問題、国民党・国民政府のイデオロギーと新暦政策を継承する汪精衛政権との関係、戦時動員のための時間規律浸透の問題が絡み合って記念日活動を構成している。また、その特徴は、北京政府、国民政府および「満州国」の時間との比較においても明確になるであろう。本章では、日本による傀儡政権の記念日に関する政策の前史として、まず満州国の記念日について概観した上で、諸権力の時間との対比において華北傀儡政権の記念日活動の特徴を検討する。

第Ｉ節　満州国の記念日構成

　32年3月に溥儀を執政として成立した満州国は、日本、朝鮮などを含む諸民族の「五族協和」と「王道楽土」の実現を建国理念に掲げたが、周知のように実態は関東軍が実権を握る傀儡国家であった。溥儀と清朝の遺臣らの清朝復興の宿願を利用した関東軍は、立憲政体を偽装するため清朝復辟を否定しながら

表2-1　満州国の祝祭日

[農暦]

旧1月1日〜 *[1]	春節	旧5月5日	端午節
旧1月13日	皇帝万寿*[2]	旧8月上丁	祀孔
旧1月15日	元宵節	旧8月15日	中秋節
旧2月上丁	祀孔	×秋分後第一戊日	祀関岳
×春分後第一戊日	祀関岳	×旧8月27日	孔誕
◎穀雨	祈穀祭	旧12月末日	除夕

[新暦]

新1月1〜3日	元旦▼	◎新5月31日	建国忠霊廟春祭
○新2月6日	万寿節▼	◎新7月15日	建国神廟創建記念日▼+[2]
◎新2月11日	紀元節▼	◎新9月19日	建国忠霊廟秋祭
新3月1日	建国日▼+[1]	◎新10月17日	嘗新祭
◎新4月29日	天長節▼	新12月29〜31日	年末
△新5月2日	訪日宣詔記念日▼		

*[1] : 33年〜 旧1月1〜5日　38年〜 旧1月1〜3日　44年〜45年 旧1月1〜2日
*[2] : 34年3月以前は執政万寿　皇帝万寿は37年8月に新2月6日の万寿節に変更
× : 38年以降、「民間重要祀日」に変更　△ : 36年に追加　○ : 37年に追加
◎ : 40年に追加
▼ : 「慶祝日」37年に4つを指定、40年に3つを追加
+[1] : 建国日は38年より建国節　+[2] : 建国神廟創建記念日は44年から元神祭節
実業部編纂『満州国時憲書』(大同2、3年版)、1933〜34年、中央観象台編纂『時憲書』(康徳元年〜12年版)、1934〜45年、「院令第一号」『政府公報』第613号 (1936年4月6日) (遼瀋社、1990年復刻)、56頁、「関於慶祝日之件」同上第1007号 (1937年8月6日)、81頁、「関於慶祝日之件」同上第1915号 (1940年9月10日)、231頁より作成

も、清朝の祭祀・節日の復興、34年3月の溥儀の皇帝即位という形で国家の復古的な体裁を整えた。

　表2-1は、満州国の祝祭日を農暦と新暦に分類して、45年までの変化を示したものである。33年の祝祭日の体系は、10の農暦の節句・祭祀・記念日を主体とし、新暦は元旦・年末と建国日のみで、皇帝万寿も農暦で制定されていた。清朝の祭祀と節日の多くが復興したが、中華世界のコスモロジー[宇宙観・世界観]において最も重要である冬至[節気:新12月21日頃]祀天を含む祭天儀礼

は復活せず、また祝祭日としても採用されていない。

　祭天儀礼は、中華世界独自の権力の正統性の根幹に関わる天命思想を体現するものであり、立憲政体を偽装する立場からは避けられる必要があった。また、日本の万系一世の天皇制の権力観とは相容れないこと、日本の世界観の中に満州国を位置づけるためにも否定されるべき儀礼であったと思われる。冬至祀天を含む清朝の祭天儀礼が否定されたことは、清朝復興の正統性に大きな打撃を与えたこととなる。なお、後述のように、農暦の節句・祭祀を大幅に復活させた「中華民国臨時政府」が冬至を休日として復活させていることと比べるならば、冬至が満州国において意識的に排除されたことはより明かになる。

　「五族協和」の名分の下、日本による事実上の支配を強制された国家の実態は、その後、日本関連の新暦記念日、祭祀の導入と農暦の祭祀の部分的放棄という形で儀礼においても顕在化していく。35年4月、日本を訪問した溥儀は、帰国後の5月、「朕　日本天皇陛下ト精神一体ノ如シ爾衆庶等更ニ当ニ仰イテ此意ヲ体シ友邦ト一徳一心以テ両国永久ノ基礎ヲ奠定シ東方道徳ノ真義ヲ発揚スヘシ」と述べた「回鑾訓民詔書」を宣布して [1]、日満のイデオロギー一体化を自ら推進する姿勢を表明した。36年には同詔書宣布の日が訪日宣詔記念日とされた。37年8月には農暦の皇帝万寿［皇帝の誕生日］が新暦の万寿節に改められ、春節［旧正月］休暇は5日間が3日間に短縮された。この際、元旦、万寿節、建国節および訪日宣詔記念日は、他の休日とは区別される別格の「慶祝日」に指定された [2]。また、祀関岳と孔誕が公定休日から排除されて、民間重要祭日に格下げされた。この時点で、農暦と新暦の祝祭日の比率は7対4となり、農暦の優位が顕著に後退した他、中華世界の伝統祭祀が排除されて、日本のイデオロギーが優位に立つ方向性が明示された。

　日中戦争が泥沼化する中、紀元2600年にあたる40年を機に、日満のイデオロギーの一体化は極点に達する。40年7月、新京に建国神廟が建設されて天照大神が国家の祭神として祭祀されると、同廟の祭祀として従来の慶祝日に加えて、鎮座記念祭（建国神廟創建記念日）、紀元節祭、天長節祭、嘗新祭が採用され、日本と一体化した祭祀体系が実現した（9月にこれらも慶祝日に指定） [3]。烈士

追悼の儀礼は、建国神廟の摂廟［補助廟］である建国忠霊廟の春秋祭に代替された。日本の記念日の導入により、慶祝日は7つの内4つが日本関連もしくは日本そのものの記念日となった。この時点で農暦と新暦の祝祭日の比率は9：12となり、新暦の優位が確定した。また、新たに加えられた農暦の祭祀日の祈穀祭は、24節気の穀雨を使用している[4]。明治改暦後の天皇家祭祀において春分・秋分が皇霊祭として使用されたように、節気は新暦の原理に矛盾なく位置づけることができるため、その意味では、新暦の優位は更に顕著となる。

第Ⅱ節　日本の華北占領政策と「東方の文化道徳の発揚」

　華北占領地の実権は日本軍が掌握していたが、軍の政治への過度の干渉を避け、自立的に日本に協力できる中国側の体制を作り上げるため、軍特務機関が政府顧問等を通じて政権に対して内面指導を行う体制をとっていた[5]。この体制を強化するため、「官民一体」の中国側の民衆教化団体として中華民国新民会が組織され、また、軍事作戦と占領政策の円滑な遂行のために、軍直属の宣伝・宣撫組織である大日本軍宣撫班が活動していた。治安工作に関する宣伝や占領地の記念日慶祝活動、その他の動員運動も、軍報道部と当地の軍関係機関の統制下に行われていたが、政権の成立した地域では主に中国側政府主催の形式をとり、新民会と宣撫班が日本の支配意志を貫徹させるセレモニーを演出していく（40年3月、宣撫班は新民会に統合）[6]。本節では、これらの組織を通じた民俗利用に関する日本の視角について検討する。

　盧溝橋での軍事衝突から間もない37年7月21日、既に南満州鉄道株式会社の鉄道愛護村工作経験者52名をもって北支宣撫班が組織されており[7]、軍事行動にともなう宣伝・宣撫工作は、早い時期から着手されていた。『新民報（北京版）』の発刊された38年1月時点において、北京の各寺院では臘八節［旧12月8日］に日本・中国の要人、日本僧らの参加の下、信者を集めて法会が開かれるなど、中国の民俗や宗教を利用した宣伝が、既に開始されていることが確認できる

（XB38.1.9、1.17）。39年1月以降、華北占領地で展開された「治安粛正」工作においては、軍事作戦に配合して政権建設、治安強化の諸政策が実行され、日本軍の宣伝活動に関する文書では民俗利用への言及が盛んになる。2月の杉本部隊報道課『宣伝宣撫参考手帖』の「占領区域各郷村ノ平時集会方案」は、各種集会は「郷村民衆ガ日常慣レタルモノ」を原則とし、廟会、迎神会、敬老会、元宵節［旧1月15日］、遊戯会、清明［節気：新4月5日頃］の墓参、祭祖会等の民間固有の集会を奨励するよう指示している[8]。同年12月の多田部隊報道部『中国の風習と宣伝』、同『中国の年中行事を利用する宣伝』は、華北の節句、廟会、宗教・娯楽・互助活動とその宣伝利用の方法を計48項目にわたって解説しており、民俗利用に関する宣伝技術はこの時期に更に蓄積されたと考えられる。

　近代の総力戦においては、伝統的思想、宗教を含む民俗利用は利用可能な手段の一つであり、日本側は同時に新聞、映画、ラジオ放送など近代的な媒体や学校等を通じた宣伝、教育にも力を注いでいた[9]。その中において民俗利用は、それを価値とする民衆や知識人に受け入れられやすく、民衆の生活や信仰に関わる時間や場所に即して宣伝が組織できるという技術上の利点があったと考えられる。しかし、それに止まらず、日本とその傀儡政権は、日中戦争、アジア・太平洋戦争の大義名分を、共産主義や英米の自由主義の否定と、その中国侵略を排除した「東亜新秩序」、「大東亜共栄圏」の形成においており、西洋的な価値を排した「東方の文化道徳の発揚」、「王道楽土の実現」が提起されていた。民俗利用をともなう宣伝、工作はその主張を実践する機会としても重視されなければならなかった。そこにおいては日本と中国の文化的一体性が強調され、日本とその傀儡政権は伝統文化の保護者であり、抗戦を継続する国民政府と中共、これらを支える英米やソ連は、全て伝統文化を破壊する勢力として位置づけられる。

　このような主張は、日本軍の思惑と一定の距離を保ちつつ展開した新民会運動や東亜連盟運動などにも共通しており、中国側の協力を引き出すために利用されていた[10]。更に日本は、このような主張の下、公開の宗教結社や会門などの既存の社会諸勢力を動員、利用して、抗日陣営の切り崩しを企図し、仏教同

願会、安清同義会、先天道会、敬天会、紅卍会、万国道徳会などを新民会指導の下におき、紅槍会などとは協力関係を結んでいた[11]。

ただし、「東亜新秩序」や「大東亜共栄圏」に含意される「東洋的な価値」は、明確な意味内容をもっていたわけではない。もとよりそこには、「王道の実現」や「東洋の道義」などの理念によって日本の政治意図を牽制する中国ナショナリズムとの矛盾が存在していた。また、大局的見通しのない戦争遂行上の便宜により統治理念は曖昧なまま転変し、儒教、仏教、道教を思想的基礎として反共・反国民党を唱える新民主義は、汪精衛政権の成立にともない修正三民主義を許容せざるをえず、更に42年10月以降は、「封建文化」を否定した「革新文化」が提唱されることになる。この間、治安維持工作や動員のために、「愛郷」、「敬老」、「扶幼」、「節孝」、「忠国」などの徳目が便宜的に使用され続け、宣伝にとりこめる民俗や宗教が利用されていた。また、前掲の「占領区域各郷村ノ平時集会方案」が「郷村固有ノ風俗迷信」は、「妄リニ之ヲ改廃スルコトナク寧ロ之ヲ利用シテ宣伝力ヲ発揮スベシ」としていることや、占領直後の北京の各種法会において釈迦牟尼などの諸仏が出現したといった宣伝がなされていることに示されるように[12]、治安維持最優先の方針の下、迷信の利用も文化、民俗の尊重を口実に実用的な宣伝手段とされていたのである。

第Ⅲ節　臨時政府の記念日構成

上述のように日本は、「東方の道徳文化の発揚」を唱え、これを軍事行動の正当化の手段や傀儡政権の権威のよりどころとし、宣伝に利用していた。本節では、このような文化領域での復古的な姿勢が、政権の記念日の構成にどのように反映されているかを検討するとともに、日本の支配の現実がそれとどのように関わったかを見ていく。

第 2 章　華北傀儡政権の記念日活動と民俗利用　81

表2-2　臨時政府・華北政務委員会の法定記念日と農暦節句・祭祀
［新暦記念日］　×：臨時政府期のみの記念日
　　　　　　　　○：汪精衛政権との合同により導入された記念日

1月1〜3日	元旦*	9月28日	孔子誕辰(42年〜)
○3月12日	総理逝世記念日	10月10日	国慶記念日
○3月30日	国府還都・華北政務委成立	○11月12日	総理誕辰記念日
○9月1日	和平反共建国運動諸先烈殉国	×12月14日	臨時政府成立
×9月22日	政府連合記念日		

［農暦節句・祭祀］

旧1月1〜3日	春節	旧 8月上丁	祀孔
旧2月上丁	祀孔	旧 8月15日	秋節
旧3月上戊	祀武	旧 8月27日	孔子誕辰(〜41年)
清明	植樹節	旧 9月上戊	祀武
旧5月5日	夏節	冬至	冬節

*40年まで「元旦」休暇は1日のみ、44年より再度1日のみに改定
『新民報（北京版）』38年12月11日、同晩刊39年11月4日、『華北政務委員会公報』第171・172期「本会公牘」(42年10月29日)、7〜8頁より作成

① 農暦の国家祭祀・復古的記念日、節句の復活

　まず、農暦の伝統的国家祭祀・復古的記念日が復活された。これらのほとんどは、上述のように民国成立によって一時中断した後、北京政府によって復活され、国民政府が再び廃止していたものである。国民政府が新暦に改めた植樹節と孔子誕辰祭祀は、再び北京政府時期の農暦の規定に戻されている。民国成立によって一旦廃止され、国民政府が完全に廃棄した跪拝礼や祭服も復活した。この他、臨時政府は、春節［旧正月］、夏節［端午］、秋節［中秋節　旧8月15日］、冬節［冬至］といった農暦の節句も祝日とし、これらを奨励する姿勢を示している（表2-2）。

　これらの祭祀・記念日・節句の復活は、国定記念日や伝統的節句を制度上新暦に統一した国民政府の新暦政策に逆行するものであり、北京政府の規定をほぼ踏襲しているが、伝統王朝の祭天儀礼は、満州国と同様に復興されていない。上述のように、満州国において祭天儀礼が採用されなかった背景には、清朝の復興を否定し、日本の価値との一体化を図るという権力の正当性を巡る問題が

存在していた。一方、共和体制の民国においては、袁世凱の帝政復活計画の失敗以後、冬至祀天は廃絶され、その他の祭天儀礼も採用されてはおらず、既に王朝的宇宙観による統合の手法は有効でなくなっていた。しかし、天命思想は社会から一掃されたわけではなく、治安の悪化に従い簇生する会門がこれを引き継ぎ、一定の命脈を保っていた。易姓革命を容認する天命思想は、民国の正当性原理や日本の統治原理と接点を持たず、当局にとってはむしろ危険思想としての側面を強めており、この意味においても、祭天儀礼を民国の政治舞台において復興させる意味は存在しなかったといえる。日本にとって伝統的国家祭祀の復興は、「忠」、「孝」などの日本と共通すると考えられた儒教道徳の提唱に関わるものであれば充分であった。

この他、北京政府期の関岳廟祭祀は王朝期の祀武に戻され、合祀された歴代武将の中から民族的抵抗の象徴である岳飛が突出した形態は否定された（この年、満州国の祀関岳は、国家祭祀から外されている）。北京の関岳廟の武廟への改装においては、関羽・岳飛像が取り除かれ[13]、「民国開国の忠烈壮士」合祀の意義[14]も曖昧になり、かわって日本人を含む「興亜建国の先烈」が合祀されている。これらの経緯は「伝統の復興」が、日本の意図に沿った形で行われたことを示していよう。

② 民国関連の記念日

臨時政府において保留された新暦記念日は、民国成立に関わる元旦と国慶節のみであり、その他の国民政府の記念日は、総理誕辰・逝世記念日も含め全て排除されている。これに留まらず、共和制の擁護を主旨とする北京政府の記念日（表1-1）も回復されず、「民国」に含まれる革命、共和制の意義をできる限り取り除こうとする意図をうかがうことができる。ここからも、臨時政府が単なる北京政府への回帰ではないことがわかる。独自の新暦記念日として、臨時政府成立記念日、政府連合記念日［「維新政府」との合同］が付け加えられたが、革命を否定し、共和制にも言及しない臨時政府の新暦の法定記念日は、満州国初期の記念日と同様に、単に国家と政府の成立に関わるもののみとなった。

臨時政府期の国慶節は、極一部の県城で民衆大会が開かれている外は、北京

などの大都市では市公署で記念式典が行われる程度で、紙面の扱いも他の記念日に比してかなり小さい[15]。都市を中心とした当時の抗日ナショナリズムの高揚を背景として、直接ナショナリズムの根拠となる記念日の扱いに極めて慎重にならざるを得なかったことがうかがえる。

③ 帰属集団別記念日

　国民政府や中共の政権が熱心に慶祝した帰属集団別記念日については、これらの多くが革命派の大衆運動や国際共産主義運動の背景をもつためほとんど継承されず、児童節のみが保留された。児童節記念活動の継続は、幼少期からの教育感化の効果を重視したことによると考えられる。

④ 日本の記念日および時局関連記念日

　北支那方面軍や日本人居留民は、紀元節、日本陸軍記念日、天長節、明治節などの日本の記念日を各地で慶祝した。これらは傀儡政権の法定記念日ではないが、地方の県・市公署等が記念活動を主催するケースが多く確認される[16]。また、日本人職員が一定の割合を占め指導的役割を果たしている新民会や中央放送局などの機関、団体も日本の記念日を慶祝しており、同組織に属する中国人職員もこの活動に参加し、休暇を享受している[17]。制度的根拠が曖昧なまま、現実の支配関係の中で日本の時間が浸透していく状況が確認できる。また、38年の天長節に関する『新民報（北京版）』の報道は、1面のほぼ全体を使用するなど、他の記念日にはない破格の扱いを受けており、占領間もないこの時期において、政権の権威の源泉が露骨に日本の価値に向けられていることが見て取れる（XB38.4.30）。日中全面戦争開始の7月7日は、「興亜節」（名称は39年から）として記念週を設定した盛大な記念活動が行われていた。また、この記念週にあたる38年7月8日には、「北京建都」千周年を慶祝する計画が立てられたが[18]、これは後晋の石敬瑭の「燕雲十六州」割譲にともなう遼の「南京建都」[現在の北京]を慶祝するものであり、漢族のナショナリズムの根拠となる歴史記憶を変容させて、周辺民族との「融和」の記憶を形成しようとする日本の政治意図が読み取れる。この他、主要都市の陥落の度に華々しい慶祝活動が行われ、日本軍の勝利による新秩序の建設が喧伝された。各地の日本軍入城の日（太原では

表2-3 山西省における主な新暦記念日と記念活動（1941年1月〜1944年3月）

		41	42	43	44
1月1日	中華民国成立	◎	◎b	◎bz	◎
3月1日	新民会成立	◎*	△s	◎bs*	◎b
3月10日	日本陸軍記念日	○z	◎b	◎b	◎
3月12日	総理逝世記念日+	○	—	○	◎
3月29日	革命先烈記念日	—	(◎)	◎*	△
3月30日	国民政府還都 華北政務委成立	◎	◎b*	◎s	◎
4月4日	児童節	○	○	◎	
6月3日	禁煙記念日	△	◎	○	
6月27日	省公署成立	◎bz*	◎	◎b*	
7月7日	興亜節	◎bsz*	◎b*	(◎b)	
9月1日	和平反共建国運動 諸先烈殉国記念日	(○)	—	◎b	
10月10日	国慶節	◎b	◎	◎	
11月9日	太原復興記念日	○	○	—	
11月12日	総理誕辰記念日	—	△j	◎	
11月30日	三国条約締結	◎bz*	◎b	△	
12月8日	大東亜戦争記念日	◎z	◎b*	◎b*	

― ：言及なし　△：個別・小規模の記念活動、もしくは紙面での言及のみ
○：太原のみでの記念活動、もしくは数市県での記念活動
◎：各市県同時の記念集会、記念週活動
記号の横のアルファベットは
　b：廟　j：集市　s：節句　z：神社　を使用した集会・活動が確認できるもの
　*：慰霊祭・黙祷　下線：民俗的な儀礼・芸能などの利用が確認できるもの
（　）内は、記念日名に言及のない活動
『山西新民報』『新民報（山西版）』の該当記事より作成

「太原復興記念日」や地方政権成立の日は、政権の正統性を訴えるため、当地の重要な記念日となっている。

表 2-4　汪精衛政権の新暦記念日（1941～1945年）

			41	42	43	44	45
	1月 1日	中華民国成立	◎	◎	◎	◎	◎
	3月12日	総理逝世記念[*1]	◎	◎	◎	◎	◎
	3月29日	革命先烈記念	◎	◎	○	○	○
▽	3月30日	国民政府還都記念	○	○	○	◎	◎
×	5月 5日	革命政府記念	○	○	—	—	—
×	7月 9日	国民革命軍誓師記念	○	○	—	—	—
▽	8月 1日	中華民国復興節	—	—	—	◎	◎
	8月27日	孔子誕辰記念[*2]	◎	◎	◎	◎	◎
▽	9月 1日	和平反共建国運動諸先烈殉国記念	◎	◎	◎	◎	◎
	10月10日	国慶記念	◎	◎	◎	◎	◎
	11月12日	総理誕辰記念[*1]	◎	◎	◎	◎	◎
	12月25日	雲南起義記念	○	○	○	○	○

◎：休日、記念集会　○：記念集会のみ　—：該当なし
▽：汪精衛政権独自の記念日
×：華北政務委員会の法定記念日に取り入れられなかったもの
*1：「総理」の呼称は、42年より「国父」に改訂
*2：「孔子誕辰記念」は、42年より9月27日に改訂、「先師」を冠する
国民政府行政院教育部編暦委員会（南京）編制『国民暦』（中華民国 30～34年版）より作成

第Ⅳ節　華北政務委員会の記念日構成

① 国民政府系記念日の導入と記念日統一の模索

　正統国民政府をもって任じる汪精衛政権は、国民政府の国定記念日構成をほぼ忠実に踏襲し、政権発足に際して独自の国定記念日を2つ加えた（表2-4）。
　しかし、汪精衛政権の影響力の華北への浸透を警戒する北支那方面軍や陸軍省中央の意向により、華北では独自の組織、制度が維持され[19]、汪精衛政権は記念日構成においてすら統一国家の体を成すことが困難であった。華北政務委

員会においては、3つの国民政府系記念日と上述の汪精衛政権独自の記念日が採用されたが、国民革命を記念する革命政府記念日と国民革命軍誓師記念日、袁世凱の帝政宣言を打倒した雲南起義記念日は採用されなかった。先師孔子誕辰記念日は42年になって新暦に統一されるが、他の農暦の祭祀、記念日はそのまま残された(表2-2)。汪精衛政権成立直後にも、華北では旧3月3日もしくは旧9月9日を「敬老節」とすべきとの提案がなされており(XB40.4.25)、新暦による記念日統合に対する冷淡さがうかがえる。また、汪精衛政権成立時に持ち込まれた記念日の活動は、国民政府還都・華北政務委員会成立記念日を除いて小規模、僅少であった。総理誕辰・逝世記念日は三民主義の修正によって受容されたが、42年まで具体的な活動はほとんど見られず、新聞紙上では記念日としての言及もほとんどない(ただし、山西省では41年の総理逝世記念日のみ、例外的に太原で慶祝活動が見られる)。革命先烈記念日には直接言及されず、翌日の国民政府還都・華北政務委成立記念日を中心に祝賀活動が行われている(表2-3)。

　このような状況に対して、43年1月の汪精衛政権の対英米参戦を転機とする日本の「対華新政策」の下、汪精衛政権の主権国家的体裁の整備が進められ[20]、記念日の統一も進められる。華北では43年から孫文の誕辰・逝世記念日の記念活動が積極的に組織され、43年11月以降、太原では両記念日に国父陵への遥拝礼、国父遺嘱の奉読が行われるようになった。44年の太原の青少年団記念講演会では、「国父の二字が称えられるたびに、全体が起立敬礼」するという身体への刷り込みまで行われている[21]。屯留では、国父逝世記念日に村長・村副訓練の終了式を行い、陽城、臨晋では国民政府規定にならい植樹が行われるなど、孫文記念活動は県、農村への浸透も試みられている[22]。また、革命先烈記念日は「興亜建国」の殉職者追悼の日として言及されるようになった。一方、汪精衛政権は、華北に受入れられなかった革命政府記念日と国民革命軍誓師記念日を43年に国定記念日表から削除し、このうち革命政府記念日は中国青年節として華北にも導入された（表2-4、SX43.5.6、5.19）。この他、汪精衛政権は、先師孔子誕辰記念日に移されていた教師節[23]を6月6日に戻して、児童節、青

年節、教師節、興亜節、国慶節が重日［3月3日など、月と日の数が揃う日］で並ぶ構成を整えた[24]。これは青年運動を中心とした新国民運動の展開に対応した措置と思われる。また、国民政府はかつて30年に、日本の経験も参照しつつ主に重日によって構成される伝統的節句をそのまま新暦に移行させる行政院訓令を公布しており、従来の革命記念日にはない余暇・娯楽の性格を新暦の節句によって補う構想を持っていた[25]。重日の記念日の整備は、このような経験も踏まえて、伝統暦の発想を借りて新暦の記念日を浸透させる手法であったと考えられる。華北政務委員会総務庁情報局が45年に編纂した『我国重要紀念日』では、記念日は「紀念日」と「節日」に分けられ、「節日」は農暦の節句と児童節、青年節、教師節から構成されており、ここからも新暦の節句の創設を図る政権の方針がうかがえる[26]。44年5月、祀孔日は汪精衛政権の祭祀として清明と先師孔子誕辰記念日に統一され、跪拝礼も立礼の最敬礼［三立礼］に戻された[27]。

② 日本の記念日および時局関連記念日の変化

日本独自の記念日は、日本陸軍記念日を除いて政府主催の活動は見られなくなり、日本の記念日への直接的な従属は見受けられなくられる。この状況は、40年以降、日本の記念日を慶祝日に採用し、日本のイデオロギーとの一体化を進展させていった満州国とは大きく異なる。しかし、興亜節、大東亜戦争記念日など日本の関与する時局関連の記念日は、引き続き盛大に慶祝されている。また、阿片の害毒問題やイギリスの中国侵略の記憶を反英運動に向けることを企図して、禁煙記念日が41年から導入された。

毎月1日の興亜奉公日［41年9月から42年2月まで。当初は節約運動日とも］やこれを引き継いだ毎月8日の大東亜戦争記念日［42年3月から。大東亜復興記念日など名称が不統一であったが、43年3月以後、東亜防衛記念日に統一。日本側では大詔奉戴日］は、「東亜新秩序」、「大東亜共栄圏」の名分の下、日本とその植民地、占領地が共有した記念日であり、また、汪精衛政権の対英米参戦以後、毎月9日が国民政府参戦記念日となった。これら毎月の記念日は、労働奉仕、禁酒、禁煙、宴会・娯楽・遊興・賭博禁止の日とされ、生活規律の強調

と人力・物力の動員が図られ、華北では日本居留民との共同奉仕作業も行われた。国府参戦記念日の集会では汪主席の宣戦布告文が朗読された[28]。この他、43年には興亜節の慶祝活動が控えられ、44年には「租界回収」を記念する中国復興節が国定記念日とされるなど、日中戦争の記憶よりも中国の「自立」や「国民の自覚」が強調され、華北の記念日活動は、形式上、汪精衛政権下に統一された主権国家のセレモニーの形態を備えつつあった。しかし、それは「大東亜復興の使命」や「中日両国の共生同死」が同時に提起される、日本の支配の枠組みに従属したセレモニーであり、後述のように日本の象徴が抱き合わされた状況を完全に克服することもなかった。

第Ⅴ節　記念日活動の特徴

① 参加者

　式典や民衆大会には、制度上の主催者である政府の首長らに加え、一般的に日本軍特務機関長、政府顧問、領事、居留民団代表、各地駐屯軍部隊長など、日本側の人員が臨席し、中国側に続いて式辞、訓示を述べている。日本側の婦人、学生、児童らとの各種の合同行事や労働奉仕も行われ、日中の和平と互助を演出している。集会には、各機関、団体、学校の代表者、新民会の下に組織された婦女会、青年団、少年団などに加えて、農村幹部や自衛団、新民会の農村青年訓練生なども動員された。祀孔、祀武などの伝統的祭祀は、各機関・団体代表、学生、村幹部等が参加する国民のセレモニーとして再編された[29]。なお、山西省においても学生などの反日、抗日意識が継続する状況下[30]、重要な慶祝大会や集会に際しては、各級学校学生の全体参加が義務づけられることが多く、当局が特に若い世代の教育感化に腐心していたことがうかがえる。

② 象徴

　臨時政府は北京政府と同様に五色旗を国旗とし、卿雲歌を暫定国歌としたが、汪精衛政権の成立にともない「和平反共建国」の三角標識を付した青天白日旗

が国旗とされた（国歌は華北では卿雲歌が暫定国歌のまま）。国旗、国歌は、正統政府として欠かせない象徴であり、農暦・新暦に関わらず記念日や慶祝時には、全世帯に国旗掲揚が義務づけられ、官公庁や団体・機関では平時にも国旗掲揚が定められた。太原県の各村においても、日本軍占領直後の日章旗に代わり、38年の新暦新年から五色旗が掲揚されている[31]。式典、集会の開始には、会場や各種訓練所に掲げられた国旗と新民会旗に最敬礼（三立礼）が行われ、国歌、新民会歌が斉唱された。盛大な慶祝大会では、参列者は小旗をもって入場している。ただし、国旗、国歌についても、日中両国のものを掲揚、斉唱するケースが多く見られ、日本との協調体制が演出されていた。42年の北京の「大東亜聖戦慶祝」集会では、中国国旗・国歌が掲揚、吹奏されないことに憤った学生達が抗議の喚声を上げて会場が騒然となり、日本の国旗・国歌と同時に掲揚、吹奏させたという回想もあり[32]、その扱いはナショナリズムに直接触れる敏感な問題であった。太原市公署は、42年4月の「懸旗辦法」で、中国の慶祝事項に関しては中国国旗を、中日両国共同慶祝および大東亜の慶祝事項については中日交叉国旗を掲げ、各機関、団体、学校、商民は、中国国旗の大きさにあわせて日本国旗を準備するよう規定しているが（XS42.4.19）、これは日本国旗の使用を強制するとともに、中国国旗の単独使用にも制度上の保証を与えようとするものだといえる。

　なお汪精衛政権の成立以後も、「当分ノ間治安維持、人心不安防止等ノ為特定地域ニ於イテハ従来使用セル旗ヲ掲揚スルコト妨ゲナシ」との興亜院決定により、華北では新民会旗となった五色旗の使用が継続した。42年1月には華北政務委員会令により改めて新国旗の使用が義務づけられたが、集会においては国旗は会場に掲げられるものの、街頭には新民会旗が掲げられ、大会参加者も新民会旗の小旗を持って入場するといった状況が続き、太原県の赤橋村でも新暦新年に村公所が各戸に五色旗の掲揚を指導していたことが確認できる。43年2月になってようやく、国旗の三角標識が除去されるとともに、華北での国旗使用が徹底され、国民政府の国旗の形式が回復された[33]。

　また、集会に時局関連の性格が強いほど、中華民国万歳三唱に加えて、大日

本帝国万歳や大東亜解放万歳三唱が続くことが多いが、日本側代表が中華民国万歳を唱え、中国側の首長が大日本帝国万歳を唱えるという相互尊重の形式がとられている。この他、41年5月公布の「尊崇中華民国国父致敬辦法」は、各級政府、政党、団体、機関の礼堂、集会場に交叉国旗の下に国父像と国父遺嘱を掲げること、正式集会の開会時に国父像に最敬礼をすることなどを規定しているが[34]、この法令がどこまで実行されたかは明らかでない。また、上述の43年以降の国父記念活動においては、国父遺嘱奉読に大東亜共同宣言朗読が抱き合わされており、日本の支配体制に従属した形態は一貫している。

③ 記念活動の手法

記念日・記念週においては、式典や民衆大会以外に多様な活動が繰り広げられている。街頭・劇場等での講演、各界指導者の記念講演、懸賞論文募集、弁論大会、各種展覧会、慰霊祭などを通じて宣伝・教育が行われ、また、自衛団・青少年団等の検閲、衛生・清掃活動、勤労奉仕、節約・献納運動、傷病兵慰問などの動員工作も行われている。この他、映画、音楽会、宣伝劇や、伝統戯劇、社火活動[祭りで行われる娯楽・芸能]などの民俗的芸能も使用して、娯楽を組織した様々な手法の宣伝がなされている。また、新暦新年、省公署成立記念日、春節、中元節[旧7月15日]などの重要な記念日・節句および廟会においては、敬老会、孝子・節婦表彰、粥廠などといった伝統的な顕彰事業、救済事業が行われており、儒教道徳や仏教を利用した宣伝の浸透が企図されている（表2-5、6も参照）[35]。

映画とラジオ放送による宣伝は、特に県レベル以下では画期的なものであったと考えられる。40年には、華北各県公署にラジオ1個の設置とその宣伝利用が指示され、41年3月末の第一次治安強化運動の開始に際しては、映画館、劇場、主要駅へのラジオの常設が指示されている。太原市では主要な集会場である新民公園（旧中山公園）にもラジオが設置され、記念週などに各界指導者の講演が放送されており、42年2月時点で、同市各街には計24台のラジオが設置されていた[36]。また、儒教、仏教関連の文物、風俗の映画を上映したり、五台山廟会の盛況や宗教講演をラジオ放送し、廟会、節句などの娯楽に映画を持ち込

表2-5 山西省公署が主催した主な廟会(農暦)

3月18日前後	臨汾堯帝廟大祭 39年復興	第一次県政会議 (41年) 第四次治安強化宣伝・中日慰霊塔除幕式 (42年) 施療 映画 新旧劇 学生宣伝画 空中ビラ散布 治安功労者表彰 孝子表彰 中日官民運動大会
6月1日	運城塩池廟大祭	建国劇団・塩警隊話劇団・国劇社公演 夏防・防疫宣伝 (41〜43年)
6月1〜 30日ごろ	五台山6月大会 40年復興	興亜節仏教青年大会(41年) 大東亜戦争殉難者慰霊祭・大東亜仏教大会 (43年) 日本学生・僧侶等参拝 日本求法僧慰霊祭
7月1〜5日	晋祠廟大会 41年復興	演劇 映画 慰霊祭 反共宣伝 施療 特産物販売 興亜展覧会 殉職者慰霊祭 民衆大会
9月7〜16日	解県関帝廟大祭 38年復興	晋南振興民衆大会 映画 演劇 競馬 戦没者 慰霊 県民衆大会 宗教大会体育大会 施療 愛護村村長大会 博覧会 音楽会 農畜産品展覧会 第三次治安強化運動開始(41年)

( )内は開催年、( )なしは例年開催されるもの
『山西新民報』『新民報(山西版)』の該当記事より作成

むなど、メディアに依拠した民俗利用が顕著に見られる(表2-5も参照)[37]。

④ 会場

　記念活動の会場には、省・市・県公署などの政府機関、公園、広場などの公共の集会場、映画館・劇場などの娯楽施設、寺廟、神社などが選ばれている。また、各機関、団体、学校が個別に記念集会を行う場合もある。北京では故宮太和殿前広場が、太原では新民公園がそれぞれ最大、最重要の集会場であった。なお、新聞紙上などで確認できる太原神社での中国側の集会は、40年4月から42年3月までの2年間で14回であり、省公署成立記念日、興亜節、興亜奉公日、中元節など重要な記念日の大規模集会を多く含む[38]。しかし、その後の2年間は、43年の大東亜戦争記念日に「急進建設団」の団旗授与式が行われた以外は、

表2-6 華北傀儡政権における農暦の節句の利用

春節	春聯・宣伝画募集　村落へ医薬品、暦書、竈神、宣伝品頒布　施療　粥廠　貧民救済　時局宣伝大会　社火　日本側からの献金、募金活動
元宵節	「東亜新秩序」建設運動週（北京39年）日中児童遊芸会（北京40年）太原鉄道愛護会愛護村産品品評会(41年)「大東亜戦争」記念週(42年)「国府」参戦記念(43年)　決戦生活日(43年)「治安功労者」表彰
清明	植樹式典　植樹運動　明崇禎帝殉国300年祭祀（北京44年）
浴仏節	中日仏教連合会、新民会等による慶祝大会　平和祈祷　戦没者慰霊　動物屠殺禁止
端午節	北京市新民少年検閲（40年）山西省新民会総会連合協議会（42年）英米撃滅必勝運動(43年)
中元節	貧民救済　戦没者慰霊盂蘭盆会　中日仏教連合会大会　陸軍墓地清掃　灯籠流し　花火大会　興亜展覧会　忠魂碑建設(40年)　敬老大会(41年　聞喜)　第二次治安強化運動総括（41年）ビルマ独立慶祝(43年)
中秋節	華北都市体育大会　新興山西展覧会(太原42年)　高齢者慰問　中秋連歓運動（44年）農業督励員訓練(屯留43年)
重陽節	民衆大会（介休41年）自衛団検閲(汾城第3区　41年)　仏教支会和平祈祷大会(聞喜42年)
下元節	戦没者慰霊・北京西郊農民反共治安大会・反共救国敬老会（北京38年）農畜産品評会　禁毒展覧会　講演会　警備隊訓練・討伐
臘八節	中日僧侶合同法会（北京）

（　）内は開催年と開催地、（　）なしは例年開催されるもの
『新民報(北京版)』、『山西新民報』、『新民報(山西版)』の該当記事より作成

　8回の体育行事と1回の奉仕作業が確認できるのみで、重要な記念集会のほとんどは、占領前から多くの重要な政治集会が開かれていた新民公園に移された。省内では神社での日本側の集会への中国側代表の参加や、個別の地区での神社遥拝、参拝強制の例も見られるが、神社の集会場としての位置づけの顕著な変化は、やはり主権国家の体裁に対する配慮の進展を示していよう。
　寺廟での集会もまた、顕著である。国民政府は28年の「神祠廃存標準」によって城隍廟など道教系諸廟の廃止を命令しており[39]、また、日中戦争により多く

の廟が荒廃し、廟会も中止されていた。廟祠復興、祭典の復活による「民心ノ収攬」は、日本軍と傀儡政権の既定方針であり[40]、各地で寺廟古跡の調査・登記・修復が進められた。山西省では、いずれの市県においても各種集会の1～2割程度が寺廟で行われているが、これは集会場所として利便性だけでなく、その文化的凝集力を積極的に利用する意図によるものといえよう。仏教系寺廟では中日僧侶合同の法会、慰霊祭が盛んに行われ、道教系寺廟や武廟も慰霊祭の重要な会場となっていた。なお、山西省では41年12月から42年3月までの大東亜戦争関連集会および43年1月から2月の汪精衛政権の対英米参戦関連集会の約6割が各地の寺廟において開催されており、政治動員における寺廟の重要性をうかがわせる。また、廟内に教育館、青年訓練所等が設置され、宣伝、教育に利用された例も見られる[41]。

　華北傀儡政権は各地で代表的廟会を復活させて、物流の回復・維持を試みるとともに、これを各種記念集会、時事宣伝、民衆大会、政府会議、慰霊祭、展覧会、体育大会、娯楽会などを連日開催する総合的セレモニーの場とした。山西省においては、仏教の聖地であり、モンゴル族にも大きな影響力を持つ五台山廟会が、仏教を媒介とした東亜民族の団結の趣旨をもって復興され、また、民間に根強い人気を持ち、道教や国家祭祀においても高い地位を与えられていた関羽の故郷・解県における関帝廟会が、武人の国家への忠誠を顕彰する趣旨で復興された。この他にも、臨汾では清朝の国祭であった堯帝廟会が、太原県では晋の開国の祖・唐叔虞を祭る晋祠廟会が復興され、運城では、塩の生産・流通に重要な意義をもつ塩池廟会が組織されている（表2-5）。日常においても頻繁に行われた施薬、施療は、多くの宣撫官が認める最良の宣伝方法であったが、廟会や節句においては、特定の時間・場所に託される民衆の信仰を利用して宣伝ができるという点で、大きな効果が期待されたと思われる。宣撫班の所持していた薬包には感冒を「共産匪」になぞらえたものや「神薬」と記されたものがある（図2-1、2）。

⑤　農暦の節句の利用

　北京と山西省における農暦の節句の利用状況は、表2-6のとおりである。39

年の中元節には、宣撫班の指導の下、華北各県に慰霊塔、皇軍感謝記念碑が建設され、40年春節期には多田部隊報道部によって、竈神（150万）、『時憲書』（15万）、春聯集（20万）、年画（50万）などを鉄道沿線に配布する計画が立てられるなど[42]、節句の利用は組織的に取り組まれていた。山東省を中心に活動したと考えられる宣撫官が所持していた竈神の年画は、五色旗を配して日本との協調のスローガンを入れ込んだもので（図2-3）、この図案は、満州国の竈神像（図2-4）[43]から転用されたことは明らかであり、満州から華北に受け継がれた日本の宣撫工作技術の一端がうかがえる。

　新暦の記念活動は、農暦の節句に重ねられることで慶祝の雰囲気を盛り上げ、宣伝の浸透が図られた。仏教の各節句には、日中仏教連合会や仏教同願会などが主催する「東亜和平祈祷会」、戦没者慰霊祭などの法会が行われ、特に42年中元節には、第二次治安強化運動の総括行事として各県で盛大な日中合同慰霊祭が行われている。仏教諸節句の利用は、日中の文化的一体性を演出し、仏教組織を動員できるという利便性をもち、「衆生救済」の教説も「滅私奉公」の提唱に親和的であったが、本来各家庭の個別祭祀である清明は、このような接点をもちにくく、主に植樹節として提唱され、国民政府の民族掃墓節や中共の前線根拠地における抗日烈士墓参のような慰霊祭に利用されることはほとんどなかった。ただし、新たに祀孔日に指定された44年の清明には、北京で明の滅亡300年を記念した慰霊祭が行われ、日本との接点から離れた国家祭祀として、ナショナリズムの正統性を訴えやすい形式が整えられた。この点においても、日本の華北統治政策は、中華世界の伝統儀礼を次々と放棄して、日本との一体化を進めていった満州国と先鋭な対照を成している。

第Ⅵ節　農暦の時間の後退と新暦の浸透による生活規律の強調

　上述のように農暦の時間とその祭祀や民俗は、日本傀儡政権にとって依拠すべき価値のひとつであり、利用すべき手段であった。復古的な儀礼を尊重する

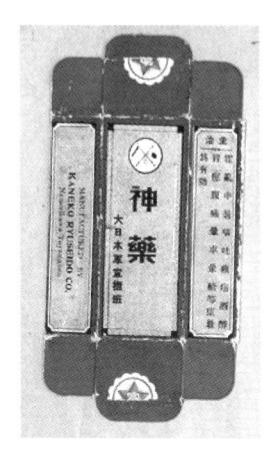

第2章　華北傀儡政権の記念日活動と民俗利用　95

図2-1
「神薬」と書かれた宣撫班所持の目薬の箱（左）『宣伝、宣撫工作資料』4、3頁（防衛研究所戦史研究センター蔵）

図2-2
「共産匪」を「親日」の手が掴むデザインを施した宣撫班所持の感冒薬包（右）同上、9頁

図2-3　五色旗を配した年画
　　　『支那工作資料』3、54〜55頁
　　　（防衛研究所戦史研究センター蔵）

図2-4　神霊／保護満洲新国家
　　　（祐生出会いの館蔵、「満州国ポスターデータベース」）

風潮は、華北政務委員会内での朔望会[農暦1、15日に開かれる親睦会]、各節句における官僚間の贈答などの儀礼にも現れ、また各級学校の休暇は、国民政府の規定を修正して農暦に配慮して決められるなど[44]、農暦は公式のレベルで一定の地位を獲得していた。39年に実施された日中合同の法会も、中国仏教の慣習にあわせて毎月農暦15日に行われていた[45]。しかし、日本軍の作戦行動や傀儡政権の運営もまた新暦に依拠している以上、農暦の時間を大幅に復活させ提唱することは合理性、利便性に乏しい。満州国においては、先に見たように日本とのイデオロギーの一体化の進展の中で、41年に大量の日本関連の新暦の記念日が導入され、新暦と農暦の祝祭日の割合が逆転する状況が生じていた。政治イデオロギーを体現する時局関連の記念日は新暦によって記憶される他なく、より効率的な戦時動員を図る必要からも、新暦の社会への浸透は不可欠な課題であった。一方、北京の主要廟市は既に新暦によって運営されており[46]、社会的にも新暦を受け入れる素地が生まれつつあった。

　華北占領地では、38年4月20日から鉄道が日本時間を採用すると、5月1日から中央放送局と天津・済南・青島・太原の各放送局もこれに従い、以後、ラジオ放送を通じた「新民体操」の普及運動などによって、各機関、団体、学校での「新時間」の浸透が図られていく。記念日活動などの諸集会も「新時間」で招集されることとなり、39年の興亜節には「新時間使用」運動が展開された[47]。日本時間の社会への浸透は、イデオロギー支配と同時に、時間規律の徹底を通じた動員体制の確立を目指したものであった。

　時間規律は、国家の象徴をともないつつ厳密な同時性をもって強調され、対象地域も拡大していく。太原では40年の興亜節の正午に、工場、寺廟での鐘の音を合図に10分間の黙祷が行われている。42年12月の大東亜戦争1周年記念週においては、山西省の全世帯に対して毎日7時30分から18時までの国旗掲揚が義務づけられ、12月8日には省内各地で午前11時59分より一斉に1分間の黙祷が行われている（SX40.7.8、XS42.11.26）。臨汾県では、同記念週中にサイレンを購入して時報を鳴らす計画が立てられており[48]、時間規律遵守が地方への新技術導入をともなって進められていることがうかがえる。44年からは、東亜防衛日

第 2 章　華北傀儡政権の記念日活動と民俗利用　97

と国民政府参戦記念日の毎月8、9日が「決戦生活日」となり、華北全省市の中日官民が午前11時59分より1分間の黙祷を行うことが規定され、2月の決戦生活日の黙祷は、ラジオによる国歌伴奏の下、行われた(XS43.12.24、44.2.8、2.10)。

42年10月からの第五次治安強化運動やそれに続く新国民運動においては、「革新生活」、「革新文化」の提唱の下、衛生、禁煙、勤労、節約、時間遵守等の「国民」に必要とされる生活規律が強調され[49]、官公庁や学校、新民会では、毎朝の新民体操、朝会の励行などを通じて、時間規律の浸透が図られた。山西省では42年11月より、全市県の公務員が毎朝9時30分から50分まで新民体操を行うことが決定されている[50]。農村青年や区・村幹部もまた、新民会の青年訓練所や県公署の幹部訓練班で、訓練を受けていた[51]。山西省では43年10月より増産建設事業への動員のため、17歳から40歳までの全省民男子の「急進建設団」服務を義務化し、「勤労報国」のスローガンと厳格な規律の下、軍隊式の訓練が施されるようになった[52]。

一方、42年から43年初めにかけて日本の大政翼賛会興亜局では、「近代の超克」を期して、グレゴリオ暦よりも合理的な暦法(「大東亜暦」あるいは「新東亜暦」)の「大東亜」への導入を、日本の使命として掲げる議論が展開されていた。議論では、干支や24節気、一部の伝統的行事など、「大東亜」の伝統・民俗の保全・復活にも配慮がなされ、グレゴリオ暦の不合理性を一部の伝統的暦の要素によって修正する意図もうかがえるが、新暦(太陽暦)の浸透と農暦の漸次的廃止は概ね不可避の課題と認識されており、より合理的で効率的な新暦が模索される中で、農暦それ自体の提唱の意義は薄れつつあったことに間違いはない[53]。なお、伝統暦の要素を利用しつつ、より合理的な太陽暦を創造しようとする試みは、節気を利用して新暦の合理性を強調する国民政府の手法に接近する他なく、改暦案には、立春[節気：新2月4日頃]を歳首とするものが提示されていた[54]。

生活規律遵守の励行の一方で、農暦の社会風習の一部は虚礼、浪費、迷信として攻撃されるようになる。43年以降、節句ごとの贈答や宴会も禁止されていった[55]。44年には、『新民報(山西版)』紙上において、「不便な陰暦の存在」が

「健全で厳粛な日常生活を乱し、時宜にあわない煩雑な慣習を延命させ」ている、と正面から農暦を批判する論説が掲載され、各商店、銀行に対して農暦年末に決算を集中させないこと、政府に対して春節を廃止するか、新暦によって春節を規定すること、学校の冬休みを春節に設定しないこと、が求められるに至っている(XS44.1.22)。農暦の節句・記念日は45年まで維持されたものの、農暦の社会的地位は顕著に低下しつつあった。ただし、戦局の悪化にともない日本の占領政策は既に破綻しつつあり、新暦推奨と農暦の「陋習」根絶のための強力な施策を行う余力は既に残されていなかった。

第Ⅶ節　記念日活動の宣伝効果の限界と問題点

　華北傀儡政権は43年以降、形式上汪精衛政権の下に統一された主権国家の体裁を整えつつあったが、先行研究などから明らかなように、政権の主体的運営と強化が果たされることはなかった。占領政策に関わる諸組織は不統一で、政権の自立と行政力の浸透を妨害し、実権を握る特務機関や憲兵隊の軍事・治安優先の諸施策は、民生工作や宣伝工作の地道な進展を妨げていた。43年3月には特務機関が連絡部に改編されて内面指導も廃止され、新民会の日系職員は首脳部を除いて離脱したが、これらの措置は組織の強化をともなわず、新民会の主要な任務は軍の治安粛正工作への協力に向けられていった[56]。また、上述したように大局的見通しのない占領政策によって統治理念は転変しており、分割統治の発想を抜けきれない日本側の行動は、汪精衛政権成立後も3年近く五色旗使用に固執するといった象徴操作上の混乱にも現れ、「主権国家」としての体面を大きく傷つけたことは間違いない。

　経済封鎖や掃討戦による生活破壊の進行にともない、「安居楽業」を謳う日本の統治は、物質的な説得力も失っていった。特にアジア・太平洋戦争の勃発以後、華北は収奪の対象としての性格を強め、物資の欠乏が深刻となり、生活規律の強調は人力物力の最大動員を第一の目的としていった。動員の増加と常態

化により、山西省冀寧道では既に41年段階で、小学生の集会参加が毎月10回前後に達し、1年のうち4カ月は勉強ができない状況になっていたと報告されている[57]。その後も、毎月の東亜防衛記念日、国府参戦記念日の他、新国民運動などの諸運動が人々を日常的な動員に駆り立て、休日勤務や節食献納運動などによって、極限までの収奪が図られていた。戦局が押しつまると、独自の経済体制によって物流を維持していた山西省の治安区でも露骨な掠奪が行われるに至った[58]。

　次に、華北傀儡政権は自ら意図していたようには、民間の自発的集会の機会を十分に利用することができなかった。特に、42年からの統制経済への移行と治安強化運動による経済封鎖にともない、集市は制限、統制をうけ[59]、宣伝、集会のための利用は不可能となっていった。当時の集市の地点・集期は、地方志などによってある程度把握できるが、『山西新民報』、『新民報（山西版）』で報道された各種集会と一致するものを見出すことは非常に困難である。これは、農村を中心に広がる集市網を自らの支配下に取り込めなかった華北傀儡政権の限界を示しており、山西省内の中共根拠地において、特に41年から集市復活による経済封鎖打破が図られ、秧歌隊などの民俗的芸能による宣伝活動が盛んになっていたことと対照的である[60]。また、中共側と比べて農業生産に関わる節句、節気等への言及がほとんど見られないことも、権力が農村社会に浸透できなかったことを端的に物語っていよう。

　廟会についても、41年7月から43年3月まで、『新民報（山西版）』で報道された寺廟における各種集会143回のうち廟会の利用が明らかであるものは14回であり、全体の約1割に過ぎない。この内、地方志などによって廟会期を確定できる、聞喜県城隍廟、交城県火神廟・城隍廟、寿陽県城隍廟、長治県城隍廟、平遥県城隍廟では、集会が盛んに開かれていながら当該廟会の利用が確認できない[61]。この他、41年段階の山西省公署治下の「治安回復区」には120前後の伝統的廟会があったと推計されるが[62]、復興が確認できるものは十数例に止まり、政権の意図に反して多くの廟会が停滞、中断していたことを示唆する。廟会復興の象徴といえる五台山についても、省公署民生庁長でさえ、「今日の頽廃

荒涼の様、目に触れるもの皆かくたり」として、僧の規律の弛緩、廟産の激減、布施の欠乏などの現実を認めざるを得なかった。堯帝廟会に至っては、本来、浮山県城外で開催されていたものを、治安の関係上臨汾に移したものであった[63]。

華北傀儡政権は、民俗に関する集会の場所、時間を物理的に充分に確保できなかったばかりでなく、民俗に関わる心性への積極的な攻撃や抑圧、無理解などにより、その心性に関する部分も充分にすくい上げることができなかった。39年春節の延安爆撃、40年端午からの冀魯豫区への「五五掃蕩」、41年中秋節翌日未明の趙城掃討戦、42年春節期の晋南各県の掃討戦や晋西殲滅戦などは、節句に乗じて敢行された。日本軍の作戦行動や虐殺事件には各節句にあたるものが数多く確認され、また、抗日勢力の隠れ家や民衆の避難所となった廟が破壊されたり、廟が虐殺や死体処理の場所として使用された例も多く確認される[64]。節句や廟を舞台とした破壊、殺人は、それに関わる心性とも結びついて人々に強い敵愾心を引き起こしたものと考えられる。中共側の史料では、五台山廟会では壮丁狩りが行われたとされ、他の廟会でも観劇切符が強制的に割り当てられた事例が見られる[65]。五台山では宴席で酒に酔った日本軍の大隊長が、親愛の情を示そうとして神聖なラマ僧の頭を叩いて怒りを買っており[66]、鳴り物入りの復興事業にも習俗の無理解による危うさが付きまとっていた。

廟会、節句では、中共が民衆の「発財」［財を成す］意識や子孫繁栄の願望をとりこんだ宣伝に配慮したことに比べれば（第1章）、傀儡政権のそれは政治宣伝や動員、統治者側の道徳規範の提唱が優先されたことは否めない。また、山西省では、区長、村幹部、農村青年などを中秋節、元宵節前後に県城や太原に集めて訓練を行っている例が見られるが[67]、本来家族と過ごし豊かで賑やかであるべき節句を否定した動員工作は、人々の不満、苦痛を増大させたであろう。42年の元宵節は新民会成立記念日にあたり、前線での日本の勝利慶祝も兼ねて、各地で大規模な民衆大会と慰霊祭が行われたが、春節に個別家庭の幸福を祈願し、他者の死に触れるのを嫌う中国人の心性を考慮するならば、感覚のずれは否めない[68]。全華北での一斉黙祷と粗衣粗食を強制した44年の決戦生活日も元宵節にあたっていた。

日中で共通していると考えられた慣習、民俗の中にも微妙な差異があり、その機微がどこまで考慮されたかは疑問である。諸節句における仏教的要素は決して優勢とは言えず、中国仏教は日本仏教ほどの強い組織力を保持していなかったため、仏教利用には自ずから限界があった。中元節は寺廟で盛大に祝う仏教の習俗がある一方で、民間においては、太原地区の一部のように亡霊の出回る日として外出を避ける習慣をもつ地域もあり、そこには仏教信仰よりも中国固有の霊魂に対する恐怖感が現れている[69]。全華北での画一的な中元節大会の開催には、このような地域差と固有の心性に配慮した形跡がない。中国仏教は、教団組織としての本末寺壇関係のない各寺廟と、寺廟と離れて活動する在家信徒の諸集団に分かれていたため、38年12月にこれらを糾合して仏教同願会を成立させた。山西省においても日本軍進駐まで仏教徒は明確な組織をもたず、41年2月になって諸教義が統一されており、仏教組織は日本の介入によって維持されていた[70]。

　儒教道徳や民俗を強調した日本の諸施策は、伝統的教養をもつ在地の知識人の心情にも充分に訴えなかったようである。太原県赤橋村の劉大鵬は、儒教道徳の復興を至上とし、国民党の党治や新暦使用にも違和感を抱く伝統的知識人であったが、清末以来、政府の苛捐雑税に反対し、水利事業に努めるなどした彼の生涯の関心は、民生の安定による道徳の復興にあったと考えられる。彼は、傀儡政権の孔子誕辰祭などに関与しながらも、敬老大会などの日本の行った諸行事には冷やかな視線を送り、むしろ日本の収奪による民生の圧迫に憤りを露にしている。廟会における村長らの中間搾取を批判していた彼は、日本の組織した廟会の費用が農民の負担とされたことも指摘しており、様々な搾取を受けつつも天下の危機を知らず社火活動に明け暮れる民衆には憐憫の情を抱いていた[71]。

　満州国において「王道精神」の提唱が、日本の「覇道」に抵抗する論理として作用し、破綻したように[72]、曖昧な統治イデオロギーを似て非なる中国の思想、文化状況に押し付けたことによって、華北においても統治イデオロギーを逆手にとる抵抗が見られた。北京の輔仁大学の陳垣学長は孔子の故事等に仮託

して、学生の抗日的姿勢を暗に支持し、激励する言動を繰り返していたが、表面的には儒教道徳を提唱する彼の言動に対し、日本側も手を下すことができなかったという。中央放送局では、潜入した中共党員の放送局員らが、ラジオ放送の「婦女時間」に「孟母三遷」、「断機の教え」などの故事を放送して日本の宣伝時間を減少させ、女性を啓発しようとしていた[73]。このようなことは、抗日意識の強弱や教養の程度に関わらず、容易に利用し得る反抗、非協力の手段であったと思われ、ある小学校での朝会では、ひとりの生徒が爪を切って来なかった理由について、「身体髪膚是を父母に受く、敢えて傷つけざるを孝の始めとす」と言訳したという回想もある[74]。

　42年10月に改定された新民会の新運動方針は、「封建的残骸の除去」、「封建文化、資本主義文化」を揚棄した「革新文化」の創造を提起している[75]。日本にとって民俗利用の価値は、上述したような効率的な動員を乱す農暦の習俗の問題や、宣伝利用に関する様々な困難に加えて、日本の統治を危うくする腐敗、汚職などの「封建的残骸」のイメージと重なりあって、その魅力を失いつつあったものと考えられる。同年12月からの新国民運動では、「封建思想」に反対し、汚職を「共匪」、「煙毒」と並ぶ「三害」とする「三清運動」が展開された[76]。「東方の文化道徳の発揚」は、思想宣伝上のスローガンのひとつとして44年にも個別に使用され、民俗利用も継続するが、主要な方向は「革新生活」による極限までの収奪に向けられ、日本の統治は崩壊していった。

おわりに

　日本は「東方の文化道徳」発揚の主張によって、国民政府や中共、英・米列強などを、伝統文化、道徳秩序を破壊する勢力として批判し、民俗利用の宣伝、動員に着手していた。この状況を反映して、華北傀儡政権では農暦の伝統的祭祀や諸節句、廟会などが大幅に復活、提唱され、儒教道徳や仏教はセレモニーの中で日中共有の道徳的価値として演出された。新暦の記念日は、革命の記憶

につながるものが排除され、国慶節と中華民国成立記念日が残されただけで、その他の北京政府の記念日も回復されなかった。正統国民政府を自任する汪精衛政権と華北の記念日構成は著しく不統一となったが、対華新政策を契機に43年以後統一が進められ、主権国家のセレモニーの形式が整えられつつあった。しかし、日本の象徴と抱き合わされた形式は克服されず、一貫性のない日本の占領政策によって、統治理念や国旗使用は混乱を来し、「主権国家」の体裁を傷つけた。また、戦争による破壊や経済封鎖により、華北傀儡政権が復興・利用し得た集市、廟会は限定されており、民俗に依拠した宣伝・教育の意図に反して、これに関わる心性への積極的な攻撃、抑圧も行われた。このような状況の下、農暦の民俗の一部は虚礼、浪費、迷信として批判されるようになり、時間規律の徹底と動員の常態化による極限までの収奪が図られていくことになる。

重日による帰属集団別記念日の整備は、新暦の革命記念日に含まれない余暇・娯楽の意味を新暦の節句の創設によって補おうとするかつての国民党の記念日改革構想の延長線上にあり、これら帰属集団別記念日が政治的知識・背景などを必要とせずとも浸透が可能であることからも、新暦の時間の大衆化は、政治イデオロギーを正面から強調する手法とは異なるチャネルにも足掛かりを得ていたことが示唆される。これらが農暦の節句とともに余暇・娯楽の時間としても有効に機能すれば、政権の価値の刷り込みは更に容易になったかもしれないが、総力戦の果てない収奪はそのような余裕を権力に与えなかった。

華北傀儡政権の記念日活動は、日本の戦争遂行に忠実に協力する人々を作り上げるためのイデオロギー教育の場であり、勤労奉仕、献納運動などを通じた収奪の機会であった。しかし、点と線の範囲の支配下において、日本の統治に従属したものとはいえ、華北傀儡政権は主権国家のセレモニーの形式をもって、最新メディアも利用しつつ、かつてない密度と同時性で占領地の大衆を間断なく教育訓練した。これらのセレモニーは、日本の支配に反発する者、様々な思惑から日本に協力した者など、その立場に関わらず、人々に国家の威容を可視的に見せつけ、演出し続けることによって、中国には主権国家が存在すべきであるとの国家意識を多くの人々に植え付け、強化する作用を果たしたのである。

日本のイデオロギーとの一体化を強要できた満州国とは異なり、日本の中国占領政策は、この意味においても中国ナショナリズムの磁場を逃れることはできなかった。

註
(1) 『報知新聞』1935年5月3日。
(2) ただし、満州国の暦書である『時憲書』では41年版以降、7つの別格の「慶祝日」の枠組みを維持しながら、全ての祝祭日に慶祝日の名称を与えている。満州国『時憲書』と民間暦（通書）を通じた文化統制・宣伝政策については、丸田孝志「満州国『時憲書』と通書─伝統・民俗・象徴の再編と変容─」『アジア社会文化研究』第14号、2013年を参照。
(3) 「建国神廟祭祀令」(1940年7月15日)『政府公報』第1866号(1940年7月15日)(遼瀋書社、1990年復刻)、364～365頁、「関於慶祝日之件」同上第1915号(1940年9月10日)、231頁。
(4) 満洲帝国政府編『満洲建国十年史』原書房、1969年、35頁によれば、祈穀祭が穀雨に定められた理由を、この頃には満州においても「春風訪れ気候漸く温暖となり」、「大抵最初の春雨が降り、農民は穀物の種子を蒔き始めるからである」としている。
(5) 華北傀儡政権の権力構造については、安井三吉「日本帝国主義とカイライ政権」『講座中国近現代史』6、東京大学出版会、1978年、石島紀之「中国占領地の軍事支配」、岩波講座『近代日本と植民地』2、岩波書店、1992年を参照。なお、省以下の各級政府機関の名称は公署であり、44年3月より政府と改称している。
(6) 新民会、宣撫班については、八巻佳子「中華民国新民会の成立と初期工作状況」、藤井昇三編『1930年代中国の研究』アジア経済研究所、1975年、同「中国における東亜連盟運動」『伝統と現代』第32号、1975年、岡田春生編『新民会外史─黄土に挺身した人達の歴史』前編・後編、五稜出版社、1987年、果勇「華北占領区の新民会」、北京市政協文史資料研究委員会編(大沼正博訳)『北京の日の丸』岩波書店、1991年(原著『日偽統治下的北京』北京出版社、1987年)、29～49頁、堀井弘一郎「新民会と華北占領政策」(上)(中)(下)『中国研究月報』第539、540、541号、1993年、青木舜三郎『大日本軍宣撫官 ─ある青春の記録─』芙蓉出版社、1970年、93～94頁、興晋会在華業績記録編集委員会『黄土の群像』興晋会、1983年を参照。 なお、この他、文部省や興亜院が占領地の教育行政などに関与している。

(7) 前掲青木舜三郎『大日本軍宣撫官』、69頁。
(8) 杉本部隊報道課『宣伝宣撫参考手帖』、1939年、奥付なし、186～187頁。
(9) 最新メディアによる日本軍の宣伝の現状および方針については、例えば北支軍報道部『情報主任参謀会議ニ於ケル報道部主任将校説明事項』、1939年、奥付なし、を参照。
(10) 前掲岡田春夫編『新民会外史』前編、37、48～57頁、北支那方面軍司令部『華北に於ける思想指導要綱附属書』、1940年、奥付なし、10～11頁、利谷信義「「東亜新秩序」と「大アジア主義」の交錯 ―汪政権の成立とその思想背景―」、仁井田陞博士追悼論文集編集委員会編『日本法とアジア』勁草書房、1970年、桂川光正「東亜連盟運動小史」、古屋哲夫編『日中戦争史研究』吉川弘文館、1984年。
(11) 多田部隊本部『宣撫班教化工作実施概況』、1940年、28～31、39～40頁、北支那方面軍「山西南部［牛島兵団］於ケル紅槍会利用ノ現状」（1938年10月）、防衛研究所『陸軍省陸支密大日記』（以下、『陸支密』）S13-26-59、TY42.4.24、6.21、8.17。
(12) 註(8)、XB38.1.17、1.29。
(13) 馬重韜「日偽興復武廟的醜聞」、前掲北京市政協文史資料研究委員会編『日偽統治下的北京』、303～310頁。
(14) 前掲羅検秋主編『近代中国社会文化変遷録』第3巻、225～228頁。
(15) XB38.10.10、10.11、39.10.7、10.8、10.9。
(16) XB38.11.9、11.15、39.4.29、40.2.13など。開封では元宵節に紀元2600年慶祝の民衆大会が開催された（XB40.2.24）。
(17) XB38.4.30、11.4、XB（晩刊）39.11.2、40.5.29。
(18) XB38.6.26、6.30。なお、当日の記念活動は確認できない。
(19) 防衛庁防衛研修所戦史室『北支の治安戦』(1)朝雲新聞社、1968年、410～417頁。
(20) 前掲防衛庁防衛研修所戦史室『北支の治安戦』(2)、292～297、316～317頁、1971年。
(21) XS43.11.14、44.2.28、3.17。国父遺嘱奉読や起立は、1941年5月公布の「尊崇中華民国国父致敬辦法」の規定による（『山西省公報』第59期、法規［1941年6月15日］、47頁）。
(22) XS44.3.27、43.4.14、44.3.30。
(23) 「教育部呈 礼12字第11266号」（1939年5月2日）、「教育部呈 人10字第18577号」（1939年8月6日）、中国第二歴史檔案館編『中華民国史檔案資料彙編』第5輯第2編

文化(2)、江蘇古籍出版社、1994年、581〜583頁。
(24)　XS43.5.6、5.19、6.25など。
(25)　「廃止旧暦節日改訂替節日案」(1930年3月4日〜11月22日)、国史館、内政部檔案026000012327A。
(26)　華北政務委員会総務庁情報局編『我国重要紀念日』、1945年、奥付なし、4頁。
(27)　『政委公報』第313・314期、教署公牘(1944年11月9日)、8〜9頁、同第317・319期、教署公牘(1944年11月29日)、12頁、同第325・326期、教署公牘(1945年1月9日)、11頁。
(28)　XS41.9.5、41.9.22、42.2.10、『政委公報』第200・201期、本会公牘(1943年4月19日)、17頁。
(29)　XS41.9.13、10.10、10.24、42.3.28、10.7、43.3.13、4.4など。
(30)　劉大鵬(喬志強標注)『退想斎日記』山西人民出版社、1990年、528、560頁。
(31)　XB39.2.2、2.7、『政委公報』第193・194期、本会公牘(1943年3月9日)、9頁、前掲劉大鵬『退想斎日記』、518頁。
(32)　王鶴雲「中国万歳」前掲北京市政協文史資料研究委員会編『日偽統治下的北京』、124〜128頁。
(33)　軍務課「新支那ノ国旗ニ関スル件」(1939年1月11日)『陸支密』S14-69-147、XS42.3.3、 XB40.7.8、 XS41.7.12、42.11.29、前掲防衛庁防衛研修所戦史室『北支の治安戦』(2)、316頁、XS43.2.14、前掲劉大鵬『退想斎日記』、576〜577頁。
(34)　『山西省公報』第59期、法規(1941年6月15日)、47頁。
(35)　BX39.5.21、1.18、XS41.7.13、42.6.30、43.7.3。
(36)　北支那方面軍司令部『華北に於ける思想指導要綱』、1940年、奥付なし、3頁、「華北政務委員会訓令」(1941年3月11日)、中央檔案館・第二歴史檔案館・吉林省社会科学院『華北治安強化運動』中華書局、1997年、64頁、 XS42.2.2。
(37)　XB40.8.20、5.31、前掲北支那方面軍司令部『華北に於ける思想指導要綱』、11頁。
(38)　『新民報(山西版)』等から確認できるものを集計し、記念活動以外の集会、訓練等も含めて、同一趣旨の数日に渡る集会は1回と数えた。以下の集会の統計についても同様。
(39)　前掲羅検秋主編『近代中国社会文化変遷録』第3巻、64頁。
(40)　前掲北支那方面軍司令部『華北に於ける思想指導要綱』、9、11頁。
(41)　ただし、太原市文廟の省立新民教育館は、閻錫山政権時期の省立民衆教育館を復

興させたものであった(SX40.12.7)。青年訓練所については、XS41.9.4(臨汾、長子)を参照。

(42) 前掲多田部隊本部『宣撫班教化工作実施概況』、30〜33頁、多田部隊報道部『中国の風習と宣伝』、1939年、奥付なし。春聯については、本書第1章註(38)、71頁を参照。

(43) 「満洲国ポスターデータベース」 http://app.cias.kyoto-u.ac.jp/infolib/meta_pub/CsvSearch.cgi(2012年8月15日閲覧)。

(44) 『政委公報』第37至42期、内署特載、11頁(1940年11月)、XB38.1.24、12.30、39.1.26、40.1.10など。

(45) XB39.7.22、8.23、XB(晩刊)9.29。

(46) 加藤新吉『北京年中行事』満鉄北支事務局、1939年、4〜5頁。

(47) XB(晩刊)38.4.20、XB38.4.21、4.26、4.27、5.15、7.2、XB(晩刊)9.14、XB39.6.20。ただし、40年春節の爆竹の制限時間を伝える公文書は新時間を、ビラは旧時間を用いており(XB[晩刊]40.1.25)、教会の時計堂も旧時間のままであったので、「新民会の熱心な会員でありながらキリスト教徒である者」は、時計を二つ所持していた(落合久生「北支の風俗習慣に就いて」『興亜教育』第1巻第2号、1942年、113頁)とされ、新時間の民間への浸透には困難が伴ったことが想像される。

(48) 趙景桐『臨汾県第五次治安強化運動彙編』、1942年、奥付なし、26頁。

(49) 『政委公報』第171・172期、教署公牘(1942年10月29日)、5頁、XS42.12.14。

(50) XS41.9.13、43.9.22、12.1、44.2.11、『山西省公報』第93期、訓令、19頁(1942月11月15日)。

(51) XS 41.11.28、12.24、42.1.26、43.7.16、12.8、44.3.14、3.18、3.19、3.22。新民会青年訓練所については、前掲果勇「華北占領区の新民会」、46〜48頁を参照。

(52) 八木橋武「山西省急進建設団の全貌」、前掲興晋会在華業績記録編集委員会『黄土の群像』、344〜347頁。

(53) 成田龍一「近代日本の『とき』意識」、佐藤次高・福井憲彦編『ときの地域史』山川出版社、1999年、380〜382頁、神田清『満洲国時憲書の制定と其普及』、大政翼賛会興亜局『暦法調査資料』第8輯、1942年、8〜11頁、能田忠亮『東洋に於ける暦の政治的文化史的意義』、同上第4輯、1942年、15〜17頁、森田鹿三『支那暦と年中行事』、同上第5輯、1942年、28〜29頁、能田忠亮『迷信と暦注』、同上第7輯、1942年、5〜7頁。

(54) 能田忠亮『東洋に於ける暦の政治的文化史的意義』、15～16頁、同(呈海訳)「東亜新秩序与暦法改正」『中国文化月刊』第1巻第1期(1941年1月)、79～83頁。

(55) 『政委公報』第193・194期、本会公牘(1943年3月9日)、10頁、XS43.2.1、44.2.4。なお、新暦新年についても公務員の贈答などが42年から禁止され、43年からは宴会も禁止された(XS43.12.21)。

(56) 前掲石島紀之「中国占領地の軍事支配」、前掲安井三吉「日本帝国主義とカイライ政権」、前掲堀井弘一郎「新民会と華北占領政策」(下)、前掲岡田春夫編『新民会外史』前編・後編。

(57) 『冀寧道第一次県政会議紀要』、7頁、奥付なし。

(58) 城野宏「山西省のこと」、前掲興晋会在華業績記録編集委員会『黄土の群像』、498～501頁。

(59) 同上、前掲石島紀之「中国占領地の軍事支配」、229頁、前掲中央檔案館他『華北治安強化運動』、180、218、321頁など。

(60) TY41.3.9、3.21、4.3、5.15など。秩歌については、本書序章註(14)、28～29頁を参照。

(61) 聞喜県志編纂委員会『聞喜県志』中国地図出版社、1993年、198～199頁、交城県志編纂委員会『交城県志』古籍出版社、1994年、701頁、寿陽県志編纂委員会『寿陽県志』山西人民出版社、1989年、梁肇唐・李政行『山西廟会』山西経済出版社、1995年、46～47、63～64頁。

(62) 前掲梁肇唐・李政行『山西廟会』、1～9、37～193頁。

(63) XS43.7.21、牛島博道「私の従軍記」、前掲興晋会在華業績記録編集委員会『黄土の群像』、384頁。

(64) 陳学昭(中野美代子訳)「延安訪問記」、小野忍編『延安の思い出』平凡社、1972年、156頁、李鋒「回顧沙区抗日根拠地的創建和堅持」、中共冀魯豫辺区党史工作組辦公室『中共冀魯豫辺区党史資料選編』第4輯、回憶部分(中)、山東大学出版社、1992年、256～257頁、XS41.10.17、42.2.9、2.21、2.25。中共山西省委党史研究室『侵華日軍在山西的暴行』山西人民出版社、1986年に掲げられた64件の日本軍による虐殺事件や軍事行動の中で、春節、中秋節にあたるものは10件(その他の節句が8件)、廟の破壊、廟での殺人、死体処理などは14件である。

(65) TY42.8.31、前掲中央檔案館他『華北治安強化運動』、182～183頁。

(66) 前掲青木舜三郎『大日本軍宣撫官』、229～230頁。

(67) XS41.10.14、10.15、10.24、『山西省公報』第75期、訓令、3頁(1942年2月15日)、『政委公報』第193・194期、本会公牘、10頁(1943年3月9日)、XS44.2.14、44.2.9。
(68) XS42.2.27、3.2、3.6、3.8、3.9。
(69) 太原市南郊区志編纂委員会『太原市南郊区志』三聯書店、1994年、847頁。
(70) 『華北建設年史』社会・文化編、東亜新報天津支社、奥付なし、17頁、SX41.2.16。
(71) 前掲劉大鵬『退想斎日記』、1、420、526、528、529、534、536～537、555、574、577～578、581～582、590頁など。ただし、同史料には編者によって削除された部分が多く、原史料に即した評価ができない。
(72) 駒込武『植民地帝国日本の文化統合』岩波書店、1996年、第Ⅴ章「満洲国」。
(73) 孫金銘「堅持対日闘争的陳垣校長」、前掲北京市政協文史資料研究委員会編『日偽統治下的北京』、68～77頁、劉新「放局でのたたかい」、前掲北京市政協文史資料研究委員会編『北京の日の丸』、152頁。
(74) みずのかほる『北支の農村』華北交通社員会、1941年、290頁。
(75) 「新民会基本方針」(1942年10月27日)、「新民会(民国)31年度全体連合協議会宣言」(1942年10月28日)、中国史学会・中国社会科学院近代史研究所編『抗日戦争』第6巻『日偽政権』四川大学出版社、1997年、437～442頁。
(76) 「所謂"新国民運動"」(原著『新民会与新国民運動』、1944年5月25日)、同上447～450頁。

第3章　晋冀魯豫辺区の記念日活動と新暦・農暦の時間

はじめに

　本章においては、晋冀魯豫辺区の太行区・太岳区（前身の晋冀魯辺区、晋東南根拠地を含む）を中心に、中共根拠地の記念日活動、民俗利用の宣伝・動員工作を、華北傀儡政権、国民政府との関係において検討する。また、日中戦争末期から内戦期における中共の積極的な農暦の民俗利用、人生儀礼の組織化を通じた中共の宣伝・動員工作の手法について検討する。これらを通じて、中共の権威創出のための記念日活動組織化の過程と、中共の宣伝・動員活動と基層における時間の民俗との関わりを論じる。

第Ⅰ節　中共根拠地の記念日構成と国民政府・華北傀儡政権の記念日

　山西省の中共組織は、36年の東北淪陥記念日に成立した省政府下の統一戦線組織・犠牲救国同盟会（以下、犠盟会）を通じて、帰属集団・大衆運動の記念日などを利用した抗日宣伝・動員活動を展開していた[1]。中共は、犠盟会を通じた統一戦線工作により、晋東南を中心に根拠地を形成していったが、統一戦線の実態を反映して、国民政府の記念日活動・儀礼の形式や民衆組織の形態が、陝甘寧辺区よりも重視された（表3-1、2）。
　晋東南根拠地の基礎を築く契機となった39年元旦の晋東南擁蔣大会では、国旗、国民党旗、孫文遺像、蔣介石像への最敬礼［三立礼］が行われ、康克清が総会の三民主義青年団への参加が討論された（XRH39.1.3、1.5、1.13）。その後、

国民政府の国定記念日、帰属集団別記念日などに各救国総会が成立し、帰属集団別団体による抗戦体制の組織化が進んでいる（表3-3）。婦女救国総会成立大会には康克清が新生活運動促進会の委員として出席し（XRH39.3.9）、青年救国総会成立大会では蒋介石の「三民主義青年団宣言」の字句が展覧室の入り口に飾られた（XRH39.3.21）。安沢県某村では、国民政府の全国精神総動員運動に応じた国民抗敵公約宣誓運動において、総理逝世記念日に民衆、駐留部隊、各村幹部などによる孫文像への宣誓が行われ、総理記念歌も歌われている（XRH39.3.15）。同日、陽城では50,000人の緊急民衆大会が開かれ、この日から各地で宣誓運動が展開された[2]。各界連合救国総会成立大会は、黄花崗烈士の記念儀式によって開幕し（XRH39.4.5）、5月には三民主義青年団の提唱による青年運動週の活動も組織され、国民政府の国民精神動員月会の活動も予定されていた[3]。諸勢力との統一戦線によって日本の侵攻に対抗した前線の根拠地においては[4]、反共勢力を牽制しつつ根拠地を強化するためにも、国民政府の儀礼の形式や民衆組織の形態を尊重することで国民政府を擁護する姿勢を明確にする必要があった。ただし、総理記念週の活動が確認できないなど、国民政府の儀礼形式が完全に遵守されたわけではない。

　39年12月の国共摩擦以降、中共根拠地における国民政府系統の記念日の活動には顕著な変化が現れ、これらを通じて国民政府擁護の姿勢が引き続き示される一方で、国民政府の反共政策への対抗が意識されるようになる。太行区・太岳区では中共の政権掌握が進展したことも、このような変化を促進したと考えられる。また、全体として国民政府独自の記念日の慶祝は低調になり、これらによる正統性の確認から距離が置れるようになっている（表1-4、3-1、2も参照）。革命先烈記念日については、40年に国民政府へ憲政実施を要求する晋冀豫区新聞憲政座談会が開催された後は（XRH40.4.5、4.9）、記念集会は行われなくなり、41年には『新華日報（華北版）』社論が、黄花崗烈士記念の文脈で国民党内の反共勢力を批判するにとどまっている（XRH41.3.29）。陝甘寧辺区での革命先烈記念日への言及や慶祝は43年の黄花崗烈士記念大会のみであるが、これは当日、三民主義青年団が中国青年節を五四運動記念日から革命先烈記念日

第 3 章　晋冀魯豫辺区の記念日活動と新暦・農暦の時間　113

表3-1　晋東南根拠地・太行区の記念日活動(1939年1月～1949年8月)

		39	40	41	42	43	44	45	46	47	48	49
1月1日	中華民国成立	★b	☆	☆*	☆	☆	☆	☆	☆*	◎*	◎	☆
1月21日	レーニン逝世	△	△	△	△	△	△	△	△	△	—	△
1月28日	淞滬抗戦	☆	△	—	☆*	△	—	—	—	—	—	—
2月7日	二七惨案	◎	◎	◎	△	◎	—	—	—	☆	△	◎
2月23日	ソ連赤軍成立	△	△	△	△	☆	△	—	—	—	—	—
3月8日	国際婦人デー	◎	◎	◎	◎	◎s	◎	◎js	◎	—	—	—
3月12日	孫中山逝世 植樹節	★	◎	△	△	△	◎	△	◎	(◯)	◎	(◯)
3月18日	パリコミューン 北平惨案	◎	◎	☆f	☆*	◎*	◎	—	(◎m)	◎	—	—
3月29日	革命先烈記念	◎*	◎	△	—	△	—	—	—	—	—	—
4月4日	児童節	☆	△	◎	◎	◎	◎	◎	◎s	—	—	☆
5月1日	メーデー	☆	★	★	◎	◎	◎	◎	◎*	◎	—	☆
5月4日	中国青年節	◎	★	◎*	◎	◎	◎	◎	◎	—	—	◎*
5月5日	革命政府記念	△	△	△	△	△	△	—	—	△	—	—
	マルクス誕辰	△	△	△	△	△	△	—	(◯)	—	—	—
5月30日	五三〇惨案	☆	◎m	☆s	—	—	—	—	—	—	—	△
6月3日	禁烟記念	△	△	◎	—	—	—	—	—	—	—	—
6月6日	教師節	—	—	—	—	◎	◎	—	—	—	—	—
7月1日	中共成立	◎*	◎	◎	◎	◎	◎	☆s*	◎*	◎s*	—	—
7月7日	抗戦建国	◎	☆*	☆*	☆b*	☆*	☆	☆s*	☆*	—	—	—
8月1日	紅軍成立 国際反戦デー	◯*	◎	☆	◎	★	◎*	◎	◎*	☆s	—	—
8月13日	淞滬抗戦	★*	△	△	—	—	△	△	—	—	—	—
9月1日	記者節	—	△	△	◯b*	—	△	△	—	△	—	—
9月上旬	国際青年デー	△	◎	◎	—	—	—	—	—	—	—	—
9月18日	東北淪陥	☆*	★js*	☆b	☆*	—	—	—	—	—	—	—
10月10日	国慶節	◎	◎	◎	◎	◎*	—	—	—	—	—	—
10月19日	魯迅逝世	—	—	—	—	—	(◯)	—	—	—	—	—
11月7日	ロシア革命	◎	◎	◎	◎	◎	◎	◎	◎	—	—	—

―：言及なし　△：紙面での言及など　◯：個別・小規模の記念活動
◎：全区的記念活動（各地同時の記念活動・行政公署[行署]所在地等での各界連合大会など）
☆：◎のうちで数千人規模の集会が確認できるもの
★：◎のうちで一万人規模の集会が確認できるもの　（◯）は記念日名に言及のないもの
記号の横のアルファベットはそれぞれ、
b：廟　j：集市　m：廟会　s：節句　を使用した集会・活動が確認できるもの
*：追悼会・追悼儀礼　下線：民俗的な儀礼・芸能などの利用が確認できるもの
『新華日報（華北版）』『新華日報（太行版）』『人民日報』の該当記事などより作成

表3-2 太岳区の記念日活動（1940年1月～1947年8月）

		40	41	42	43	44	45	46	47	48	49
1月1日	中華民国成立	／	◎	◎	／	／	☆	◎	☆	☆	☆
2月7日	二七惨案	(○)	△	／	―	／	△	○	△	△	○
3月8日	国際婦人デー	○	◎	○	△	◎	☆	△	☆b	―	☆
3月12日	孫中山逝世 植樹節	／	△	／	／	△	△	―	―	(◎)	―
3月18日	パリコミューン 北平惨案	／	◎	○*	／	／	○	―	△	○	○
4月4日	児童節	／	◎	○	／	◎s	―	○s	○	―	◎
5月1日	メーデー	○	◎	☆*¹	[○]	◎	◎	◎b	◎	◎	☆
5月4日	中国青年節	／	◎	☆*¹	／	○	△	☆b	◎	☆	☆
5月5日	革命政府記念 マルクス生誕	／	―	○	／	△	○	―	―	―	―
6月6日	教師節	／	―	△	／	△	◎	○b	★s	☆	◎
7月1日	中共成立	△	◎	△	／	◎	◎	○b	★s	○	○
7月7日	抗戦建国	☆b	◎j*	[◎*]	／	☆b	★s*	★s*	★	★*	★*
8月1日	紅軍成立 国際反戦デー	◎	○	☆	☆	○	◎	☆*	★	○	○
9月1日	記者節	―	○	△	○	○	○	○	○	○	○
9月上旬	国際反戦デー	◎	○	◎	○	○	○	○	○	○	○
9月18日	東北淪陥	☆s*	△m	○*	／	○	◎	○	○s	○b	
10月10日	国慶節	◎*	[◎*]	△	／	△	★	△	○	―	―
10月19日	魯迅逝世	△	／	[◎]	／	○	○	○	○	○	―
11月7日	ロシア革命	／	○	○	／	◎	★	△	△	△	
12月9日	一二九運動	／	◎	―	／	△	△	△	△	△	

／：『太岳日報』『新華日報（太岳版）』の停刊、欠号により活動が確認できないもの
－：言及なし　△：紙面での言及など　○：個別・小規模の記念活動
◎：全区的記念活動（各地同時の記念活動・辺区政府所在地等での各界連合大会など）
☆：◎のうちで数千人規模の集会が確認できるもの　☆¹は太岳各界五月記念集会を含む
★：◎のうちで一万人規模の集会が確認できるもの
（　）は記念日名に言及のないもの　　[　]は予定の報道のみで実施が確認できないもの
記号の横のアルファベットはそれぞれ、
b：廟　j：集市　m：廟会　s：節句　を使用した集会・活動が確認できるもの
*：追悼会・追悼儀礼　下線：民俗的な儀礼・芸能などの利用が確認できるもの
『太岳日報』『新華日報（太岳版）』『新華日報（華北版）』『新華日報（太行版）』の該当記事および中共山西省党史研究室編『太岳革命根拠地紀事』山西人民出版社、1989年より作成

表3-3　晋東南各界救国会の成立日（1938年）

総会名	成立日	記念日名
工人救国総会	2月7日	二七惨案記念日
婦女救国総会	3月8日	国際婦人デー
農民救国総会	3月12日	孫中山逝世記念日*
青年救国総会	3月18日	北平民衆革命記念日
各界連合救国総会	3月29日	革命先烈記念日*
文化教育界救国総会	5月4日	中国青年節

*は国民政府国定記念日　北平民衆革命記念日は国民党の本党記念日
『新華日報（華北版）』39年2月9日、3月9日、3月11日、3月19日、4月5日より作成

に変更した[5]ことに対応したもので、辺区および全国的な青年運動への影響を意識した措置と考えられる（JR43.3.29、3.31）。しかし、この後も中共は5月4日の中国青年節を堅持して、国民政府と青年運動の主導権を争う姿勢を示している[6]。一方、汪精衛政権と華北傀儡政権は同年に革命政府記念日を中国青年節としている（XS43.5.6、5.19）。中共根拠地は40年以降、この日をマルクス生誕記念日、学習節としてのみ扱っている（XRH40.5.5、43.4.25）。

　記念日における烈士追悼については、日中戦争初期には孫中山逝世記念日も利用されたが、その後は抗戦建国記念日を中心に行われるようになった。一方、孫中山逝世記念日の活動は、特に太行区を中心に植樹日などとして継続したが（表3-1、2）、孫中山誕辰記念日の活動は39年以後ほとんど見るべきものがない。なお、陝甘寧辺区の孫中山逝世13周年祭・抗戦陣亡将士追悼大会（38年）、晋東南根拠地の国民精神総動員運動（40年）のように、良好な国共関係を受けて、中共が孫文を統合の象徴として積極的に利用しようとした時期には、記念日名や尊称に「総理」の語が使用されることもあり（XZ38.2.20、3.15、XRH39.3.19）、辺区参議会など重要な集会においては、総理遺嘱が奉読されることもあった（第4章）。また、44年に至るまで、根拠地における憲政運動、辺区参議会、反内戦集会、連合政府要求の集会において、総理遺嘱（44年は「孫中山先生遺嘱」と表記）の奉読が行われたことは統一戦線下のヘゲモニー争いにおいて、国家の

指導者としての孫文の表象が有効に機能していたことを物語っている。その後、孫中山逝世記念日は、中共にとって孫文の晩年の連ソ容共の立場から自己の正統性を主張できるものであり、国民政府に中共の政権と軍隊の承認を求めた44年の周恩来の演説「憲政と団結に関する問題」も同記念日の記念集会で行われている。蔣介石・国民党の権威が幹部層に浸透していた冀魯豫区では、44年以降、孫文の正統な継承者として中共、毛沢東を位置づけ、蔣介石の権威を否定する教育の機会としてこの日が利用された（ZY44.3.27、JL.45.3.30）。一方、汪精衛は総理遺嘱の重要な起草者の一人であり[7]、汪精衛政権もこの記念日によって、自己の政権が孫文の思想を忠実に継承するものであることを強調していた。国民政府は総理逝世記念日を学校の休日としていたが、42年に国定記念日を大幅に整理した際に、この日を国定記念日表から削除し、学校の休日からも除外した（表1-2）[8]。これに対し、汪精衛政権は41年からこの日を学校の休日とし、華北傀儡政権も43年から孫文関連の記念日を重視するようになった（第2章）[9]。

　34年に国民政府が導入した先師孔子誕辰記念日は、39年には教師節に指定され[10]、42年には国定記念日にも採用された（表1-2）。同記念日の記念辦法では、「国父孫中山先生の革命思想と孔子の関係を説明する」ことが宣伝要点の一つにあげられており[11]、孫文思想の復古的な解釈が意図されていた。しかし、同記念日が中共根拠地において採用されることはなく、教師節の活動は、華北の傀儡政権が39年以前の国民政府規定のまま、6月6日での記念活動を開始した43年から、太行区において同じ6月6日に記念活動が行われている。陝甘寧辺区では教師節の活動が見られないことを考慮すれば、前線の根拠地での教師節活動には、傀儡政権への対抗の意味もあったと考えられる。なお、中共が泰安を占領した後の46年の孔子誕辰祭は、農暦で行われている（JL46.10.6）。中共にとって孔子誕辰記念日は、正規の記念日の序列に入らない、民俗利用の領域に属するものであったと考えられる。

　この他、児童節もまた、各政権が一貫して重視した記念日であり、農民の記念日にも明らかな対抗が見られた（農暦の民俗利用に関連して、以下に詳述）。

教師、青年、児童、農民は諸政権が獲得しようとする重要な対象であったことが記念日を巡る対抗にも現れており、中共政権においても以下に見るようにこれらの記念日は、基層への浸透が最も重視されていた。工程師節など国民政府が日中戦争開始以降に設けた多くの帰属集団別記念日は、根拠地内には該当する帰属集団の組織が存在しないためか、ほとんど言及されていない[12]。

39年の国民抗敵公約宣誓運動が総理逝世記念日に、孫文像などを使用しながら行われたのに対し（XRH39.3.19）、中共根拠地でのその後の宣誓運動には国民政府独自の記念日は使用されず、国民政府の象徴の使用も確認できない。41年の北方局の国民誓約運動は、晋冀豫辺区では一二八淞滬抗戦記念日［第一次上海事変］から二七惨案記念日までの期間で、行政村もしくは基点村を単位に組織され、「中華民国国民」として抗日を誓約する形がとられた[13]。この後、太行区・太岳区では中共成立記念日と抗戦建国記念日が中共政権の権威を浸透させる上で特に重要な記念日となり、これらの記念日・記念週に、毛沢東理論の宣伝および晋冀豫辺区参議会の成立（41年）[14]、擁軍公約宣誓運動（43年、XRH43.6.29、7.1、7.5）、太行区各県の労働英雄大会（44年、TH44.8.5、8.7、8.27、9.9）、中共七全大会の意義の学習・宣伝、解放区人民大会開催要求の集会（45年、TH45.6.27、7.1、XTY45.7.17）などが行われ、中共独自の権威が強調された。42年の晋冀魯豫辺区の小学校の休暇規定も、記念日に関する項目は存在せず、国民政府の学校休暇規定がそのまま受け入れられることはなかった[15]。

このような状況を華北傀儡政権と比較するならば、華北傀儡政権が汪精衛政権との合同後、特に43年1月からの対華新政策以降、多くの国民政府系統の記念日を積極的に採用し、その記念活動を強調していくのに対し（第2章）、中共政権はむしろこれらを軽視するようになっている。中共と傀儡政権との対抗が明確な記念日は、民国の正統政府としての権威に関わる国慶節などを除けば、抗戦建国記念日（傀儡政権では興亜節）、児童節、教師節、禁煙記念日に止まる。陝甘寧辺区では、上述した教師節の他、禁煙記念日の活動も確認できず、前線の根拠地においてのみ積極的な記念活動が見られる。これらは、中共が前線で華北傀儡政権に対抗し、国民政府との関係においても自律性を強調しながら大

衆を動員するために、重視する記念日を適宜調整したためと考えられる。

　根拠地における国民政府系統の記念日の活動が低調になっていく一方で、国慶節の慶祝は後退することはなく、民国の正統性を擁護し、統一戦線を堅持する根拠として重視され続けた。陝甘寧辺区においては、41年以降、国慶節の記念集会は大規模なものとなり、延安全市での国旗掲揚や孫文像の使用も確認できるようになる（表1-4、JR41.10.11、42.10.8）。ここには日米開戦前後の国際情勢を受け、反ファシズム国際統一戦線の完成と発展に向けて統一戦線の堅持を訴えるとともに、反共勢力の中共批判へ対抗する意図があった[16]。

　44年の連合政府の提案から内戦期にかけて、中共政権の国慶節慶祝には民国の正統政府としての地位を中共が継承する意図が込められていく。44年の陝甘寧辺区の国慶節には、国民党の独裁放棄と連合政府・連合統帥部の即時成立の要求が掲げられた（JR44.10.4）。45年の国慶節は、中共が正統な中国政府を代表し得ることを示す意図の下、特に「新解放区」において盛大に慶祝された（XTY45.11.1、TH45.10.17、10.24）。46年国慶節の延安での米軍撤退運動大会では、国旗・孫文像への敬礼が行われ、中共を中心とした勢力による民国の正統政府の地位の継承が主張されている（JR46.10.11）。47年の国慶節に、「中国人民解放軍宣言」、「三大規律八項注意」（再頒布）、「中国土地法大綱」といった重要文献が発表されていることも、このような意図によるものと考えられる（XTY47.10.11、TH48.1.21）。ただし、46年以降、太行区・太岳区での国慶節の慶祝は顕著でなくなり、中共成立記念日や抗戦建国記念日の扱いには及ばなくなる（表3-1、2）。国民政府との内戦を遂行しつつ独自の権威創出を志向する中共にとって、根拠地内部での国慶節の扱いは重要性を減じつつあったものと考えられる。

　中華民国成立記念日についても、民国の枠組みの下に中共の正統性を強調する意図の下、セレモニーが組織されている。45年の新暦新年には、太岳区第1回殺敵・労働英雄大会［殺敵英雄は民兵英雄の意］が開会され、国旗が掲揚された会場において労働英雄らが毛沢東・朱徳に拝年［年始の挨拶］を行い、労働英雄の石振明は中共の連合政府の構想に従って中央政府の改組を要求した（XTY45.1.11）。

47年の太岳区各界の元旦団拝［集団での年始の挨拶］祝勝大会でも国旗が掲揚され、毛沢東・朱徳と前線の将兵への拝年が行われた（XTY47.1.7）。

　この他、内戦期には、国民政府の諸政策を批判する文脈で、昆明惨案記念日、全国商人節（上海国民党当局による露天商取締り事件）、新国恥記念（日中米友好通商条約締結の日）などの新たな記念日が提起されたが、既存の記念日のような継続的で大規模な活動は見られない（TH46.12.11、47.1.11、RR47.1.30）。内戦末期、新解放区の各都市では、中共主導下に各帰属集団が編成されて全国組織へと成長していく中、二七惨案記念日、国際婦人デー、メーデー、青年節などの帰属集団別記念日・大衆運動系統の記念日が中共成立記念日や抗戦建国記念日、紅軍成立記念日とともに、盛大に慶祝されることとなる[17]。

第Ⅱ節　民俗利用と農暦の時間

　山西省では、30年代になっても省政府が春節［旧正月］、中秋節［旧8月15日］の慶祝を継続しており、37年元宵節［旧1月15日］には各地の秧歌隊の娯楽に「主張公道団歌」や政治スローガンの使用を義務づけたり、政治的内容の劇を上演するなど、農暦の民俗を利用した宣伝活動が行われていた（TR36.9.30、37.2.10、2.24）。犠盟会もまた、同年元宵節に太原で歌謡隊宣伝を行い、平遥の村落では中学生を動員して抗日歌舞、小劇を上演するなどの宣伝を行っている[18]。同年の中秋節［旧8月15日］期には、中共と閻錫山との協議によって第二戦区民族革命戦争戦地総動員委員会が成立しているが、ここにおいてもやはり農暦の時間の凝集力が利用されたものと考えられる[19]。

　38年10月、中共の六期六中全会において毛沢東が「マルクス主義の民族化」の問題を提起すると、38年12月、中共晋冀豫区委拡大会では、徐子栄がこのような観点に基づいて「民族化」、「通俗化」の宣伝工作について報告を行い[20]、晋冀豫区委宣聯会は、宣伝の「地方化」、「民族化」を指示して、民間の鼓詞、小調、旧劇、対聯、年画などを利用した宣伝を行うことを強調した[21]。これ

より晋東南根拠地の民俗利用の宣伝工作は、根拠地の発展にともない本格化していく。

38年冬、延安の魯迅芸術学院の卒業生が太行根拠地に派遣され、これら卒業生らが組織した「木刻[木版画]工作団」は、民間の年画の技術を取り入れた版画を作成した[22]。39年1月の晋東南擁蔣大会では根拠地の劇団代表らの第1回集会が開かれ、朱徳が「古い形式、特に大衆の好む地方の形式」を運用して戯劇運動を発展させるよう指示を発し、中国戯劇界抗敵協会太行山区分会準備委員会が成立した(XRH39.1.11)。同年春節には長治で抗日動員のための戯劇運動週が展開された他、各地で軍隊や抗属[出征兵士の家族]への慰労、民兵の検閲などが戯劇や春節の民俗を動員しつつ行われた[23]。晋冀豫区委宣伝部は、6種、24,000部の年画を頒布した[24]。『新華日報(華北版)』紙上では史群、戎子和、高戈一、陸定一らが、春節その他の節句や廟会の民俗を利用した宣伝・動員によって民衆の感情を把握することの重要性や、このための芸人の組織・育成、村ごとの劇団の組織の必要性などを主張するようになっている(XRH39.2.13、4.1、4.9)。40年1月には武郷に魯迅芸術学校が設立され、ソビエト革命期より農村根拠地での民俗利用を指導してきた李伯釗が校長に就任した。同校の芸術家、『新華日報(華北版)』から異動した技術者、民間の版画職人らによって作成された版画は、「新年画」として農民に受け入れられ、同年春節の集市で10,000部を完売した[25]。このように、農暦の時間に依拠した民俗利用は、延安からの人員派遣による民俗利用の展開にともない、前線における根拠地建設、抗戦動員の脈絡の中で重視されるようになっていた。

日本とその傀儡政権が「東方の文化道徳の発揚」をスローガンとして、節句や廟会の利用を含む積極的な民俗利用による宣伝を行い、公開の宗教結社や会門を動員して民間信仰を利用しながら民衆を組織しようとしていたことは、中共に強い危機感を抱かせ、前線の根拠地における民俗利用の試みを促進させたといえる。39年11月に成立した中華全国文芸界抗敵協会晋東南分会の成立宣言においても、「敵は我々の固有文化の尊重を声高に叫び、多くの劇団を組織し、民間芸人を組織し、各種の読物、新聞雑誌を出版し、一切の文芸様式(民間の

もの、新しいもの、古いもの）を利用して、無限の毒素を注入し、我々の人民を麻痺させ、騙している」のに対し、自らの工作が「非常に不足している」ことが指摘されている[26]。この時期、延安においては都市出身知識人の嗜好にあわせた文芸活動が盛んになったのに対し、直接日本の脅威に対抗した太行区・太岳区は、統一戦線下において山西省政府が提供した条件と、都市出身知識人との摩擦が少ない農村の環境の中で民俗利用を先行的に実践することができたといえよう。華北傀儡政権の節句・廟会での施薬、生産展覧会や敬老大会などの開催と、中共の労働英雄大会や廟会工作、祝寿活動［長寿者への慶祝の活動］などは、形態が類似しており、日中戦争期においては日本側の着手の方が早い。中共の年画の宣伝利用は、日本軍の手法に触発されたものとされる[27]。日本側が大規模な民俗利用に着手して反共宣伝に利用したという事実が、中共の民俗利用をより積極的に進める作用をもったことは否定できない。

　ただし、中共は、日本とその傀儡政権が積極的に利用した仏教の節句（浴仏節［旧4月8日］、盂蘭盆［旧7月15日］、臘八節［旧12月8日］）や宗教結社や会門を自らの権威づけに利用することはほとんどなかった。これは内戦期のより積極的な民俗利用においても一貫している。戦時の環境あるいは支配の不安定な地域において、会門との一時的な同盟や消極的共存はありえても、自律的な行動原理をもつ会門とその独自の世界観を、自己のイデオロギーの反対物として排除する中共の姿勢は一貫していたのである。

　40年前半の政策急進化の時期の停滞を経て、41年には民俗利用の宣伝は改めて活性化する。『新華日報（華北版）』の41年新暦新年の宣伝工作大綱では、年画、暦、春聯[28]、劇団、歌謡などを利用した通俗的な宣伝が提唱され（XRH40.12.21）、同年春節の太岳各界反親日派大会では農村劇団の「旧様式による新内容」の宣伝が行われた（TY41.2.15）。魯迅芸術学院木刻工廠は4種、42,000枚の年画を印刷し、八路軍129師木刻組も3種の年画を作成した[29]。春節の宣伝では秧歌、八音会など旧様式が普遍的に復活し、民衆に歓迎された一方[30]、春節期の決済の慣行は、減租減息運動の発動に利用された（TY41.1.12、1.21）。3月から4月頃には、政策急進化の時期に停滞していた太岳区各地の集市・廟会が、農具・

農産品の交易を活性化させる目的で大量に復活し、民兵検閲、政府法令の宣伝にも利用された[31]。同年端午には、沁源での辺区参議会基層選挙が「五千年来の空前の大事」として、劇団を動員して行われている（TY41.5.30、6.3）。

しかし、上述のような前線の環境は、同時に中共自身が「封建迷信」の民俗の中に取り込まれる危険性をも提供していたといえる。統一戦線組織は中共が完全に権力を掌握できるものではなく、基層幹部までが民間信仰の世界に生きる農村根拠地では文芸工作者が不足していた。40年前半の政策急進化の時期に、民俗利用の重要性が指摘されながら、同時に「封建迷信」の内容を厳禁することが主張され（XRH40.2.5）、結果として民俗利用が停滞していることも、この問題の難しさを示している。41年8月の党内文書は、晋冀豫区の民俗利用の成果を確認する一方で、単純に旧様式に妥協し、積極的な改造を行わなかったため、娯楽のための娯楽となる状況があったことを指摘している[32]。戯劇工作者は、当初、民俗利用と改造の方法を理解できず、旧様式利用の劇は旧劇の様式に拘束され、朱徳・彭徳懐を花臉にし、毛沢東を八卦衣の道士で表現することもあったという[33]。41年10月、太行区の戯劇運動について論じた許光は、「民族形式」の利用に関して、改めて「無条件に古い形式を利用したり、無原則に古い形式を助長する「復辟」の現象」に注意を喚起しており（XRH41.10.23「新華増刊」）、民俗利用の実態が中共の理想とする「批判的な利用」や「改造」のレベルに達していなかったことをうかがわせる。

魯迅芸術学院木刻団の実践は延安に報告され、陝甘寧辺区では整風運動を契機に42年春節より民俗利用の宣伝活動が本格化する[34]。そして、陝甘寧辺区での43年以降の擁政愛民運動、秧歌改造運動、節句・集市を利用した労働英雄大会、44年以降の廟会の利用・改造による衛生・生育・文教・迷信打破工作などの経験と成果(第1章)が、改めて太行区・太岳区にもたらされることとなる。太行区で農村戯劇運動が改めて展開するのは43年から翌年の新暦新年・春節にかけてであり、延安の農村戯劇改造の経験は更に45年以降に吸収されていった[35]。集市、廟会は、日中戦争終結前後に大量に復活し、利用の基盤が整った[36]。

第Ⅲ節　太行区・太岳区の新暦・農暦の時間 ―1944年まで―

　長期的に農村を中心地区とした太行区・太岳区では、党・軍隊・政府などの諸機関や救国団体の活動を通じて、新暦の時間と記念日が直接農村にもたらされた。根拠地の中心地区となった武郷、遼（左権）、黎城、渉、沁、士敏などの農村では、駐留地とその付近の農民を動員して大規模な記念大会が盛んに開かれ、記念日ごとの宣伝・動員工作が行われていた（表3-1、2）。根拠地の創成期には、各記念日が党員、民兵、各救国会組織拡大の目標達成期限として使用され[37]、その後も基層において、生産運動や軍事動員などの目標達成の日取りとされた。

　また、38年には晋冀豫区の党校や部隊で週一回の「党日」が設けられるなど、党支部の生活は週曜制によって運営されることが規定されており[38]、辺区の小学校の学年・学期も、国民政府の規定に基づく新暦の二学期制であった[39]。また、実際の小学校・中学校の運営も、確認できる限り村レベルまで週曜制を採用している[40]。生産運動では、各根拠地の駐留軍が土曜日や日曜日などに農民の農作業を手伝うことが規定された例も多く[41]、農村に週曜制が認知される契機をつくっていた。なお、冀魯豫区では40年に階級闘争と「反迷信・反封建」闘争を推進する紅五月運動が展開しており、政策が急進化する際には、新暦に基づいた大衆動員が発動されることもあった[42]。

　しかし、根拠地社会全体を新暦のリズムによって動員、編成することには大きな困難がともなったものと考えられる。第1章で見たように延安においてすら、各機関が一斉に新暦を採用するのは39年の元旦からであったとされ、晋冀魯豫辺区政府は、42年1月になって村の財政を新暦の年度に改める決定をしている（XRH41.12.23、TY41.12.30）。しかし、44年以後に盛んに組織された農村の合作社や互助組が旧暦で運営されていることからみても（XTY44.5.22、45.3.21）、村の財政年度が急速に新暦に改まったとは考えにくい。機関・学校以外の農村生活への週曜制の導入は、太行区・太岳区では、41年7月に沁源県

中峪村において毎土曜日が青年日に指定されたのが確認できる他は(TY41.8.21)、ほとんど例が見られない。前線の農村の環境下での中共の活動は、社会の時間である農暦の影響を強く受けながら行われていたといえよう。

　このような状況下、新暦の記念日は、農村の生活リズム、農暦の民俗や節句を利用しながら基層への浸透が図られ、その一方で、農暦の時間は農民の記念日、村の記念日として政治動員の中に位置づけられていく。その状況は以下のようにまとめられる。

① 農業の生産リズムに配慮した新暦の導入

　日中戦争期の晋冀魯辺区、晋冀魯豫辺区では、パリコミューン・北平惨案記念日と東北淪陥記念日が、軍区の軍事動員および民兵検閲の日とされ、両記念日を境に1年を「農閑期」、「農繁期」に分けて、年2回の民兵の検閲・訓練、模範の奨励が行われていた[43]。両記念日は、上述のように犠盟会および晋東南青年救国総会の成立の日として根拠地の創成期に重要な位置づけを与えられた上、春耕と秋収の開始時期によって1年を二等分できることから、農業の生産リズムに配慮しつつ、遊撃戦争の環境の下で生産の防衛を組織しながら民兵を養成していく上で重要な記念日として位置づけられていたのである。
次に、節気ごとの農事の運行を強調した生産運動は、伝統暦の要素を使用するという意味では民俗利用政策の一環であるが、上述のように節気は新暦を基準としてこそ簡便に知ることができるため、これを根拠に農暦による不合理な農事や迷信を取り除き、新暦を浸透させる基礎になるものであった。太行区・太岳区では42年から機関紙上での個別の生産指示において節気への言及が見られ、43年には節気をひとつ分早める形での播種が提唱されていた[44]。機関紙において節気やこれに関わる農諺によって系統的な農業生産の指示が行われるようになるのは43年秋からであり、節気の利用もやはり前年の陝甘寧辺区の実践を受けて本格化している。『新華日報（太行版）』は44年冬から45年10月まで『農事半月』刊を連載し、節気ごとの農事を詳細に解説して生産運動の指針としている（表3-4）。

第3章　晋冀魯豫辺区の記念日活動と新暦・農暦の時間　125

表3-4　太行区・太岳区における24節気の農作業／新暦記念日／農暦活動

24節気（一部）の農作業と新暦記念日	主な農暦の節句
（新暦）	12月23日　竈神昇天　年越
立春2月4日頃　春耕準備	債務清算
〔二七惨案〕	1月1日　春節　（生産計画）
啓蟄3月6日頃　春耕開始　（債務清算）	1月15日　元宵節
蔬菜類播種開始	2月2日　龍抬頭　春耕開始
〔北平惨案〕民兵検閲	
清明4月5日頃　墓参　植樹	
春小麦・瓜類・綿花など播種	
〔メーデー〕〔中国青年節〕	4月8日　浴仏節　廟会
高粱、粟など播種	
芒種6月6日頃　夏収開始〜夏至	5月5日　端午　厄除　互助
夏至6月22日頃　大根、白菜など播種開始	
〔中共成立記念〕〔抗戦建国記念〕	6月6日　麦収節　親戚訪問
立秋8月8日頃　（鋤草　〜秋分）	7月15日　中元節　秋収祈願　墓参
瓜類収穫	
白露9月8日頃　法蓮草、韮など播種開始	8月15日　中秋節　収穫祭
冬小麦播種開始〜寒露	
〔東北淪陥〕民兵検閲	
秋分9月23日頃　秋収開始	
〔国慶節〕	9月9日　重陽　収穫祭
霜降10月23日頃　秋収終了	
〔ロシア革命〕	10月1日　寒衣節　墓参
柴刈り　肥料準備　〜立春	
冬至12月22日頃　新春起点（81日後）	10月15日　下元節　集市（労働英雄大会）
〔新暦新年〕生産計画	12月8日　臘八節　豊作祈願

『新華日報（太行版）』『新華日報（太岳版）』の該当記事などから作成
農作業の時期・節句の意味については若干の地域差があるが、代表的なものでまとめた

② 新暦記念日への農暦の民俗の導入

　陝甘寧辺区においても確認されたように、新暦新年に秧歌隊を組織し、年画・春聯を配布するなど、新暦の記念日に農暦の民俗を使用する手法は、民俗利用を通じて、新暦の時間と記念日を自らのものとして意識させる意義をもつ（第1章）。このような手法は、民俗を自らのものとして肯定的に捉える姿勢を前提とすれば、当然のように使用、提唱されるものといえ、山西省政府も新暦新年に

春節の民俗を導入して慶祝していた（TR37.1.1）。犠盟会も、37年の太原での五三〇運動記念日の活動に「救亡鼓詞」を演じる「説書社」[説書は、民間で行われる講談の一種]を動員している（TR37.5.30）。

　重要な記念日の慶祝においては、身を清め新しい服を着る、街頭を掃除する、秧歌や旧劇を上演するなど、節句の習俗が利用され、新たな節句を祝う雰囲気が作り上げられた（表3-1、2も参照）。晋冀豫辺区参議会成立を慶祝した遼県の41年の中共成立・抗戦建国記念週では、清掃衛生運動が展開され、人々は新しい服に着替え、家の門には参議会成立を祝う対聯が貼られた。また、改造民謡が参議会成立を歌い、農村劇団などによる社火[祭りで行われる娯楽・芸能]が深夜まで行われた（XHR41.7.1、7.15、7.17）。児童節には児童の生活改善の意味で、よい食事を与えたり、衛生活動を行い新しい服を着せるなどの活動が顕著であるが、これらはハレの日を祝う心性に調和的である[45]。

③　新暦の記念日による農暦の時間の読み替え

　陝甘寧辺区では、農暦の節句や廟会などが、新暦の記念日と重なったり、接近する場合に、農暦の時間に込められた固有の心性を利用しながら、記念日の活動を組織する活動が42、43年頃から盛んになったが（第1章）、晋冀豫辺区では、このような新暦の記念日による農暦の時間の読み替えも陝甘寧辺区に先行して行われていた。晋冀豫辺区では40年の東北淪陥記念日の記念活動が、百団大戦の戦果の宣伝、記念大会、工農業生産展覧会などを行う百団大戦宣伝週とされ、同宣伝週内の中秋節が百団大戦勝利記念日に指定された[46]。生産展覧会は中秋節の収穫祭としての性格に依拠したものと思われ、遼県では中秋節の娯楽大会を利用して8つの基点村で13,192人を記念大会に動員した[47]。中秋節は毎年、百団大戦勝利記念日とされることとなったが、節句を公式の政治事件の記念日とする例は陝甘寧辺区にはなく、前線の根拠地の積極的な農暦利用の姿勢がうかがえる。ただし、その後中秋節にこの記念日名が使用されることはなく、翌年の百団大戦記念日は新暦8月20日として慶祝されている（XRH41.8.29）。

　陝甘寧辺区に先行した新暦の記念日による農暦の時間の読み替えは、他にも確認できる。41年の介休陥落3周年記念大会は当日の2月15日でなく、元宵節

（新2月10日）に行われた（TY41.2.27）。同年の安沢県唐城鎮での抗戦建国記念大会、綿上県郭道鎮での抗戦建国記念日と東北淪陥記念日の民兵検閲大会は、復活した集市を利用して行われたと考えられる[48]。龍抬頭［旧2月2日］と重なった42年のパリコミューン・北平惨案記念日には、晋冀豫魯辺区全域での民兵検閲大会が指示され、范子侠・郭国言将軍の追悼大会が開催された。この日、遼県では日本軍の掃蕩で妨害された春節の代替行事として、「新祭災節」の名称で娯楽が組織され、「祭災節」（本来は旧1月16日）に「祭災」すれば一年の健康が得られるとする民俗の心性を利用して、戦争後の疫病流行を防止するための清掃が行われた（XRH42.3.17、3.18、3.25）。

④　農民の記念日・村の記念日としての農暦の時間

　農暦の時間が重視されていく過程は、新暦の帰属集団別記念日構成に対し、農暦の時間が農民の記念日の意義を持って抬頭する過程でもあった。晋東南根拠地では当初、晋東南農民救国総会成立の日とされた孫中山逝世記念日に農民の記念日の意義を持たせていたが、41年には新暦8月20日の百団大戦記念日に開かれた晋東南農民救国総会第二次代表大会において、同日を農民節とする決議が行われた（XRH41.8.29）。40年に中秋節を百団大戦記念日とし、翌年には新暦の百団大戦記念日を農民節とした流れから、中共が国民政府の権威によらない独自の農民の記念日の創設を模索していたことがわかる。ただし、同総会でこの提案を行ったのは士紳の代表であり、この時期の農民節は在地の有力者層との協調による農村掌握と根拠地建設を志向する政策の中に位置づけられるものと考えられる。この農民節を雇工の休日と規定した「晋冀魯豫辺区労工保護条例」は、45年の晋冀魯豫辺区政府の法令集にも採録されており、農民節は法的には継続していたが[49]、42年以降、実際の活動は確認できず、形式化したものと考えられる。その後は43年以降の陝甘寧辺区の経験を受けて、太行区・太岳区でも春節などの農暦の節句が改めて農民の嗜好・習慣に合わせた農民の記念日の性格をもって活用されていく。一方、この時期、国民政府も農民の記念日の問題に関心を抱いており、41年12月には立春［節気：旧2月5日頃］を農民節とし、農暦の習俗に配慮しつつ節気を利用して新暦を浸透させるという転

換を行っている[50]。

　農暦の節句の多くは、本来個別家庭の繁栄を祈るものであるが、中共はこれらを党員、村幹部、労働英雄らを中心とした村の行事として位置づけることで、政治宣伝・動員に利用していた[51]。42年11月頃、晋冀魯豫辺区政府は各級政府に対し、春節、中秋節、抗戦建国記念日などに民衆を動員した抗属優待を指示するとともに、行政村を単位に抗属連合会を組織して、春節や節句に従軍した若年者らを慰問すること、広範な従軍動員を行うことなどを規定している（XRH42.11.19）。44年から展開された春節の擁軍運動では、基点村を中心に駐留部隊慰問、抗属慰問が組織された他、村ごとの擁軍公約の宣誓が指示された。これらは駐留軍側の擁政愛民運動とともに行われ、軍隊と民衆の関係改善が目指されていた[52]。44年春節期、太行軍区直属通訊隊の駐留村では、軍による賠償や抗属慰問などが行われた後、元日に全村の軍民大団拝が行われている（TH44.1.29）。新暦の記念日を使用した39年の国民抗敵公約宣誓運動や42年の国民公約宣誓運動でも村レベルの宣誓が組織されたが、擁軍公約宣誓や擁軍運動は農民自身の時間と心性を利用し、これを村の行事に組織することで、その徹底が図られた。

　44年には、農業互助運動によって村の生産を組織化する試みの中で、中秋節が利用されている。44年中秋節、偏城県択鶯峻村では「全村互助組大団円」が行われ、同村長は、「以前我々の8月15日は、自分たちの家ごとでやっていた。今年我々には互助組ができたから、何でも互助組を単位にして全村が団結している。我々は「組織されて」、皆が一家になった」と発言している（TH44.10.9）。武郷2区東堡生産委員会は中秋節の娯楽晩会で秋収と戦争準備の動員を提案し、翌日より全村の労働互助が開始された（TH44.10.15）。太谷県温家荘の農業労働合作社は、中秋節に小麦粉を統一支給している（TH44.12.19）。同年の重陽[旧9月9日]前後に太行区の各県で、労働英雄大会が開かれていることも、節句を通じて労働英雄が指導する互助運動を浸透させる意図をうかがわせる[53]。これに関して、44年頃には、生産運動の中で互助組や合作社の組織が提唱されたことにともない、村ぐるみでの時間管理が中心地区の農村で試みられた。陽南

県岩山村の互助組織では、児童の「勧耕隊」が起床、農作業開始、検査の時間をドラで知らせ（XTY44.4.7）、武郷の某村ではラッパで一斉に起床・就寝が行われた（TH44.8.29）。黎北県曹荘では村民の起床、休憩、食事、就寝の時間を呼び子で統一・管理しようとした（TH44.9.19）。これ以後の生産運動では、楡社県桃陽村が節気を基準として全村の生産計画を作成するなど（TH45.3.17）、村ぐるみの生産計画が確認されるようになる[54]。

⑤ 新暦の記念日と農暦の時間の併存

42年末の『新華日報（華北版）』によると、武郷では民衆運動によって意識が高まった農民が、「日本の犬が新年［新暦新年—引用者］に来たら、我々は旧年［春節］を祝い、年関［春節］に来たら新年を祝う」と発言していたとされる（XRH42.12.29）。この記事は、新暦新年の慶祝準備に関する報道で、戦時の環境の中で新暦新年を定着させようとする政権の意図を示したものと考えられるが、社会に強い支配力をもつ農暦と、政権の意図のもとに浸透が進められる新暦が根拠地において共存している状況がうかがえる。42年制定の「晋冀魯豫辺区労工保護暫行条例」においては、雇工の休暇は新暦を基本とし、春節、端午、中秋節など農暦の節句の休暇は「各地の慣習によってこれを行う」として積極的な規定を行っていないが、同時に新暦元旦の休暇も「各地の慣習によってこれを行う」ものとされていて、新暦の優位が確定しているわけでもなかった[55]。その一方で、同条例の冀南区における実施規定である「冀南区雇工暫行条例」では、年工（長工）の給与支給は、農暦の節句と時間の慣行によって規定されており[56]、新暦の浸透を試みる権力に対抗して、堅固に継続する農暦の慣行が確認される。

農暦の時間の積極的な利用にともない、新暦の記念日と農暦の時間を併用した動員・宣伝が意識的に行われた。晋冀魯豫辺区政府の42年の愛護抗日軍運動は、中秋節から国慶節にかけて（XRH42.8.14）、43年の林県での災民救済のための施粥は、端午から抗戦建国記念日まで行われた（XRH43.6.13）。43年の晋冀魯豫辺区臨時参議会太行会議は、会期中に中秋節を挟み、東北淪陥記念日に閉会する日程で行われ（TH43.9.15、9.25）、45年の教師節記念の太岳区教育工作

者座談会は端午の会食や観劇を日程に入れて行われた (XTY45.6.19)。43年の晋冀魯豫辺区の指示では、地域の気候の差を考慮したためか、太行区第5・6専署は孫中山逝世記念日以後の日を植樹日に、他の地域は4月5日前後 (清明) を植樹日にするよう求めており (XRH43.3.13)、その後も二つの植樹日は継続している。また、44年の擁政愛民運動、擁軍運動は新暦新年から春節期にかけて設定された (TH43.12.17)。

　生産運動の奨励は、新暦では主に新暦新年、抗戦建国記念日、紅軍成立記念日、東北淪陥記念日および各帰属集団記念日が、農暦の節句では主に春節と中秋節が使用された。軍隊・抗属優待の日もまた、新暦の記念日と節句がともに使用されている。日中戦争期の法令、指示では、メーデー、抗戦建国記念日、紅軍成立記念日、ロシア10月革命記念日の他、春節、中秋節、端午が優待日に指定されており (TY42.8.24、XRH42.11.19)、各地の実践例では、マルクス誕辰記念日、東北淪陥記念日、国慶節、添倉節 [旧1月20日] の使用も確認できる[57]。

第Ⅳ節　大衆運動・土地改革における農暦の時間と新暦の浸透
　　　　―1945年以降―

　太行区・太岳区では、1944年末から貧雇農を動員した大衆運動が発動され、農村の小農平準化が進むとともに、戦後の「新解放区」での日本への協力者や「悪覇」[地域の悪徳ボス]を処罰する闘争が「減租清債闘争」へと転換する中で[58]、事実上の土地改革が進行していく。この時期、農暦の民俗はより大胆に利用されるが、政権の権威を本来的に示す新暦の時間も改めて浸透が図られていく。

① 土地改革における農民の記念日・村の記念日

　減租減息闘争により小農を中心として再編成されることとなった村の団結を確認するため、45年春節には村の団拝が積極的に組織されている。偏城県西戌

村では、家ごとに拝年して叩頭するという旧来の拝年を改め、全村団拝［集団での年始の挨拶］大会が行われた（TH45.2.19）。黎北県下砦では、敬神、叩頭による拝年［年始の挨拶］、賭博の三つの旧習を改めるためとして全村で団拝を行い、過去の工作を総括して今年の生産計画を討論し（TH45.2.21）、沁水県上亭村では、全村民が村の西側に整列して西北方向の毛沢東へ最敬礼が行われた（TH45.2.23）。

　46年以降の春節は、民俗に即して秧歌、高蹺、旱船[59]などの娯楽を動員して「翻身」［土地改革による抑圧からの解放］が盛大に慶祝された（TH46.3.5、47.2.7、RR46.11.1）。一年の決済が集中する春節期は、土地改革への貧雇農動員の重要な時期となり、46年中は、各村が連合して数万人を動員した農会成立大会や「漢奸悪覇」［漢奸は民族の裏切者］との闘争大会にも利用された（TH46.3.2、3.5、RR46.11.1）。闘争によって獲得した土地、衣服、食糧、財物に満ち溢れた豊かな春節や中秋節は、収租と債務返済に追われて、まともな食事もできなかったかつての節句と比べられ、土地改革の正当性が確認された[60]。

　春節時の闘争においても村の儀礼が組織され、諸工作の動員が行われた。陽城県大楽村では「悪覇」や代理村長を打倒した後、春節に団拝を組織して、全村の各種模範を選挙した（XTY46.2.11）。士敏県石室村では神棚［神を祭る掛け小屋］に毛沢東像を掲げて拝年が行われ（XTY47.1.27）、高平県西渉村は元日に全村で家庭生産計画を立て、翌日から生産を開始した（XTY47.3.1）。士敏の25の行政村では農民会員が一つの鍋で「翻身団結飯」をとって契約文書を焼却し、各村に「翻身劇団」が成立した（XTY47.2.19）。左権県竹寧村や壺関県樹掌村では、全村民が毛沢東へ翻身の感謝の手紙を送っている（TH47.1.27、48.2.17）。

　また、この時期には、村・区・県の各レベルでの節句を利用した翻身慶祝とともに、「翻身節」、「翻身記念日」という記念日を創設する例も見られる（表3-5）。ここで利用された龍抬頭や中元節［旧7月15日］は土地神[61]の生日ともされており、土地革命の意義やその正当性を民俗の心性を動員して浸透させようとする意図が確認できる。高平県石末村の大会では「革命大家庭」と改称された廟が利用され、陽城県西関では神像の代わりに毛沢東像が使用された。

　土地改革の慶祝は、新暦の記念日においても民俗的要素を導入して組織され

表3-5 土地改革期の太行区・太岳区・冀魯豫区における節句を利用した「翻身記念日」

慶祝大会開催日	地域	記念日の設定、名称など
46年龍抬頭	磁県彭城区	翻身慶祝・先烈追悼大会　当日を翻身記念日とする
46年中元節	高平県六区 石末村	廟を「革命大家庭」に改装　当日を翻身節とする 翻身記念碑建設
47年旧8月3日	焦作市	当日を解放記念日とする　皂君廟驃馬大会の会期
47年元宵節	土敏県25行政村	当日を翻身節とする
	平順県	人民翻身節
47年旧1月14日	陽城県西関	当日を翻身節とする(47年旧1月14日は立春) 土地廟を「翻身楽園」に改称　毛沢東像を廟に掲げる
47年龍抬頭	沁県	当日の新暦2月22日を県農民翻身記念日とする 毛沢東像を掲げてデモ　十字路に翻身記念碑建設
	陽穀県	農民翻身節の慶祝大会で主席台の毛沢東像に立礼
	寿張県何垓村	新服を着、餃子を食べ、東南角の庭で毛沢東像に立礼

『新華日報(太行版)』46年5月1日、『新華日報(太岳版)』46年8月25日、47年2月7日、2月19日、3月7日、『人民日報』46年9月23日、47年2月22日、『冀魯豫日報』47年4月5日、4月9日より作成（この他、和順県東関の翻身記念日[46年9月23日、『新華日報(太岳版)』46年10月19日]、湯陰県時豊村の翻身節[46年8月26日、『人民日報』46年9月21日]は、新解放区の農村の環境から推測して農暦によって記念日が慶祝されているものと考えられるが、記事の日付や記念日の根拠が新暦か農暦かについては明言されていないため採用していない）。

た。新暦新年には春節の民俗にならった慶祝活動が各地で行われた(62)。新暦新年を「翻身の年」と称して祝う村もあり（XTY47.1.21、48.1.1)、土地改革による農民の人生の転機の記憶を新暦によって刻ませようとする意図がうかがえる。太行区で党組織が公開された47年の中共成立記念日には、全区各村の民衆が新しい服を着て秧歌などの娯楽に興じた（TH47.7.19)。黎城県董北村の全村民衆は、中共成立記念日に毛沢東へ土地改革に対する感謝を述べる手紙を届けている（TH48.7.2)。

翻身記念日は、新暦でも規定された。47年の沁県の「5万翻身農民土地回家慶祝」大会は、龍抬頭に行われたが、当日を新暦に読み替えた2月22日が沁県農民翻身記念日に指定された（表3-5)。新暦の利用を原則とする中共としては、

日中戦争期以来の根拠地であった沁県の県レベルの記念日については、農暦を利用しながらも新暦の記念日の浸透を志向したものと考えられる。

なお、土地改革を契機として社会に新暦を浸透させる試みは、儀礼の組織の他にも以下のような事例が指摘できる。46年には沁水や冀県の農村で日曜ごとに娯楽会が組織され（RR46.8.28）、済源では47年の新暦新年に土地契約書が公布された（RR47.1.30）。陽城では旧年末の市で農暦の暦にあわせて新暦の暦が売られ、割高の新暦の暦の方がよく売れたという（XTY47.1.23）。また、この間、46年からの大規模な参軍運動によって太行区だけでも48年までに総計144,267人が出征したとされ（TH49.1.1）、新暦によって組織される軍隊に多くの農民が動員されたことは、新暦の浸透を一層促進することとなったと考えられる。

② 人生儀礼の組織

45年から内戦期にかけては人生儀礼を利用したセレモニーも盛んになるが、ここでも節句を利用した村の行事としての人生儀礼が組織されている。春節における祝寿儀礼は、「長幼の序」に基づく個別家庭の儀礼を人民と政府の関係に読み替えて45年に実施され、武郷では村を単位とした祝寿活動が行われた（TH45.2.17、2.25）。土地改革期には、翻身した農民が春節などに行った結婚式において、伝統的な天地拝を毛沢東像に礼をする形にかえた儀礼が広がり始め、46年11月、高平では翻身した農民が毛沢東像の前で集団結婚式を行っている（XTY46.11.7）。

人生儀礼は、新暦においても民俗を利用しつつ組織され、祝寿活動は新暦新年にも実施された[63]。人生儀礼の新暦への適応は、個人の人生の節目を新暦で認識させるという意味で新暦の浸透の効果が期待されたと思われる。中共成立記念日は、人生儀礼に模して慶祝され、陽城県岩山村の労働英雄上官中は近5年来、自分の翻身記念日（10月26日）と中共成立記念日を、自分の誕生日のように祝っていたとされる（XTY47.7.1）。この翻身記念日が新暦であるとすれば、労働英雄個人の生活の転換点が新暦で記憶され、慶祝されていたこととなる。上官中の中共成立記念日の慶祝や長治や晋城の中共成立記念大会では、民俗の祝寿に使用される「寿桃」が使用されていた（TH46.7.15、XTY47.7.11）。

なお、農暦を利用した追悼儀礼も、内戦期に活発な組織化が試みられるが、これについては第6章で改めて詳述する。

③ 新暦の記念日の優位と農暦の節句の位置づけ

　46年11月に『人民日報』に掲載された「武郷郷居雑記（一）」（RR46.11.10）は、個別農村の記念日構成を伝える貴重な報告である。武郷県は太行根拠地の形成期から長期にわたって同根拠地の中心となった地域であり、ここからこの時期の農村における記念日活動の状況の一端をうかがうことができる。同記事によると武郷の農村の民衆は、新暦の記念日としては、「擁幹愛民節」（新暦新年）、「三八婦女節」（国際婦人デー）、「四四児童節」、「五一労働節」（メーデー）、「五四青年節」、「六六教師節」、「七七全民抗戦団結節」（抗戦建国記念日）、「十月十日群英節[群衆英雄節]」（国慶節）を慶祝し、農暦の節句としては、「敬老節」（春節）、「擁軍優抗節」（元宵節）、「追悼死難烈士節」（清明）、「殺敵英雄節[民兵英雄節]」（中秋節）を慶祝していたとされる（表3-6）[64]。

　ここから以下のことが確認できる。まず新暦においては、帰属集団別記念日が多く採用されており、この内、青年節、教師節は国民政府の規定ではなく、「五四」、「六六」の中共政権独自の構成が維持されている。新暦新年は、民衆と幹部がともに一年の反省をする「擁幹愛民節」とされ、中華民国成立には言及されていない。10月10日は生産の総括を行い、「各種英雄」[生産や諸工作における模範]を選抜する「群英節」とされ、やはり国慶節への言及はない。帰属集団別記念日については、政治的な意義が十分理解できなくとも、とりあえず各集団の祝日として受容可能なことを考慮すれば、新暦の記念日構成において政治的な意義が正面から言及される記念日は「七七全民抗戦団結節」のみとなる。ここから、農村大衆への新暦の記念日の受容が、政治的な意義よりも帰属集団別の祝日と生産に即した生活リズムを基本としていることがうかがえる。

　なお、中共成立記念日や紅軍成立記念日は、実際には村レベルでも様々な動員工作や記念活動が行われた重要な記念日であるにも関わらず、ここでは言及されていない。村ごとに「下山幹部」[奥地の農村に派遣された幹部]がいると指摘されるほど（同記事）、政権の基層部分が充実した中心地区の農村において、

第3章　晋冀魯豫辺区の記念日活動と新暦・農暦の時間　135

表3-6　武郷県農村の記念日・節句
［新暦記念日］

1月 1日	擁幹愛民節	5月 4日	五四青年節
3月 8日	三八婦女節	6月 6日	六六教師節
4月 4日	四四児童節	7月 7日	七七全民抗戦団結節
5月 1日	五一労働節	10月10日	十月十日群英節

［農暦節句・祭祀］

| 旧1月 1日 | 敬老節 | 清明 | 追悼死難烈士節 |
| 旧1月15日 | 擁軍優抗節 | 旧8月15日 | 殺敵英雄節 |

『人民日報』46年11月10日より作成　記念日の名称は原史料のまま

　中共の記念日に言及がないのは一見奇異にも映る。その理由を、「武郷の人民」が「旧い節気」（節句）の代わりに新たな12の「節気」を慶祝しているというこの記事の文脈から考えるならば、これらの民衆生活に最も密着した（と考えられるべき）「人民の節句」に対して、村の生活とは距離のある中共関係の記念日は、「幹部の記念日」ないし「政府の記念日」の範疇として整理されたものとも考えられる。太行区においては、47年の中共成立記念日まで一般的に党組織が公開されておらず、党の記念日を祝う主体が村レベルでは明確にされていなかったことも、このような区別の妥当性を裏付けよう。また、これらの記念日は、41年公布の「晋冀魯豫辺区労工保護条例」の休暇規定とも、おおよそ一致しており、ここからもこれらが大衆の生活を基礎に浸透しようとした記念日であることがわかる。なお、日中戦争期に民兵訓練の日として農村に浸透が図られたパリコミューン・北平惨案記念日と東北淪陥記念日については、遊撃戦の環境の消滅により根拠地全体での活動もなくなるため、ここにおいても採用されていない[65]。

　この記事において、新暦の記念日と農暦の節句数の比率は8対4であり、端午、冬至［節気：新12月21日頃］のような比較的大きな節句も採用されておらず、新暦の優位は明らかである。更に節気である清明［新4月5日頃］が、新暦導入の手がかりとも成り得ることも考えれば、新暦の優位は更に顕著となる。しかし一方で、農暦の節句は、烈士追悼や軍隊・抗属慰問、民兵奨励など、生活に

密着した軍事動員によって政治的意義を個別具体的に示しており、本来個別家庭の行事である人生儀礼（祝寿・追悼）をも組織して村の行事としての定着が図られている。ここから、新暦の浸透が志向されながらも、農暦の時間を効果的に利用して動員が行われていた基層の村落の状況をうかがうことができよう。また、このような構成は、新暦の重日［3月3日など、月と日の数が揃う日］から成る一連の帰属集団別記念日に農暦の節句を合わせた「節日」体系を構築した華北傀儡政権の手法（第2章）に非常に似たものとなっている。これら帰属集団別記念日は、諸権力が動員の対象として重視した人々の記念日であり、政治的意義、歴史的記憶についての理解がなくとも基層への導入が可能であったことに加えて、中共、華北傀儡政権ともに社会の時間である農暦と調和する構成を配慮したことが、このような類似性をもたらした原因であると考えられる。

　45年以降、諸節句は軍事動員、政治動員、生産奨励、土地改革慶祝、烈士追悼などに積極的に利用されながらも、春節、中秋節、清明以外の比較的低位の節句については、全根拠地レベルの統一的な動員や制度的な根拠をもつ活動はほとんどない。上述の各地の翻身記念日について定着が確認できないのも、龍抬頭、中元節のような低位の節句や廟会のような地域の農暦の時間が、本来的には中共の提唱するところでなかったこととも関係があろう。そして、低位の節句の民俗自体は節約の提唱の下、抑制される傾向すら見られる。47年、温県では、端午（新6月23日）から県城で開催された県区幹部大会が土地改革の発動点となり、6月30日に幹部らが下郷すると、翌日の中共成立記念日の夜には、全県各村で2,273名の「地主奸覇」［地主の悪ボス］が一斉に拘留されて運動が開始された（TH47.7.19）。しかしこの年の端午は、節約のためとして豚も殺さず、生産も止めなかった村が顕彰された一方で（TH47.7.9）、8日後の中共成立記念日は、全根拠地で農業生産を一日停止し、娯楽を動員して大規模に慶祝されている（TH47.7.19）。他にも平定一区では、47年中元節に「麺羊［小麦粉製の羊］を作らず、贈り物をしない」ことが決められ（TH47.9.7）、武安県北梁荘では嫁が夏に帰省する慣行をやめることとした（TH47.7.9、麦収節［旧6月6日］が主な帰省の日）。47年後半からの土地改革の急進化の時期に改めて各地の廟会・集

市が封鎖されていることにも、機会を得られれば農暦の習俗を廃止に導く志向をもつ中共の姿勢をうかがうことができよう。土地改革の急進化を経た48年後半からは、特に中共成立記念日の記念活動が村レベルで多数組織されて村の節句活動の報道を圧倒する状況となり、重要な新暦記念日が解放区の安定を背景に改めて強調されている[66]。

なお、機関職員や教員などの待遇規定では、春節、中秋節などの節句とともに、新暦新年が特別手当て、配給の日として指定されており[67]、冀魯豫区第4専区45年度の食糧配給規定は、麦と粟の配給期間を新暦によって区分していた[68]。これらに実効性がともなえば、実生活から新暦が認知される契機となったであろう。

④ 統制されない民俗

中共は戦時動員と社会変革の遂行の過程において、村や階級の凝集力の強化を図ろうとしたが、その一方で、日中戦争期の富農経済政策や土地改革は、個別家庭の経済的発展を優先する原理を内包しており、また中共が基層で指導した「階級闘争」は、村の社会関係に亀裂を入れつつ、個々人を直接権力に向い合せながら動員力を高める形で進行していた。飛躍的な動員力の向上は、必ずしも基層社会の凝集力の向上によって担保されていたわけではなく、むしろその対極にある個別化の進行にも依拠していたため、中共の意図した村や階級の凝集力の強化は、必ずしも十分に達成されたわけではない（第6章、第8章）。本節では、儀礼や節句、時間に関して以下のことを指摘しておく。

まず、村の経済を統一管理する志向をもって導入された合作社・互助組による節句利用は、45年以降顕著でない。44年に提唱された合作経済は労働英雄主導のものであったが、政策の重点が土地改革に移り、更に47年後半から土地・財産の徹底均分を目指す政策が展開すると、労働英雄の存在も否定される状況となった（XTY48.6.1）。48年前半までは土地改革の急進化とその是正に追われて村の秩序は極度に混乱しており、合作経済による村の凝集力の強化ばかりか個別家庭経済を基礎とした凝集力の強化も充分に達成できず、中共の農村政策は村単位の経済の安定した発展を展望できなかったと考えられる。村ぐるみの

時間管理の試みは、46年に太行区の模範村の事例が機関誌において1例のみ確認されるが(69)、この例を除いて44年以後は確認できない。節気による農業生産計画は農家暦の生産指南として集成されて個別家庭の農作業に利用されていく一方で、村ぐるみの長期的な生産計画の例は土地改革以降顕著でなくなる。

また、村・区レベルの翻身記念日も継続が確認できない。これは政策の急進化による秩序の混乱の他、雑節を含む農暦の記念日が本来的に中共の提唱するものではなかったことが理由と考えられるが、そもそも村や地域の意識自体が脆弱であったとすれば、記念日自体が重視される必然性はなかったとも推察できる。地域の記念日的な性格を持つものとして例外的に継続が確認できるのは、農業合作運動を推進した武郷県東堡の紅旗大隊の事例であり、46年5月16日を紅旗大隊成立と「組織起来」[「組織せよ」、農業合作運動のスローガン]の2周年として記念している（記念日の基準が新暦か農暦かは不明。TH46.5.25）。この大隊は44年春節頃に村の祝寿儀礼も組織しており（TH44.2.17）、合作運動の生産大隊を核として村を組織化しようとした模範的事例と考えられる。

人生儀礼の組織は土地改革による個別家庭の復興を祝う心性の喚起を基礎としており、村の儀礼としての定着には困難があったのではないかと考えられる。村が組織する祝寿活動は46年以後の例がほとんどなく、婚姻は個別家庭での組織が顕著である。人生儀礼の中で、地域の論理が個別家庭の論理を超え得るのは、地域防衛のための犠牲となった烈士の追悼であろう。追悼の儀礼は戦争と革命の環境にあって最も重視されたが、地域の凝集力を作り出すための有効性も意識されていた（第6章）。しかし、全体としては村の儀礼の定着を内戦期全般にわたって展望することは困難である。

農暦の民俗の改造を志向する中共は、時に民俗の心性に反する形で農暦の時間を利用した。春節の擁軍運動は、陝甘寧辺区の予定調和的な運動とは異なり、村幹部らに対して八路軍への非協力や妨害、抗属への援助の不足などについての自己批判が迫られた(70)。北方局太行分局高級幹部会での整風は春節期に(71)、48年の整党運動[党組織と思想の整頓運動]においては、太行区党委員会幹部整編会議が旧12月から春節までの日程で行われており（TH48.3.4）、高級幹部らに

対しても、節句を機に厳しい自己批判と一体感の創出が求められていた。節句に乗じた軍事作戦、その他の軍事動員・訓練や徴兵は、傀儡政権ばかりでなく、中共政権においても行われていたが、本来家族とともに豊かに過ごし、他人の死に触れることを嫌う民俗の心性にはそぐわないものであったはずである。節句の休暇を無視した労働英雄らの「模範的」労働は、民衆にとって理想的な労働のあり方として認知されたとは考えにくい。中共は、節句における動員を農村の防衛や農民の生活保障の要求に沿うものとして提示しようとしたが、戦争の遂行と数度の急進化を含む政策の転変の中で、安定的に節句や民俗を改造することはできなかったと考えられる。内戦期には政策の急進化にともない、迷信の横行、旧劇の流行などの状況が現れるようになっており（第6章）、中共は自らが依拠しようとした貧雇農の民俗を有効に統制できていなかった。

　内戦期の積極的な民俗利用は、新暦の記念日慶祝にも迷信的要素を付着させている。「翻身英雄」［土地改革の闘争における模範］の張新栄は毛沢東像と爆竹を購入し、春節に行われる神を迎える儀礼にならって新暦新年の五更［午前3時から午前5時頃］に毛沢東に拝年して感謝の意を表そうとした（XTY47.1.1）。47年、温県北張羌村では抗戦建国記念日の夜の全村民衆集会で「翻身農民一心会」が組織され、香を炊いて天へ誓約して地主らとの闘争が開始されている（TH47.7.19）。48年の新暦新年、聞喜県晋荘では翻身した農民の家に毛沢東像が貼られ、新年大会会場では牛と羊が奉げられた毛沢東像に三立礼が行われた（XTY47.1.1、48.1.1）。迷信に関わる民俗の新暦への浸透は政治的誘導の結果ではあるが、新たな節句を自らの習俗によって祝おうとする民俗の自律性も認めなければならないであろう。

　中共は新暦を社会に浸透させながらも、これらを望むように統制できたわけではなかった。部隊においても新暦新年にあたり太行区各地の部隊がみだりに耕牛を屠殺するという例が見られ（XRH42.12.18）、新暦を慶祝するようになった民衆や基層幹部らは、中共が忌避する農暦の民俗を新暦の中にも持ち込んでいた。45年新暦新年、武安県陽邑鎮で行われた娯楽では「みだらな」内容の歌が歌われ、男女が飴を両端から食べる遊びに、一部の商人や幹部が干し柿、煙

草、落花生を投げて喝采したことが、機関紙において批判されている (TH45.1.17)。陽城の各機関では石雷[石製の地雷]の量産運動を行った際、新暦新年や春節に石雷を爆竹のように浪費する娯楽が流行した (XTY47.1.29)。土地改革の急進化した48年新暦新年、武安県田二荘では財産の徹底均分を恐れた中農らが羊五頭を殺して餃子を作り、大いに飲み食いした (TH48.1.21)。これらの例は新暦の浸透を証明するとともに、新暦の時間をも自らの嗜好によって読み替える民俗の強い持続性を示していよう。

おわりに

　日中戦争期の中共根拠地においては、39年頃まで国民政府の記念日構成が比較的尊重され、国民政府の権威にもとづく中共政権の正統性の主張が行われていた。晋東南根拠地の記念日構成と民衆組織の形式は、統一戦線の実態を反映して国民政府の形式により忠実であった。しかし、39年末からの国共関係の悪化以後、中共は記念日活動においても国民政府への対抗を意識するようになり、民国の正統性を示す国慶節が継続して重視された一方で、国民政府系統の記念日活動の多くが停止され、中共独自の記念日構成による権威の確認が進められていった。青年、教師、児童など諸権力が動員の対象として重視した諸帰属集団に関する記念日については、各政権間での明確な対抗関係が存在した。これらの記念日は、政治的意義、歴史的記憶についての理解がなくとも基層への導入が可能であり、華北傀儡政権と同様に、中共根拠地において基層への定着が図られた記念日の構成は、帰属集団記念日に農暦の節句を取り入れたものとなった。

　農暦の民俗利用の宣伝・動員工作は、「東洋の文化道徳の発揚」を掲げて民俗利用を積極的に行っていた日本とその傀儡政権に対抗して、晋東南根拠地とその後身の太行区・太岳区において陝甘寧辺区に先行して行われた。新暦の時間と記念日を農村に浸透させる方策については、農業の生産リズムに配慮した記

念日の配置、農暦の民俗の新暦の時間への採用、農暦の節句と重なる日取りの利用などの方法がとられた。農暦の時間は、個別家庭の行事としての性格の強い諸節句に村の共同性を付与させつつ、農民の記念日、村の記念日としての意義をもって利用された。45年から内戦期にかけては、人生儀礼も組織して、迷信の領域に積極的に踏み込んだ儀礼の組織と動員が行われ、より大胆な農暦の民俗利用が展開するが、春節・清明・中秋節以外の低位の節句は個別に利用されるに止まり、農暦の時間が総体として制度的な認知を受けたわけではなかった。また、節句などを利用した村の生産の組織化や、節句を利用して創設された区・村の翻身記念日は継続性に乏しく、これらの儀礼を通じた村の凝集力の強化は充分に確認できない。

　中共は農暦の心性の改造も意図して農暦の時間を利用したが、民俗の統制は困難であった。農暦の余暇・娯楽を新暦の時間に取り込んで、これを社会統合と政治動員に利用しようとする権力の意図に反して、民衆は新暦の時間にも中共が忌避する農暦の民俗を持ち込んでいた。

註

(1) 　王生甫・任恵媛『犠盟会史』山西人民出版社、1987年、39、103、150、162、232〜235、345、423頁。
(2) 　XRH39.3.17、3.19、3.21、3.23、3.25、3.27、4.19。
(3) 　XRH39.4.17、4.29、5.9、5.1。国民精神総動員運動については、延安でもメーデーの記念活動において言及されている。
(4) 　中共が39年末頃まで、太行・太岳根拠地の多くの地方で直接政権を掌握できなかったことについては、David Goodman, *Social and Political Change in Revolutionary China : The Taihang Base Area in the War of Resistance to Japan, 1937-1945*, Rowman & Littlefield Publisher, 2000を参照。
(5) 　許育藩編『節日記念日教学法』商務印書館、1948年、2頁。
(6) 　44年の昆明における知識人や西南連合大学の「五四青年節」記念の活動については、XTY44.7.22を参照。
(7) 　石川禎浩「死後の孫文―遺書と紀念週」『東方学報』第79号、2006年を参照。

(8) 小野寺史郎「抗戦期・内戦期における国民党政権の国民統合政策─政治シンボルと政治儀式の再編をめぐって」『2005年度 財団法人交流協会日台交流センター 日台研究支援事業報告書』、2005年によれば、孫文の死後十数年を経て総理逝世の記念儀式を継続すべきかという議論から記念日の見直しが開始され、アメリカのワシントンの記念方法に倣う形で、総理逝世記念日は廃止されることとなった。

(9) 「教育部修正学校学年学期及休暇日期規定」、国民政府行政院教育部編暦委員会(南京)『国民暦』(中華民国30年版)、101～103頁、「教育部修正学校学年学期及休暇日期規定」(1941年1月第二次修正)、同上『国民暦』(中華民国31年版)、85～86頁、「戦時各級学校学年学期暇期服務進修暫行辦法」『国民暦』(中華民国34年版)、35頁。

(10) 「国民政府中央執行委員会転請国民政府明令公布祀孔辦法函」(1934年6月7日)、中国第二歴史檔案館編『中華民国史檔案資料彙編』第5輯第1編「文化」(2)、1994年、530～531頁、「教育部呈 人10字第18577号」(1939年8月6日)、同上第5輯第2編「文化」(2)、江蘇古籍出版社、581～583頁。

(11) 「先師孔子誕辰記念辦法」、国立中央研究院天文研究所編製『国民暦』(中華民国25年版)、42頁。

(12) 国民政府が日中戦争期に設けた帰属集団別記念日については、簡濤「略論近代立春節日文化的演変」『民俗研究』1998年第2期、60～61頁を参照。

(13) XRH41.10.19、10.27、42.1.19、1.30。

(14) XRH41.6.11、41.7.7、7.11。「太行区党史大事年表」、山西省檔案館編『太行党史資料彙編』第4巻(以下、『太行彙編』4のように略記)、山西人民出版社、1994年、1013頁。晋冀魯豫辺区参議会は7月7日に成立し、9日に晋冀魯豫辺区参議会に改名した。ただし、同地域の中共の党組織については晋冀豫区党委員会の名称が継続している。

(15) 「晋冀魯豫辺区小学暫行規程」(1942年10月1日)、太行革命根拠地史総編委会『文化事業』(太行革命根拠地史料叢書之八)、山西人民出版社、1989年、369～370頁。

(16) 「中央関於紀念今年双十節的決定」(1941年10月6日)、中共中央宣伝部辦公庁・中央檔案館編研部編『中国共産党宣伝工作文献選編』2(1937-1949)、学習出版社、1996年、90～292頁。

(17) XTY49.3.13、3.17、TY49.4.19、4.27、5.5、5.8。TH48.8.9、49.2.5、2.11、2.15、3.11、3.13、4.27、5.5、5.7、7.5、7.7、7.11。

(18) TR37.2.24、前掲王生甫・任恵媛『犠盟会史』、147頁。「犠盟会在平遥」、山西省

史志研究院『山西犠牲救国同盟会歴史資料選編』山西人民出版社、1996年、472頁。

(19) 「太行区党史大事年表」『太行彙編』1、1989年、560頁。

(20) 徐子栄「民族化通俗化問題与宣伝工作」(1938年12月)『太行彙編』1、524〜530頁。徐子栄は、この問題を張聞天の提起として説明している。張聞天による「新文化」と「伝統」、「民俗」の関係についての総括は、「抗戦以来中華民族的新文化運動与今後任務─1940年1月5日洛甫同志在陝甘寧辺区文化界救亡協会第一次代表大会上的報告大綱─」、中共中央書記処編『六大以来─党内秘密文献─』(下)、人民出版社、1981年、790〜794、796〜798頁を参照。

(21) 「中共晋冀豫区委宣聯会総結」(1938年12月23日)『太行彙編』1、496〜498頁。鼓詞は太鼓や拍子木で拍子を取る、語りを交えた唄いもの、小調は俗謡・小唄の類。対聯については、本書第1章註(38)、71頁を参照。

(22) 鄒雅「晋冀魯豫解放区的木刻活動」、李小山等主編『明朗的天─1937-1949解放区木刻版画集』湖南美術出版社、1998年、5頁、川田進「美術家たちの「長征」─延安・魯芸での活動─」、牧陽一・松浦恒雄・川田進『中国のプロパガンダ芸術─毛沢東芸術に見る革命の記憶─』岩波書店、2000年、82頁。

(23) XRH39. 2. 23、2. 25、2. 27、3. 1、3. 5、3. 7、3. 9、3. 15、3. 25。

(24) 「中共晋冀豫区委宣伝部工作報告」(1939年3月15日)『太行彙編』2、1989年、181頁。

(25) 前掲鄒雅「晋冀魯豫解放区的木刻活動」、5頁、前掲川田進「美術家たちの「長征」」、84〜90頁、David Holm, *Ibid*, pp. 6-30。

(26) XRH39. 12. 7。会門、民間信仰・迷信などを動員した根拠地破壊の状況、これに対する中共側の危機感については、XRH39. 8. 3、41. 4. 15、42. 3. 29、4. 25などを参照。

(27) 川瀬千春『戦争と年画─「十五年戦争」期の日中両国の視覚的プロパガンダ─』梓出版社、2000年、46〜47頁。

(28) 春聯については、本書第1章註(38)、71頁を参照。

(29) 「晋冀豫辺区一年来文化運動総結」(1941年)『太行彙編』4、769〜770頁。

(30) 「関於晋冀豫区一年来宣伝工作報告」(1941年8月)『太行彙編』4、601〜602頁。八音会は節句や廟会で活動する民俗楽団で、「八音」の名は、金・石・土など楽器として使用される八種類の材料に由来する。

(31) TY41. 3. 9、3. 21、3. 24、3. 30、4. 3、4. 9、4. 12、4. 18、5. 3、5. 15。

(32) 前掲「関於晋冀豫区一年来宣伝工作報告」、601〜602頁。

(33) 「関於戯劇工作的幾個問題」(1945年12月30日劉北斗同志在戯劇座談会上総括報告)、太岳行署編『太岳政報』第7期(1946年12月)、7頁。花臉はくま取りを施した役柄で、性格の荒々しい人物(一般に敵役)を表現する。八卦衣は易の八卦をあしらった道士の衣装。

(34) 前掲鄒雅「晋冀魯豫解放区的木刻活動」、6〜7頁。

(35) XRH43.3.17、3.21、TH44.1.9、45.1.13、1.23、XTY43.2.23。

(36) この時期の廟会利用工作については、TH45.4.13、5.11、7.23、XTY45.6.25などを参照。

(37) 「晋東南工人工作報告－元旦到二月末」(1939年)『太行彙編』2、1989年、100〜102頁、「中共晋冀地委三個月内的工作要求与工作日暦－1939年3月1日至5月30日」、同上115〜124頁、「晋冀豫区群運工作総結報告」(1939年3月15日)、同上192頁。

(38) 「冀豫晋党校一個月工作報告」(1938年6月)『太行彙編』1、61頁、「中共晋冀豫区委軍事部関於武装工作的決定与指示」(1938年9月4日)、同上377頁。

(39) 「晋冀魯豫辺区小学暫行規程」、「学校学年学期及休暇日期規程」『国民政府現行法規』第2集、商務印書館、1930年、16頁。

(40) TH43.10.5、44.11.15、45.2.23、TY49.4.9、4.11。

(41) XRH39.4.7、39.4.15、41.12.5、TH42.4.5、43.7.25。

(42) 「泰西紅五月運動」、中共冀魯豫辺区党史工作組辦公室『中共冀魯豫辺区党史資料選編』第2輯、専題部分、山東大学出版社、1990年、457〜469頁。

(43) 「中共晋冀豫区党委宣伝部関於晋冀豫区一年来宣伝工作報告」(1941年8月)『太行彙編』4、599頁、「晋冀豫区一年来群衆武装工作報告」(1941年9月)、同上794頁、「中共晋冀豫区党委関於反対敵人"清剿""掃蕩"的指示」(1942年3月2日)『太行彙編』5、2000年、139頁、「晋冀豫区武委会関於準備秋季反"掃蕩"的指示」(1942年8月5日)、同上532頁、「遼県実験県工作報告」(1942年11月23日)、同上845〜47頁、「関於加強人民武装工作的指示」(1943年3月5日)『太行彙編』6、2000年、1頁、「1944年戦闘和生産結合的経験」(1945年)『太行彙編』7、2000年、390〜391頁、「練武運動総結報告」(1945年6月4日)、同上596頁、XRH41.3.27、42.4.8、9.3、43.3.9、10.15、TH44.2.23、9.25、9.27、45.3.23、9.25。

(44) 「太行分局関於太行区経済建設工作的検査和決定—1943年6月21日太行分局会議通過」、太行革命根拠地史総編委会『財政経済建設』(上)(太行革命根拠地史料叢書之六)、山西人民出版社、1989年、209頁。

(45) XRH41.4.9、TH44.3.27、45.4.1、46.3.21、4.9。

(46) XRH40.9.9、9.17、9.23、TY40.9.17、9.23など。

(47) 「関於晋冀豫区一年来宣伝工作報告」（1941年8月）『太行彙編』4、599頁。

(48) TY41.7.9、7.15、9.18、9.24。唐城鎮と郭道鎮の集期については、楊世瑛等編『安沢県志』巻4、1932年（成文出版社、1964年復刻）、7頁、梁肇唐・李政行『山西廟会』山西経済出版社、1995年、52頁を参照。

(49) 「晋冀魯豫辺区労工保護暫行条例」、晋冀魯豫辺区政府編『晋冀魯豫辺区法令彙編』韜奮書店、1945年、27頁。同条例の実施規定である43年の「冀南区雇工暫行条例」（1943年2月26日）、南開大学歴史学院中国現代史教研室『晋冀魯豫区抗日根拠地歴史資料』第2巻、奥付なし、102頁でも、雇工は8月20日（農民節）に休暇をとれると規定されていた。

(50) 前掲簡濤「略論近代立春節日文化的演変」、61頁、陳恵恵「国民党対社会時間的利用与制作—民国農民節研究」『江西大学学報』第42巻第6期、2009年。

(51) なお、廟の祭礼などが村において集団的に行われることも多いが、旗田巍は、河北省順義県沙井村の「辦五会」に関する論稿で、集団的な儀礼が実態としては個別家庭の論理によって運営されている例を示している（旗田巍「廟の祭礼を中心とする華北村落の会—河北省順義県沙井村の辦五会—」、小林弘二編『旧中国農村再考』アジア経済研究所、1986年）。

(52) TH43.10.7、44.1.9、1.19、1.27、1.29、2.1、2.3、2.7、2.13、45.1.25、2.17、2.21、2.25、2.27、3.3、3.5、3.7、46.2.23、XTY45.2.13、3.11、46.2.17。擁軍運動、擁政愛民運動については、本書第1章註(37)、71頁を参照。

(53) TH44.10.23、10.25、11.3、11.7。

(54) XTY44.4.10、6.22、TH44.9.29、10.3。

(55) 「晋冀魯豫辺区労工保護暫行条例」（1942年11月1日公布施行、1942年12月10日修正公布）、晋冀魯豫辺区政府編『晋冀魯豫辺区法令彙編』華北書店、1943年、16頁。

(56) 前掲「冀南区雇工暫行条例」。

(57) TY40.9.29、41.9.15、42.5.12、XRH42.4.7。

(58) 太行革命根拠地史総編委会編『群衆運動』（太行革命根拠地史料叢書之七）、山西人民出版社、1989年、54頁。

(59) 秧歌については、本書序章註(14)、28〜29頁を参照。高蹻は高下駄踊り、旱船は女装した人が模型の船の船べりを腰に結びつけて、歌いながら練り歩く芸能。

(60) TH46.9.11、9.16、XTY47.1.27、2.1、2.7。
(61) 土地神の性格については、増田福太郎『東亜法秩序序説』ダイヤモンド社、1942年(大空社『アジア学叢書』78、2001年復刻)、103～110頁を参照。
(62) XTY46.12.19、47.1.1、1.7、1.21、TH47.1.1など。
(63) TH45.1.91、XTY47.1.13、47.2.1。
(64) 武郷県志編纂委員会編『武郷県志』山西人民出版社、1986年、450～451頁は、農暦の節句の敬老節、擁軍優抗節、追悼死難烈士節、殺敵英雄節について、日中戦争中に行われたものとしているが、創設の経緯など具体的な内容は記されていない。
(65) 46年以降、日本の降伏文書調印の日(9月2日)が、新たに「民兵節」とされたが、日中戦争期の東北淪陥記念日ほどの継続的な活動は確認できない。
(66) 49年の中共成立記念日は麦収節とも重なっているが、民俗利用には触れられていない。
(67) 太行行署『1946年重要文件彙集』、奥付なし、110頁、「太岳区一個政民幹部之生活程度」(1946年)『晋冀魯豫区抗日根拠地歴史資料』第3巻、103頁、「第四専区政民学34年度供給制度」(1945年8月1日頒布)、同上第17巻、889～890頁、冀魯豫行署『冀魯豫区34年度供給制度』、奥付なし。
(68) 前掲「第四専区政民学34年度供給制度」。
(69) 曾克「鐘声」『北方雑誌』第1巻第3期、1946年8月。
(70) TH46.1.19、2.15、1.29、XTY45.3.3。
(71) 前掲「太行区党史大事年表」、816頁。

第2部　象徴と儀礼

第4章　日中戦争期・国共内戦期における
　　　　中国共産党根拠地の象徴　―国旗と指導者像―

はじめに

　本章では、日中戦争期から内戦期にかけての中共根拠地におけるセレモニーを中心とした国旗と指導者像の使用の状況について検討する。この作業を通じて、中共が統一戦線と国家の枠組みを意識しながら、象徴操作によって中華民国の正統な継承者として自己を演出していく過程を確認する。この過程は、前章までにおいて確認された暦、記念日による正統性・正当性の主張と軌を一にして展開している。

第Ⅰ節　中共根拠地における国旗使用

　国際主義と階級闘争を権力の正当性の中心におく中華ソビエト権力においては、国家・民族統合の象徴の制度化に十分な関心が払われておらず、中華ソビエト共和国国旗の制定は、共和国成立の3年後の34年であった。地球の上に鎌と鉄槌を描き、麦と粟の穂でこれを囲んだ国旗のデザインは、国際主義、労農同盟に基づく共産主義革命の権力そのものを象徴しており、国家の個性や民族性とは接点を持たないものであった。国旗のデザインは、瑞金の第二次ソビエト代表大会会場のモニュメントにも使用され、通貨にも印刷されるなど一定の範囲で使用されているが、機関紙においては、国旗よりも党旗、紅軍旗が使用されることが圧倒的に多い。これもまた、ソビエト権力において国家の統合原理には関心が払われず、共産主義革命の核心であるプロレタリアートの前衛＝共産党とその軍隊が、国家

の上位に置かれていたことが背景にあると考えられる。

　中共がソビエト革命路線から抗日民族統一戦線政策へと路線を転換させると、延安において開催された国民政府の諸勢力との交渉の中で、国民政府の国旗が掲げられる例が確認されるようになる。36年4月、周恩来と張学良の交渉の会場となった延安大礼堂には、国民政府の国旗と中共党旗が交差して掲げられている[1]。国民政府の国旗に中華ソビエト共和国の国旗が対置されなかったことからも、権力主体として認識されないソビエト国家の位置づけの低さが確認される。

　36年9月、中共は「民主共和国の決議」を発して、各党・各派・各界・各部隊による全国抗日救国代表大会開催と国防政府の組織、普通選挙を通じた国民大会開催という民主共和国の構想を発表した。次いで、37年2月、中共はソビエト政府・紅軍の中華民国特区政府・国民革命軍への改編を表明し、ソビエト共和国の解消の方針が正式に確定していた。37年中の国共交渉期間中にも延安大礼堂と見られる場所に、国旗と中共党旗が交差して掲げられており[2]、やはりソビエト共和国国旗は掲げられていない。この写真の具体的な日付は不明であるが、ソビエト共和国解消の方針が確定する中で、ソビエト共和国旗は歴史の舞台から完全に退場したものと考えられる。

　7月には国民政府が特区政府を承認し、中共政権が中華民国の一地方政府として統一戦線に参加する枠組みは確定したが、中華ソビエト共和国中央政府が解消され、国共合作が正式に成立するには更に2カ月近くを要している（第1章）。統一戦線の形態について、中共は民衆総動員の抗戦体制の確立、国民大会開催による「国防政府」の樹立などの主張によって、国民政府の「以党治国」の体制や、両党合併によって中共の組織と政権を解消する新体制の構想と対立していた[3]。このような対立は9月の国共合作の宣言後も統一戦線におけるヘゲモニー争いとなって継続していく。

　このような状況を背景に、『新中華報』の記事では38年7月まで、根拠地での国民政府国旗の使用については言及がなく、37年紅軍成立記念日の抗戦動員運動大会と38年のメーデーでは、国共両党旗が国共合作を象徴する形で並べて使用されている（XZ38.5.5）。また、『新中華報』での国旗の意匠を使用した挿絵も、やは

り38年7月まで見られず、紅軍の国民革命軍への改編以後の37年11月にも、紙面の林伯渠像の帽章は紅軍時代の五角星のままである（XZ37.9.19、11.29）。陝甘寧辺区では上述のように37年は国慶節も慶祝されず（第1章）、日中戦争初期の陝甘寧辺区で国旗使用が定着していなかったことを示唆する。12月に成立した傀儡政権・中華民国臨時政府が五色旗を国旗としたことや、39年1月創刊の晋東南根拠地の『新華日報（華北版）』が同年8月まで国旗の挿絵を多く使用していた状況からから推察するならば、中共は前線の根拠地や対外的な場では積極的に国旗を使用して国民政府を擁護したと考えられるが、陝甘寧辺区内部での国旗の本格的な使用は、上の状況から見て相当遅れたと考えられる。統一戦線の具体的なあり方を巡る国共間の対立を抱えた状況下、中共政権は、国家と政権の関係を説得的に示す象徴操作を模索しており、国旗を排除して中共党旗と国民党旗のみを並べた形式は、両党が頂くべき国家の形を根拠地内部に対して公然と提示できない状況を反映していた。

　しかし、国民参政会の創設（38年7月6日に第一期第一次会議が開会）によって限定的ながらも国民の政治参加の道が開かれ、全民抗戦の気運が高まる中、最初の抗戦建国記念日に国旗を掲げることは、中共が統一戦線の主導権を握っていく上でも必要なことであった。38年の中共成立・抗戦建国記念週には、国民参政会開会の日でもある7月6日の「商人日」に延安市内に国旗が掲揚され、7日には「国民政府行政院電令に基づき」、延安全城に半旗が掲げられた（表4-1）。なお、石川禎浩が明らかにしたように、中共成立記念日は、毛沢東の提起によりこの年より7月1日に確定されて慶祝されるようになっており、中共成立・抗戦建国記念週の組織によって、中共の正統性をナショナリズムの文脈で強調する態勢が整ったのも、この年からであった[4]。

　これより中共根拠地において国旗は、根拠地の政権の正統性を、中華民国および統一戦線の枠組みから示す重要な象徴の一つとして使用されるようになり、また、統一戦線における国共のヘゲモニー争いの中で、自らを中華民国の正統な継承者として演出する象徴ともなっていった。以下にその状況を確認する（表4-1～4を参照）。

表4-1　陝甘寧辺区における国旗使用（都市・地区名のない集会・慶祝は、延安の事例）

年	［記念日(日付での呼称)・節句］等　セレモニー等（同時に使用された象徴）
1938	［七一・七七］記念週　7月6日　商人日＊　7月7日(半旗　孫文像・戦没将領像)＊ ［国慶節］　　西北青年救国会第二次代表大会開幕 　　　　　　　　　(孫文・蔣介石・毛沢東像　国歌　孫文像・国旗に最敬礼　総理遺嘱奉読) ［ロシア革命］ロシア革命・中共六期六中全会慶祝大会
1939	［五一］　　　記念大会（孫・蔣像） 7月20日　　中国女子大開学典礼(校旗　国歌　国際歌　校歌) 　　　　　　　(校門：林森・蔣・林伯渠・高崗像　6人の国内外婦女領袖像) 　　　　　　　(舞台：紅星　マルクス・エンゲルス・スターリン・ジミトロフ・毛 　　　　　　　　11人の中共指導者像) 　　　　　　　(会場内：5人の中共中央婦女委員像　模範母親夏老太太像)
1940	2月19日(旧1月12日)　延安 青年憲政促進会成立大会（義勇軍行進曲　総理遺嘱奉読） ［五四］　　　記念大会（マルクス・エンゲルス・レーニン・スターリン像 　　　　　　　　　主席台中央に国旗・孫像） ［七七］　　　記念大会（孫・蔣・毛・朱徳像）／志丹 記念大会(牌坊の両側に国旗) 8月15日　　張自忠ら4将軍追悼大会(半旗　張遺像) 8月？　　　中国女子大成立1周年記念大会・第一期卒業式（党旗　校旗） ［九一八］　百団大戦勝利・九一八記念大会（国旗・各校旗を持って入場 　　　　　　　(朱徳・彭徳懷・賀龍・聶栄臻・劉伯承像　八路軍行進曲)
1941	［五四］　　　記念大会(毛沢東像)　　　［国慶節］　記念大会(孫文像)＊ ［ロシア革命］辺区第二期参議会（国旗・孫像に三立礼　国歌　総理遺嘱奉読）
1942	［新年］　　　延安＊　／　綏徳＊ ［七七］　　　記念大会(孫・林森・蔣・毛・朱・左権像　国旗・孫像・戦没将兵に三立礼) ［七七］　　　清澗 記念大会　　　［国慶節］　延安＊　／　綏徳＊
1943	［新年］　　　延安＊　　　　　　　　［春節］　　三辺分区＊ ［春節］　　　不平等条約廃棄慶祝大会 　　　　　　　(国歌　ソ英米国旗　ルーズベルト・チャーチル・スターリン・蔣・毛・朱像) ［春節］　　　隴東＊ 不平等条約廃棄慶祝大会　［元宵節］南泥湾駐軍 擁政愛民大会 ［元宵節?］　三辺　蒙回漢各界擁政愛民大会　［三八］　　隴東＊ 4月24日　　劉志丹霊柩見送り(劉像の両側に党旗・国旗) ［七七］　　　制止内戦保衛辺区大会(国旗の先導で入場　総理遺嘱奉読) ［中元節］　　辺区 林国府主席公祭(半旗)＊　［九一八］記念大会（半旗　毛・朱像) ［ロシア革命］保育院小学校(子供の絵に国旗　紅旗　党旗）同表彰大会(毛・朱像)＊ 11月18～21日 辺区直属機関生産展覧(高崗・林伯渠・賀龍・李鼎銘・種菜英雄黄立徳像) 11月26日　　辺区労働英雄大会(11人の労働英雄像　毛・朱・高・賀・林・李像)＊

第4章　日中戦争期・国共内線期における中国共産党根拠地の象徴　153

年	［記念日(日付での呼称)・節句等］ セレモニー等（同時に使用された象徴）
1944	［孫中山逝世］記念集会　（国旗・孫像に三立礼　孫文遺教） ［連合国デー］　延安（スターリン・ルーズベルト・チャーチル・蔣像 　　　　　　　　37国連合国旗　毛・朱・辺区各領袖像） ［七七］　延安＊　　　　　　［国慶節］　延安＊
1945	［五四］　　ベルリン解放慶祝＊ 8月15日　日本投降慶祝（スターリン・毛・朱像）＊ 9月5日　慶祝抗戦勝利集会（ソ米英仏国旗・紅旗）＊　［国慶節］延安＊ ［ロシア革命］　記念集会（ソ連国旗）　綏徳＊　記念集会（中ソ国歌）
1946	［新年］　延安＊　［春節］　和平・民主慶祝大会（中米ソ英国旗　孫中山遺嘱） 3月4日　マーシャル・張治中・周恩来歓迎　4月12～13日　四八烈士追悼(半旗)＊ 4月18日　四八烈士霊柩到着（遺体に党旗　霊堂に国旗・党旗）　［七七］延安＊ ［国慶節］　米軍撤退運動大会（義勇軍行進曲　国旗・孫像に敬礼黙祷） 11月29～31日　朱徳生誕慶祝＊　12月18日　陝北工農軍延安入城10周年記念大会　＊

＊は街頭ないし全城に国旗が掲げられた例
記念日の日付とセレモニーの開催日がずれている例もある(1937年と47年以降は該当記事なし)
記念日の略称は、［七一］中共成立、［七七］抗戦建国、［五一］メーデー、［五四］中国青年節、
［九一八］東北淪陥、［三八］国際婦人デー
『新中華報』『解放日報』『人民日報』の該当記事から作成

　まず、当然ながらナショナリズムと統一戦線を強調する記念日・集会での使用が顕著である。日中戦争期には、新暦新年(中華民国成立記念日)、抗戦建国記念日、国慶節の大会などのナショナリズム・統一戦線関連の諸記念日、百団大戦などの祝勝大会、43年の不平等条約廃棄のような国家の慶祝時、その他統一戦線を強調する全根拠地的規模の集会で使用された。全根拠地的集会では、統一戦線の政権機構とされる辺区参議会を初め、各種代表大会や英雄大会、民兵検閲大会での使用が顕著である。中共の権力基盤が脆弱な地域からの代表も参加するこのような集会では、中共政権が統一戦線の下の政府であることを改めて強調し、諸勢力の団結を国家の象徴の下に確認する必要があったものと考えられる。国共関係の悪化後、中共は統一戦線におけるヘゲモニー争いの中でも国旗を効果的に使用するようになる。40年2月の延安での青年憲政促進会成立大会では、国旗への敬礼と総理遺嘱奉読が行われ、憲政の実施を国民政府に迫っている。平江惨案や新

表4-2 太行区・太岳区における国旗使用-1 (1939年～1945年)

年	[記念日(日付での呼称)・節句等] セレモニー等(同時に使用された象徴)
1939	[新年] 晋東南擁蔣大会(国歌・国民党旗・孫像・蔣像) 3月　朱徳第二戦区副司令就任式(孫・蔣像)　[七一] 18集団軍記念大会 [八一三淞滬抗戦] 平江惨案烈士追悼 [ロシア10月革命]　18集団軍記念大会(ソ連国旗・万国旗)
1940	3月3日　晋東南各界反汪擁蔣大会
1941	[春節]　太岳各界反親日派大会(高蹻隊 国旗を先頭に入場) [三一八]　全区武装検閲大会　　　　　　[四四]　晋東南青救児童工作会議 [五一]　太行区記念大会(マルクス塑像・スタハノフ像)＊ 6月1日　抗日軍政大学成立記念大会(校旗)[七一]　遼県桐峪鎮 ＊ [七七～] 晋冀豫臨時参議会(孫・毛像)＊ [中秋節] 偏城桑桟村公民大会 [九一八] 128師運動会(毛・朱・彭徳懐・劉伯承・鄧小平像) 9月28日　晋東南婦救・青救・青年抗日先鋒隊大会　[国慶節]各地記念大会＊
1942	[新年]　太北各地重要市鎮＊　[三一八・龍抬頭] 129師 范子侠・郭国言追悼 [七七]　太行軍民左権追悼大会 [九一八]　晋冀魯豫辺区臨時参議会(孫・蔣・毛沢東像) [ロシア革命]　太行各界大会(ソ連国旗) 12月16日　劉伯承 50寿辰祝賀(国共両党旗)
1943	[ソ連赤軍誕生] 129師・辺区政府・各機関団体 慶祝大会(会場全体に国旗) 太行区各地 [春節]　不平等条約廃棄慶祝 洪水鎮(商店・民家に3日間昇旗による慶祝)＊ [元宵節]　不平等条約廃棄宣伝週 各機関団体市鎮 ＊ 2月　不平等条約廃棄慶祝大会 7月　太行各界反内戦示威大会 [ロシア革命] 太行各界大会(ソ連国旗 スターリン・毛沢東像)
1944	3月21日　武東 民兵自衛隊大検閲　[四四] 武安 児童節大会(国旗を掲げデモ) [七七]　太行各界記念大会(毛・朱・彭像) 　　　　18集団軍記念大会 　　　　　　　　(スターリン・ルーズベルト・チャーチル・蔣・毛・朱・彭像) [七七]　太岳軍民記念大会(孫像の両側に毛・朱像) 10月26日 左権労働英雄大会 11月～12月　太行区殺敵・労働英雄大会[民兵英雄・労働英雄大会] 　　　　開幕式(ソ米英国旗 　　　　　　　　スターリン・ルーズベルト・チャーチル・孫・毛・朱・彭・劉・鄧像) 　　　　閉幕式(毛・朱・彭像の両側に労働英雄像) 12月　太岳第1分区定期烈士追悼大会

第 4 章　日中戦争期・国共内線期における中国共産党根拠地の象徴　155

年	［記念日（日付での呼称）・節句等］　セレモニー等（同時に使用された象徴）
1945	［新年］　　渉県索堡　団拝　　　　　［龍抬頭］　王屋　邵源包囲戦勝利大会 3月　　　太岳区　辺区参議会（孫・毛・朱像） 5月2日　　左権県城回復慶祝（県城に国旗） 5月13・14日　温陟・修陟　ベルリン陥落・太行区軍事勝利・中共七全大会開催慶祝大会 ［七一・七七］記念大会・夏季攻勢勝利慶祝大会（毛・朱・彭像の両側に国旗と党旗） ［七七］　太岳軍民記念大会(毛・朱・裴麗生・陳康像)　7月　士敏各界座談会 ＊ 7月18日　太行区　夏季攻勢祝勝大会（毛・朱・彭像の両側に国旗と党旗） 8月12日　太行各大市鎮　日本投降慶祝＊ 9月6日　　磁山光復大会　　　　　　　9月12日　武安解放（紅灯）＊ 9月頃　　沙河　公司窰祝勝大会（全呼村の女性手製の国旗　毛への献旗も作る） 10月　　　焦作解放（各商号　三日間国旗掲揚）＊　／　長治解放＊ ［国慶節］　博愛（旗を持ってデモ）＊ 10月16日　邢台解放大会（孫・毛・朱像）＊　　11月1日　上党人民解放大会 ［ロシア革命］索堡河南店　記念大会（中ソ人民指導者像　商家が中ソ国旗掲げる）＊ 11月11日　博愛（沁陽回復）＊

＊は街頭ないし全城に国旗が掲げられた例　記念日とセレモニーの開催日がずれている例もある
記念日の略称は、［三一八］パリコミューン・北平惨案記念日、［四四］児童節
『新華日報（華北版）（太行版）（太岳版）』『太岳日報』『解放日報』の該当記事から作成

四軍事件、43年7月の国民政府軍の陝甘寧辺区侵攻準備の際など、国共摩擦時の抗議集会にも国旗が使用され、国民党の批判に対し中共が統一戦線の下で抗戦建国の任務を果たしていることが主張されている。40年前半の政策急進化時期の太行区・太岳区と41年1月の新四軍事件後の陝甘寧辺区では国旗使用の記事が減少しており、国共摩擦や政策急進化が国旗使用に影響した可能性も考えられるが、国共摩擦に加えて徹底的な国民党批判をともなうスパイ摘発運動（搶救運動）が展開されていた43年の陝甘寧辺区では(5)、むしろ国旗が活発に使用されている。43年の延安における抗戦建国記念日の大会では、国旗は街頭に掲げられるとともに、入場の先導にも使用された。この時期にかえって国旗使用の記事が増えていることは、中共がナショナリズムを擁護する勢力であり、国民党に対抗して国家を代表すべきであることを辺区内部の諸階層に強調しようとしたためと考えられる。

　次に、中共成立記念日、メーデー、ロシア10月革命記念日など、中共や国際共産主義運動関連の記念日にも国旗が積極的に使用され、また中共指導者像とも併

用されている。これは、中共政権や新民主主義・共産主義の理念が統一戦線や中華民国の枠組みと矛盾しないことを示すものであるが、国共関係の悪化後については、中共政権こそが中国の正統なナショナリズムを代表できることを主張するものであったといえる。陝甘寧辺区では当初国旗は延安を中心としたセレモニーで孫文・蒋介石像とともに多く用いられていたが、整風運動により毛沢東の権威が確立した42年以後、延安以外の地方でも国旗使用の報道が増え、43年後半からは国旗は主に毛沢東像などの中共指導者像のみと併用されるようになっている。

　独自の国旗使用の姿勢は、44年5月の陝甘寧辺区政府の通知による国旗掲揚規定にも表れており、同規定では国民政府が掲揚を定めている三つの記念日での掲揚規定がなく、孫中山逝世記念日、メーデー、八路軍誕辰記念日での掲揚を追加している（表4-3）。孫文の誕辰記念日でなく逝世記念日が採用されたのは、上述のように彼の晩年の連ソ容共の立場から中共の正統性を主張する意図によると見られる（第3章）。また、43年から国民政府の新たな中国青年節となった革命先烈記念日は、陝甘寧辺区の規定では国旗掲揚の日から外されている。同様に先師孔子誕辰記念日での掲揚を外すことで儒教の国民道徳化を否定している。陝甘寧辺区政府が国旗の扱いについて独自の規定を設けたことは、44年からの全国的な憲政運動の盛り上がりの中で、中共が国民政府の改組による連合政府組織の要求を提起する流れに沿う象徴的な行為であった。また、国民政府の規定では、国旗は孫文像・国民党旗とともに掲げられることになっていたが[6]、陝甘寧辺区の規定にはこの様式に言及がなく、実際の使用でも国民党旗との併用は確認できない。

　日中戦争の終結前後、中共軍による各地県城の回復にともない、「新解放区」の街頭および解放慶祝のデモ・集会などでは、国旗が毛沢東と朱徳の肖像（以下、毛・朱像）とともに盛んに使用されている。45年9月から11月の3カ月間には、太行区において国旗の使用を伝える記事は新解放区の各県城を中心に11件に上り[7]、国旗使用の報道が最も集中している。この時期の国旗使用には、中共による日本占領地の接収を認めない国民政府に対し、中共が国家を代表して占領地を解放する資格をもつことを示す意図があったと考えられる。また、これら新解放区の解放慶祝大会では、烈士追悼大会とともに「漢奸公審復讐大会」［漢奸は、民族の裏切

第4章　日中戦争期・国共内線期における中国共産党根拠地の象徴　157

表4-3　国旗を掲揚する記念日／国民政府規定(1942年)と陝甘寧辺区政府規定(1944年)

1月1日	中華民国開国	◎	＊8月1日	八路軍誕辰	△
3月12日	植樹節	△	＊8月27日	孔子誕辰	○
＊3月29日	革命先烈記念	○	9月18日	東北淪陥記念	◎
5月1日	メーデー	△	＊10月10日	国慶	◎
7月7日	抗戦建国記念	◎	＊11月12日	国父誕辰	○

◎：国民政府・陝甘寧辺区政府ともに掲揚　○：国民政府のみ掲揚
△：陝甘寧辺区政府のみ掲揚
＊は国民政府国定記念日　(掲揚には半旗の掲揚を含む)
　記念日名は、主に国民政府の呼称に従った(「植樹節」は陝甘寧辺区では「孫中山逝世記念日」)
　「国定記念日日期表」「革命紀念日日期表」(1942年6月22日)、国立中央研究院天文研究所編製『国民暦』(中華民国34年版)、34頁、「陝甘寧辺区政府辦公庁通知」(1944年5月19日)、陝西省檔案館・陝西省社会科学院編『陝甘寧辺区政府文件選編』第8輯、檔案出版社、1990年、181〜183頁より作成

者]が行われることも多く、対敵協力者の処罰を足がかりに中共権力の浸透が目指されていた[8]。国民政府統治期からこの地域に浸透していた国旗は、その際の重要な象徴となったと考えられる。この時期には、農村の女性らが沙河城解放大会のために国旗と毛沢東への献旗をつくり届けたという報道も現れ(TH45.9.18)、国民国家の形成過程において、国旗を社会に定着させるために創造された個人と国旗をつなげる物語のステレオタイプが登場している。

　その後の国旗使用のパターンは、日中戦争期のそれをおおよそ踏襲している。停戦協定が有効であった46年前半までは、根拠地の正統性の確認や中央政府との一体感を強調する上で国旗が特に意味を持ち得た。また、内戦反対集会や烈士追悼大会、米軍撤退運動などでナショナリズムに訴える形の国旗の使用が特に重視されたため、停戦協定破綻後も46年中から47年初め頃にかけて国旗の使用は継続している。太行区・太岳区では、中央機関所在地以外の村落での国旗の使用が比較的多く確認できるようになり、基層への浸透が限定的ながら進行していた。46年の新年に際して、太行区行政公署(以下、行署)は内戦反対宣伝の中で国旗掲揚を通達し、各市集鎮の街頭に国旗が掲げられた。土地改革の過程でも、土地改革が孫文の主張や政治協商会議の決議に合致するものであるという主張[9]を背景に、

表4-4　太行区・太岳区における国旗使用-2（1946年～1949年8月）

年	［記念日（日付での呼称）・節句等］　セレモニー等　（同時に使用された象徴）
1946	［新年］　太行行署　国旗掲揚の指示／晋冀魯豫辺区の各市集鎮街頭に国旗　＊
	太岳各界　停戦協定擁護・和平慶祝大会(孫・毛・朱像)　＊
	［春節］　陵川八区　農会成立大会(毛像)　／　武安　＊
	［元宵節］陽城　和平民主擁軍優抗大会　＊
	太行各界　慶祝和平・擁軍優抗大会(毛像)
	長治蔭城区（各村民衆が国旗を持って入場）
	［龍抬頭］彭城　労働者・農民翻身記念日デモ
	4月　　　太行行署・軍区　四八烈士追悼(各専署・県に三日間の半旗掲揚指示)
	4月23日　渉県漳南鎮　太行各界四八烈士追悼大会(党旗)
	5月2日　郷四区児童検閲　［麦収節］楡社 71・77記念・追悼記念烈士大会　＊
	［七一・七七］渉　記念大会(党旗・毛像)＊
	［七七］　武安　反内戦集会・抗日烈士追悼・民兵検閲　＊
	8月24日　安陽水冶鎮蓮華寺　国産品愛用運動民衆大会　9月　武安驟馬大会　＊
	9月2日　同蒲前線部隊勝利慶祝　商店に国旗　＊
	9月23日　武安二街　翻身連歓大会（秧歌隊、国旗・毛像を掲げて行進）
	10月27日　陽城烈士陵園　米軍撤退運動週大会
	12月　　　太行区第二回群英［群衆英雄］大会・朱徳60大寿慶祝(毛・朱像)　＊
	12月8日　軍区政治部朱徳60大寿慶祝（朱像）　12月25日　太行区12県商人節
1947	［新年］　太岳各界新年団拝　／　［沁県農民翻身慶祝大会　＊］
	1月13日　太行各界　停戦令・政協1周年記念大会
	［春節］　高平一連防12村　翻身慶祝（毛沢東燈・国旗燈・党旗燈・蒋の紙人形）
	［元宵節］渉県漳南鎮で擁政愛民連歓会　＊　［七一］平順　記念大会(党旗・毛像)
	［九一八］武安陽邑鎮　大反抗宣伝週　商店に国旗　＊
	10月2日　沁源城関　反攻勝利慶祝大会(商店に国旗)　＊
1948	［［新年］長治　＊］　　7月29日　　左権　民兵・民工の帰郷歓迎　＊
	10月16日　太岳区各界・陽城民衆　華北人民政府成立慶祝大会　＊
	11～12月　漳南　時事宣伝(各大集鎮に国旗)　＊
1949	［新年］　太岳各界団拝(秧歌隊、毛・朱像を掲げる)　＊
	［2月　　沁源　各直属機関・民衆　北平解放慶祝　＊］

＊は街頭ないし全城に国旗が掲げられた例
［　］内は「懸旗」とのみ記載されているため、国旗か否か判断ができないもの
『新華日報(太行版)（太岳版)』『人民日報』の該当記事、『太行区第二届群英大会会刊』
太行群衆書店、1947年から作成

一部の村落で国旗が使用された。また、この時期には、日中戦争期よりも積極的に民俗を利用した宣伝・動員が行われており（第3章）、これにともない農暦の節句や集市での国旗の使用例も増加している。

内戦の激化、中共の土地政策などの急進化、国民政府独自の憲政実施の動きの中で、47年以後、根拠地での国旗使用の記事は顕著に減少する。47年1月、陝甘寧辺区政府は、中米友好通商条約締結の日（46年11月4日）を「新国恥記念日」として、毎年、各機関・団体・学校等が半旗を掲げることを決定し、2月には晋冀魯豫辺区政府も同様の決定をしているが（RR47.1.30、RR47.2.14）、その後、この記念日の活動はほとんど伝えられていない。しかし、47年、48年のハルビンでの東北解放記念日、48年4月の石家荘での延安回復慶祝と同年の抗戦建国記念大会、48年末の張家口解放慶祝など、主要都市での重要な記念日・セレモニーでの国旗使用は例が少ないものの確認できる[10]。「蒋介石独裁政府打倒」と民主連合政府の組織を宣言した47年の「中国人民解放軍宣言」が国慶節に出されたことにも示されるように、中華民国の枠組みの中で国家権力を争う中共の姿勢は継続しており、国民政府時期より主要都市に定着した国旗を尊重する形式は継続していたものと考えられる。47年8月、新華社は、中央社の「北満当局が中国国旗を取り消し、ソ連国旗に掛け替えるよう命令した」とする報道に反駁して、国旗を擁護する姿勢を示しており、国際舞台でも、47年7月にプラハで開催された世界青年デー大会などの国際会議に際して、中国解放区青年代表団は毛・朱像を掲げたデモにおいて国旗を使用している（RR47.8.27、10.29）。

中共政権が国旗を否定するのは、49年1月、毛沢東「時局に関する声明」が和平交渉の条件として、「偽憲法・法統」の廃止、連合政府による南京政府権力の接収などを提示し（RR49.1.15）、国民政府の法統と権力を完全に否定する姿勢を示した後であり、2月にはセレモニーで使用される旗幟は国旗から紅旗へと転換し、国旗の使用に終止符が打たれる[11]。

以上のように、国旗は中共政権下においても統一戦線とナショナリズムの観点から、中共政権の正統性を訴える象徴として活用されていた。しかし、国旗は中共政権の独自性を示す象徴ではなく、「以党治国」の象徴の意義もあわせもつため、

中共政権はその使用の制度化や基層への浸透にはさほど熱心でなかったと考えられる。

上述のように陝甘寧辺区の国旗掲揚規定は44年になって定められており、他の根拠地では規定の存在が確認できない。中共根拠地では記念日の慶祝についても具体的規定がなかったように(第1章)、国旗掲揚の制度化も遅れていたと考えられる。陝甘寧辺区の国旗掲揚規定の実施状況も、機関紙からは充分に追うことができず、徹底の程度は不明である。機関紙に記事が少ないこと自体が、国旗使用の浸透に対する中共の関心の薄さを示している。制度化の面では、華北傀儡政権が特に太平洋戦争以降、厳格な時間紀律による国旗掲揚規定を設けて、セレモニーごとに会場や街頭での掲揚・敬礼を実行していたのに比べてみても中共の対応は淡白に見える。

『新中華報』では38年以降も紙面での国旗の意匠の使用は少なく、また、肖像の青天白日の帽章が認識不可能なほど不鮮明であったり、脱帽していて帽章のないものが一般的である[12]。この状況は41年5月創刊の『解放日報』においても基本的に変わらない。太行区・太岳区の機関紙もまた、39年9月以降、国旗の意匠を使用しなくなるため、全体として見れば中共の機関紙での国旗の意匠の使用は憚られていた。国旗の意匠が使用された場合でも、陝甘寧辺区の機関紙では光芒の数や形状が不正規なものが確認される(XZ39.6.27、10.13)。また、晋察冀辺区などでは光芒が全てつながった形の国旗が実際に使用されている例が多数確認できる[13]。なお、『解放日報』では、43年の国共摩擦以降、国民党徽が国民党の「親日反共」政策を批判する漫画で使用されるようになり、ナチスの党徽と対比されるなど、負のイメージが強くなっており[14]、国民党を批判しながら、その党徽の組み込まれた国旗を使用して政権の正統性を主張するという矛盾した対応がなされていた。

基層への浸透についても、陝甘寧辺区の規定では、各機関・学校・部隊・工場・商店に対して日曜日の国旗掲揚も指示しているが[15]、やはり機関紙からはその実態は確認できない。各種英雄・模範などの個人や個別家庭などを通じて使用を奨励する報道は、上述の沙河城の例のみであり、学校での使用についても43年のロ

第 4 章　日中戦争期・国共内線期における中国共産党根拠地の象徴　161

シア10月革命記念日に延安の小学校で子供に国旗を描かせている報道があるのみである。民俗を利用した国旗の使用例や中央機関所在地以外の村落での国旗の使用例も、後述する毛沢東像に比べれば非常に少ない。

　以上のような、制度化の未確立、機関紙での使用の少なさ、基層への浸透の不徹底などの状況は、戦時の環境を考慮しても、中共が根拠地内においては国旗を政権の権威を示す最高の象徴として認識していないことを示していよう。

第Ⅱ節　中共根拠地における指導者像とその表象

　中共根拠地においては国旗の他、各指導者の肖像が、中華民国の枠組みの中で中共政権の正統性を強調する目的に応じて様々に使用されていた（上述の表4-1、2、4も参照）。

① 孫文・蔣介石像
a)　日中戦争初期：国家・統一戦線の象徴

　陝甘寧辺区のセレモニーで国民政府指導者像の使用が確認できる最初の例は、38年国際婦人デーの延安での記念大会であり、蔣介石と毛沢東が握手する画像が掲げられている。これは、国旗なしで国共両党旗を並べて掲げた形式と同様、国家の象徴を提示しないで国共合作のみを視覚化したものといえ、38年中は、蔣介石像と毛沢東像が対になったパターンが指導者像の使用例の中で最も多い（6件の内4件）[16]。ただし、同年の国慶節における西北青年救国会第二次代表大会の開幕式では孫文像の下に国旗、その左右に蔣介石像と毛沢東像を配し、国歌斉唱、国旗・孫文像への最敬礼、総理遺嘱奉読によって国家の枠組みが示され、その下に国共合作を位置づける体裁が整っている（表4-1）。以後、蔣介石像と毛沢東像のみが並置される例はなくなる。

　陝甘寧辺区では38年の延安各界孫中山逝世13周年祭・追悼抗敵陣亡将士大会において、孫文像が使用されているが、これは国民政府指導者像が単独で用いられ

た最初の例でもある。以後、39年末までは、指導者像の使用が確認できるほとん
どのセレモニーで、孫文像ないし蔣介石像が掲げられている[17]。例外は39年の
延安のスターリン祝寿［生誕慶祝］大会と晋冀豫中共代表大会のみであり、これら
が中共、国際共産主義運動関連の集会であることを考慮すれば、公的な集会での
孫文・蔣介石像使用が原則とされていたことが理解できる。晋東南根拠地の安沢
県某村では、39年の国民政府の全国精神総動員運動に応じた国民抗敵公約宣誓運
動において、総理逝世記念日に民衆、駐留部隊、各村幹部などによる孫文像への
宣誓も行われている(XRH39.3.15、3.19)。

　39年末までは、孫文像ないし蔣介石像が掲げられる際に、中共指導者像をとも
なわないことも多い。太行区・太岳区では指導者像が使用された39年のセレモニー
5件中4件がこの例に該当する[18]。この中にはメーデーやロシア革命記念日と
いった国際共産主義運動関係の記念日も含まれ、中共の指導者像なしで孫文・蔣
介石像がレーニン・スターリン像や国旗とともに掲げられたり、レーニン像と孫
文像が中ソ国旗とともに使用されたりしている[19]。このような孫文・蔣介石像の
使用は、この頃までの比較的安定した国共関係を反映しており、また、汪精衛そ
の他の国民政府内の反共勢力に対抗して、中共政権が国民政府を擁護することを
強調するものであった。孫文・蔣介石像は国家の指導者像として常に中共指導者
像の上位に配され、国際共産主義運動の指導者像との関係では、38年中の陝甘寧
辺区ではレーニン・孫文・スターリン・蔣介石の序列で、孫文はスターリンより
上位に置かれた。

b) 蔣介石像：権威の否定から民族・人民の敵へ

　しかし、国共関係の悪化を受けて、40年以後、蔣介石像の使用は顕著に減少し、
抗戦建国記念大会や参議会などで孫文像とともに使用される程度となる。更に42
年からは整風運動による毛沢東の権威の突出とともに、太行区・太岳区で顕著で
あったセレモニーでの蔣介石への言及（名誉主席団への選出、電報の発信など）
も見られなくなる。毛沢東の権威の確立は、周知のように国民党・国民政府の最
高指導者である蔣介石の権威の否定とともに進行しており、43年以降、孫文と蔣
介石の地位の継承関係を否定して、孫文の権威を継承する形で毛沢東の権威を高

第4章　日中戦争期・国共内線期における中国共産党根拠地の象徴　163

める試みが進められた。『中国の命運』の発刊や国共摩擦を経て、中国の指導者の位置を巡る蔣介石と毛沢東との対立が浮き彫りにされていく中、毛沢東思想は中国民族革命の「正統思想」として位置づけられ、国民党は「買辦、封建的なファシズム」（JR43.7.21）、「大地主・大銀行家・大買辦等の階層の利益」を代表する集団（JR45.5.2）などと規定された。幹部を中心に「正統観念」に基づく国民党・蔣介石への高い評価が一定程度浸透していた冀魯豫区では、特にこのような教育が強調され、「一切の不正確な"正統観念"」の粛正が主張されている（ZY43.11.15、44.3.27、45.5.5）。43年には蔣介石像は連合国指導者像の一つとして数例使用される程度となり（表4-1、2）、45年以降は指導者像として使用される例はなくなる[20]。その一方で、『解放日報』では、戯画化された蔣介石の風刺漫画が多数掲載されるようになった[21]。

　日中戦争終結前後に国共の対立が激化すると、蔣介石は「アメリカの帝国主義分子」であり（JR45.7.8）、国民政府は日本の傀儡政権と合流したとの批判も行われた（JR45.8.14）。内戦が本格化すると、蔣介石は秦檜・袁世凱・汪精衛に並ぶ売国奴・奸臣とされ、日本・傀儡軍と汪精衛の地位は、アメリカ・中央軍と蔣介石に継承されたという宣伝が繰り返された。これらは、ビラや画報に漫画として描かれ、謡いものに編集されて民間に流布した（RR47.1.28、6.17）[22]。蔣をアメリカの「児皇帝」と称する宣伝も多く行われたが、これは燕雲十六州の割譲によって後晋を建国した石敬瑭が、契丹に対して用いた自称で、大衆の正統観念に訴える平易な表現として使用されていた（RR46.11.15、47.1.28、JL47.12.3）。土地改革の敵・味方は、蔣介石と毛沢東、国民党と中共の二者択一の形で明示され、農村における敵対勢力は「蔣根」、「蔣派」のレッテルを貼られて、これを可視化するための身体などへの標識も使用されるようになった（第8章）。

　大衆的な怨恨を引き起こすため、蔣介石の象徴操作においても民俗利用が行われ、蔣介石の藁人形が追悼儀礼などに使用されるようになった（第6章）。冀魯豫軍区の2728部隊では営ごとに蔣介石の藁人形が作られて「訴苦」[階級的抑圧の苦しみを加害者などの前で訴えることで、民衆が階級意識を獲得していく大衆動員の手法]が行われた（ZY47.1.12）。冀魯豫区濮県の土地改革では、蔣介石の「公審」が

行われ、干草に軍装を着せて西洋南瓜にヘルメットを被せ、豆腐を赤く染めて脳漿の代わりとした人形に訴苦を行い、これを殴打、「処刑」した。主婦は粉で蔣介石の人形を作り、「蔣二禿」と書いて油で揚げて食べ、「油炸蔣二禿」という歌も作られた。菓子は街でも売られ、子供の遊びにもなった（JL47.5.16）。同区観城県3区の女性の反蔣運動では藁人形が針で一日三回刺され、粉で作った人形が煮られた（JL47.4.17）。秦檜を油揚げにする意を込めたとされる油条の寓意[23]が、ここに再現されている。

秧歌では、毛沢東は救星［救いの神］・活財神［生きた財神］、蔣介石は害星［害をなす神］・大禍根と歌われた[24]。この歌では、「共産党は父母」、「八路軍は忠義であり孝行である」とも歌われ、権力の正統性を忠孝道徳に重ね合わせて主張する伝統的な権力観が示されている（JL47.5.16）。これに対置する形で、蔣介石は「不忠不孝」の「奸臣」、「逆賊」に貶められていた（RR47.2.21、8.1）。根拠地の農村の一部では46年までの土地改革で既に地主が消滅しており、また本来小農経営を中心とし、大規模地主の少ない華北の農村においては、地主がいない村も存在しており、これらの村において階級闘争を進める際にも、日本の侵略の記憶を利用しつつ、大衆の正統観念に訴える「奸臣蔣介石」のイメージは、一定の有効性を持ったものと考えられる。

c）孫文像：継承される権威

一方、孫文像は国共関係の悪化後も主に国旗とともに統一戦線とナショナリズムの象徴として、抗戦建国記念日・国慶節などの大会、各級参議会、および中共・国際共産主義関連の記念日などで使用され続ける。中共指導者像と併用することで、中共政権の正統性・正当性を示す手法も国旗の場合と同様である（表4-1、2）。41年5月の整風運動の提起以後、太行区では、孫文像が一部のセレモニーで毛沢東像と併用され、孫文の正統な後継者としての毛沢東という演出が行われている。41年の晋冀豫臨時参議会では、国旗・総理遺像への立礼と総理遺嘱奉読の後、孫文・毛沢東の巨大肖像を国共両党の参議員が受取るという演出が行われた。同年の太行各界紅軍成立記念大会でも孫文・毛沢東像が掲げられ、大会を伝える記事は、孫文と毛沢東を「二人の巨人」、「東方の20世紀のエリートと四億五千万人の

中国人民の領袖」と讃えている（XRH41.7.23、8.9）。孫文像はその後一般に中共指導者像ないし連合国指導者像とともに使用されるようになり、全体としてその使用例は減少していく。中国の指導者像として最上位に配置されることに変わりはないが、太行区ではスターリン像よりも下位に置かれる例が見られる（表4-1、2）。44年に至るまで、根拠地における憲政運動、辺区参議会、反内戦集会、連合政府要求の集会において、総理遺嘱（44年は「孫中山先生遺嘱」と表記）の奉読が行われたことは統一戦線下のヘゲモニー争いにおいて、国家の指導者としての孫文の表象が有効に機能していたことを物語っている（表4-1、XRH41.7.23）。

45年の中共軍による各県城の回復に際し、国旗と毛・朱像が集中的に使用されたのに対して、孫文像の使用を伝える記事は、太行区・太岳区・冀魯豫区で1件のみである（TH45.10.25）。また、これ以降も、新解放区の都市での孫文像の使用を示す報道は、46年2月、冀魯豫区の済寧解放・和平慶祝大会において、毛・朱像とともに孫文像への敬礼が行われた（JL46.2.21）のを確認するのみである。国共の対立が本格化する中、中共の権力の確立が急務となった新解放区においては、毛・朱像と国旗によって、中共による統治の正統性のイメージ形成が優先されたものと思われる。孫文像は、46年国慶節の延安での米軍撤退運動大会では、国旗・孫文像への敬礼が行われた他、「アメリカの主人」に牽かれる蒋介石の人形も登場しており、これらを通じて、中共を中心とした勢力による民国の正統政府の継承が主張されている（表4-1、2）。この後も、中共は自らを孫文の遺志を継承する政権として位置づけるが、内戦期の長い間、根拠地の新聞からは孫文像の使用についての報道が確認できなくなる。孫文像の使用が改めて確認されるのは、中共の勝利が確定した49年からであり、統一戦線を強調する場面などにおいて、中国を代表する最上位の象徴として使用されている。49年7月の中ソ友好協会発起人大会では、レーニン・スターリンの下位、毛沢東の上位の像として使用され（JL49.7.20）、49年9月の中国人民政治協商会議第一期全体会議においては、孫文像を上位として毛沢東像と並置した形式での使用が確認される[25]。

② 朱徳像：晋東南根拠地における権威の形成と軍の象徴

朱徳はソビエト革命期より毛沢東とともに中共政権・軍の象徴的存在であり、

陝甘寧辺区においても朱徳像は日中戦争初期から毛沢東像に次ぐ位置に置かれている。晋東南根拠地においては、同地が八路軍総司令部・129師の所在地であり、朱徳が山西省を中心とする第二戦区副司令長官に任じていたことから、セレモニーにおいても朱徳の地位は特に重視されていた。また、39年初めからの華北での政権・軍事指導権を巡る国共の争いの中で、中共は河北省主席鹿鐘麟の解任と朱徳の冀察戦区総司令兼河北省主席への就任を要求する方針を固めており[26]、この方針に従って朱徳の権威を高める必要も生じていた。

　39年12月の山西事変により国共関係が顕著に悪化すると、晋東南根拠地では朱徳への個人崇拝的な様相が現れる。これは、毛沢東が党の理論的指導者としての権威を最終的に確立していない状況において[27]、独自の権威を早急に作り上げる必要に迫られた中共が、前線の状況に即して導き出した方針であったといえよう。同年12月、朱徳54歳の「寿儀」が行われ、楊尚昆が中共中央と北方局を代表して、朱徳を「中華民族最優秀の子女、黄帝最良の子孫」、「真正聖人賢人」、「新たな聖人、革命の聖人」などと讃えている(XRH39.12.23)。40年新暦新年の新華日報1周年大会では、朱徳を「八路軍の慈父」と讃え、彼の出現を「永遠の太陽が天上へ出現したようである」と描写しており、3月の晋東南各界反汪擁蔣大会では、「彼の身には全華北一億人民の希望が託されている」などと描かれており(XRH40.1.7、3.9)、これらは後の毛沢東を讃える表現に類似している。40年4月の中共中央北方局会議では、朱徳を河北省主席に推戴する準備として、朱徳の肖像、経歴、革命の言動について宣伝を行う必要性が指摘されていた[28]。41年前半までの太行区・太岳区のセレモニーでは、朱徳・彭徳懐へ敬礼・献旗・電報の発信などを行うが毛沢東には言及しないという例も見られる[29]。ただし、多くのセレモニーに朱徳自らが出席していることもあってか、この時期の朱徳像の使用は数例に留まっている (XRH40.5.9)。

　この後、朱徳像は中共軍の象徴として毛沢東像とともに掲げられ、内戦期には毛沢東像の普及にともなって新解放区の各地と基層へと浸透していく。49年3月以降の北平で開催された学生、青年、知識人、女性の各帰属集団組織の全国代表大会は、いずれも毛・朱像を掲げており[30]、二人の肖像は国旗の存在しない間、

新政権の象徴としての地位を確立していた。
③ 毛沢東像
a) 最上位の地位の確立
　陝甘寧辺区において毛沢東像は、中共の指導者像としては常に最上位に配され、使用例も中共指導者像の中では最も多いが、39年までは常に孫文・蔣介石像やレーニン・スターリン像などの上位の肖像とともに掲げられていた[31]。また、38、39年の延安のメーデー大会ではレーニン・スターリン像や孫文・蔣介石像が掲げられながら、毛沢東像は使用されておらず(XZ38.5.5、39.5.7)、国際共産主義運動の象徴としての地位すら不安定な状況がうかがえる。国共関係の悪化後、40年4月の児童節大会と5月の青年節の青年軍事大検閲では毛沢東像が単独で使用されたが(XZ40.4.12、5.10)、その後はやはり上位の指導者像とともに使用されるようになっている。
　晋東南根拠地では、40年まで毛沢東像の使用例はほとんど見られず、39年9月の晋冀豫中共代表大会で、マルクス以下7人の国内外の共産主義指導者像の一つとして掲げられているのみである(XRH39.9.19)。晋西根拠地でも40年9月から41年11月頃にかけて呂梁印刷廠が印刷した指導者像は、マルクス・エンゲルス・レーニン・スターリン・孫文・毛沢東の各肖像がそれぞれ1,000部であり[32]、やはり毛沢東像は特に重視されていない。これらから、毛沢東像が根拠地の政権の最高の肖像として認識されていない状況がわかる。冀魯豫区（41年7月成立）の前身となる各地区の史料は極めて断片的であるが、泰西区の動員大会でマルクス・エンゲルス像などとともに毛沢東像が使用されていることが確認される程度で[33]、他の地区と同様に毛沢東像は突出した扱いを受けていない。中共の政治権力の確立すら不十分であった冀魯豫区では、毛沢東の権威は、他の根拠地よりも更に不安定な情況にあったと考えられる。
　整風運動の提起以後、41年の延安での青年節記念大会では毛沢東像が初めて国旗とともに単独で使用され、政権の最高の象徴にふさわしい位置づけが与えられている。太行区・太岳区では、上述のような孫文像との併置が見られた後、41年東北淪陥記念日の八路軍129師運動会において初めて毛沢東像が最上位の肖像と

して使用されている(表4-1、2)。

整風運動の本格化を契機に、毛沢東像は中共根拠地において中国の最高権力を示す象徴として定着していく。陝甘寧辺区では43年後半、労働英雄大会・生産展覧会などにおいて最上位の肖像としての使用例が集中している[34]。この時期は、上述のようにスパイ摘発の圧力による毛沢東の権威確立の最終段階にあたり、また陝甘寧辺区各地の大集市を利用した労働英雄大会の開催により、毛沢東の権威が農民大衆にも広められようとする時期であった(第1章)。隴東分区の騾馬大会・労働英雄大会では、毛沢東・高崗と労働英雄本人の肖像入り賞状が頒布され、辺区労働英雄大会期間中の延安騾馬大会でも毛沢東像が販売された[35]。44年のメーデーでは毛沢東を初めとする指導者像の販売広告が初めて機関紙に掲載され、45年1月には年画の代替としての販売が始まり[36]、毛沢東像は大衆レベルにも浸透しようとしていた。

陝甘寧辺区の労働英雄大会の形式は、44年11月から45年にかけて、前線の各根拠地に継承され、毛沢東像も同様にこれらの大会において最高権力の象徴として登場する。太行区では44年11月、太岳区では45年元旦に、それぞれ第1回殺敵・労働英雄大会が開催され、毛沢東像は主席台では連合国指導者像の下位に置かれながらも、他の重要な場所に単独で巨大肖像が掲げられるなどして、上位の肖像をしのぐ形で使用されている(表4-2)[37]。この後、45年3月の晋冀魯豫辺区参議会では孫文像に代わって毛沢東像が掲げられるなど(TH45.3.11)、毛沢東像が最上位の肖像として使用されるようになる。

冀魯豫区では、集会や機関での使用を含め、単独での毛沢東像の使用が確認される最初の事例は、44年11月の第7分区群英[群衆英雄]競選大会においてである。毛沢東像は、この後、各種儀礼において、事実上の最高の象徴として使用されるようになる。各地農民代表らを集めて1945年3月に開催された冀魯豫区第1回群英大会では、連合国指導者像、国際共産主義指導者像、孫文・朱徳像が掲げられた会場の中央と門外に巨大な毛沢東像が掲げられた。正規の序列を無視して掲げられた毛沢東像に、軍区参謀長と諸英雄が「最高の敬礼」を行い、英雄の宣誓が行われた(ZY45.3.4、3.9、3.30)。序列の無視は、4月の辺区参議会・冀魯豫区全体

参議会においても行われており(JL.45.4.3)、極めて不安定な根拠地であった冀魯豫区において、権力の所在を直截的に示そうとする中共の意志がうかがえる。毛沢東像はその後、4月の辺区参議会・冀魯豫区全体参議会、5月のドイツ降伏・中共七全大会・辺区戦闘勝利を宣伝する各地の活動においても、国旗とともに使用され、統一戦線とナショナリズムの枠組みにおける中共の正統性が強調された(JL45.4.3、5.30)。6月には、中共成立記念日と七全大会閉幕の慶祝活動として、機関・部隊・学校・工場での七全大会文献の学習運動が指示され[38]、毛沢東の権力の最終的確立が根拠地レベルで確認されることとなった。

b)「為人民服務」と権威の浸透

　整風運動が本格化し、毛沢東の権威が最終的に確立する過程において、毛沢東の表象は人民の権力を象徴する重要な標語、「為人民服務」[人民に奉仕せよ]を獲得することになる。ここでは、特に内戦期から毛沢東像とともに盛んに使用され、毛沢東思想を説明する平易な言葉として普及するこの標語の成立過程を概観することで、毛沢東の権威確立の意味について検討する。

　43年以後、各根拠地の整風運動は県・区級・団・営級までの地方党・軍組織を対象として推進され[39]、毛沢東の権威の確立は、文献学習の他に、その人格を讃える平易な物語の導入を通じても進行していた。44年、冀魯豫軍区機関誌『戦友報』に掲載された中共成立記念日関連記事「毛主席的故事」では、毛沢東の指示で病気の子供の命が救われた話、臨終に際して毛沢東との面会を望んだ兵士の遺体を毛沢東自らが葬送した話、部下の死者数を把握していなかった軍幹部の名刺を突き返した話の三編の物語が紹介されている。これらでは、毛沢東は基本的に「毛沢東同志」と呼称され、救われた子供に「沢東」という名前が付けられるなど、人間的な親しみが強調されて、神格化は行われていない(ZY44.6.30)。また、この内二編は戦争による犠牲に関心を払う毛沢東の美徳を讃えるものであり、葬送の物語は、当該の史実が確認できないことから、毛沢東自らが他の中共指導者らとともに棺を担ぎ墓碑銘を揮号した42年3月の党中央幹部張浩の追悼会を一般兵士の物語に改編したものと考えられる[40]。追悼の物語は、晋察冀新華書店発行の『毛沢東故事選』(出版年不明)にも収められていたとされ、冀魯豫区以外の根

拠地にも伝えられていたようである[41]。

　同年9月、延安における中共中央警備団兵士張思徳の追悼会において、毛沢東は、後に「為人民服務」と題される有名な演説を行い、今後、軍隊内の死者について、炊夫であっても一般兵士であっても多少とも有益な仕事をした者であれば、その者に対して葬儀、追悼会を行い、これを制度化すること、これを民衆にも紹介して、村においても追悼会を行うことを指示した。この記事は9月に『解放日報』に掲載された後、11月には冀魯豫軍区機関誌の『戦友報』にも転載され（JR44.9.21、ZY44.11.5）、革命のための犠牲を弔う毛沢東の美談が、その権威の最終的確立とともに形成されていった。冀魯豫区では前線の不安定な情況を反映して、太行区・太岳区よりも早く烈士追悼の儀礼での民俗利用が行われており（第6章）、無数の無名の死を意義あるものとして可視化することは、前線の根拠地の安定化と動員力の強化に重要な意義を持っていた。中共の権威を代表する毛沢東の表象もまた、追悼の組織化をひとつの契機として導入されようとしていた。

　「為人民服務」は、文字通り人民の利益に奉仕する中共の革命の理念を提示したものであるが、この演説で賞賛された「人民のための死」という概念は、自己犠牲による人民全体への奉仕の道徳を強調するものであった。張思徳の追悼会に参加した警備団の代表は、「毛主席の指示に従い、張思徳の人民の利益に奉仕する模範的態度に学び、その遺志を継ぎ更に努力して仕事をしていく」（JR44.9.21）と宣誓した。人民のための革命を英邁な指導者の指し示す方向へと回収する構造は、善なる天の下す命＝天命によって統治する伝統的な正統性理念に親和性を持っており、整風運動以降、根拠地の各種模範は新社会の「状元」［科挙の最高試験の首席合格者］、人民の「功臣」の呼称を与えられることとなる。

　45年4月からの中共中央七全大会での毛沢東の最高指導者としての地位の最終的確立に際し、毛沢東思想を党の指導思想とした新たな党章には、「中国共産党人は、中国人民のために全霊をもって奉仕する精神を持たねばならず」[42]という形でこの精神が明記され、「為人民服務」は中共の指導思想を示す標語として定着していった。既に延安整風において、「実事求是」という語が毛沢東の思想を表す標語として提示され、延安中央党校に掲げられた毛沢東の最初のレリーフ像

にも毛沢東の自筆で刻まれる[43]などして定着していたが、『漢書』に典拠を持ち、思想方法に関する哲学的命題を示した知識人向けのこの語に比して、毛沢東自身の物語から生まれた「為人民服務」は、多くの犠牲をともなう革命と戦争の中にあって、大衆の共感を得やすい語として提起されたものと考えられる。三品英憲は、整風運動以降確立される中共の「大衆から学び、大衆とともに歩む」「大衆路線」の内実を、「大衆」に関わる決定権・解釈権を毛沢東が独占していく過程としてまとめているが[44]、「毛主席の"為人民服務"の精神」に学ぶという姿勢は、このような構造を端的に示していよう。

この語は、45年12月に出版された毛沢東の最初の写真集『中国偉大的領袖毛主席近影集』(第5章で後述)の1頁目に自筆署名入りで付された他、内戦期には部隊内で販売された毛沢東バッジや前線指導員に配布された毛沢東の写真に付されたり[45]、軍系統の大学で卒業証書の下地文字として使用されるようになる[46]。部隊での入党宣誓では「永遠に共産党、毛主席に従い、一心に人民に奉仕する」という形で使用された例もある[47]。管見の限り建国前の農村党支部の入党宣誓には「為人民服務」の語は使用されておらず[48]、その使用は党軍機関において顕著であるが、そのことは、一連の毛沢東の物語が前線では軍区機関紙のみで紹介され、まず軍隊を中心に毛沢東の表象が確立していくことと無縁ではないと考えられる。次章で見るように、この標語は内戦期の土地改革と参軍運動の展開とともに徐々に基層へと浸透していく。中共の権威の象徴としての毛沢東の肖像は、毛の権力の完成段階において、孫文の「天下為公」[天下をもって公とする]や「革命尚未成功」[革命未だ成らず]のような一般に広く流布する明快な標語を獲得したのである。

以上みてきたように、政権の最上位の象徴は、特に前線の根拠地において短期間に転変していた。これに加えて、傀儡政権・国民政府・閻錫山政権との交替によって、前線の民衆が戴く「中国の象徴」は更にめまぐるしく変化しており、受け手にとっては正に「変天」[権力の交替による秩序の転変]の状況が展開していたといえる。中共の政策方針もまた、数度の政策の急進化や富農経済重視政策、

減租減息闘争などの変動がめまぐるしく、根拠地の諸階層はこれも「変天」と受け止めていた可能性がある(49)。日中戦争末期から内戦期にかけて、前線の根拠地における毛沢東像の浸透は、このような環境の中で早急に中共政権の権威を確立するために、陝甘寧辺区には見られない積極的な民俗利用をともないながら遂行されることとなる。

おわりに

　日中戦争期から内戦期に至る中共根拠地の権力の象徴は、国家権力構想・革命戦略の変化、国共関係の変化を反映しつつ、また毛沢東の権威の確立過程に対応しながら、大きく変化していた。

　陝甘寧辺区においては、日中戦争初期、統一戦線の具体的なあり方を巡る国民政府との対立を背景として、国家と政権の関係を説得的に示す象徴操作が模索されており、国旗の導入は遅れていた。このため、象徴は、国共両党旗や蔣介石・毛沢東像を掲げることによって、国共合作のみを示し、両党が頂くべき国家の姿を示すことができなかった。38年7月、国民参政会の創設によって限定的ながらも国民の政治参加の道が開かれ、全民抗戦の気運が高まる中、最初の中共成立・抗戦建国記念日にようやく国旗が延安全市に掲げられるようになり、この後、国旗は根拠地の政権の正統性を中華民国および統一戦線の枠組みから示す重要な象徴として積極的に使用されるようになった。国旗は、また中共が自らを中華民国の正統な継承者として演出するための象徴としても活用された。陝甘寧辺区では孫文像と国旗を国家の最高の権威として掲げる形式が一時定着したが、整風運動以降の毛沢東の権威の高まりを受けて、毛沢東像と国旗を併用する形式が普及していく。

　晋東南根拠地では、統一戦線が維持されていた前線の状況と良好な国共関係を反映して、国旗・孫文・蔣介石像が尊重される形式が当初から定着していたが、39年末の国共関係の悪化を受けて、40年から41年前半まで、一時朱徳が根拠地の

最高の権威として突出する。その後、41年後半から孫文の権威を継承する形で毛沢東像が最高の権威を獲得していく。この後、毛沢東の権威が大衆レベルに浸透しようとするのにともない、国旗は毛沢東像とともに盛んに使用され、国家を代表する形での中共の権威が根拠地の諸階層に対して強調された。内戦期には、新解放区の県城、都市でも中共政権による民国の継承を意識する形で国旗が盛んに使用されたが、「以党治国」の象徴の意義もあわせもつ国旗の使用の制度化や基層への浸透は、根拠地においては限定的であった。一方、毛沢東の表象は、その権威の完成段階において、人民の権力を象徴し、自己犠牲の精神を強調する「為人民服務」という平易かつ大衆の共感を得やすい標語を獲得していた。そして、人民のための革命を英邁な指導者の指し示す方向へと回収する構造は、民の意を天意とする伝統的な民本思想、天命思想に親和性を持つものであった。毛沢東像は、日中戦争末期より、民俗・民間信仰を利用しつつ、神像の代替として農村に浸透していくが、この点については、次章の検討課題となる。

註

(1)　程棟・霍用霊・劉樹勇主編『図文20世紀中国史』第4巻、広東旅游出版社、1999年、1148頁。

(2)　中国抗日戦争史学会・中国人民抗日戦争紀念館・中国地図出版社合編『抗日戦争史地図集』中国地図出版社、1995年、104頁。

(3)　「中国共産党抗日救国十大綱領」(1937年8月25日)、中央檔案館編『中共中央文件選集』第11冊、中共中央党校出版社、1991年、328〜329頁。国共両党合併による新体制の構想については、樹中毅「安内攘外戦略と中国国民党の政策決定過程」『法学政治学論究』第39号、1998年を参照。

(4)　石川禎浩「思い出せない日付―中国共産党の記念日―」、小関隆編『記念日の創造』人文書院、2007年。

(5)　搶救運動については、陳永発『延安的陰影』中央研究院近代史研究所、1990年、高華『紅太陽是怎様昇起的―延安整風運動的来龍去脈』中文大学出版社、2000年を参照。

(6)　「党旗国旗之製造及使用辦法」(1931年7月14日国民政府訓令)、立法院編訳処編『中華民国法規彙編』第12編、中華書局、1934年、85頁。

(7) TH45.9.18、TH45.9.21、10.5、10.13、10.24、10.25、10.30、11.1、11.11、11.28。

(8) 田中恭子『土地と権力―中国の農村革命―』名古屋大学出版会、1996年、第三章、内田知行『抗日戦争と民衆運動』創土社、2002年、第四章は、中共がこの時期の反漢奸闘争を通じて減租減息闘争を発動していったことを指摘している。

(9) 「中共関於目前解放区土地改革宣伝方針的指示」(1946年5月13日)、前掲中央檔案館編『中共中央文件選集』第16冊、159頁。

(10) RR47.8.18、48.8.23、4.30、7.16、10.29、49.1.1、1.13。

(11) 49年2月の人民解放軍北平入場式より紅旗が国旗にかえて使用された(TY49.2.23)。

(12) XZ39.5.26、6.6、6.13、11.25、40.9.15。

(13) 『晋察冀辺区画報』遼寧美術出版社(復刻)、1990年、242、367、867、902、966頁、『図文20世紀中国史』第5巻、1409、1427頁など。ただし、光芒のつながった形状の国旗は中共根拠地以外でも確認され(曹聚仁・舒宗僑編『中国抗戦史』連合画社、1947年、12、279頁)、中共のみの問題ではなかった。小野寺史郎氏のご教示によれば、国民政府は国旗の規格統一のために繰り返し布告を出していたが、中央の規格を遵守せずに各地で生産が行われることもあり、規格に合わない国旗の使用を統制できない状況であった。

(14) JR43.8.2、8.21、8.22、8.24、44.10.26、45.11.2、46.5.6、8.31。

(15) 「陝甘寧辺区政府辦公庁通知」(1944年5月19日)、陝西省檔案館・陝西省社会科学院編『陝甘寧辺区政府文件選編』第8輯、檔案出版社、1990年、181頁。

(16) XZ38.3.10、9.20、10.5、10.15。

(17) 同上、XZ38.3.15、4.20、5.5、39.3.16、5.7、7.25、12.16。

(18) XRH39.1.1、1.3、4.7、9.19、11.15。

(19) XZ38.5.5、XZ39.5.7、XRH39.11.15。

(20) 機関紙では、46年8月にも延安で蔣介石像が連合国指導者像のひとつとして使用されていると主張されているが(RR46.8.10)、この間、機関紙の具体的事例による報道は確認できない。

(21) JR43.8.25、9.8、9.25、44.10.2、10.17、10.26、45.3.24、4.1など。

(22) 董生「説奓種」『新地』第2巻第2期(1947年2月)、34頁、「売国奸賊輩輩相伝伝到老蔣従此底完」(ビラ)『中共画刊』、奥付なし、法務部調査局蔵、陳岳峯「日汪和美蔣」『人民画報』(山西興県)第19期、1946年12月など。

(23) 「談油炸鬼」、周作人『苦竹雑記』良友図書印刷公司、1940年、109〜115頁。

第 4 章　日中戦争期・国共内線期における中国共産党根拠地の象徴　175

(24)　秧歌については、本書序章註(14)、28〜29頁を参照。
(25)　軍事資料図書出版部『中国人民解放軍歴史図集』6、長城出版社、1985年、129頁。
(26)　「中央関於河北等地摩擦問題的指示」(1939年2月10日)、中共中央統戦部・中央檔案館編『中共中央抗日民族統一戦線文件選編』下、檔案出版社、1986年、230頁。
(27)　中共党内における毛沢東の理論的指導者としての権威の確立過程については、徳田教之『毛沢東主義の政治力学』慶應義塾大学出版会、1977年、43〜119頁を参照。
(28)　「楊尚昆在中共中央北方局黎城会議上的報告」(1940年4月16日)、山西省檔案館編『太行党史資料彙編』第3巻、山西人民出版社、1994年、223頁。
(29)　XRH40.9.23、10.9、41.1.5、6.3。
(30)　『図文20世紀中国史』第5巻、1566頁、黄修栄主編『中国共産党八十年画巻』上、中央文献出版社、2001年、344〜345頁。
(31)　XRH39.3.19、XZ38.4.20、39.7.25、12.16。
(32)　「晋西北文化建設与出版事業─節録晋西北区党委文化教育工作報告」(1942年)『山西革命根拠地』1990年第4期、23頁。
(33)　段君毅「泰西区抗日根拠地的開辟与発展」、中共冀魯豫辺区党史工作組辦公室『中共冀魯豫辺区党史資料選編』第4輯、回億資料部分(中)、山東大学出版社、1992年、87頁。
(34)　JR43.11.12、11.24、11.27、12.1。
(35)　JR43.11.16、11.26、川田進「毛沢東像の誕生─個人崇拝への道」、牧陽一・松浦恒雄・川田進『中国のプロパガンダ芸術』岩波書店、2000年、118頁。
(36)　JR44.4.29、5.1、45.1.13。
(37)　TH44.12.1、12.1、XTY45.1.11。
(38)　「冀魯豫分局関於紀念"七・一""七・七"、学習七代大会毛沢東同志報告及開展対敵政治攻勢的指示」、中共冀魯豫辺区党史工作組辦公室・中共河南省委工作委員会『中共冀魯豫辺区党史資料選編』第2輯、文献部分(下)、河南人民出版社、1988年、531〜537頁。
(39)　「北方局、野政関於1943年整風運動的指示」(43年2月5日)、中国人民解放軍国防大学党史党建政工教研室編『中共党史教学参考資料』第17冊、奥付なし、360頁。
(40)　JR42.3.10、納海「張浩：毛沢東為其抬棺的人」『党史縦覧』2006年第12期、31頁。
(41)　中国民間文芸研究会整理『毛沢東的故事和伝説』工人出版社、1956年に再録された葬送の物語の註を参照。
(42)　「中国共産党党章」(1945年6月11日中国共産党第七次全国代表大会通過)、中央檔案

館『中共中央文件選集』第15冊、中共中央党校出版社、1991年、117頁。
(43) 楊昊成『毛沢東図像研究』時代国際出版有限公司、2009年、38〜39頁。
(44) 三品英憲「1940年代における中国共産党と社会─「大衆路線」の浸透をめぐって─」『歴史科学』第203号、2011年。
(45) ZY46.4.30、RR47.3.28。山西省の部隊に配布された写真は、上述の写真集の「毛主席肖像之一」(第5章で後述)を使用しており、毛自筆の「為人民服務」の文字と署名が確認できる(呉群『中国撮影発展歴程』新華出版社、1986年、417頁)。
(46) 「馬淑芬1946年畢業証書(抗日軍政大学)」「寧克誠1949年畢業証書(中国人民解放軍華北軍政大学)」、許芳・紹福主編『老業畢証書』中国檔案出版社、2009年、360、366頁。
(47) 第十縦二十八旅組織科『入党志願書』、奥付なし。
(48) 冀魯豫区九地委組織部『入党志願書(甲種表之一)』、奥付なし、冀魯豫辺区第五地委組織部『入党志願書(甲種表之一)』、奥付なし、東海県委組織部『入党志願書』、奥付なし。
(49) 太行根拠地の政策の変動については、Chen Yung-fa and Gregor Benton, *Moral Economy and the Chinese Revolution*, University of Amsterdam, 1986, pp.28-35を参照。

第5章　中国共産党根拠地の権力と毛沢東像

はじめに

　本章では、日中戦争末期から内戦期にかけての前線の根拠地において、毛沢東像が神像の代替として農村に普及していく過程の分析を通じて、民間信仰の心性の構造から、千年王国論的な説明とは異なる毛沢東信仰の特徴を考察する。また、農村と都市における毛沢東像の使用、毛沢東像の表現形式の問題も含めて中国の政治動員における象徴の作用と中共の権威の強調の手法について検討する。まず、比較的強固な根拠地で、民俗利用によって毛沢東像が普及した太行区・太岳区の農村の状況を検討し、次にこれより1年ほど遅れて、内戦の軍事動員と同時進行的に毛沢東像の普及が図られる冀魯豫区の状況を、都市における使用も視野に入れて検討する。また、毛沢東像の標準像の確定過程を確認しながら、45年以降に普及する二つの標準像が象徴した中共権力の含意について論じる。

第Ⅰ節　太行区・太岳区における毛沢東像の普及と民俗利用

① 模範による使用

　太行区・太岳区において、農民の個別家庭で毛沢東像の使用が確認できる最も早い例は、太岳区一等労働英雄の石振明の例である。44年4月、彼は父の祝寿［誕生会］に際して「毛主席像がないのだけが残念だ」として青年救国会の幹部に毛沢東像を求め（XTY44.5.25、7.1）、6月の青城県労働英雄座談会では、「私は毎日畑から帰るといつもそれ［毛沢東像―引用者］を見ることにしてい

る」と語っている[1]。毛沢東像は44年11月から45年1月にかけての太行区・太岳区の第1回殺敵・労働英雄大会で、各種英雄・模範らへ頒布ないし販売され、これを契機に各地にもたらされていくが[2]、その際、民俗利用を通じて毛沢東像を神像の代替として浸透させる方法が顕著である。この時期には、同根拠地で貧雇農に依拠した大衆運動が発動されており[3]、これより中共の大衆運動路線を象徴する毛沢東像は、神格化の様相をともないながら基層へと浸透していく。

毛沢東像の導入は、長年祈り続けても生活を豊かにしてくれなかった神像（竈神・財神・土地神など）を捨て去り、生活を豊かにしてくれた恩人である毛沢東の像を、その代わりに据えるというパターンで行われている。上述の太岳区の英雄大会において安沢の労働英雄趙金林は、自分は自宅の中堂に毛沢東像を掲げ、像の上に「救星毛聖人」の題、両脇に「食事をする際には共産党を想い起こす」、「服を着る際には八路軍を忘れない」の対聯を貼っていると語っている（XTY45.2.3）[4]。晋北の労働英雄任聚興は大会からの帰郷後、自分が金持ちになったのは共産党の政策が正しいからであり、神を信じても頼りにならないことを認識したとし、毛沢東像を机の上に置き、食事の度に像の前に立って敬意を示した（XTY45.2.13）。この大会を機に、英雄を通じて民間の日常生活のリズムへ毛沢東像を浸透させようとする意図がみてとれる。

② 個別家庭への普及

英雄らの帰省後の45年春節［旧正月］には、太行区で初めて毛沢東ら指導者像の販売広告が機関紙に掲載され、春節に貼り替えられる年画の代替として一般への販売が開始されている（TH45.2.9）。内戦期、土地改革が本格化すると、毛沢東は「翻身」［土地改革による抑圧からの解放］の恩人とされ、毛沢東像の使用は翻身を慶祝する各家庭へと広がっていく。46年7月、長治では翻身した農民が毛沢東像を「吉日佳節」ごとに拝んでいることが報道され[5]、同年中秋節［旧8月15日］には祁県各地の農民が翻身を慶祝して家ごとに毛沢東像を貼った（TH46.9.23）。47年春節には根拠地での土地改革の基本的な完了を慶祝して、より広範かつ大規模に神像の毛沢東像への貼り替えが行われた。済源では土地

第5章　中国共産党根拠地の権力と毛沢東像　179

改革後、「生きた神［毛沢東—引用者］を敬い、死んだ神を敬わない」が大多数の農民の年越しのスローガンとなり、集市では毛沢東像が購入された（XTY47.1.23）。屯留1区の余吾付近では春節の討論により神像が毛沢東像に交換されている（XTY47.2.3）。陽城の翻身農民が購入した毛・朱像は新華書店売店販売分だけで4,000余枚に上り（XTY47.1.23）、渉県漳南鎮では竈神の暦の代わりに、毛沢東像入りの農家暦100余枚が売り切れた（TH47.1.23）。左権県竹寧村では村中で毛沢東像を購入し、毛に感謝の手紙を出している（TH47.1.27）。毛沢東像は土地改革で獲得した家屋の母屋、中堂に飾られ、食事ごとにお供えがされるなどの扱いを受けている（XTY47.1.27、2.1、RR47.4.3）。各地で供給が需要に追いつかず、幹部や教員が農民の求めに応じて像を描いたり、像のない者が神位に「毛主席万歳」などと書いた紙を貼ることもあった（XTY47.1.23）。

③　村の儀礼での使用

毛沢東像は、村の節句、廟会などの集団的な儀礼においても使用が開始された。最初に確認できる例は、45年春節の士敏県石室村の団拝［集団での年始の挨拶］と、同年春節前後の武郷県東堡紅旗隊の祝寿会（後述）である。石室村では、アンペラ小屋に毛沢東像を掲げて拝年［年始の挨拶］が行われた。45年中は、村単位の儀礼において毛沢東像の使用が明確な例は、太行区・太岳区ではこの2例のみであるが、村の儀礼の中に毛沢東の存在を位置づけようとする試みは他にも確認できる。同年春節、沁水附近の上亭村の全民衆は、村の西側に集合・整列して西北方向の毛沢東に拝年の最敬礼をしている[6]。陽北県朱村では、農耕の開始を告げる龍抬頭［旧2月2日］の廟会を減租総括・春耕発動大会に利用し、神の代わりに毛沢東に敬礼している（JR45.4.18）。

47年春節の済源3区の農民翻身大会では、宗族ごとの拝年をやめて「大拝年」を行い、「神棚」［神を祭る掛け小屋］を「農民団結棚」に代え、神像を毛沢東像に替えて線香を上げている（XTY47.1.27）。同年旧1月14日（立春）の陽城西関の民衆翻身大会では、会場の土地廟は「民衆翻身楽園」と改名され、毛沢東像に豚・羊が供えられ、この日は「翻身節」とされた（XTY47.2.7）。土地の恩恵を人々に与え、地域を守る土地神[7]の位置に、農民に土地をもたらした毛沢東が

座ったことは、土地改革を権威づける象徴的な演出であった。済源県訓掌村の老婦人は「毛主席は玉座にいらっしゃる（廟に掲げられた像―原註）」と歌っており（XTY47.2.23）、毛沢東像を廟に掲げる村は他にもあったと考えられる。毛沢東像は神輿にも使用され、46年春節、高平県寺荘では「翻身英雄」らが神輿で毛沢東像を担ぎ、他の数村の民衆も「毛主席楼」デモ［楼は神輿の一種と見られる］を行った（XTY47.2.1）。済源では元宵節［旧1月15日］前後の社火［祭りで行われる娯楽・芸能］において廟店村が「翻身総司令の毛主席を擁護する」と書いた神輿を担いだことにより、毎年喧嘩で決められていた神輿の先頭をとり、他の10余村、48の神輿の立礼、敬礼を受けている（XTY47.2.23）。神の入れ替えは儒教の「聖賢」にも及び、毎年春節に孔子廟に詣でていた済源県程村の知識人らは、土地改革後の47年春節には、孔子を「退位」させて毛沢東像を掲げるようになった（RR47.1.31）。

以上から、節句、廟、廟会などを舞台として、これらを管理する地域や社会に象徴的な意味をもつ神の入れ替えが行われたことがわかる。済源3区の翻身大会は宗族の凝集力を村ないし階級の凝集力に転換しようとした例と思われるが、このような転換にも神と関わる民俗の時間と場所が利用されている。

④ 人生儀礼での使用

毛沢東像は人生儀礼の民俗にも浸透しつつあった。45年の春節前後には、各地で模範老人などへの祝寿会［長寿者への慶祝会］が開かれたが、武郷県東堡紅旗隊の祝寿会では「万寿亭」に毛・朱像が模範老人の像とともに飾られている（TH45.2.17）。また、同旧年末(乙丑年末)には、太岳区の軍・政首長が、石振明ら労働英雄10名の祝寿会を開き、毛・朱像の両側に彼らの肖像が掲げられた。祝寿においては、毛沢東像は寿星［長寿の神］を代替したものと考えられ、石振明はこの祝寿大会で、毛主席・八路軍は「我々の生きた神仙である」と発言している（XTY46.2.1）。

陝甘寧辺区の婚姻習俗の改革は、祖先崇拝を肯定しつつ迷信と浪費を取り除く形で行われたが[8]、土地改革期の太行区・太岳区では、翻身した農民が春節などに行った結婚式において、伝統的な天地拝を毛沢東像に礼をする形にかえ

た儀礼が広がり始めた。46年、長治市韓店一帯では民衆の結婚式に区公所の毛沢東像が貸し出されるようになっている。同年11月、高平では翻身した農民が集団結婚式を行い、「翻身不忘共産党歌」を歌い、毛沢東像に三立礼した。基層幹部向けの雑誌では、指導者像に礼をする形の質素な結婚式が提唱されている(9)。このような婚姻習俗の改造は、党旗・国旗・孫文像に三立礼する国民政府の結婚儀礼(10)を意識したものと考えられる。この他、内戦期には前線で活躍した兵士を「人民功臣」として表彰するセレモニーが各地で盛んに行われたが、この際にも功臣の家族が自宅の「全神區」(11)を「立功區」に、神像を毛沢東像に掛け替えている例が確認できる（XTY47.5.23）。

⑤ 新暦における普及

　中共が本来的に価値を認める新暦の時間においても毛沢東像の浸透が図られ、その際、民俗的要素を農暦から新暦の時間へと移す形も見られる。47年の新暦新年、太岳区の新華日報社は晋城から職人、画家、版画家を呼んで年画、指導者像、暦数十種類を作成し、民衆はこれらを大量に購入した（XTY47.1.1）。翻身英雄の張新栄は毛沢東像と爆竹を購入し、春節に行われる神を迎える儀礼にならって新暦新年の五更［午前3時から午前5時頃］に毛に拝年して感謝の意を表そうとしている。48年の新暦新年、聞喜県晋荘では、翻身した農民の家に毛沢東像が貼られ、新年大会会場では、蒋介石と閻錫山の名の書かれた牛と羊が奉げられた毛沢東像に三立礼が行われた（XTY48.1.1）。47年の中共成立記念大会においては、晋城では民衆が新服に着替えて毛沢東像と寿桃を担いで慶祝している（XTY47.7.11）。

⑥ 民衆自身による普及

　中共は土地改革の過程で自ら組織した民衆の力を利用して毛沢東像を普及させていった。47年、冀魯豫区では民間芸人100余名を訓練・組織し、宣伝隊を編成して中秋節からの約2カ月間に太行・冀魯豫区各地で毛沢東像50,000枚を印刷配布している(12)。この頃、『人民日報』に掲載された毛沢東・朱徳・劉伯承像の販売広告では、これらの肖像が「機関・団体・学校の会議ホールと翻身した農民の家に飾るのに最適である」と宣伝しており、指導者像の基層への普及

をうかがわせる (RR47.10.1)。その一方で、肖像を入手できなかった農民らは、「他人には判別のつかない」毛・朱像を自分で描いて家に飾っていた (RR47.8.15)。48年1月、太行区党委宣伝部は華北局宣伝部の指示を受けて、「毛主席・朱総司令の像と写真の印刷・販売・現像・掲示等に関する規定の通知」を発し、各地、市、県の党委宣伝部と各直属機関に対し、今後、毛・朱像の現像・販売に関しては、太行区党委を通じて華北局宣伝部の審査批准を受けること、公共の場所や民衆大会において掲げる肖像は区党委宣伝部ないし地委宣伝部の審査批准を受けることを通知している。同通知はまた、公共の場所や公私の写真館・書店・文化社の販売する画像・写真・印章を即刻検査して、不適切な使用を禁止するよう指示している[13]。しかし、この後も太岳行署所在地の陽城を含む各地で毛沢東像の粗悪品が使用、販売されている (XTY48.5.7、TH48.10.3)。毛沢東像の普及が様々な民俗的要素の付着を許容しつつ進められた以上、その規格と使用の統制は本来非常に困難であったはずである。

⑦ 民間信仰の心性と毛沢東像

　以上のように毛沢東像は、神像が使用されていた時間・場所に込められた心性を利用する形で導入されていった。土地改革が実力による地主排除の過程であり、これを推進する中共の統治が永続する保障もない環境の中で（あるいは政権一般に対する不信感や、中共自身の政策方針の変動のため、政策の継続の保障すら基層の人々には疑わしいものであった可能性もある）、貧雇農大衆を動員するには、階級意識の啓発や利益誘導によるのみでなく、人々の慣習や信仰形態に沿う形で、情緒的に中共の権威を高めることのできる「仕掛け」が必要であったと考えられる。神像を代替する毛沢東像は、この意図の下導入され、毛の神格化を助け、中共の政策により強い権威を与える効果が期待されたといえよう。

　土地改革が急進化した時期には、強制的な神の入れ替えも行われている。47年12月、聞喜県では、全県2,000人の貧雇農大会を皮切りに「反封建闘争」が「反迷信闘争」とともに開始された。店頭村では全村で竈神をはがして毛沢東像を貼り、「生きた財神」である毛主席を「お招き」して、感謝と宣誓を行う「敬奉

毛主席大会」が開かれた。聞喜県では、この時期、会門組織が摘発されたり、鉄牛峪の30村で廟の神像・位牌が一掃されるなど、激しい「反封建・反迷信」の闘争が繰り広げられ、同時に毛沢東崇拝の気運が高められている(14)。工作組の指導の下、貧雇農団が村幹部の権力を接収して行われた整党運動［党組織と思想の整頓運動］でも毛沢東像は使用され、整党運動のモデル地区とされた太行区武安9区趙荘の党支部大会では、党旗と毛沢東像が掲げられた会場で整党が行われた（JL48.3.4)。民間信仰を利用する形で基層に浸透しつつあった毛沢東像は、ここにおいて工作組の指導の下、党支部の上に立つ人民の権力を象徴するものとなっていた。

中共の機関紙では根拠地内での土地改革の進行にあわせて、神への信仰の代わりに中共・毛沢東を崇拝する信念が人々の間に定着し、廟の神像が取り除かれ、多くの農村で迷信が克服されたことが強調されている(15)。しかし、福をもたらさない神を捨て、神通力を持つ他の神や英雄に乗り換える行為は、むしろ現世利益的な観点から時に信仰する神を取捨選択してきた民間信仰の形態を踏襲するものであったと考えられる(16)。このような心性が根拠地でも生き続けていることは、43年の旱魃の際に太行区の民兵らが、祈雨の願いをかなえてくれなかった神を「銃殺する」という事件が3件起きているということからも認められよう(17)。そして、多神教的世界の神々の役割分担に多様な現世的利益を求める民間信仰においては、新たな神の受け入れと他の神への信仰とは矛盾しなくともよい。根拠地の毛沢東信仰はこのような心性に支えられていたものと考えられる。

このことを示すように、47年後半から48年前半の政策急進化の時期に引き起こされた社会不安にともない、根拠地の民衆は改めて神を求めて行動するようになった。48年頃、「新解放区の多くの村では、廟の泥像が打ち壊されてから、神仙は皆洞窟に移り住んだというデマが早くから流れ」、民衆は村の外などに神を求めた。沙河、屯留、長子、沁、済源など10数県で「霊験のある」洞窟、泉水、石仏、古井戸、蛇、神水、神薬などが探し出しされ、噂を聞いた群衆が各地から集まる事態も生じた。このような傾向は、「特に極左的な政策が著しく、

殺人が横行した地域において顕著であった」とされ、上述のように反迷信闘争によって毛沢東崇拝を進めた聞喜県が名指しされている。党・政府内の文書が指摘する状況は、より深刻であった。博愛県喬清では、神仙を下凡させる子供のもとに県内から毎日30,000人が病気の治療に集まっていた[18]。太行区では「端陽節変天」［端午に支配者が交代する］、終末到来などのデマも流れ、占い、霊験、神薬に頼る風潮が全区を覆い、これに乗じて会門の活動も著しく活発化した。48年の3、5月には全区40県市中、38県市で150余派の会門の活動が確認され、磁、武安、沙河、潞城、黎城では数万人の集会も見られたとされ[19]、信仰が禁止にも関わらず姿を変えて現れ、人心不安が更に信仰を求める気運を作り上げていることがわかる。

　中共の権威確立のため、毛沢東像は高い次元の神として受け入れられる必要があり、毛を紫微星や太陽、古代の聖賢などに比した詩歌を宣伝していた[20]。中共のこのような意図は、陝甘寧辺区の一部の農民が「毛主席は言ったことは何でも実現させる」、「今年は凶作というから今年は凶作だ」と語るまでになったように (BQ45.5.28)、安定した根拠地の一部ではある程度成功したかもしれない。しかし、毛沢東像が代替した神は上述のように地域のまとまりに意味のある神が一部に見られた他、多くは竈神・財神のような個別家庭を司祭する神であった。個別家庭の神は、毎年貼り替えられる年画の神であるため、毛沢東像の導入に利用しやすいという事情も考えられるが、これらは序列では最下位に位置する神である。土地神などのより序列の高い神を祭る村や宗族などの組織が機能を喪失していれば、個別家庭の神が最も重要な意味をもつ神として扱われた可能性もあるが、いずれの場合でも地域や家の繁栄を司祭するこれらの神はその領域を出ることはなく、急進化した政策がもたらした社会不安に対応することはできなかった。もし民衆が中共や毛沢東を、千年王国の救世主のような固有の心性に合致するとされる存在として受け入れていたら、彼らは改めて他の神を探す必要はなかったであろう。

第 5 章　中国共産党根拠地の権力と毛沢東像　185

第Ⅱ節　冀魯豫区の毛沢東像と神像の改造

① 機関と都市における普及

　上述のように、太行区・太岳区においては第 1 回殺敵・労働英雄大会を機に、毛沢東像が神像の代替として農村へ導入されるようになり、45 年春節からは年画の代替としての販売も行われていた。しかし、冀魯豫区の第 1 回群英大会では、一部の模範に毛沢東の肖像入りの手帳が配布され、軍区直属機関の英雄に後日、毛沢東バッジが発給されたことが確認できるのみである（ZY45.3.30、6.15）。手帳が識字能力のある幹部への賞品であったとすれば、毛沢東像は一般農民には配布されなかったものと考えられる。延安から派遣された木刻工作団の活動などを通じて年画改造の文芸工作が進展した太行区などとは異なり、冀魯豫区ではこのような活動は進展しておらず[21]、毛沢東像を神像の代替として基層へ導入するための条件は整っていなかった。同区で年画の形式による指導者像の作製が始まるのは 46 年以降である。

　46 年春節には、軍の宣伝隊が演劇の会場の壁に描いた毛沢東像に民衆が礼をしたという報道や、部隊駐留地の村で「天上には北斗星があり、天下には毛沢東がいる」という春聯[22]が書かれたという報道も見られるが（ZY46.3.10、2.5）、この年の春節の積極的な民俗改良は、濮県辺橋村において、全村で一つの天爺棚［神を迎える掛け小屋］を設け、財神を買わせずに村幹部が各家に竈神を印刷・配布する形で神像を統制する試みが確認できるだけである（JL46.2.5）。この間、毛沢東像に関する報道は、基本的に都市での集会や機関での使用についてのものである。46 年新年、軍直属機関の人員は西北方の毛沢東に向かって礼をし（ZY46.1.5）、同年春節の擁政愛民運動[23]では司令部警衛班が指導者像の前で計画の宣誓を行い（ZY46.2.20）、メーデーに際して戦友報社が毛沢東バッジの販売を開始するなど（ZY46.4.30）、機関での毛沢東像の使用と毛の象徴化は、記念日や節句も利用して進展している。ただし、軍隊・党組織内部においても、毛沢東像が普及していたわけではなく、この頃の収復区での党組織再建におい

ては、工作組の持つ毛の小さな写真に入党宣誓を行うような情況であった[24]。

毛沢東像は都市においては、1946年春節の荷沢の和平民主大勝利慶祝のデモ、済寧解放・和平慶祝大会などで使用されたが、民衆の反応を紹介する記事では、女性らに「大学生みたい」、「若いね。一目でいい人だとわかる」（JL46. 2. 21、7. 9）と語らせており、整風運動期の毛沢東の物語と同様に依然として人間的な親しみの表現が強調されていた。このことは、太行区・太岳区と比べて毛の権威が神格化に至っていない過渡的な情況を示すとともに、都市においては民間信仰を利用した宣伝よりも指導者への親しみを強調する手法が有効であったことを示唆する。7月の荷沢の中共成立・抗戦建国記念日の大会では、毛沢東の肖像入りのビラを求める民衆の姿が報道されており、都市では毛沢東像が広く頒布される情況が生まれつつあった（JL46. 7. 9）。

② 神像の改造

土地改革への政策転換を事実上確定した46年5月の「五四指示」の伝達以後、冀魯豫区では中農の利益侵犯をも引き起こす激しい土地改革が進展した[25]。各地では「地主が支配する偽農会」が摘発され[26]、中共は「ゴロツキ」、「遊び人」、「土匪」、「敵の手先」の混入も恐れず、積極的に貧民層を組織動員する方針の下、土地改革を遂行し（JL47. 1. 24）、農村の権力関係にも大きな変動が生じつつあった。しかし、土地改革の進展とともに毛沢東像が普及した太行区・太岳区とは異なり、不安定な根拠地であった冀魯豫区には、文芸工作を支える人員、組織、技術などが揃っておらず、神像の改造はようやく開始されたばかりで、毛沢東像が神像を代替するまでには至らなかった。

9月に延安・太行区・重慶などから5、6人の幹部を迎えて荷沢に冀魯豫文芸連合会（以下、文連）が成立すると[27]、文芸工作は徐々に本格化し、10月には区党委宣伝部により文連の下に大衆文芸用品供応社が設立された。当時、冀魯豫区には改造年画や指導者像を作製できる書店や職人は存在せず、石版印刷機は党軍政府機関の黄河北への撤退によって使用不能となり、年画改造は現地の神像店の改造から開始された[28]。この地域では、単独の年画を飾る習慣がなかったため、神像店の門神・竈神などに新しい標語をつけ「大衆文芸用品供

応社試版」の文字を入れて発行することとした[29]。その中には、現代の老夫婦の左右に子孫を配して竈神の様式を踏襲し、対聯と横批［神像などの上部に付される横書きの題］を書き換えたものや、4人の兵士を四天王の姿勢で描いたものなどもあり、民衆はこれらを「八路軍の竈神」、「八路軍の門神」と呼んだ。これらは文教部門に配布されたり、集市に貼られた他、自ら印刷する機関もあり、「迷信の合法化・宣伝」という批判を受けた (RR49.4.26)[30]。

　改造の対象となった民間芸人らは、外地から生産力の高い冀魯豫区へ集まった人々で約4,500人がいたとされ、8、9割は赤貧・貧農で、農業から完全に離脱した者もいた[31]。この内、画工・彫刻工らの「手芸人」は多くが貧農であったが、謡いものを芸とする社会最下層の「口芸人」よりも生活はやや安定しており、主に農村に居住して数世代に渡り職業を継承していた。これらの芸人も廟廃止と迷信禁止で生活苦に陥り、中共に「偏見を抱いていた」が、土地改革以後、土地を獲得し、一部は農会にも参加するようになった[32]。地元の人的関係が希薄で、貧困で差別を受けるという情況は、革命への動員には比較的有利な条件を提供したと考えられるが、「手芸人」は本来保守的で「封建迷信」思想が強く、「口芸人」は団体性が弱く、同業の間で互いを排斥し合う傾向が強かったともされる[33]。

　47年1月の陽穀県文化界第1回大会を経て、春節頃には民間芸人の思想教育と神像店の改造が進展するようになる。2月には民間芸人座談会が陽穀県高村で13県45人の芸人を集めて行われ、神像店が書店に改造された[34]。この後、繰返し組織される芸人の訓練班では、「地主支配の道具」の「迷信」を放棄させるために訴苦を通じて階級的自覚を促し、旧社会における旧芸人の誤りを反省させ、新しい人生観を確立して新芸人となる、といった手順によって改造が進められた[35]。毛沢東像の農村への導入は、このような準備を基礎として展開する。

第Ⅲ節　冀魯豫区の大衆動員と毛沢東像

　民俗利用による毛沢東像の農村への組織的な導入と毛の神格化は、47年3月の延安陥落前後の軍事情勢の緊迫にともなう土地改革の急進化と参軍運動の展開を契機としている。土地改革において積極分子、党員が大量に抜擢され、「翻身の恩人である毛主席」の防衛が提起される中、毛沢東像は民俗利用をともないつつ農村へ浸透していった。

① 土地改革の動員・慶祝大会での使用

　土地改革では、祝祭の雰囲気の中で毛沢東を神格化する民俗利用が行われた。寧陽1、3、5区の土地改革慶祝大会では、牌楼の設けられた会場で秧歌や高下駄踊りなどが演じられる中、獲得された89個の財宝が毛沢東像に奉げられた（JL47.3.20）。陽穀県委が「農民翻身節」とした旧閏2月2日の慶祝大会では、主席台の毛沢東像に全員が脱帽して立礼し、胡楼の農民代表が「毛主席は生きた神仙である」などと述べた（JL47.4.5）。寿張県何垓村でも同日を「農民翻身節」とし、農民は新年のように新しい服を着て餃子を食べて祝い、東南角の庭に集まって毛沢東像に三立礼した（JL47.4.9）。陽穀2区の「保衛毛主席大会」では、八仙卓で迎えられた毛沢東像に三立礼が行われ、「悪覇」[地域の悪徳ボス]、「特務」が処刑された[36]。

　禹城県万子街区の土地改革を題材とした馮紀漢の小説「翻身」は、土地改革の闘争が「霊験」ある毛沢東像の権威を背景に行われる様子を描いている。万子街が解放され、村中に毛沢東像が貼られるようになると、関帝廟に住む破産戸の「老槓頭」は、関羽の塑像の上に毛沢東像を貼り、「皆が霊験があると言う」毛主席に、行方不明の息子の発見を日々祈るようになった。毛を信仰する老槓頭は、全区の農民訴苦大会[訴苦は、階級的抑圧の苦しみを加害者などの前で訴えることで、民衆が階級意識を獲得していく大衆動員の手法]においても、一人前に進んで台上の毛沢東像に叩頭し、率先して毛に自らの苦しみを訴え、これ

により大会の闘争の口火が切られている[37]。現実の闘争大会では、闘争の火付け役となる貧雇農が事前に準備されていたが、ここからも土地改革において中共が毛沢東像に込めた意図をうかがうことができよう。

② 模範の顕彰と大参党運動での使用

中共は、階級区分を土地改革の理論的根拠としながらも、党員、各種模範、農会員、「開明紳士」、「悪覇」、「漢奸」［民族の裏切者］など、人々の政治的態度・選択とそれに基づく社会的地位・資格などを含めた等級区分を利用して、大衆動員を推進していた。中共は曖昧さと恣意性を含むこれらの区分を、運動の急進化を容認しつつ運用し、積極分子・党員の大量抜擢や区分変更の可能性の提示によって、人々の政権への忠誠を迫っていた。人々も大衆闘争の圧力と前線の不安定な状況の下、安全保障を求めて、負の区分を逃れ、正の区分を獲得しようとしていた（第8章）。この過程において、毛沢東像は政治的な等級区分のレッテルとともに、人々の政権への忠誠を視覚化する形で授与され、それを使用する人と権力との関係を説明する重要な象徴となりつつあった。

冀魯豫区では3月以降、内戦遂行のための参軍動員を企図して改めて土地改革を推進し、一区数千人、一村数十人規模の積極分子を訓練して闘争を指導させる方針の下、内戦・階級闘争の功労者を讃える立功運動が展開し、区・県単位で数千人規模の英雄・功臣が抜擢された。また、党員を全区人口の3％、現状の6倍増の約400,000人にまで拡大する目標を掲げた大参党運動［党員拡大運動］が展開され、大衆に入党の機会が大きく開かれた（第7章、第8章）。立功運動においては、「為人民服務」、「為人民立功」［人民のために立功する］のスローガンが提起され[38]、特に後者は各地の参軍動員の集会でも使用されるようになり、毛沢東を表象する標語は、毛沢東像とともに基層の大衆に浸透していった（JL47.4.18）[39]。

冀魯豫軍区の立功運動は46年末から開始されていたが、やはり3月前後から模範に毛沢東像を贈呈する儀礼が顕著になり、この際、前線での立功を家に通知したり、家長を部隊に招待するなど、家の枠組みを意識した慶祝が行われた（ZY47.2.20、3.25、3.28）。陽穀の土地改革慶祝の大会では、土地改革の模範が

毛沢東像を担いで入場し（JL47.4.19）、内黄2区では、1,200人の新兵の宣誓が毛沢東像を前にして「英雄台」で行われた（JL47.11.27）。地主の依頼によってその財産を隠した者に自白させる「自報立功運動」では、自白した「模範」らに献酒、献花、扁額の贈呈が行われ、「功臣榜」に模範の名前が刻まれるとともに、毛沢東像への叩頭、毛沢東像の授与も行われた（JL47.8.7、8.25、9.29）。

土地改革と連動した各地の大参党運動では、農民大会において集団で毛沢東像に宣誓して入党を申請する方法が行われた。この時期の大衆組織の立ち上げには、会門の盟誓の手法が利用されており、大参党運動の宣誓は、盟誓の対象を天から毛沢東へと転換して行われた（第8章）。

③　個別家庭への普及と人生儀礼への浸透

太行区・太岳区同様、毛沢東は土地改革による「翻身の恩人」とされ、これまで祈り続けて効果のなかった財神・竈神・土地神・王母などの代替として、農民の各家庭に導入された。陽穀の幹部大会では、潘復生（区党委副書記）が、参軍運動を盛り上げるため、幹部らに対して、「農民が土地を得た後、なぜ毛主席を神人として奉り、本当に共産党を擁護し、毛主席を擁護しているのか」を理解しなければならない（JL47.4.19）と発言しており、毛沢東の神格化を内戦の動員力とする意図の下、農民が毛を信仰する様子が、機関紙などで盛んに宣伝された。

博平県5区では土地改革完了後の農民大会で、農民は毛沢東の指導で翻身できたことを討論で理解させ、帰宅後、各家庭で財神・竈主（竈神）を破り、毛沢東像に替えることを決議した（JL47.3.24）。濮県では、結婚式にも毛沢東像が使われるようになった（JL47.5.16）。清西のある積極分子の妻は、「毛主席は生きた神仙で、毎月1日と15日に焼香して叩頭すれば、私らを守って下さる」と語り（JL47.4.22）、小説「喜事」では、参軍する息子の無事を神と毛沢東に祈る女性の姿が描かれるなど[40]、女性の信仰心も動員して毛の神格化が推進された。毛沢東像はその後、女性解放運動でも使用され、昆吾県1、3区の大会では、自由結婚の儀礼で毛沢東像に礼をすること、宅神・門神や廟を一掃して、毛主席・民衆・自分自身を信じることが提唱された（JL47.9.23）。女性は、大

参党運動、参軍運動において顕著な役割を果たしており（第7章）[41]、家庭や村落への権力の浸透と毛の神格化に重要な貢献をしていた。

しかし、毛沢東像は一部に導入され始めたばかりで、像を量産して民間に普及させる体制は夏頃まで整っていなかった。上述の何垓村では陽穀・張秋を廻っても見つけられず（JL47.4.9）、濮県でも2日かけて朝城で購入できる状態であった。濮県委宣伝部は全世帯数の一割にも満たない2,000部の謄写版像を印刷したばかりであった（JL47.5.16）[42]。濮陽5区の擁党運動［大参党運動の別称］では村々、家々で毛沢東像を購入したが、購入できなかった村は区委会に像を要求した[43]。供応社を改組した民間芸術部に登録された書店は、5月時点で25軒、画工・彫刻工は87人に過ぎず[44]、内黄県礦頭では翻身した元画工が自発的に毛沢東像を描いて配布している状態であった（JL47.6.18）。この頃、ようやく機関用の指導者像が作製され、機関紙にも石印版の毛沢東像販売の広告が掲載されるようになった（JL47.6.18）。

8月末から9月にかけて、民間芸術部と寿張の第2専区文工団、および二つの劇社の芸人・職員らを集めた連合訴苦が行われ[45]、秋頃には13県1,250余人の芸人が登録された（JL47.9.10）。民間芸術部は区党委宣伝部が直接指導する民間芸術連合会に改組され、第I節で触れたように同会が訓練・組織した民間芸人の宣伝隊は、中秋節から約2カ月間、太行区・冀魯豫区各地で毛沢東像50,000枚を印刷配布した。この頃には、書店にのみ年画印刷を許可し、神像に課税する措置もとられるようになり、多くの神像店が書店になった[46]。一方、8月から中秋節にかけて行われた第一中学芸術部の民間芸人訓練班では、画工・彫刻工らが毛沢東・朱徳・劉伯承像を作製して10,000枚を販売し、更に中秋節から半月間、毎日2,000枚以上を販売した[47]。販売数は累計40,000枚に上ったが、第一中学所在地の濮県の人口は約120,000人であったから、この数は全県人口の3分の1となり、全世帯に何らかの指導者像が普及するほどの数であった。訓練班の卒業生は、指導者像の印刷・販売を副業として生計を立てることが可能となったという[48]。

46年6月の広告の石印版毛沢東像が200元であったのに対し、これらの版画像

の値段は6元もしくは12元であった。上述の濮県辺橋村の統計では、年越し用の神像(竈神・財神・天神)の費用は一戸平均54元であったから、民衆にとって適正な価格であったと考えられる。また、これらが節句に「神像」として消費されれば多少の高値も許容されたであろう。前年春節の辺橋村の反迷信運動が、全村で一つの天爺棚を設けて爆竹を鳴らし、春聯を買わせないなど、村全体の統制として行われたのに対し、中秋節も利用した47年の指導者像の販売は、個別家庭の消費慣習に依拠したものであった。このような民間芸人の組織と民俗利用による販売が、基層への指導者像の普及を支えていた。

　11月の『戦友報』は、ある農民が部隊の息子に宛てた手紙を掲載し、彼が迷信をやめて毛沢東像を購入したこと、息子が部隊で活躍して無事帰宅すること、できれば立功を願っていることなどが紹介された(ZY47.11.23)。土地改革と内戦の遂行が一体のものとして提起される中、毛沢東像は家族のつながりをも政治化する象徴として機能しようとしていた。11月には太行区邢台の北方大学美術工廠製作の年画広告が『冀魯豫日報』にも掲載され(JL47.11.27)、48年1月には各指導者像の年画が、春節には毛沢東バッジが朝城で販売されるようになった(JL48.1.13、2.8)。

④　人民の権力の象徴

　土地改革の様々な儀礼と日常において、人々は人民の解放を指導する毛沢東の功臣として革命への忠誠を誓う儀礼を繰り返し、この過程において毛沢東像は、人民への奉仕を強調する人民の権力の象徴としての性格を強めていく。

　毛沢東像は、村の権力の中心に据えられて、その権威の定着が図られた。濮県では、廟を改造したと考えられる各村の倶楽部[集会所]に安置された毛沢東像の上に赤いシルクの飾り房と国旗が掲げられ、農民は入室すると、まず像に三立礼し、村幹部らは重要事項を像の前で討論した(JL47.5.16)。某県5区の各村事務所には、部隊での立功を伝える名簿が、毛沢東像とともに掲示された(ZY47.11.23)。濮県のある農民は子・孫を倶楽部の毛沢東像の前に跪かせて参軍するよう教え諭し、別の村では、参軍を希望した父子三人が、それぞれの持ち場で働くことを像の前で宣誓した[49]。

貧農が地主の家に引越しする際の儀式では、地主に毛沢東像を拝礼させて人民の権力への屈服を演出した（JL.47.4.20、5.9）。観城と清豊では、農民が精神的にも翻身するため、自尊心を取り戻す「面子回家」の儀礼が行われ、地主を集めて毛沢東像に叩頭させ、農民を「富大爺［金持ちの旦那］」、「翻身大爺」と呼ばせた（JL47.4.20）(50)。地方部隊の正規軍への昇級と出征、国民党軍の中共軍への編入の儀礼でも毛沢東像が使用された（JL48.10.10、49.1.14）。

　土地改革の急進化にともない、毛沢東像は農民内部の思想闘争にも用いられ、闘争に消極的であった貧農が反省の意を示すために、毛沢東像への叩頭・宣誓を求められることもあった（JL47.9.23）。貧農への権力委譲を先駆的に進めた南楽では、区政府が各連防［区政府の下に組織された防衛単位］に権力委譲を示す「紅権旗」を授与する儀式において、貧農は毛沢東像に態度表明をし、像を担いでスローガンを叫んだ（JL47.7.27）。濮陽県大棗林村では地主の子らに対する闘争を躊躇する傾向を改めるため、像の前で党員の「献心運動」が行われた（JL47.8.11）。昆吾3区では、9月9日を「反抗節」として、各村で爆竹・秧歌で慶祝の雰囲気を盛り上げる中、春節に倣い五更［午前3時から午前5時頃］に起きて餃子を食べて毛沢東像への供え物とし、前線支援の献納運動が展開した(51)。上述のように、整党運動のモデル地区とされた太行区武安9区趙荘では、党旗と毛沢東像が掲げられた会場において整党が行われたが、この模範例は、『冀魯豫日報』においても紹介され、党支部の上に立つ人民の権力の象徴としての毛沢東像のイメージは、冀魯豫区にも広められようとしていた。

第Ⅳ節　冀魯豫区の文芸工作の急進化とその是正

　華北の農村根拠地の土地改革は47年後半から更に急進化し、48年1月からは党支部の権力を貧雇農に委譲する整党運動が展開した。冀魯豫区でも新聞や文芸教育雑誌が停刊され、農村の階級闘争が文化教育機関にも導入された。搾取階級出身の知識人は批判を受け、業績を否定された文芸工作者らは仕事を放棄

し、神像店の強制封鎖、関係者の逮捕・監禁、強制的反省なども行われたため、芸人らも帰郷して工作は停滞した(52)。

冀魯豫区では、47年の土地改革でようやく毛沢東像が農村に導入される段階にあり、太行区・太岳区のように個別家庭の神としても定着しておらず、民衆は現世利益的で多神教的な民間信仰を背景に、会門や流言が提供する様々な「霊験」に不安の解決を求めるようになっていった。また、中共自身が会門の手法に倣って組織を拡大したこともあり、会門的結合は安全保障の重要な方法として民衆に認知され続け、民衆の「救星」［救いの神］も、社会不安に応じて様々な形で提示されていた（第8章）。

土地改革の急進化是正にともない、9月には文芸座談会で文芸工作の是正が確認され、この会議の決定に基づき、冀魯豫区文連美術小組が組織され、各県芸人との連絡も回復していく(53)。回復した芸人の訓練班においては、「封建迷信の古い台詞を歌わず、古い絵を描かず、積極的に人民に奉仕することによってこそ、前途がある」ことが指示され、「為人民服務」の指導方針は、急進化の混乱を経ても維持され、基層に浸透しようとしていた(54)。

11月、美術小組には華北連合大学文芸学院から鄧野が派遣されて、指導体制が強化され(55)、芸人の改造を通じて39種の年画が作成された(56)。同月、芸術連合会は画工・刻工・印工・各画店経理ら30数名による研究会を開催して、14の画店の出資と政府の援助による新大衆版画工廠の設立を決定し(57)、同会の画・塑研究室は、45の指導者像と10の年画稿を作製した(58)。48年10月までの2年間で710余人の民間芸人が初歩的訓練を受けたとされるが、これは把握された芸人数の17％弱であり(59)、本格的な改造はその後の課題であった。11月、王亜平（文連主任）は、「46年には我々は神像を改造し、47年には我々は封建によって封建に反対するいくらかの年画をつくり、今年ようやく新しい内容の、技術的にも比較的向上した年画を創造した」と述べており、年画改造工作は緩慢な過程を辿っていたことが理解できる(60)。

48年末、『冀魯豫日報』は、毛沢東の写真を見た農民が、「一目見ただけで、身内だとわかる」と語った記事を掲載しており（JL48.12.5）、急進化是正の後、

毛の権威確立の手法は神格化から後退しているように見受けられる。この時期、華北のある部隊の雑誌では、兵士が毛沢東、蔣介石、労働者、農民、解放軍、学生などの役となって、「毛沢東」の指示の下に蔣の役となった者を当てるというゲームが紹介されており、部隊においても、生活の中で毛に親近感を抱かせる工夫が必要とされる情況が存在した[61]。

　内戦の勝利が確定した段階において、中共は信仰一般を迷信、「封建支配」の道具として禁圧する傾向を強めていった。49年5月、冀魯豫区公署は、神像の作製販売・購入の禁止と新年画の導入を指示した[62]。演劇においても細かな上演禁止演目リストが整えられたが、中共軍の将軍が廟を建てて神に祈願する「×××打四川」や、民衆が廟の神像になりすまして兵役を逃れる「打城隍」のような演劇も上演が禁止され[63]、この時期の迷信禁止の方針は、民間の心性と乖離した基準の高いものであった。中共は、内戦の過程において毛沢東の神格化のために民間信仰を積極的に利用したが、全国政権確立の展望が開けるのにともない、改めて民間信仰に対する抑圧的な姿勢を顕著に示すようになった。しかし、民俗改良はその後も緩慢な過程をたどり、建国後の50年になっても、年画作製者は神像の形式にこだわり、民衆の嗜好にあわせようとする傾向があったとされる[64]。

第Ⅴ節　毛沢東像の表現形式

　それでは、根拠地に導入された毛沢東像は、どのような形式と特徴を備えていたのであろうか。現状では、確認できる原資料は極めて限られているが、新聞・雑誌史料、画集、写真集に収められた肖像や関連の記事・回想録などを参照しつつ、毛沢東像の表現形式について検討したい。

　映像・通信技術が未発達な状況にもかかわらず、国家統合の象徴としての指導者の肖像の普及が強く求められるようになった近代において、ある指導者が広く大衆に認知され、権力の象徴として定着するためには、一定の形式をもっ

た肖像の確立と普及が必要である。孫文の肖像においても、販売できるものが44年に4つの出版社の3種の像に限定されたように[65]、毛沢東像が象徴として普及する過程においても形式の統一が進行していた。

　39年以降、各地の中共機関誌では、中共成立記念日や重要な文献の通達、重要な会議の報道などの際に、毛沢東像が掲載されるようになった。しかし、46年頃まで各地の機関誌に現れた毛沢東像は、七全大会以後に確認される楊廷賓作の版画像など、比較的よく使用されたものが数種類あるものの[66]、その形式は多様で毛沢東のイメージを定着させるには統一感を欠くものであった。これらの中には陰影の強いもの(TH45.1.15)、半身像(XRH 39.9.3、ZY45.7.1)、個別の事件についての標語を付したもの(XRH 39.9.3)、文字で作られただまし絵風のもの(ZY43.9.27)などがあり、作者の署名入りの像(XRH39.1.19、ZY43.9.27)も存在したことは、これらが芸術作品としての性格を完全に脱していなかったことを示している[67]。また、写真で確認できる限り、各地の儀礼で使用された毛沢東像も多様であった。

　前線の中共根拠地において指導者の写真像印刷に最初に成功した例は、41年4月、晋察冀辺区『抗日三日刊』に掲載された聶栄臻の銅板写真像であるとされる[68]。翌年7月創刊の『晋察冀画報』創刊号には、同じ聶栄臻像が掲載されており、毛沢東ら他の中共指導者の写真像は同4期(9月)に登場している。この毛の写真像は、同辺区の代表的肖像として多用されたようであるが、やや右上向きの像で、後の神像の代替となるような対称性を基調とした正面像ではない。晋冀魯豫辺区では写真を機関紙で使用する条件がなく、一貫して版画の指導者像が使用されていた。山東根拠地では毛沢東の写真の入手は非常に困難で、幹部が延安から持ち帰った一枚の肖像を機関誌等で使用していたが[69]、これは晋察冀の像とは異なる正面像で、同根拠地が毛の写真像の印刷に成功したのは45年2月のことであった[70]。肖像の形式統一には、その基となる写真や画像の普及と、これを支える交通の整備、機器の確保、技術の修得が必要であった。

　毛沢東像の形式統一に決定的な役割を果たしたのは、45年12月出版の晋察冀軍区政治部・晋察冀画報社編『中国偉大的領袖毛主席近影集』(以下、『近影集』)

第 5 章　中国共産党根拠地の権力と毛沢東像　197

図5-1　「毛主席肖像之一」
晋察冀軍区政治部・晋察冀画報社編
『中国人民偉大領袖毛主席近影集』、
1945年

図5-2　「毛主席肖像之二」
『中国人民偉大領袖毛主席近影集』

である。この写真集は、中共軍の張家口占領後、日本軍と蒙疆銀行の印刷機材を使用して作成されたものとされ（発行部数5,000部）[71]、毛沢東の肖像写真3枚とスナップ風の写真7枚が収められている。撮影者は、呉印咸・鄭景康・徐肖氷・銭筱章とされる[72]。「毛主席肖像之一」（図5-1、以下、肖像①）の撮影者は、呉印咸と推察される。呉は上海で写真家、映画撮影家として活躍した後、38年に延安に入り、八路軍総政治部延安電影団の隊長、団長として、延安の記録映画、報道写真、指導者の写真などの撮影に携わっていた[73]。呉は、42年に肖像①と髪型、服装などの造形的な特徴が一致する毛沢東の写真を撮影しており、この事実を指摘した楊小平がこの写真を「恐らく最初の正式な標準像」として紹介していること[74]、『近影集』の撮影者の筆頭に呉の名前が上げられていることから、肖像①は呉が42年に撮影した写真と考えられる。「毛主席肖像之二」（図5-2、以下、肖像②）は鄭景康の作品と特定されている[75]。鄭もまた著名な写真家で、40年に延安に入り、八路軍総政治部宣伝部写真記者として延安の人々の生活や指導者の写真を撮影し、45年11月には晋察冀画報社に転出した[76]。

表5-1　晋冀魯豫辺区の機関紙における毛沢東肖像件数の推移

	44年	45年	46年	47年	48年	49年
肖像①	0	2	1	2	6	1
肖像②	0	0	0	0	0	3
その他	1	4	2	1	3	0

『新華日報(太行版)』『新華日報(太岳版)』『冀魯豫日報』『戦友報』『人民日報』より作成(報道写真は統計に含めていない)

表5-2　毛沢東切手の肖像別発行件数の推移

	44年	45年	46年	47年	48年	49年
肖像①	0	0	0	5	10	4
肖像②	0	0	0	1	1	12
その他	1	2	4	4	3	4

中国郵票博物館編『毛沢東郵票図集』人民教育出版社、1993年から作成

表5-3　肖像①の集会・セレモニーでの使用例（1946～1949年）

年月	内容	年月	内容
1946春節	晋綏文芸界　興県宣伝活動	1949.1	人民解放軍北平入城式
1946.2	秀水河戦役祝勝大会	1949.2	北平解放慶祝大会
1946.9	華中野戦軍中高級幹部会議	1949.2	昆明解放
1946	牡丹江地区土匪公審大会	1949.3	中国婦女第一次全国代表大会
1947.2	太岳第19分区群英大会閉幕式	1949.3	中華全国学生第十四期代表大会
1947.7	斉家荘党代表大会	1949.5	西安民衆解放慶祝デモ
1947.8	プラハ　国際青年デー	1949.5	中華全国青年第一次代表大会
1947	東北某地土地証頒布大会	1949.7	中華全国文学芸術工作者第一次代表大会
1948.7	中原局・中原軍区　整党整軍会議	1949.9	中国人民政治協商会議第一期全体会議
1948.8	第六次全国労働大会	1949.10	中ソ友好協会成立大会
1948	晋察冀野戦軍4隊12旅整党	1949.12	湛江解放及元旦連歓大会
1948頃	晋察冀部隊某部士兵委員会	1949	某部整編大会
1948頃	某地俘虜の入隊宣誓	1949	北平民衆集会

第 5 章　中国共産党根拠地の権力と毛沢東像　199

表5-4　肖像②の集会・セレモニーでの使用例(1946～1949年)

年月	内容	年月	内容
1947頃	臨汾戦役解放軍官 教育改造開学典礼	1949.5	大同進軍
1947	某部37団曲沃占領記念撮影	1949.7	北平糾察隊　慶功大会
1948.8	華北大学成立典礼	1949.7	北平市各界人民抗日戦争2周年記念大会
1948.11	瀋陽市 全東北解放慶祝デモ	1949.10	中華人民共和国開国典礼
1949.1	北平　人民解放軍入城	1949.12	北京市第二期各界人民代表会議
1949.2	北平解放慶祝大会	1949.12	湛江解放及元旦連歓大会 会場中央
1949.2	昆明解放	1949	粤桂柳辺縦隊・第二野戦軍第四兵団5軍会師
1949.3	中共七期二中全会	1949	北平 人民解放軍部隊幹部大会
1949.4	中国新民主主義青年団第一次代表大会	1949	厦門進攻動員大会
1949.4	太原解放		

表5-5　その他の肖像の集会・セレモニーでの使用例(1946～1949年)

年月	内容
1946.4	張家口市参議会
1946	濱海区慶功大会
1946	重慶　軍事三人小組の招待宴

軍事資料図書出版部『中国人民解放軍歴史図集』4～6、長城出版社、1984～85年、中国革命博物館編『中国共産党七十年図集』(上)、上海人民出版社、1991年、閆樹軍『紅舞台上的永恒―天安門楼上八版毛主席画像的絵制』中共党史出版社、2010年、『華北画報』『人民日報』などから作成

　延安の指導者像撮影に重要な役割を果たしていた鄭が、その作品を携えて前線で最も写真技術の発達した晋察冀辺区に入り、『近影集』が発行されたことは、毛沢東像の普及を進める中共の明確な意志を示していよう[77]。

　表5-1～5は、機関紙・切手・セレモニー等における毛沢東像の使用情況を、肖像①と肖像②、およびその他の肖像に分けて示したものである(それぞれの肖像には、写真を基にした画像・版画なども含む)。これらから、内戦期において先に肖像①が、次いで49年頃から肖像②が、毛沢東の代表的な肖像として使用されていること、特に各地の公式の集会・セレモニーで使用される肖像は、46年以降ほぼ肖像①②に統一されていることがわかる[78]。

肖像①は、脱帽の正面像で、左分けの髪に広い額、顔左側に薄い陰影がある などの特徴をもつ。この写真は陝甘寧辺区では、44年以降の各種模範奨励のバッ ジや、45年の中共七全大会の記念バッジにも使用されていた[79]。無帽で無表情 の正面像、薄い陰影という特徴は、版画の神像の形式になじむものである。肖 像①が普及した47年から48年は、土地改革の急進化と農村根拠地の拡大の時期 であり、この過程において神像の形式を備えた毛沢東像が農民に受け入れられ たことを示唆する。年画や神像を代替した毛沢東像を原資料によって確認する ことは困難であるが、雑誌の挿絵や連環画などで確認する限り、農民の家に飾 られた年画や結婚式などの民俗利用において使用された像の多くは肖像①の形 式を備えたものとなっている[80]。

　図5-3、4は、中華民国法務部調査局の資料室において筆者が確認できた年 画の毛沢東像である。図5-3は太行文連美術部発行の年画で、作者は洋画の訓 練を受けた文芸工作者であると考えられ、肖像①を基に作製されたことは明ら そ。洋画の技術により陰影が施されて写実性の高い仕上がりになっている一方 で、線主体の表現と明るい色調によって年画の特徴が生かされている。竈神の 形式にならい農暦が付されているが、迷信的要素は排除され、対聯を廃して生 産図に替え、生産による生活の向上が強調されている。横批は洋画風の帯に書 かれた「永遠に毛主席に従おう」という標語に替えられ、神像の上に暦を配す る形式を避けて、毛沢東像の下に暦が配置されている。神像の形式を利用しつ つこれを廃棄しようとする意図がうかがえるが、竈神が上帝の使いとして個別 家庭を司祭するのに対し、中共が毛沢東を真命天子、「中国人民の救星」として 民間へ浸透させようとしていたことを考えるならば、暦は頭上に頂かず、下部 に配すべきであったとも考えられる。

　図5-4の太行区輝県文化書店発行の年画は、発行年・発行地区、図5-3と同 じファイルに保存されていた情況から判断して、図5-3の模倣品ないし普及版 であると考えられる。洋画の訓練を経ていないため、陰影は立体感に乏しく汚 れて見えるが、それでも陰影が施されたことは、これが欠かせない形式として 認識されていたためかもしれない。実際に各機関誌に掲載された指導者像には

第 5 章　中国共産党根拠地の権力と毛沢東像　201

図5-3　「永遠跟着毛主席走」
　　　太行文連美術部
　　　中華民国37年 歳次戊子
　　　（中華民国法務部調査局資料室蔵）

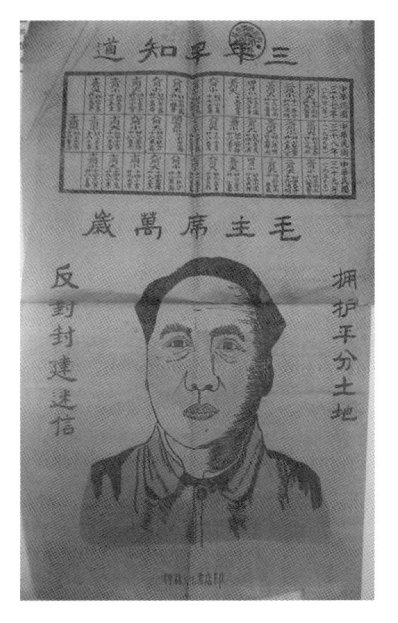

図5-4　「三年早知道」
　　　太行区輝県文化書店
　　　中華民国37〜39年
　　　（中華民国法務部調査局資料室蔵）

陰影が施されたものが多く、内戦期の農家暦にも写実的な陰影を施された毛沢東像が掲載されているのが確認される。中共は民衆になじみの薄い陰影を抑制しながらも、写真や画像を基に尊厳のあるリアルな指導者像を定着させようとしていたものと考えられる。図5-4は図5-3に比べて竈神の形式に忠実であり、暦は像の上に配置され、対聯と横批も加えられている。「封建迷信に反対せよ」の聯は、竈神への信仰を否定した上に毛沢東像が受け入れられるべきことを示している。また、通常の竈神像と異なり3年分の暦を付していることは、中共軍が撤退しないことや土地改革の方針などが変更されないことの保障であるとも考えられ、その意味でも民衆の心性に配慮したものとなっている。

　冀魯豫区では供応部の画工が、写真を基に毛沢東・朱徳像を洋画の技法も採

用して作製したとされ[81]、第一中学の民間芸人訓練班も洋画の技法を採用し、民衆に配慮して陰影を少なめにし、配色も鮮やかなものにしたという[82]。このような証言は図5-3の表現形式と一致している。もちろん、年画改造は順調に行われたわけではなく、毛沢東、朱徳、農民を故意に竈神にした年画などを作る画工もいたという[83]。

なお、肖像①を基にしたと考えられる版画像に林軍「毛主席」があるが、これは強い陰影を施した単色の版画であるため、年画の代替として作製されたものではないと思われる[84]。一方、王式廓(魯迅芸術学院教員兼研究員)の42年の作品とされる彩色版画の毛沢東像(図5-5)は、髪型が若干異なる他は肖像①と特徴

図5-5 王式廓「毛主席像」(北大美術工廠発行、1942年?)、李小山等主編『明朗的天— 1937-1949 解放区木刻版画集』湖南美術出版社、1998年

がほぼ一致し、年画に適した明るい彩色の仕上がりになっている(ただし、この版画像には北方大学［45年創設］美術工廠発行の文字が付されており、原版の作製年に誤りがなければ、図5-5は後年の複製品ということになる)。年画にふさわしいこの版画像は、43年の陝甘寧辺区第1回労働英雄大会などで農民へ頒布し、毛沢東の権威を農民大衆へ浸透させようとする意図によって作製されたものと考えられる。また、47年11月の『冀魯豫日報』には、北方大学美術工廠製の毛沢東像の色刷り年画の広告が掲載されており(JL47.11.6)、王自身がこの年に北方大学に赴任していることから、図5-5はこの広告の年画である可能性が高い。王作の毛沢東像は内戦期に300,000枚が印刷されたとされ[85]、一定の影響力のある肖像であった。いずれにしても、陝甘寧辺区において毛沢東の権威の社会への拡大とともに確立した毛沢東像の形式が、前線の根拠地の学

校や文芸工作機関に継承されて普及したことが確認できる。

　49年からは、肖像②が顕著に使用されるようになるが、この肖像は、44年に軍幹部の朱瑞とともに撮影されたスナップ風の写真をもとにしたものであったことが、近年明らかにされている。また、この肖像は、49年の開国大典の際にも天安門に掲げられたが、その理由は毛沢東自身が堅苦しくない写真を望んだためとされる[86]。その際、画家が垢抜けたスタイルと認識して開襟をそのまま描いていたものが、厳粛さを求める聶栄臻の意見により襟を閉じた絵に変えられたという[87]。

　八角帽、右上向き、笑み、強い陰影、開襟という形式は、肖像①に比べて確かに親しみやすくモダンな感じを与える。「毛主席肖像之三」が横向きで笑みを見せたスナップ風の写真であることからも、肖像①が厳格な正規の肖像で、他の二つが親しみやすさを強調したものであると考えることができる。また、建国直前の各帰属集団組織の全国大会では肖像①が、各都市の解放慶祝のパレードでは肖像②が、それぞれ比較的多数使用されており（表5-3、4）、会議には厳粛さが、パレードには華やかさが求められることから、厳格さと親しみやすさを表現する二つの肖像の位置づけの差が理解できよう[88]。

　肖像②が49年から顕著に使用されたことは、49年1月末までの三大戦役の勝利により、北平・天津を始めとする多くの都市が中共の統制下に入り、全国政権確立の展望が確定したことに起因すると考えられる[89]。国民党権力の腐敗や「独裁」を非難し、連合政府による新中国の建設を訴えていた中共は、全国の都市民に対して清廉で民主的な新政権の性格を演出するため、この時点において、権威や厳粛さよりも、親しみやモダンさを強調する肖像を多用するようになったと推察される。49年3月、中共七期二中全会における毛沢東の総括報告は、指導者の驕りを戒め、指導者の祝寿［生誕の慶祝］をしない、指導者の名前を地名などに用いない、毛沢東自身をマルクス・エンゲルス・レーニン・スターリンと並列させない原則を提示しており[90]、権威主義に反対するこのような方針は、肖像②の導入に符号している。国民党統治地区への広報を担っていた中共機関誌『群衆』誌上にも、このような傾向を示す変化が観察され、48年中、

毛沢東像はほぼ肖像①に統一されたかに見えたが、49年3月からは全てスナップ風の写真が使用されるようになっている[91]。これらを総合すると、肖像①が厳粛さを強調する像として、農民を対象に神像の代替とされたのに対し、肖像②は親しみやすさやモダンさを強調し、都市の住民にアピールするものであったと推察できる。

　肖像の規格化、暦での使用、明快な標語の確立、像への宣誓や人生儀礼での使用などの情況から、孫文像の形式や使用法が意識・踏襲されたことがわかる。ただし、像への跪拝や神像としての使用、民間信仰の積極利用は、孫文像には見られない特徴である。その一方で、都市生活に深く浸透し、使用が制度化された孫文像と比較して、毛沢東像の掲示・破損等に関する法規等は未確立であった[92]。

おわりに

　44年末から土地改革期にかけての太行区・太岳区では、個別家庭の祭祀や人生儀礼、村落の儀礼などを通じて、神像の代替として毛沢東像の基層への浸透が図られた。このような毛沢東像の使用は、不安定な根拠地において、人々の慣習や信仰形態に沿う形で中共の権威の確立を図ろうとするものであった。農村での象徴操作において、国旗でなく神像を代替する毛沢東像が重視されたことは、国旗の持つ「以党治国」の性格の問題の他に、ナショナリズムによる農民大衆動員の限界性も示唆していよう。

　神像を代替する形での毛沢東像の浸透は、現世利益的な観点から信仰する神を取捨選択してきた民間信仰の形態を踏襲するものでもあった。また、神々の役割分担に多様な現的利益を反映させる民間信仰において、毛沢東像は主に個別家庭の繁栄を司る神としての位置を与えられたものと考えられ、民衆は政策急進化の時期の社会不安に際して新たな神を求めて行動を起こすこととなった。毛沢東像は農村においてこのような心性に支えられて普及しており、国家

や政権の尊厳を示す象徴として基層に定着するには未だ不安定な要素を抱えていた。このことは、この時期の中共権力の農村への浸透の成果を否定するものではないが、中共が自らの権威づけを企図して民衆に求めた毛沢東信仰のあり方は、サクストンらのいうように農民固有の信仰を喚起してこれを利用することで定着するものではなく[93]、現世利害的で多神教的な信仰形態を改造して到達できるものであったことは確認されねばならない。中共政権下で反迷信運動が繰り返される理由もここにあり、中共のイデオロギー的志向は農民固有の信仰形態との調和を予定するものではないのである。

　冀魯豫区における毛沢東像の導入は、他の根拠地と同様に多神教的・現世利益的民間信仰に依拠して、民俗利用をともなって進行したが、前線の不安定な情況を受けて、毛沢東の神格化は内戦・土地改革の遂行と同時進行で展開し、大参党運動・立功運動・整党運動の中で、党・農民の権力としての性格が強調された。また、冀魯豫区では、個別家庭の神としての性格だけでなく、会門的結合で使用された盟誓における天の代替としても使用されていた。

　前章で検討したように、人民のための革命を英邁な指導者の指し示す方向へと回収する構造を持つ毛沢東思想は伝統的な民本思想、天命思想に親和性を持つ。立功運動や各種模範の奨励においても、科挙官僚及第を模した儀礼や地主と農民の文化的地位を交替させた儀礼が執り行われるなど(第6章)、農民に伝統文化の権威を付与しており、中共は民衆に「官」としての権威意識を与え、その正統観念を利用することで、権威を高めようとしていた。しかし、冀魯豫区では、土地改革の展開に比べて民俗利用の文芸工作の進展が遅れ、毛沢東像の農村への浸透と同時進行で土地改革の急進化が進行したため、毛沢東の神格化を図る中共の意図は、太行区・太岳区よりも更に徹底できなかった。

　中共は、農村根拠地では大衆動員に依拠した階級闘争の論理による整党運動を遂行する中で、人民代表大会の準備を開始したが(JL48.3.4)、その一方で党の指導的地位を前提としながらも、政治協商会議を通じて民主党派・無党派人士らとの「合意」による連合政府としての新政権の準備も進めていた。神像を代替する厳粛さと、都市の洗練・親しみやすさを強調する毛沢東像の二つの表

現形式は、このような権力の二重性に対応しているといえよう。

註
(1)　XTY44.7.1。この記事は、中共成立記念日の一連の報道の一つである。
(2)　太岳区では各英雄に配布され、太行区では労働英雄が書店で購入している(TY45.1.29、2.3、TH44.12.19増刊)。
(3)　Yung-fa Chen and Gregor Benton, *Moral economy and the Chinese Revolution*, University of Amsterdam, 1986, p.33, p.60.
(4)　対聯については、本書第1章註(38)、71頁を参照。
(5)　JR46.7.8、TH46.7.1。ただし、『解放日報』と『新華日報(太行版)』では毛像を拝む人物の名前が異なっている。
(6)　XTY45.2.23。なお、上亭村のような西方敬礼は、前年の太行区殺敵・労働英雄大会(TH44.12.1)、46年新年の冀魯豫軍区軍直属機関の集会(ZY46.1.5)においても確認されるが、個人によるものを除くセレモニーとしての遥拝の例は、本書が対象とした陝甘寧辺区・太行区・太岳区・冀魯豫区において管見の限りではこの3例のみであり、肖像による権威の認識の方法が遥拝よりも重視されていたことは確実であると思われる。
(7)　土地神の性格については、増田福太郎『東亜法秩序序説』ダイヤモンド社、1942年(大空社『アジア学叢書』78、2001年復刻)、103〜110頁を参照。
(8)　JR44.9.10、45.2.19、4.23、7.7、46.1.5、2.8、47.1.16。
(9)　JR46.7.8、TH46.7.1、47.8.11、TY46.11.7、『新大衆』第41期、1947年8月、41頁。
(10)　国民政府の婚姻儀礼については、左玉河「由"文明結婚"到"集団婚礼"—従婚姻儀式看民国婚俗的変化」、薛君度・劉志琴主編『近代中国社会生活与観念変遷』中国社会科学出版社、2001年、212頁参照。
(11)　あらゆる現世利益を招くために、「全て」の神を祭る意図で描かれた絵の額。
(12)　RR47.10.26、10.28、12.2。
(13)　太行区党委宣伝部「対毛主席・朱総司令的像和像片的印售、衝洗、張掛等的有関規定的通知」(1948年1月)、山西省檔案館、全宗A1-5-20-10。
(14)　XTY47.12.5、12.19、12.23。
(15)　RR46.10.16、47.3.1、3.11、4.1、4.12、7.4など。
(16)　中国の民間信仰の現世利益的な性格と、それ故に願望の内容や霊験の効力に応じ

て信仰する神々が取捨選択されることについては、程歗「中国の民間信仰にみられる信仰意識」、路遙・佐々木衛編『中国の家・村・神々―近代華北農村社会―』東方書店、1990年、94〜95頁、ロイド・E・イーストマン（上田信・深尾葉子訳）『中国の社会』平凡社、1994年、74頁を参照。

(17)　「1943年災情最厳重時期中共晋冀豫区五、六地委給区党委的信」（1943年）山西省檔案館編『太行党史資料彙編』第6巻（以下、『太行彙編』6のように略記）、山西人民出版社、2000年、657頁。

(18)　「十個月来太行区的社会衛生工作」（1948年）、太行革命根拠地史総編委会『文化事業』（太行革命根拠地史料叢書之八）、山西人民出版社、1989年、695〜696頁。

(19)　太行区党委社会部「保衛工作報告」（1948年6月26日）、葉松「在太行全区地県両級保衛幹部大会上的報告」（1948年11月15日）、太行革命根拠地史総編委会『公安保衛工作』（太行革命根拠地史料叢書之九）、山西人民出版社、1989年、221、272〜274頁。これらの文書は、会門台頭の直接の原因を国民党特務や地主の策動に帰している。

(20)　JR44.3.1、XTY46.7.15、47.2.23。

(21)　延安魯迅芸術学院木刻工作団の前線の根拠地での活動については、瀧本弘之「抗戦時期新興版画の生成と展開」、瀧本弘之・奈良和夫・鎌田出・三山陵『中国抗日戦争時期　新興版画史の研究』研文出版、2007年、286〜293頁を参照。

(22)　春聯については、本書第1章註(38)、71頁を参照。

(23)　擁政愛民運動については、本書第1章註(37)、71頁を参照。

(24)　雲華「憶冀魯豫文工団在戦争年代的生活断片」、河南省文化庁文化志編集室・文化史料徴編室編『冀魯豫辺区文芸資料選編』5（以下、『冀魯豫文芸選編』5のように略記）、奥付なし、157頁。

(25)　JL6.13、7.18、7、28、8.15など。

(26)　JL46.5.29、7.2、7.18、7.22、8.4など。

(27)　王亜平「一年来的経歴」（1947年8月）『冀魯豫文芸選編』1、292頁。

(28)　李春蘭「冀魯豫区的民間芸術工作」（1947年10月25日）、同上63〜65頁。

(29)　李春蘭「冀魯豫文聯幹部大会討論問題的総結」（1947年4月）、同上244頁、冀魯豫文芸界協会「対於編刊写作美術工作右傾思想的検査」（1949年2月）、同上380頁。

(30)　労郭「今年我們怎様創作的新年画」（1948年11月）『平原』第3期（1948年12月）、5頁。藍白「年画工作中関於旧形式的運用」『平原』第2巻第2期、奥付欠。

(31)　王亜平「改造民間芸術」（1948年10月）『華北文芸』第2期（1949年1月）。

(32)　「民間芸術連合会対芸人的思想改造」『冀魯豫文芸選編』1、104〜105頁。
(33)　同上。
(34)　前掲李春蘭「冀魯豫区的民間芸術工作」、66〜69頁、「民間芸術研究会経過」『冀魯豫文芸選編』1、73〜74頁。
(35)　前掲王亜平「改造民間芸術」。
(36)　「保衛毛主席──記陽穀二区群衆大会」『新地』第2巻第4期(1947年4月)、9〜12頁。
(37)　馮紀漢「翻身」、華応申編『翻身』新華書店、1948年、28〜30頁。
(38)　冀魯豫区党委「関於開展立功表模運動的指示」(1947年3月18日)、中共冀魯豫辺区党史工作組辦公室『中共冀魯豫辺区党史資料選編』第3輯、文献部分(上)、山東大学出版社、1990年、268頁。
(39)　「濮陽万余参軍青年英雄会場電告毛主席朱司令　練好武芸奔赴前線不打蔣賊不回家」、中共濮陽市郊委党史資料徴編委員会辦公室『中共濮陽党史資料』第4集(以下、『濮陽党史』4のように略記)、1985年、1〜3頁。
(40)　劉衍洲「喜事」『冀魯豫文芸選編』4、50頁。
(41)　丸田孝志「国共内戦期、中国共産党冀魯豫根拠地の参軍運動」『広島東洋史学報』第15・16合併号、2011年。
(42)　濮県の人口は、「冀魯豫区行政区画人口及党的組織総合統計表」(1949年1月2日、張玉鵬・張文傑編『中共冀魯豫辺区党的建設』河南人民出版社、1994年、456頁)によると約120,000人であり、総世帯数は一世帯5人で計算すれば、約24,000世帯と推計できる。
(43)　楊敬仁「回憶濮陽5区党在解放戦争時期的工作」『濮陽党史』6、1988年、110頁。
(44)　冀魯豫民間芸術連合会指導室「民間芸人調査統計表」(1947年5月20日)『冀魯豫文芸選編』1、102頁。民間芸術連合会は同年秋に成立しているので、「芸術連合会」は「民間芸術部」の誤りと考えられる。
(45)　前掲李春蘭「冀魯豫区的民間芸術工作」、68〜70頁。
(46)　前掲「冀魯豫文聯幹部大会討論問題的総結」、243頁。
(47)　「一中芸術部総結報告」『冀魯豫文芸選編』1、89頁、李剛「宣伝走民衆路線的好様子──介紹一中芸術部画工訓練班経験」、同上164〜165頁。
(48)　前掲「一中芸術部総結報告」、同上164〜165頁。
(49)　『荘稼人怎様穿上軍装了』冀魯豫書店、奥付なし、56〜58頁。
(50)　「面子回家」の語は、土地改革によって土地が本来の持ち主である農民に戻った

ことを「土地回家」［土地が家に戻る］と称したことに由来する。
(51)　「昆吾提出支前秋徴後全県群衆熱烈献公糧」『濮陽党史』6、15頁。
(52)　冀魯豫区党委宣伝部「関於半年文芸工作的報告1948年7月－12月」(1948年12月)『冀魯豫文芸選編』1、350～351頁、申雲浦「提高文化是当前的政治任務─代発刊詞」『冀魯豫文芸選編』2、285～286頁。
(53)　前掲労郭「今年我們怎様創作的新年画」、5頁、前掲「関於半年文芸工作的報告1948年7月－12月」、346～347、350～351頁。
(54)　「関於半年文芸工作的報告1948年7月－12月」、351頁。
(55)　鄧野「1948年在冀魯豫辺区工作点滴」(1988年4月)『冀魯豫文芸選編』2、261頁。
(56)　前掲労郭「今年我們怎様創作的新年画」、7頁。
(57)　芸聯通訊組「新大衆版画工廠的成立」『平原』第3期(1948年12月)、230頁。
(58)　前掲「関於半年文芸工作的報告1948年7月－12月」、352頁。
(59)　前掲王亜平「改造民間芸術」。
(60)　王亜平「発展我区文芸工作的幾個意見」(1948年11月)『平原』第3期(1948年12月)、2頁。
(61)　「捉拿戦犯」、中国人民解放軍渤海軍区政治部編印『部隊文娯』、16頁、奥付なし。
(62)　冀魯豫行政公署「関於旧芸人的改造及農村劇運方向的指示」(1949年5月)『平原』第13期(1949年6月)、27～28頁。
(63)　「旧劇運改革問題」『平原』第4期(1948年12月)、23～24頁、「関於旧劇『打城隍』的討論」『平原』第6期(1949年1月)、19頁。
(64)　前掲藍白「年画工作中関於旧形式的運用」。
(65)　陳薀茜"総理遺像"与孫中山崇拝」『江蘇社会科学』2006年第6期、107～108頁。
(66)　JR45.5.2、TH45.5.14、ZY45.7.1など。作者の特定は、楊士俊「楊廷賓和延安時期毛沢東木刻像」『党史博覧』1994年第2期による。
(67)　John Fitzgerald, *Awakening China: Politics, Culture, and Class in the Nationalist Revolution*, Stanford University Press, 1996, p.30の孫文の宣伝画と芸術家の匿名性に関する叙述も参照。
(68)　顧棣・方偉『中国解放区撮影史略』山西人民出版社、1989年、口絵写真3頁、196頁。当時、「陝甘寧の放送と晋察冀の銅版」は、「八路軍の二大創造」と称されたという。
(69)　王景文「山東戦郵一版毛沢東像郵票之研究」『集郵博覧』2009年8期、21～22頁。

(70) 前掲顧棣他『中国解放区撮影史略』、250頁。
(71) 同上451頁、呉群『中国撮影発展歴程』新華出版社、1986年、359頁。
(72) 前掲呉群『中国撮影発展歴程』、345〜346頁。
(73) 楊小平『新中国撮影60年』河北美術出版社、2009年、30〜32頁。
(74) 同上。
(75) 竇応泰「開国大典主席画像的来歴」『文史博覧』2004年第12期、閆樹軍編著『天安門新影 1949-2009』解放軍出版社、2009年、15〜17頁。鄭の作品には、この他に『近影集』所収の肖像写真と同じ作品名の「毛主席肖像之一」(44年 延安にて)、「毛主席肖像之三」(45年)があると指摘されており(顧棣編著『中国紅色撮影史録』(下)山西人民出版社、2009年、621〜622頁)、『近影集』の肖像は、全て彼の作品と考えることもできる。しかし、上述のように呉が肖像①と同じ造形的特徴をもつ写真を撮影していること、肖像①を基にしたと考えられる林軍(魯迅芸術学院43年卒業生)の版画「毛主席」が、建国後の版画集では43年の作品とされており(李小山等主編『明朗的天―1937-1949解放区木刻版画集』湖南美術出版社、1998年、95頁)、肖像①が44年の撮影では時間的に矛盾が生じること、44年撮影の毛沢東の肖像は他に比較的多く存在すること、呉と鄭の作品は回想などでよく混同されていることなどから、肖像①を鄭の作品であるとする説はとらない。なお肖像①は内戦期の代表的肖像でありながら、管見の限り建国後の写真集には収録されていない(会場に掲げられたものが映り込んだ報道写真を除く。撮影者が特定されないことも、このことが背景にあると考えられる)。肖像①をモチーフに毛像が神像の代替として流布した記憶を消し去ろうとする意図とも推測されるが、詳細は不明である。
(76) 前掲顧棣他『中国解放区撮影史略』、70〜78頁。
(77) 鄭は最初東北を目的地にしており(前掲顧棣他『中国解放区撮影史略』、72頁)、呉は日中戦争終結後に東北に入って東北電影製片廠の創設に参加している(前掲楊小平『新中国撮影60年』、9頁)。これらから、中共は日中戦争終結後より、東北の最新技術を宣伝広報に利用しようとしていたことがわかる。
(78) 機関誌の版画像には一部に陰影の強いもの、陰影のないものなど、若干の印象の異なるものもあるが、表ではこれらも含めて図5-1の造形的特徴を備えたものを肖像①として整理した。また、上述の呉の撮影した42年の毛沢東像も肖像①に含めている。なお、機関紙の毛沢東像には左右が反転したものが確認されるが(TY45.5.7、5.9、ZY47.2.20)、このことは、毛沢東の容貌や像の形式に関する情報がまだ十分に

定着していなかったことを物語る。
(79) 中国人民革命軍事博物館『中国人民革命軍事博物館蔵証章図録』山東画報出版社、1997年、18、20、25頁。楊昊成『毛沢東図像研究』時代国際出版有限公司、2009年、45頁。
(80) 「寡婦光栄改嫁」『新地』第4巻第1期(1947年8月)、7頁、「婦女們的歓楽」同上第4巻2期(1947年8月)、頁なし、「新年画」、王大斌主編『太行木刻選集』山西人民出版社、1991年、205頁、張映雪「慶祝解放」、延安文芸叢書編委会編『延安文芸叢書』(12)美術巻、湖南文芸出版社、1987年、67頁、陶鈍等編『楊桂香』(連環画)、教育出版社、1949年、51頁、徐宏達『楊小林結婚』(連環画)、教育出版社、1950年、62頁。なお、前掲楊昊成『毛沢東図像研究』、88～90頁は、蔡亮の絵画「延安火炬」(1959年)の分析において、絵画の中に描かれた毛の肖像が「画中画」という「毛沢東図像学における注意に値する類型」であると指摘し、このような模式によって毛は、「益々生身の身体を離れたシンボルとなり、様々な人々が必要に応じて求め、発言権を争う際に依拠する疑うことのできない力となる」と主張している。このような画中画の手法は、上記のような内戦期から建国初期における版画、雑誌の挿絵、連環画において、既に素朴な形で試みられていた。
(81) 前掲「冀魯豫区的民間芸術工作」、67～68頁。
(82) 「一中芸術部総結報告」『冀魯豫文芸選編』1、91～92頁。
(83) 前掲芸聯通訊組「新大衆版画工廠的成立」、25頁。
(84) 林軍「毛主席」、前掲李小山等主編『明朗的天』、95頁。
(85) 張従海・漢風主編『燕趙文芸史話』第4分冊(書法巻、美術巻、撮影巻)、花山文芸出版社、2006年、442頁。
(86) 肖像②のもとの写真は、前掲閆樹軍編著『天安門新影』、15頁、前掲閆樹軍『紅舞台上的永恒―天安門楼上八版毛主席画像的絵制』中共党史出版社、2010年、40頁に掲載されている。前掲竇応泰「開国大典主席画像的来歴」、前掲閆樹軍編著『天安門新影』、閆樹軍同上書によれば、この写真は、朱瑞が48年10月に戦死した後、毛が遺品の中から発見したものとされる。また、開国典礼の肖像を、「きちんとした標準像」でなく、自由に撮影した写真から選びたいと主張していた毛が、49年9月頃に改めてこの写真を見て、往時の朱に思いを致して涙し、これを肖像に指定したという経緯が説明されている。これらの論著は、肖像②が既に45年の『近影集』に採録されていた事実や、47年3月発行の晋察冀中央局版『毛沢東選集』(同書の表紙写真には、

『近影集』の「毛主席肖像之三」が使用されている）の口絵を始め、朱瑞の戦死前にも使用例がある事実、49年の早くから代表的肖像として各地で使用されていた事実（表5-2、4）を無視している。また、この写真は偶然にとられたものとされるが、スナップ撮影の手法は当時の報道写真においても多く使用されたもので、呉や鄭の作品の特徴でもある。『近影集』が鄭の晋察冀画報社への赴任後、刊行された経緯も合わせ考えると、毛の肖像写真は、関係機関の厳格な管理の下に置かれていたと考えられる。以上から、上のエピソードは、事実の一部を取り出して美談を演出した可能性を排除できない。

(87) 寳坤「為天安門絵制毛主席巨像的人」『文史精華』1998年第6期、前掲閆樹軍『紅舞台上的永恒』、40頁。

(88) 毛沢東切手を分析した内藤陽介は、軍帽を被った朱徳像が軍の権威を示すものと考えられること、軍事的に安定した東北において肖像②の切手がほとんど使用されていないことから、肖像②を軍の権威の象徴と推論しているが（内藤陽介『マオの肖像―毛沢東切手で読み解く現代中国―』雄山閣出版、1999年、42〜56頁）、肖像②の性格については、49年以降に顕著に使用されているという特徴から考えるべきであろう。

(89) 47年6月から48年6月までに新たに164都市が中共の統制下に入り、更に48年6月から49年6月までに東北、華北、華中、西北の省都、大都市を含む482都市がこれに加わり、総計1061都市となった。「中国人民解放戦争三年概述」、中国人民解放軍政治学院党史教研室編『中共党史参考資料』第11冊、奥付なし、351〜365頁。

(90) 「党委会的工作方法」(1949年3月13日)『毛沢東選集』第4巻、人民出版社、1996年、1443頁、中共中央文献研究室編『毛沢東年譜(1893-1949)』下巻、人民出版社・中央文献出版社、1993年、465〜466頁。

(91) 『群衆』(香港版)第3巻第14期(1949年3月)、4頁の毛と朱徳、同第3巻第26期(1949年6月)、102頁、同第3巻第40期(1949年9月)5頁の墨書する毛、同第3巻第18期(1949年4月)、2頁、同第3巻第41期(1949年10月)、38頁の七全大会で報告する毛。

(92) 国民党・国民政府による孫文の象徴操作については、陳蘊茜『崇拝与記憶―孫中山符号的建構与伝播―』南京大学出版社、2009年を参照。なお、公式の報道写真・雑誌・新聞などでの肖像の顕著な統一の進展に対し、基層レベルでの肖像の統一は、建国直後においても十分でなかったことが地方の行政文書からうかがえる。建国直後に作成された「山東省人民政府関於懸掛領袖片規定的通知」(1949年10月13日)は、

「最近の調査によると、全省の各級人民政府機関、民衆団体の会場、礼堂および事務室、並びに一般の民衆大会および全ての公共の場所においては、指導者像を掲げることについて多くが不一致であり、粗製乱造して随意に掲げるものまであ」ると指摘している(山東省檔案館、全宗G004-01-0187-005)。

(93) Ralph Thaxton, *China Turned Right Side up : Revolutionary Legitimacy in the Peasant World*, Yale University Press, 1983、富田和広『現代中国社会の変動と中国人の心性』行路社、1993年。

第6章　中国共産党根拠地の追悼のセレモニーと土地改革期の民俗

はじめに

　本章では、日中戦争期・内戦期の烈士追悼のセレモニーと民俗利用の問題、土地改革の過程で現れた貧雇農の文化的な嗜好について検討することで、この時期の農民の心性の問題について論じ、前章において検討した内戦期の根拠地における毛沢東信仰のあり方に関連して、民衆反乱や革命に参加する民衆の心性および中国社会の国家イデオロギーに関わる問題提起を行う。内戦期全般を視野に入れて中共の政策を確認するため、晋東南根拠地・太行区・太岳区および冀魯豫区を中心に検討する。

第Ⅰ節　追悼会と民俗利用

① 太行区・太岳区の追悼会
　中共根拠地においては、民族防衛の戦争においてナショナリズムを高揚させる必要と、革命運動を推進する政権への忠誠を人々に喚起する必要から、烈士追悼のセレモニーに重要な位置づけが与えられていた。大量の犠牲者を出す戦時の環境においては、大規模な戦役、国共間の武力衝突、指導者の戦死・病死などの度に盛んに追悼会が開かれていたが、革命の理念を象徴する新暦の記念日もまた、重要な追悼の時間として位置づけられていた。陝甘寧辺区においては宣伝・動員一般における農暦の民俗利用が盛んになった42年以後も、追悼会は基本的に新暦記念日に行われていた（第1章）。追悼会は人々の生死観・他界

観に直接関わるため、他のセレモニーに比べて迷信や宗教の要素がつきまといやすく、これらと関係の深い農暦の時間が敬遠されたものと考えられる。寺廟や葬送の民俗の利用も同様に自制されていた。

　日中戦争期・内戦期を通じて、中共根拠地における最も重要な追悼の時間は抗戦建国記念日であった。晋東南根拠地、太行区・太岳区の追悼会の時間も、陝甘寧辺区と同様に抗戦建国記念日に集中しており、この日が内戦期まで一貫して重要な追悼の時間として位置づけられている。報道界、青年運動、労働運動などの各領域の烈士追悼は、それぞれの帰属集団の記念日において組織される傾向があった。その他追悼に使用された新暦の記念日のうちで、陝甘寧辺区と比べて幾分特徴のあるものは、紅軍成立記念日、パリコミューン・北平惨案記念日および東北淪陥記念日である。これらは、八路軍将兵と民兵という前線に特徴的な軍事的帰属集団のための追悼の時間でもあった（表6-1）。

　紅軍成立記念日は、八路軍総司令部の所在地となった太行区・太岳区の重要な記念日であり、軍隊の存在が決定的な意味をもつ前線の環境にあって、八路軍将兵の追悼に使用されることがあった。パリコミューン・北平惨案記念日と東北淪陥記念日は、日中戦争期の晋冀豫区、晋冀魯豫辺区において、軍区の軍事動員および民兵検閲の日とされており、農業の生産リズムに配慮しつつ遊撃戦を支える民兵を養成するために基層への浸透が重視されていた（第3章）。両記念日には、民兵などの追悼行事が行われることがあり、八路軍129師は43年にパリコミューン・北平惨案記念日を抗戦烈士公祭記念日とする決定を行っている(TH43.4.7)。東北淪陥記念日は、抗戦を象徴する重要な記念日であり、八路軍記念塔建設(XRH40.9.23、当初、抗戦建国記念日に建設予定、XRH40.6.7)、左権公墓・烈士記念碑建設（XRH42.9.11、9.25）といった重要な追悼行事に使用された。

　この他、統一戦線と中華民国の枠組みを象徴する国慶節については、40、41年に太岳区で烈士記念塔・碑建設が予定され（XRH40.7.21、TY41.9.24）、42年には太行区で各界連合追悼大会・朝鮮革命烈士追悼会が開催されるなど（XRH42.10.12)、第二次世界大戦の局面確定前後の国際情勢を意識しつつ、追悼の時

第6章　中国共産党根拠地の追悼のセレモニーと土地改革期の民俗　217

表6-1　晋東南根拠地・太行区・太岳区の記念日における追悼儀礼

月日	記念日名	39	40	41	42	43	44	45	46	47	48	49
1月1日	中華民国成立		△						△	△		
1月28日	一二八淞滬抗戦				△							
3月12日	孫中山逝世				△							
3月18日	パリコミューン北惨案				○	△						
3月29日	革命先烈記念	○										
5月1日	メーデー				▽				△			
5月4日	中国青年節			△	○							△
7月1日	中共成立	○						△	△	△		
7月7日	抗戦建国記念		△	○	△¹	△		○	○		○	○
8月1日	紅軍成立					△		○				
8月13日	八一三淞滬抗戦	○										
9月1日	記者節				△		△					
9月18日	東北淪陥記念	△	○		○							
10月10日	国慶節		[▽]	[▽]	△							

追悼儀礼には、追悼会、記念行事、黙祷、墓参などを含む
○：晋東南根拠地（～39年7月）での実施　　太行区・太岳区（39年8月～）
　　　ともに実施　あるいは晋冀豫区・晋冀豫魯辺区レベルの組織での実施
△：太行区（39年8月～）のみでの実施　▽：太岳区（39年8月～）のみでの実施
△¹は、太岳区でも追悼儀礼開催予定であるが、『太岳日報』欠号のため実施が確認できない
［　］は予定の報道のみで実施が確認できないもの
実際の儀礼の実施日が数日ずれている例もあるが、記念日と追悼の主旨に従い整理した
『新華日報（華北版）』『新華日報（太行版）』『新華日報（太岳版）』『太岳日報』の該当記事より作成

間として使用されることがあった。

　日中戦争の開始以来、軍・政府機関の駐屯する村では、当地の民兵の追悼を含む追悼大会が行われていた。これらが農民の意識や組織において、どの程度村の追悼会の実態を備えていたかは不明であるが、40年12月の冀南・太行・太岳連合辦事処［晋冀魯豫辺区政府の前身、「冀太連辦」と略称］による百団大戦と反掃討戦の烈士記念の規定が、民族英雄碑の建設、一村・一区を単位とした公祭の実施などを指示していることなどから推測して、中共が村レベルの追悼会に重要な意義を見出していたことは確実であろう。ただし、この規定には節句の利用についての言及はない（XRH40.12.11）。

日中戦争期の太行区・太岳区においては、農暦の時間を使用した追悼儀礼が7例見られる（表6-2、追悼準備委員会の発足を含めると8例）。また、遼県では41年の八路軍兵士の霊柩護送に際して、民衆の自発的な路祭が許可されており（XRH41.12.11）、路祭の許可は陝甘寧辺区の劉志丹公祭（43年）での実践に先行している。前線の根拠地は直接の戦場となり民間に多くの犠牲者を出すため、陝甘寧辺区よりも一定程度民俗に譲歩した追悼形態をとる必要があったものと考えられる。ただし、これら農暦の追悼儀礼の多くは公的には新暦記念日の記念活動として組織されていた。40年中秋節［旧8月15日］期間の百団大戦宣伝週は東北淪陥記念日の記念行事であり、烈士への哀悼は東北淪陥記念日に行われた。42年龍抬頭［旧2月2日］の范子侠・郭国言将軍らの追悼会も、公的には同日のパリコミューン・北平惨案記念日の行事であり、同年中元節［旧7月15日］の遼県の左権県への改名決定も東北淪陥記念日における左権（八路軍副総参謀長）追悼行事につながるもので、正式な改名は東北淪陥記念日に行われた。日中戦争期において廟などの民俗に関わる場所が追悼に使用されていることがわかる例は、42年7月の新華日報社等による同報華北分社社長何雲らの追悼のみである（XHR42.7.10）。総じて、この時期の太行区・太岳区の追悼行事における民俗利用は、陝甘寧辺区よりも活発であるものの、やはり限定的であったといえる。

　なお、前線の極めて不安定な根拠地であった冀魯豫区では、烈士追悼の儀礼での民俗利用が行われており、清明［節気：新4月5日頃］の烈士節への指定、廟を利用した烈士陵園の建設、「国民党特務」などの加害者に孝服［親族が着る喪服］を着せて犠牲者の祭祀をさせる儀礼など、太行区・太岳区では日中戦争終了後に本格化する民俗利用の追悼儀礼が、全て44年から確認できる（ZY46.4.15、JL.44.8.15、45.2.28）。日中戦争期においては、前線の不安定な根拠地で、中共権力が脆弱な地域ほど、民俗利用の追悼儀礼が積極的に組織化されるという状況が確認できる。内戦期に入ると、太行区・太岳区では、冀魯豫区で先行していた民俗利用の追悼儀礼が大規模に拡大されていく。

　日中戦争末期より中共根拠地では、「新解放区」を含む各地で、戦勝と解放の

第6章　中国共産党根拠地の追悼のセレモニーと土地改革期の民俗　219

表6-2　日中戦争期の太行区・太岳区における農暦を使用した追悼儀礼

時期	追悼の場所・主体　／　追悼内容
40年中秋節期	冀太連辦成立典礼／百団大戦宣伝週・烈士に哀悼
41年春節期	太行区／新四軍事件犠牲者追悼
	太岳区／新四軍事件犠牲者追悼
41年清明	報道界／陳宗平記者追悼準備委員会成立
42年沁源驟馬大会	沁源／范子侠・郭国言将軍等追悼
42年龍抬頭	八路軍129師・晋冀魯豫辺区政府／范子侠・郭国言等将軍追悼
	太行区各地／范子侠・郭国言将軍等追悼
42年中元節	晋冀魯豫辺区政府／遼県の左権県への改名決定
43年清明	太行区／八路軍129師烈士公墓起工式
45年清明	武郷／七年来抗戦死難烈士公祭

『新華日報(華北版)』『新華日報(太行版)』『太岳日報』の関連記事、山西省檔案館編『太行党史資料彙編』第4巻、山西人民出版社、1994年、1004頁、第5巻、2000年、1082、1091頁から作成

慶祝と同時に烈士追悼大会が盛んに組織されるようになった。この時期に烈士追悼が積極的に組織された理由は、抗戦の勝利、占領からの解放というナショナリズムの高揚する時期に、烈士追悼を通じて中共政権の正統性を訴える意図によることはいうまでもない。新解放区各地の解放慶祝大会では、烈士追悼大会や「漢奸」［民族の裏切者］の公審・処刑を同時に行うことで大衆の情念に訴える例も多く[1]、中共幹部やその協力者の功績の顕彰と犠牲者の追悼、対敵協力者の処罰を通じて、中共の権威の浸透が目指されていた。

　一方、太行区・太岳区では、44年末から貧雇農を動員した大衆運動が発動され、この過程において農暦の民俗はより大胆に利用されるようになっていた（第3章）。根拠地の追悼活動においても民俗利用が顕著になっていくが、ここに至るまでには、陝甘寧辺区での44年の廟会利用工作など、迷信に踏み込む民俗利用の経験が蓄積されていた（第1章）。閉会していた廟会も次第に復活し、これらを利用する客観的条件も整いつつあった。45年下元節［旧10月15日］には焦作市で太行第4分区の八路軍烈士追悼大会が開催され（TH45.12.1）、廟の敷地での烈士塔の建設も見られるようになった（XTY45.11.5）。

晋綏辺区の事例ではあるが、日本占領地区の民兵闘争に取材した小説「呂梁英雄伝」では、44年清明［節気：新暦4月5日頃］に康家塞という行政村で、民兵と村民の犠牲者の追悼会が開催され、民兵動員の場となる様子が描かれている[2]。『晋綏大衆報』にこの小説が連載されたという45年春以降には、節句を利用して村の追悼を組織し民衆を動員する手法が意識的に広められようとしていたと考えられる。

　抗戦勝利後初めての春節［旧正月］となる46年春節、晋冀魯豫辺区政府は、県を単位に烈士碑・塔を建設して公祭を行うことを指示し、抗戦烈士の記念運動が展開された（TH46.1.16、1.25、XTY46.5.25）。太岳行署は同年の民政工作方針の中で、専署・県・区・村レベルで烈士追悼会を開催し、旧来の神台・廟院・牌・楼・石碑を烈士祠・碑・塔・坊にすることを指示している（TY46.1.16）[3]。これより春節・清明・中秋節・下元節などの節句や廟会において烈士追悼会が盛んに開かれ、廟を利用した烈士追悼施設が増加していった[4]。左権県梁峪村では元宵節［旧1月15日］に烈士追悼大会を開き、火神廟山を「烈士山」に改めており（TH46.3.8）、村レベルでの民俗利用による追悼も確認されるようになる。

　抗戦烈士追悼運動を機に、晋冀魯豫辺区においても村の追悼会を題材とした小説が見られるようになる。『北方雑誌』創刊号に掲載された小説「母子」には、46年の元宵節期に、抗戦中の民兵烈士の遺骨を烈士山へ改葬する村の追悼会の様子が描かれている。村の防衛のために犠牲になった烈士の追悼を通じて情緒的に参軍動員が組織される筋書きは、上述の「呂梁英雄伝」と一致している[5]。

　村での追悼儀式の組織や記念碑の建設の具体的な状況を示す史料は乏しい。渉県和村鎮では、45年秋の傀儡政権の瓦解後に府君廟跡の小学校敷地に記念碑を建設するにあたり、当地の士紳何貴明が区の指導のもとに碑文を書き、石材の選定から碑楼の建設、追悼会の組織まで尽力したという。何一族は、民国初年以来の同小学校の建設・運営の他、解放後の村公所の仕事や合作社の組織、民兵・駐留軍への住居提供や前線動員などにも積極的に関与している[6]。新解放区での中共の追悼儀礼の組織は、特に内戦初期には、このように地元の有力者も巻き込む形で浸透していったものもあったと考えられる。

一方、45年11月の晋冀魯豫中央局拡大会議の決定を受けて、新解放区の大衆運動は「反奸反悪覇闘争」から「反悪覇減租清償闘争」[悪覇は地域の悪徳ボス]へ転換し、事実上の土地改革が本格化する[7]。土地改革の本格化と国共武力衝突の発生にともない、階級闘争の犠牲者の追悼会も組織されるようになり、烈士にはこれらの人々も含まれることとなった。46年春節期前後より各県城では、周囲の村の貧雇農が連合して地主と闘争する「訴苦復讐大会」[訴苦は、階級的抑圧の苦しみを加害者などの前で訴えることで、民衆が階級意識を獲得していく大衆動員の手法]が組織されたが、これらの大会では「悪覇特務」に殺された民衆の追悼会が開催され、遺族の「訴苦」により清算闘争が展開されることもあった(XTY46.3.7、3.9)[8]。その後も清算闘争、賃上げ闘争や武力衝突による犠牲者の大規模な追悼会が、時に「漢奸」、「特務」の公審・処刑を交えながら各地で継続し、大衆運動の展開に利用された[9]。太岳区では5月に黄河防衛の幹部・民兵58人が国民党特務に殺害された事件をきっかけに、武装委員会総会が全区の民兵組織に対し各地での追悼大会の組織と武装動員を呼びかけている[10]。

　この他、中共指導者や著名な民主党派人士の死は、全根拠地的ないし全国的な性格をもつ追悼として組織された。国民党に殺害された東北根拠地の指導者李兆麟、不慮の事故で死亡した秦邦憲ら中共指導者(四八死難烈士)、病死した中共指導者関向応・羅炳輝、昆明惨案で殺害された聞一多・李公樸らの追悼会は、全国の中共根拠地で同時性をともないつつ行われた[11]。特に四八死難烈士については、太行区・太岳区の各地でも大規模な公祭が行われ、民衆が孝服を着、跪拝礼を行うなど、民俗的な儀礼様式が積極的に導入されている[12]。太岳区各界連合の同追悼会は、農民代表の跪拝礼による祭祀から始まり、10,000人の農民が4時間の祭祀を行った(XTY46.4.25)。

　中共は44年末以降、階級闘争を推進して国民政府との対立を深めながらも、烈士追悼を通じてナショナリズムを擁護する姿勢を堅持していた。44年12月の太岳第1分区烈士追悼大会では国旗が掲揚され、党員として追認された烈士は孫文や黄花崗烈士に例えられた(XTY45.1.1)。太行各界の四八死難烈士追悼大会においても国旗は会場で使用された他、各専署・県で三日間の半旗掲揚が指示

された (TH46.4.25)。抗戦建国記念日は、46年以降も重要な追悼の時間として位置づけられた (表6-1)。同記念日における各地の烈士追悼会では会場・街頭で国旗が使用され (RR46.7.11、TH46.7.4、7.25)、内戦の再燃は蔣介石の売国行為として批判された (RR46.7.11)。46年の抗戦建国記念日には太岳行署所在地の陽城の烈士陵園が竣工し、その後多くの重要な集会が同陵園で行われるようになった[13]。太行区では抗戦勝利記念日 (9月2日) に際して、全区民兵検閲大会を開催して烈士追悼を行った他、各県での民兵検閲と烈士追悼を指示し (TH46.8.19、9.5)、左権では12,000人を動員した追悼大会が開催された (TH46.10.1)。積極的な烈士記念事業の組織により、46年12月には各種英雄大会に参加した「翻身英雄」 [土地改革闘争の模範、翻身は土地改革による抑圧からの解放] が、左権からの「沿路全てに烈士碑が建設されていた」と述べるほど烈士碑は普及していた (TH46.12.5)。45年8月の日中戦争勝利から46年中は、中共根拠地において各種追悼行事が最も盛んに行われた時期であるが、この時期は、根拠地での国旗使用が最も集中した時期でもある (第4章)。抗戦勝利、日本占領地の解放、停戦の実現、国民政府との中華民国の継承争いという状況に規定され、中共は政権の維持・拡大の重要な源泉としてナショナリズムを位置づけており、追悼会はその方針の下に組織されていた。

　内戦期の戦争の形態は、日中戦争期の根拠地内での遊撃戦から大規模な運動戦へと転換しており、土地改革を加速させて短期間の内に農民の政権への協力を引き出し、大量の兵士・民夫を確保する必要が生じていた[14]。太行区・太岳区では46年8月以降、大規模な参軍運動が繰り広げられるようになり、太行区では48年末までの4回の参軍運動により、計144,267人が動員された (TH49.1.1)。このような状況下、土地改革と参軍運動の熱狂を作り出すために、村レベルでの追悼のセレモニーが民俗に配慮しつつ組織されていった。

　47年前後、曲沃県では、犠牲になった同志のために烈士陵を造って毎年清明に全県の民衆が祭祀を行うと民兵に語ることで、参軍動員を推進していた[15]。これをそのまま受け取れば、同県の幹部らは、各村の民兵を少なくとも県レベルの郷土意識の下に動員できると認識していたことになるが、47年1月の『人

民日報』紙上では、太行区の一部の県の村において宗祠・廟宇を烈士祠としていることが取り上げられ、村レベルでの烈士追悼のあり方についての意見が提起されている。この記事の筆者は、他村の兵士の、「我々貧乏人が死んで祠堂に入れるなんて、本当にいつの世になろうとも考えられないことだ」との言を引きつつ、「集中的な記念塔式の建築」よりも「彼らの一宗・一社［社は、土地神を祭る組織］、祖宗墳墓の故郷で追悼される」ことが兵士には親しみを感じられ、このような風習が全辺区で推進されるなら、大いに前線の兵士の励ましと慰めになると主張している (RR47.1.28)。

　農民の宗族観念・家族観念に配慮したこのような追悼方式の提起は、前線の農民兵士にとって、県レベルでの追悼を名誉と感じるような広域な郷土意識が淡白であることを示唆するし、更に自らの死の意味が、国家・民族ないし階級闘争の大義のための犠牲として観念的にイメージできなかったことも示唆する。彼らが強固なナショナリズムや階級意識に裏付けられていたとすれば、むしろ追悼が一族や故郷に留まることを恐れ、より高い次元での「集中的な記念塔式の建築」による追悼を望んだであろう。中共はいずれのレベルの追悼も重視しながら、特に郷土防衛の舞台である村の追悼を村意識によって組織することにも注意を傾けていく。

　上のような議論が提起される中、4月、太行行署は、各県で烈士塔・亭・陵園を建設し、各村では烈士廟・碑・牌を建設するか、廟を修復して位牌を置き、記念日・節句に烈士を記念することを許可するようになった (TH47.5.5)。太行区第三専署は6月に、各村で旧廟を修築して烈士廟とし、節句に民衆を組織して公祭を行うことを許可する指示を出した (TH47.6.21)。9月には左権県政府が出向幹部の犠牲者の追悼を村で組織するよう指示し、「民衆の自覚」がある場合は烈士碑の建設を許可している (TH47.9.21)。

　この頃より、渉県原曲村で廟会を舞台に烈士と共産党員の追悼儀式が行われるなど (TH47.5.1)、村での烈士追悼が多数確認されるようになる[16]。渉県各地では、同年中共成立記念日の党組織公開を契機として土地改革が推進される中、党員烈士の追悼会が組織されていった。党組織を梃子に追悼儀礼が基層へ浸透

していく過程が確認できる。1区の党支部委員会会議では中共成立記念日の記念活動としての立功運動の展開にあたり、各基点村からの献花を受けて全区党員烈士26人の追悼会が組織され、烈士碑の建設が提起された（RR47.6.20）。3区西戌基点地区では、全区の翻身農民による中共成立記念大会において、同地区4カ村の日中戦争と内戦による党員烈士の名前の公開とともに追悼会が組織され（RR47.7.6）、9区（城関）では9カ村の民衆を動員した中共成立記念大会において全県204人の党員烈士の名簿が公開された（RR47.7.8）。

一方、太岳区の一部の部隊・機関では47年8月から、「階級の父母兄弟姉妹の追悼」という概念による追悼大会・復讐宣誓大会が開催されている。これは兵士や機関職員などの肉親の個別の死を直接の追悼の対象としつつも、訴苦の過程で肉親の死が階級的抑圧によるものであると認識させ、「地主階級とその代表の蒋介石」への復讐を宣誓させるものであった。このような追悼の演出にも、やはり民俗的な儀礼の様式や農暦の時間が利用された。第407部隊第8連［中隊］の大会では蒋介石の首に擬した饅頭(マントウ)を祭祀に使用し、「他日を期して蒋介石を殺し、本物の首で霊を祭ろう」と祈祷している。

これら兵士の多くは貧雇農出身であり、訴苦を経て自らの家族の死別・離散の原因を理解し、「敵」が誰であるかを認識するに至り、「自然に公祭と霊前での宣誓が」「民衆の要求とな」ったとされる（XTY47.8.29）。太岳軍区司令政治部直属隊では中秋節の直前（旧8月12日）に追悼・宣誓大会が開かれている。警衛連［警衛中隊］の兵士らの銃床には「階級の父母の仇を討とう」のスローガンが貼られ、323柱の階級父母兄弟の霊前で、全幹部・兵士が決心書を宣読した。宣誓後、霊位を担いだデモが行われ、蒋介石・閻錫山の藁人形が切り刻まれた（XTY47.10.3）。

太岳日報社の職員は中秋節を挟む20日間に訴苦運動を行い、階級の父母の霊前での復讐大会を開いている。霊堂の両側には蒋介石・閻錫山の藁人形が跪き、公祭に続いて個人祭と訴苦復讐立功の宣誓が行われた。地主の養子らは旧姓にもどり、地主の家と決別した（XTY47.10.17）。このような肉親の死を対象とする集団の追悼儀礼は、冀魯豫軍区の部隊内でも盛んに組織され、兵士の階級意識

の獲得のために利用されている⁽¹⁷⁾。

　肉親の死によって階級概念を喚起する集団的追悼会は、新解放区の一部でも組織されている。47年10月、聞喜県の全県雇貧農大会では「大訴苦」とともに「大祭霊」が行われ（XTY47.11.13）、同県ではこの後、翌年にかけて土地改革が急進化していく。曲沃県靳荘小区・曲村小区では土地改革後に祭霊復讐大会が開かれ、翌日の下元節にかけて参軍動員が行われた。同記事では、新解放区の大衆運動の経験を総括して、訴苦の過程で多くの民衆が家族の死について訴えると自ら霊牌・霊屋を作り始めるので、これを大祭霊に組織することが参軍動員の鍵になると指摘されている（XTY47.12.9）。47年8月、冀南区寧南県4区の貧雇農党員・積極分子集会では、中元節に全区17村39名の民衆が肉親289名の死を訴える「訴苦公祭大会」が開催され、霊前で地主2名を処刑した。

　以上のような追悼行事の組織化と民俗利用の進展により、日中戦争期には主に植樹に利用されていた清明は、重要な追悼の時間として定着する。清明の植樹は左権や「四八死難烈士」の記念植樹としての性格をもつようになった（TH46.4.11、47.3.15）。国民政府の民族掃墓節である清明の黄帝陵祭祀は、国共関係の悪化により40年から中共代表の参加が途絶えていたが、中共が48年に黄陵県を占領すると、同年清明には西北解放区軍・政界代表と黄陵県各界による祭祀が行われ（RR48.4.7、4.13）、民族・国家の正統な後継者として中共の地位は、民族の始祖の祭祀によっても主張されることとなった⁽¹⁸⁾。

　48年8月に晋冀魯豫辺区と晋察冀辺区を統合して成立した華北人民政府は、49年1月、「華北革命軍人犠牲褒恤条例」により清明を烈士墓参節と規定し、清明の追悼行事としての法的な位置づけが確定した（RR49.2.10）。同条例では、各地での記念碑・塔・亭・祠・林・烈士墓の建設、各級政府による烈士事跡編纂委員会の組織を許可しており、内戦勝利に向けた顕彰事業が開始されている。3月、華北人民政府は各省政府・行署・直轄市政府に対して、清明に華北解放後初めての烈士追悼会を組織することを通令し（TH49.3.19）、各地で追悼会が組織された（TY49.4.9、RR49.4.16）。また、同政府は清明当日、烈士史料の収集を各地に指示している（RR49.4.5）。太岳区では49年の造林植樹計画において、

各村の烈士碑・記念塔を利用した烈士林の造営が提起されているが[19]、この事業の遂行においても清明の烈士記念行事が浸透していったと考えられる。以後、中華人民共和国では清明の烈士追悼行事が定着していく。

② 他界の信仰と中共根拠地の追悼会

以上のような中共根拠地の追悼会は、民間信仰やその民俗とどのような関係にあったのであろうか。中国の民間信仰においては、その強い現世利益的志向の故に、死後の世界での救済を求める意識は淡白である。死後の世界は神仏の真理が支配する極楽浄土というよりも、現実世界を投影した、生前の世界の延長として意識される。また、このような死後の世界に住む祖先・死者の霊を正しく祭ることによって子孫の繁栄がもたらされるという、家族・宗族の枠組みを基礎に現世利益と繋がる形での霊魂の信仰が存在する[20]。内田智雄によれば、農村慣行調査では、「人間ハ死ンダラ万事終リ」、「死ンダ人ニ魂ハ」「ナイ」、「屍ヲ焼クト霊魂ノ宿ル場所ガナクナル」というのは「迷信ダ」、「位牌ニ『○○之霊位』ナドヽ書クノハ、死ンダ人ノ霊魂ニ付ケタノデハ」なく「単ニ記念ノタメダ」といった、非常に淡白な生死観すら示されていた。内田は、霊魂の信仰を迷信と切り捨てる「合理主義的な」生死観をもつ中国の民衆が、祖先祭祀や葬式を丁重に行う理由を、「古人ノ例ニ学ブダケ」、「礼ダカラ」という農民の応答を引きつつ、儒家の礼制によって人間の性情を陶冶し社会化しようとする中国の政治文化のあり方(同氏のいう「儀礼主義」)に求めている。大衆は、このような社会化された儀礼に権威を認め、これを模倣し、追従しているとされる[21]。内田の指摘は、宋代の新儒教の成立以降、儒教道徳・礼制の社会への普及・浸透が図られ、「庶人に下らず」とされた祖先祭祀が庶民へと広がっていく状況を示した諸研究の議論に符合している[22]。

中共の烈士の追悼のセレモニーでは、「一宗・一社、祖宗墳墓の故郷で追悼される」ことを望み、個別家庭の論理を基礎に肉親の死を悼む民衆の意識が組織・動員され、ナショナリズム、階級意識の涵養と中共の権威づけに役立てられていた。中共政権が土地改革によって復興した貧雇農の個別家庭をその重要な権力基盤のひとつとした以上、民衆のナショナリズム、階級意識は、このような

第 6 章　中国共産党根拠地の追悼のセレモニーと土地改革期の民俗　227

個別家庭の論理を色濃く反映しなければならなかったといえる。追悼会に組織された民衆の他界観は、個別家庭の祭祀の中に位置づけられるものであり、来世での救済や終末思想に彩られた千年王国的な他界観とは区別されるものであった。中共による追悼会の実施は、礼教の社会への浸透によって広く大衆に共有されるようになった祭祀の要求を、貧雇農層にまで実現させるものであったともいえる。

　上述のように、中共は日本とその傀儡政権が積極的に利用した仏教系の諸節句や宗教結社・会門を自らの権威づけに利用することはほとんどなく、一貫して独自の権威の確立を志向する姿勢を示していた（第3章）。追悼儀礼に関して言えば、中元節と重なる盂蘭盆は、個別に追悼での利用が見られるが、主に収穫祈願の側面が利用された。中共が組織しようとした民俗は、個別家庭や宗族の祭祀・儀礼としての、いわば礼教の側の民俗であり、千年王国的世界観を提示する会門に関わる信仰ではなかったのである。中共は中国の政治イデオロギーを継承して、毛沢東という新時代の真命天子を大衆に提示しようとし（第5章）、万民に均しい天としての均分思想を土地改革において実現しようとしたが、この時期の大胆な民俗利用にも関わらず、真命天子と均分思想を宗教反乱として提示する自律的な宗教結社とその「封建迷信」思想は、中共のイデオロギーの反対物として排除され続けたのである。

　中国の宗教世界と民間信仰においては、儒教・仏教・道教の教義や信仰は雑多に混交しており、信仰を統治や反乱に利用する諸政治権力や民衆にとって、本来これらの明確な境界が存在したわけではない。中共にとって重要であったのは、中共の権威に対抗する世界観へとつながる他界の信仰を排除することであった。このため、土地改革において毛沢東信仰に置き換えられる形で利用された土地神の信仰[23]は、死後の世界を司祭するもう一つの側面については利用の対象とはならなかった。土地神の生日は中元節＝盂蘭盆であり、土地神は泰山府君などの冥界の支配者の部下に位置づけられる。たとえ個別家庭の祭祀を基礎とする信仰であっても、宗教結社の世界観にもつながる他界の信仰は、中共には扱いにくいものであったと考えられる。

なお、清末の革命派知識人によって創造された民族の始祖としての黄帝のイメージは、この時期になっても基層の農村幹部には浸透しておらず、その存在から説明する必要があった(XD48.4.21)。民族の始祖の祭祀という観念はおよそ知識人と都市民にアピールするものであり、農民大衆へのナショナリズムの観念的な導入の難しさを示唆している[24]。農村根拠地において、国旗よりも個別家庭を司祭する神としての毛沢東像が受け入れられたように（第5章）、個別家庭の原理が優位に立つ中でのナショナリズム、階級意識、あるいは村意識の涵養は、その後の課題として新中国に受け継がれていったと考えられる。

第Ⅱ節　土地改革期の民俗

　中共は民俗利用を通じて民間への権威の浸透を図ったが、中共の歓迎しない民俗的な嗜好は、新たな時代の主役となった貧雇農にも現れていた。農村の古い秩序は土地改革により急速に崩壊していったが、本来、民俗や民衆の心性・信仰は急速には変化しえず、基層幹部もまた民間信仰と伝統的心性の中に生き続けていたこと、中共が短期的に土地改革を推し進めるために積極的な民俗利用政策を行ったことにより、伝統的な規範や価値観は新たな権力構造の中でも形を変えて継続していた。特に47年後半から48年前半の政策の急進化の時期には、急進化した政策と伝統的な規範や価値観が極端な形で共存することとなった。この時期には農村の権力が貧雇農団に移され、運動は基層幹部や党支部の統制も失って過激化していた。地主・富農・商人やその家庭の出身者が多くを占める知識人は敵対階級として扱われ、職務を解かれて処罰や監視を受けており、学校はほぼ停止状態に陥った。このため知識人が重要な役割を果たすべき文化工作も停頓し、幹部らも批判を恐れて大衆追随の姿勢になり、貧雇農の文化嗜好が直接的に反映される状況が生まれていた[25]。

第 6 章　中国共産党根拠地の追悼のセレモニーと土地改革期の民俗　229

① 迷信の横行

　上述のように中共政権は内戦期には民俗利用による追悼行事を盛んに組織したが、その一方で、葬送の民俗とこれら追悼行事との区別は明確に示されているわけではなかった。一部の農民は、追悼行事を政府が迷信を提唱しているものと考え、冥婚などの迷信行為を正当化するようになり、基層幹部らもこの問題を明確に説明できず、新聞社・雑誌社に問い合わせをせざるを得なかった[26]。陽城県上伏村では、全ての墓を破壊する運動が行われ(XTY48.5.17)、冀魯豫区南楽県仏善村では石碑・墓碑が全て撤去されたが(RR47.8.13)、このような追悼・埋葬の風俗一般を迷信と決めつけて廃止しようとする行動は、上述した追悼会と迷信を区別できない思考の、別の形での極端な表現といえよう。また、上述したような、現世への執着に比して相対的に淡白な他界観を保持してきた民衆の心性が、政策の急進化に誘発されつつ、過激な行動を引き起こしたとも考えられる。

　政策が急進化すると、各地で激しい反迷信運動が展開されたが、その一方で秩序の混乱と人心不安に乗じて、様々な形態の迷信が助長された。神への信仰の代わりに中共・毛沢東を崇拝する信念が人々の間に定着し、多くの農村で迷信が克服されたという中共の機関紙の主張にも関わらず、根拠地の民衆は政策の急進化にともなう治安の悪化と社会不安にともない、改めて神を求めて行動するようになり、各地で「霊験のある」洞窟、泉水、石仏、古井戸、蛇、神水、神薬などが探し出しされ、噂を聞いた群衆が各地から集まる事態も生じた。占い、霊験、神薬に頼る風潮が社会を覆い、これに乗じて会門の活動も著しく活発化した（第5章）。

　この時期、整党［党組織と思想の整頓］を恐れた各村の幹部は民衆の迷信行為を制止できず、自らもこれに参加して迷信を助長していた（XTY48.6.21）。民衆は、「現在は民主を実行しているので、民衆が神を敬うのを県長・区長も止められない」(XTY48.6.23)などと言って憚らなかった。沁水県の各地では旧6月6日の牛羊節に、願掛けのお礼参りのための「浪費」が盛んとなり、劉家村の民衆は、「政府は今、自由を実行している。香を焚き（神に）叩頭するのを禁止しない」、

「政府は今、神への信仰を提唱している」などといって、村長とともに羊神に叩頭した(XTY48.8.5)。政府は、迷信の横行を「悪人」や「反革命分子」の策動としながらも、「左傾の誤り」に「つけこまれた」ことを認めざるを得なかった(XTY48.5.15、TH48.5.18)。

② 民俗逆転の現象

　土地改革を通じて村落内で権力を握った貧雇農は、翻身慶祝大会やこれを機に行われた儀礼において、旧社会の秩序の中での貧雇農と地主の文化的役割を逆転させることによって、地位の逆転を確認した。聞喜県の新暦新年の祝賀会では、地主がドラ・太鼓の係となり(TY48.1.1)、曲沃県白水村では、農民の母の葬儀において、かつて自身の慶弔事に農民を使役した「封建富農」に「掃霊」の役目が割り当てられた(XTY47.10.9)。聞喜県蘇村の「反悪覇闘争」では、「悪覇」が家族ぐるみで犠牲者の霊柩を挽くことが要求され、その内の一人は自らの罪悪を自白しながら霊柩を挽いて村々を廻った(XTY46.3.9)。

　このような民俗逆転の儀礼は、冀魯豫区においても顕著に行われており、同区では47年に地主と貧農の土地・家屋を交換する運動が展開した。博平2区では、貧農が獲得した家に引越しする際に、地主夫婦が移動用の椅子を担いで扇子を持ち、楽器を鳴らしながら迎えに来た(RR47.9.20)。南楽では、貧農は闘争で得た新しい服を着、駕籠に乗って地主の家に移り住んだ(RR47.7.18)。観城と清豊では、農民が精神的にも翻身するため、自尊心を取り戻す「面子回家」の儀礼が行われ[27]、地主を集めて毛沢東像に叩頭させ、農民を「富大爺[金持ちの旦那]」「翻身大爺」と呼ばせた。この際、地主の服と農民の服を交換する「東西回家」[ものが家に戻る]も行われた(JL47.4.20)。

　同区では追悼の儀礼における民俗逆転も同様に確認される。高陵一区では、民衆の意見によって、既に死去した地元の地主「漢奸」孫歩月の全財産を没収し、犠牲者の遺族や被害者、傷痍軍人らに観劇させた上、孫歩月を顕彰する碑の名前を削って烈士名に換えて烈士碑とし、彼と姪の石像を壊して碑の前に跪かせた(JL46.7.19)。定陶で25,000人を集めた烈士追悼・「公審奸覇」の農民大会では、250人の「奸覇地主」が孝服を着て「十行五叩の大礼」を行った(RR47.7.22)。

第 6 章　中国共産党根拠地の追悼のセレモニーと土地改革期の民俗　231

禹城県万子街区の土地改革を題材とした馮紀漢の小説「翻身」では、主人公の破産戸「老槓頭」の息子の葬儀で、地主が「孝服」を着て叩頭し、死者を「父」と呼ぶよう強要されている[28]。上述した、死後に祠堂に入る望みをかなえる烈士追悼の方法も、伝統的な文脈で権威を主張しようとする貧雇農の心性に対応したものといえる。貧雇農は権力を手にした時、一旦は伝統に即した権威主義的な志向を顕著に見せたのである。

　模範の顕彰においては、伝統的な権威に価値を認める民衆の心性に依拠して、日中戦争期より民俗を利用したセレモニーが演出されていた。各種模範は「状元」[科挙の最高試験(殿試)の首席合格者]と称され[29]、「黄榜」[科挙の成績の掲示]をまねた「功臣榜」が街頭や大会会場に掲げられた(JL47.8.7、8.25)。模範や新兵は馬や駕籠に乗って行進し、首長の献酒・敬礼を受け、扁額を授与されるなどの名誉を享受した[30]。濮県6区の貧農大会では、死亡した貧農の家族らを「死難同胞」として追悼する儀礼が、「孝棚」[死者の霊を祀るかけ小屋]を立て、楽隊を招いて行われ、3,000余人の貧農を、「赤貧」を筆頭に状元、榜元[殿試の第二位合格者]、探花[同第三位合格者]の三等級に分類した(JL47.8.30)。

　科挙及第は、民衆にはおよそ縁のない世界の出来事であり、このような顕彰の方法は、権力側の誘導があったものの、流動性が許容された社会において民衆にも共有されていた権威の表現方法であったと考えられる。このことは、馬や駕籠に乗った新兵の歓送が「青年の喜ぶ方式」として考案されたこと[31]、1945年の冀魯豫区群英大会で冀魯豫軍区司令宋任窮が、状元として顕彰された各種模範・英雄に対し、「あなた達は、今回濮陽城に来て、誰彼に会い、洋楼に泊まり、馬に乗り、賞を貰ったからといって、帰省後、偉ぶってはならない」との訓示を与えていたこと(ZY45.3.30)などからも理解できよう。

　政策の急進化の時期、華北の根拠地では、地主・富農・中農の子供をも闘争の対象として教育の機会を奪い、地主・富農出身の教員を罷免し、年長の児童よりも教育水準の低い貧雇農に教師を担当させるなど、文化大革命を想起させる状況も生じた(RR48.5.18、5.20、6.10、TH48.5.22)[32]。新暦新年に貧雇農の家庭の子供には餃子を、地主の家庭の子供には粟を食べさせる学校もあった

という[33]。このような現象は家族概念に基づく貧雇農の報復行動と、上述した文化的な地位の逆転の確認作業が、階級概念を社会分析の手段とする中共の農村政策と結合して生まれたものと考えられる。また、中国社会においては身分固定がなくとも、権威の序列を礼制の下に厳格に視覚化する特徴が維持されており、その意味では、以上のような貧雇農の行動は伝統社会の心性の文脈の中に位置づけることができよう。

③ 旧劇の隆盛

　中共は、日中戦争期より農村での戯劇運動を組織し、農民による自作自演の簡便な秧歌劇[34]を奨励して政策の宣伝や政治動員に利用していた。47年8月の晋冀魯豫辺区文芸座談会での趙樹理の報告によれば、「大きめの村にはほとんど劇団があり、決まった季節になると、大小ほとんどの村が全て秧歌を行う」という状況になっており、翻身した貧雇農らが独自に旧劇、旧秧歌に対して「大胆な改造を行い」、「自由な言語・動作で現実的な内容を演じる」という傾向が見られた(RR47.8.15)というが、政策の急進化を経た後、多くの農村では「封建迷信」の内容と批判される旧劇がブームとなり、新劇よりも優勢となる状況が生じていた。

　太行区第5専区の調査によると、日中戦争初期には新劇の発展が民衆の歓迎を受けたものの、「民衆が翻身すると、要求が高くなり、現存の新劇では満足できず、旧劇がこれに乗じて復活し」、幹部・民衆ともに旧劇を愛好している状況が指摘されている。原因には、新劇の役者の政治・文化レベルの低さや台本不足などの他、「一部の幹部と民衆の低俗趣味と単純な娯楽の考え方」も指摘されている(TH48.11.22)。太行区党委の文芸座談会においても、「最近、旧劇が台頭して、新劇[の勢力]が下降している。その原因は、戯劇運動が脆弱で新劇が少なく、民衆の要求を満足できないからである」と指摘されている(TH48.11.4)。太岳区行署が主催した戯劇座談会においても、「旧劇が発展し、新劇はいまだ向上していない」状況が指摘されていた(XTY48.12.29)。生産に注意を払わず、大金をはたいて芝居道具を購入したり、役者を迎えて長編劇の練習に明け暮れる村もあり、貧しい村でも幹部が体面のために村民から徴発して劇を組織した。

批判を受けた例の中には、47年春節に全村で毛沢東像を購入し、毛へ感謝の手紙を書いた太行区左権県竹寧村、日中戦争期以来、28人もの党員を保持し、内戦期には県の工作拠点村となっていた冀魯豫区范県顔村鋪も含まれていた[35]。

　旧劇は神への奉納の性格をもつため、社会不安や迷信の横行は旧劇の隆盛を助長したと考えられる。安沢県安上村の副村長は、民衆の負担を省みず劇を続けたことについて、「劇をやらないと牛疫が起こる」、「劇をやって牛が死んだのなら、文句を言われない」と弁明している(XTY49.6.7)。戯劇運動の後進地区であった太行区・太岳区は、日中戦争期より旧劇の改造に腐心しており、48年においても改造劇の中には、時代背景を宋代に設定して毛沢東の遊撃戦術と護身符で戦うといった新旧混乱の劇が上演されることがあった(TY48.6.23)。ここからも旧劇の嗜好の根強さが確認できるが、このような状況は、中共が民俗的要素を動員することによって毛沢東の神格化を進めていたことに対する民間の当然な反応であったということもできよう。

おわりに

　中共は追悼のセレモニーを通じて大衆のナショナリズムと階級意識を情緒的に激発させて政治動員に利用するとともに、その権威を確立しようとしていた。そして、これらの観念を涵養するために、農民の宗族意識・家族意識と迷信の領域に踏み込む民俗が積極的に利用され、村の追悼が組織された。土地改革期の貧雇農らが示した、個別家庭の祭祀の復活、そこにおける地主と貧雇農の文化的役割の逆転、旧劇に対する嗜好などからは、地主層と農民諸階層の文化的価値観の隔絶よりも基本的な共通性が確認できる。身分固定がなく階層間の流動性が比較的大きい中国農村社会においては、厳然たる地主階級支配や明確な「地主文化」の存在を想定できず、上昇した下層農民は地主の文化的嗜好と礼に基づく祭祀を自身の理想として再現していた。土地改革における徹底均分と農民の家産均分の慣行との親和性を認める議論もあるが[36]、宗族の結合の建前

の下に個別家庭の論理が貫徹されるこの慣行こそが農民の階層流動化を促し、地主から貧農までの農村諸階層の文化的癒着を保証したといえる[37]。

　安定した階級支配がなく、基層社会における地縁的な共同性の薄い中国農村では、民俗は個別家庭の論理が顕著となる。村落その他の凝集性を生み出して文化的統合を達成する試みは、この状況の中に権威を創出しつつ個別性を克服する過程を経なければならないが、中共は知識人や都市民のナショナリズムを動員し勝利の展望を開いたものの、農村では貧雇農への依拠を強める政策志向により、民俗利用によっても有効な文化的凝集力を形成できなかったのではないかと考える。零細な小農経済を土地改革で極限化したところに現れる個別家庭中心の民俗の再生産現象から、ナショナリズムと階級意識の涵養という中共の目的を読み替えて改造に抵抗し続ける民俗の根強さを見ることもできよう。

註
(1)　TH45.9.13、9.18、10.21、XTY45.7.23、10.23、11.29、12.7、12.17。
(2)　馬烽・西戎『呂梁英雄伝』人民文学出版社、1984年、347～349頁。
(3)　太岳行署「関於1946年民政工作方針」『太岳政報』第9期（1946年6月）、6頁。
(4)　XTY46.4.5、4.9、4.21、47.1.1(増刊)、12.9、TH46.3.17、3.24、4.3。長子県志編纂委員会編『長子県志』海潮出版社、1998年、602～603頁。
(5)　黒丁「母子」『北方雑誌』創刊号、1946年6月、42～46頁。
(6)　魏宏運主編『二十世紀三四十年代太行山地区社会調査与研究』人民出版社、2003年、569～570頁。
(7)　太行革命根拠地史総編委会『群衆運動』（太行革命根拠地史料叢書之七）、山西人民出版社、1989年、54頁。川井伸一によれば、晋冀魯豫辺区のこの時期の分配原則は、地主的土地所有制一般を排除する最も急進的なもので、晋綏辺区の土地均分政策に継承され、徹底均分を掲げる「中国土地法大綱」の成立へとつながるものであった（「中国における土地改革運動：1946～1949—北部農村社会と革命的指導」『歴史学研究』別冊、1980年）。
(8)　この時期の太行区での都市・農村連合による土地改革闘争の状況については、内田知行『抗日戦争と民衆運動』創土社、2002年、第四章を参照。
(9)　TH46.3.3、3.24、3.29、3.30、4.3、4.19。

第 6 章　中国共産党根拠地の追悼のセレモニーと土地改革期の民俗　235

(10)　「総武号召為五福澗被害民兵復讐」(1946年)、太岳軍区司令部・政治部編印『太岳人民武装建設(材料彙集)』、1949年、奥付なし、44頁。
(11)　TH46.4.6、4.19、4.20、4.22、4.23、4.29、5.1、5.6、5.10、8.5、RR46.7.26、8.11。
(12)　TH46.4.25、XTY46.4.27、4.29、5.9。
(13)　XTY46.7.11、10.31、12.3、48.7.11、TY49.5.7、7.9。
(14)　小林弘二『中国革命と都市の解放──新中国初期の政治過程──』有斐閣、1974年、66～71頁参照。
(15)　武委総会「一年来群衆遊撃戦争的総結」(1947年8月)、前掲太岳軍区司令部他編印『太岳人民武装建設』、185頁。
(16)　TH47.6.21、6.29、8.23、RR47.7.10など。
(17)　ZY47.11.29、12.11、48.5.15、5.28。
(18)　柏明・李穎科『黄帝与黄帝陵祭祀』西北大学出版社、1990年、116頁によると、黄帝陵祭祀は、49年清明にも陝甘寧辺区教育長・黄龍専区専員によって行われ、中華人民共和国建国後は、少なくとも55年から62年まで省レベルの祭祀が確認できるが、63年以後断絶し、80年に復活した。
(19)　「太岳区造林植樹森林建設計画草案」(1949年2月20日)、李長遠主編『太岳革命根拠地農業史資料選編』山西科学技術出版社、1991年、453頁。
(20)　侯傑・范麗珠『世俗与神聖──中国民衆宗教意識──』天津人民出版社、2001年、第五章、渡邊欣雄『漢民族の宗教』第一書房、1991年、第一篇第二章。
(21)　内田智雄「華北農村家族に於ける祖先祭祀の意義」『同志社法学』第6号、1950年。
(22)　エヴリン.S.ロウスキ「歴史家による中国葬礼の研究法」、J.L.ワトソン・E.S.ロウスキ編(西脇常記・神田一世・長尾佳代子訳)『中国の死の儀礼』平凡社、1994年、井上徹『中国の宗族と国家の礼制』研文出版、2000年、第四章、溝口雄三・伊東貴之・村田雄二郎『中国という視座』平凡社、1995年、第二章。ただし、溝口らが提示する「礼治システム」は、村落レベルでの強固な宗族共同体の存在を前提としており、華北農村の村落としての凝集力の弱さを前提とする本書の立場とはずれがある。
(23)　土地神の性格については、増田福太郎『東亜法秩序序説』ダイヤモンド社、1942年(大空社『アジア学叢書』78、2001年復刻)、103～110頁を参照。
(24)　ただし、黄帝は前近代においても、一部農村で祭祀されたり、一部業種の職業神

として崇拝されることもあり（前掲侯傑他『世俗与神聖』、247頁）、地域・業種によって認知に偏差があったものと考えられる。

(25) TH48.4.23、5.5、5.22、6.4、10.16、TY48.6.21、RR48.5.18、6.5、6.10。
(26) 「給死人焼香対不対？」『新大衆』第11期（1945年11月）、46頁、「焼香、立像、築塔是不是迷信？」『工農兵』第3巻第3期（1946年1月）、23頁、TY48.5.1、RR48.8.13。
(27) 「面子回家」については、本書第5章、註(50)、208～209頁を参照。
(28) 馮紀漢「翻身」、華応申編『翻身』新華書店、1948年、33頁。『人民日報』は、日中戦争前、山東省莒県で「大悪覇」の飼う鷹を殺した農民が、孝服をまとい「鷹の父」のために泣くことを強要されたという記事を掲載しており（RR46.6.11）、農村の有力者がこのような懲罰法を使用していたことがわかる。また、国民政府の側でも、中共側に処刑された村役人の追悼において、彼を「父」、「叔母の夫」として泣くことを民衆に強要している例がある（李士珍「愈戦愈強的洪洞民兵」［1947年］、前掲太岳軍区司令部他編印『太岳人民武装建設』、144頁）。
(29) ZY45.3.14、JL45.1.11、2.10、47.4.19、5.16など。
(30) JL46.3.9、4.27、8.30、9.24、10.4、11.30、47.4.9、5.16など。
(31) 辺区青聯「対1944年辺区青運任務的指示」（1944年2月6日）、中共冀魯豫辺区党史工作組辦公室・河南省党委党史工作委員会『中共冀魯豫辺区党史資料選編』第2輯、文献部分（下）、河南人民出版社、1990年、273～274頁。
(32) 太岳行署第一処教育科「太岳区群運中学生教員成份及思想的変化」（1947年9月9日）、「太岳中学両年来的教学工作総括」（1948年5月2日）、馮毅主編『太岳革命根拠地教育資料選編』第一輯（初稿）、山西省教育志編審委員会、1987年、27～44、170～173頁。
(33) 「太岳中学両年来的教学工作総括」、172頁。
(34) 秧歌については、本書序章註(14)、28～29頁を参照。
(35) RR47.1.7、1.22、TH48.11.3、11.22、12.1、XD48.4.1、4.26、6.11、JL47.4.27、48.12.6。「冀魯豫行政公署関於旧芸人的改造及農村劇運方向的指示」（1949年5月15日）、河南省文化庁文化志編集室編・文化史料徴編室編『冀魯豫辺区文芸資料選編』1、25頁。
(36) 富田和広『現代中国社会の変動と中国人の心性』行路社、1993年、16～17、58～59頁。
(37) 均分相続と農村社会の階層的流動性の関係については、小林一美「家産均分相続

第 6 章　中国共産党根拠地の追悼のセレモニーと土地改革期の民俗　237

の文化と中国農村社会」、路遙・佐々木衞編『中国の家・村・神々―近代華北農村社会―』東方書店、1990年を参照。

第3部　組織と動員

第7章　日中戦争期・国共内戦期における冀魯豫区の
中国共産党組織

はじめに

　前章までの検討により、中共の大衆運動と戦時動員の諸政策は、村や階級の凝集力の向上を志向する一方で、土地改革による個別家庭の復興を通じて、個別性の強い民俗を再生する方向性をも持っていたことが明らかになった。中共が依拠した民俗は、統治階層のイデオロギーと峻別される千年王国思想などではなく、階層秩序と平等主義の理念を共に強調する儒教イデオロギー＝礼教の民俗であった。このように中共の戦時動員の方針は、個別家庭の民俗の原理に一定程度依拠しつつ展開していたが、周知のように、日中戦争期、内戦期において中共党組織は飛躍的な発展を遂げ、高い動員力を発揮して内戦に勝利し、中華人民共和国の建国に至っている。高橋伸夫は、ソビエト期の中共の基層組織について、基層社会の個別性や様々な社会関係に包摂された、散漫で統制の困難な組織状況を観察しているが[1]、日中戦争以降の党組織の発展の論理は、そのような状況とどのように共通し、どのように異なっていたのであろうか。また地縁的な組織性の弱さを背景に、状況依存的で柔軟なネットワークを展開して権力に接合し、あるいはこれに対抗する社会に対し、総力戦の課題を背負って干渉した中共権力はどのように向き合ったのであろうか。本章は、このような問題関心に基づき、この時期の中共地方組織の実態について検討する。考察対象は、中共組織について比較的詳細な史料を得ることができた晋冀魯豫辺区の冀魯豫区とする。

第Ⅰ節　日中戦争期における中共党組織の拡大と退縮

　日中戦争初期、冀魯豫省境地帯には山東省委員会（以下、山東省委のように略）、河南省委および北方局指導下の平漢線省委（後、冀魯晋省委）、直魯豫辺省工作委員会（以下、直魯豫辺省工委のように略）がそれぞれ管轄する小地区が散在していた。本来中共勢力の基礎の弱いこの地区では、国民政府専員の丁樹本、范築先らの部隊との協力の下、根拠地の基礎が築かれた。39年3月には八路軍115師、129師の一部が到着し、それぞれの地区が発展と崩壊の過程で複雑に離合集散しながら順次統合されて、冀魯豫区が成立した。まず、40年4月、直南・豫北と魯西南を合わせて、20の県委員会（以下、県委）を管轄下におく冀魯豫区党委員会（以下、冀魯豫区党委のように略）が成立し（ここまでの地区を、ここでは「旧冀魯豫区」と称する）、41年7月には、これと魯西区（魯西北・泰西・運西・運東の各区より成る。23の県委・工委を管轄）が合同して新たな冀魯豫区党委が成立した。42年10月には湖西区（旧蘇魯豫辺区）などを管轄下に収めた。44年5月には冀南区と合同し、冀魯豫分局が成立したが、45年10月に再び分離した。

　この地区は前線の極めて不安定な根拠地で、日本とその傀儡政権、国共両党、匪賊、会門の諸勢力が複雑な闘争を展開しており、日本占領区、国共統治区、遊撃区が目まぐるしく交替していた。40年以降の日本軍による根拠地への掃蕩、国民政府勢力との摩擦、急進的政策の失敗などにより、根拠地は絶え間なく縮小し（41年、3分の1に縮小、翌年、更に5分の1に縮小）、最も困難な時期には魯西区の2県を除くほとんどが占領されたが、43年末には、7専区、人口520万を擁する地区となり、46年11月には、7専区、70県、3つの行政直轄都市、人口1,356万人を擁する地区へと発展した[2]。

　権力交替の著しいこの地区の状況を豫北の滑県に即して見ると、同県は日中戦争初期には根拠地の中心地区であり、会門を救国会に改編し、国民政府系の軍と県政府を中共指導の政権に改造するなどして政権の基礎を築いたが、40年

以降の日本軍の掃蕩、県委書記の日本への投降などによって打撃を受け、長期にわたり遊撃区・日本占領区となった。その後、44年以降は激しい大衆闘争によって全区の模範となったが、内戦期には戦時負担などの問題により、数万人の会門の暴動が発生している(3)。

　中共の政策方針も変動を繰り返していた。冀魯豫区では、39年、40年から41年、44年から45年の大衆運動の中で、地主の生存を脅かし、富農・中農をも攻撃の対象とする急進的な政策が反復されては是正された。更に内戦期には土地改革の遂行を経て、47年後半から48年にかけて土地財産の徹底均分を目指す形で政策は更に急進化した。民衆は、このような激しい権力の交替と政策の転変に対して、その変化を予期し、あるいは恐れつつ、現政権や他勢力との距離を測る思考・行動様式（「変天思想」）をとり、自らの安全を保障しようとしていた。諸権力もまた、このような民衆の思考行動様式に対応しつつ、戦時動員と政権建設を遂行しなければならなかった(4)。

　冀魯豫省境地区の中共の党組織は、日中戦争開始前後の国共関係の転換とナショナリズムの高揚という状況を受けて復興し、党員の大量拡充を緊要の任務とする38年3月の中共中央「関於大量党的決定」の通達後、大規模に発展した。魯西区では、同年7月から9月にかけての「突撃発展工作」の中で、党員は500人余りから3,500人余りにまで増加し、翌年7月には更に8,000人余りにまで増加した。39年10月の中共中央「鞏固党的決定」の伝達後も「強固にする中で発展し」、30,397人となり、僅か1年半の間に60倍に増加した。旧冀魯豫区では、38年から40年の間、数度の動員による急速な発展を経て、党員は26,284人まで増加し、2年間に22倍となった（表7-1）。一部の地区では、より急速な党員拡大が行われていた。泰西特委の党員は39年1月からの5カ月間で、400人から1,300人余りに増加し、運西特委では3月から9月の間に、100人から2,400人余りに増加した(5)。

　八路軍地方工作隊と北平・天津地区からの流亡学生の救国運動によって外部から推進されたこの数年の党員の大量拡大には、厳格な入党手続が欠如していた。41年1月、北方局と第18集団軍総司令部は、38年の党の発展路線の誤りに

よって、大量の「日和見主義者」と「異分子」が党内に混入する深刻な現象をもたらした、と批判した。冀魯豫区党委の総括によると、「この時の党の現状は、発展の上で大部分は数の追求の方式をとり、一定の紹介手続きと入党儀式を経ることなく」、集団入党したり、訓練班開催の方式で大量入党させる現象も普遍的であった。その他、入党申請書が42元（35年、内黄県の一般雇工の月給は3元）で売られ、士紳が県委書記から入党志願書を奪い取って登録するといった状況が多く見られた。党員拡大の方針を現金収入の機会として利用する支部が存在する一方で、党員となることで党の保護を受け、権力を維持しようとする有力者が多く存在したものと見られる。また、ある党員は、「看青会に参加する者には、食糧を提供する」と言って、多くの貧しい農民を入党させたが、彼らの一部は、党費を払わなければならないことを聞くと慌てて離党した。入党と救国会入会を混同したり、家族を引き入れる者もいた[6]。

このような中共組織の発展方式は、国民政府の中共に対する姿勢にも影響を受けていた。中共は、国民政府勢力の優勢な状況下、合法組織としての抗日救国会名義で党組織を発展させており、大量発展の中で救国会と党組織が混同され、癒着する状況が生じていた。救国会の会議が党の会議と同じである支部や、民衆団体の人数よりも党員数の方が多い支部も存在していた[7]。また、国民政府は、39年以降、中共の党組織拡大に警戒を強め、中共組織の発展を制限し、基層組織を消滅させる方針をとり、各地で集団訓練等により教員などを国民党に入党させる措置をとるようになっていた。これに対し、中共は「数によって質に勝つ」という姿勢で党員獲得に臨んでいた[8]。

39年10月の中共中央「鞏固党的決定」の伝達後、次第に幹部の審査、支部の整頓が開始されたが、多くの地区は「党を強化する工作を単なる除名工作とみなし」、「極めていい加減に行った」。ある地区では除名計画を作成し、ある地方委員会（以下、地委）では区以上の全幹部を入れ替えた。東平県委と運西地委は3カ月間にそれぞれもとの党員の2割を除名した。また、除名工作においては出身階級の問題に注意が払われず、ある地区では、組織に忠実であっても教養がなく能力が低い農民が除名された一方で、「へつらいのうまいごろつき」が党内

第7章　日中戦争期・国共内戦期における冀魯豫区の中国共産党組織　245

表7-1　冀魯豫区中共党員総数(人)(概数を含む)

旧冀魯豫区		魯西区	
1938年4月	1,100	1938年	500
1938年10月	1,786	1938年9月	3,500
1939年	—	1939年7月	8,000
1939年2月	15,000	1939年10月	21,135
1940年5月	26,284	1939年末	30,397
1940年11月	11,207	1940年	—
1941年2月	10,505	1941年春	27,276
1941年8月*	10,653	1941年4月	31,244
冀魯豫区（1941年7月成立）			
1942年4月		36,993	
1943年末		29,517	

1942年以前の数字には、湖西区など、1942年以降に統合された地区の党員数を含まない
＊：旧冀魯豫区・魯西区合同後の旧冀魯豫区部分の統計
中共冀魯豫辺区党史工作組辦公室・中共河南省委党史工作委員会編『中共冀魯豫辺区党史資料選編』第2輯、文献部分（上）、河南人民出版社、1988年、66、133、577頁、同(中)、63、98、107〜109、124、131、191、193頁、同(下)、262、400、419頁、中共冀魯豫辺区党史工作組辦公室『中共冀魯豫辺区党史資料選編』第3輯、文献部分（下）、山東大学出版社、1990年、301頁、中共冀魯豫辺区党史編委会編『中共冀魯豫辺区党史大事記』山東人民出版社、1987年、88頁、『中共中央北方局』抗日戦争時期巻（上）、中共党史出版社、1999年、348頁、中共中央組織部・中共中央党史研究室・中央檔案館編『中国共産党組織史資料』第3巻（上）、中共党史出版社、2000年、672頁より作成

表7-2　滑県中共党員総数(人)(概数を含む)

1937年10月	10	1940年	1,600
1937年末	695	1942年	2,100
1938年末	2,000	1945年9月	4,890
1939年7月	9,000	1949年1月	5,869
1939年末	11,000	1949年9月	7,809

滑県地方志編纂委員会編『滑県志』中州古籍出版社、1997年、163〜167、176頁、『中共中央北方局』抗日戦争時期巻、上冊、348頁、『中共冀魯豫辺区党的建設』、441頁より作成

に残り、支部は依然として地主らに掌握されていると批判されていた[9]。下層の大衆の教育水準を考慮するならば、出身階級の条件と実務能力とは矛盾する要求であったとも考えられるが、このような状況もまた支部整頓の問題を複雑にしていた。

　上のような形で急速な発展を遂げた組織は、一旦困難に直面すると、たやすく崩壊した。根拠地は、40年6月以降の日本・傀儡軍の侵攻や国民政府系軍隊との摩擦、会門の暴動によって、深刻な打撃を被った。旧冀魯豫区では、これらとの闘争の中での「落後、逃亡、退却は、非常に深刻であ」り、40年5月に26,284人であった党員数は、翌年2月頃には10,505人にまで減少し、約6割が失われた（表7-1）。県区級幹部の43人が死亡、13人が逮捕され、2人が自首し、38人が「寝返」り、40年11月までに、県級幹部は98人から67人に、区級幹部は361人から306人に減少した。魯西区の泰西地委では、40年末の党員数8,382人が、41年末には4,586人に減少した。魯西区の41年6、7月の統計によると、近2年間の区以上の党幹部の死者は52人、「腐敗変節」は191人（県級11人、区級180人）であった（運西区の統計を欠く）[10]。「腐敗変節」した区級以上の幹部の数は、死者数の4倍近くであり、2年間の幹部の喪失数は現有幹部の4割弱にあたり、短期間に増加した幹部が大きく減少したことがわかる。

　県レベルの党員数の増減について、詳細な推移がわかるのは、管見の限り滑県の例のみである（表7-2）。日中戦争初期、根拠地の中心地区として発展した後、遊撃区となった同県では、37年末から2年間で党員数は16倍近くに伸びたが、40年には約7分の1に縮小し、内戦末期になっても39年の水準を回復することはなかった。

　党組織は内部から自壊することもあった。39年8月からの湖西区「トロツキスト」粛清事件がその顕著な例である。蘇魯豫辺区党委級の幹部が区党委書記を除き全員逮捕・監禁され、300人がトロツキストとして殺害されたこの事件では、党内の同郷の党員らが訓練後の工作配置に従わず、集団で帰郷を請願したことが契機となった。同郷の紐帯という社会結合に依拠した組織の拡大と党の組織原理との乖離が、疑心を生む温床となっていた。党員8,000人を有した蘇魯

豫辺区は、これにより崩壊し、魯西区、山東分局の管轄を経て、42年10月、冀魯豫区へ編入された。粛清工作の混乱を受けて、根拠地では会門の蜂起が起こり、多くの地区で党員が殺戮され、旧冀魯豫区では党員2,000人余りが生き埋めにされたという[11]。

　40年5月頃の旧冀魯豫区と魯西区の党員総数は5万数千人と見られ、41年7月の両区合併時の党員総数は約40,000人と推定されるが、43年末には約30,000人に減少している。40年以降、戦闘、組織整頓による除名、粛清、自然災害などにより、党員数は減少の傾向にあった。表7-1に崩壊以前の湖西区の党員数を加えると、日中戦争開始後の約6年で、この地区の党員は6万数千人増加し、3万数千人減少したことになる。以上のように、中共党組織は大きな振れ幅をもって発展、退縮していた。

第Ⅱ節　党員の質、規律、流動性

① 入党動機

　上述のような短期的動員による組織の拡大は、血縁・業縁など何らかの社会関係を党内に持ち込む可能性が高く、革命の前衛党員としての認識は党員には十分ではなかった。魯西区党委の41年春の総括によると、40年2月以前、「階級意識の全くない党員が大多数を占めており」、大部分の一般党員は、抗日のため入党していた。支部委員以上の幹部訓練班においてさえ、2分の1近くの者がこのように答える状況であった[12]。

　41年9月の工作報告によると、党員の入党動機は、「抗日救国が絶大部分を占める」他は、合理負担を実行するため、漢奸［民族の裏切者］として捕まえられたり、罰金を取られないため、何かの道門に参加しておけば、ひどい目にあわなくてすむ、党に参加すれば仕事に便利であり、安全である、というものであった。上述のように救国会に参加していると考えていたり、何の団体に参加しているか理解していない者もいた。ある富農の支部幹部は、党が貧乏人の利益を

図ると聞いて離党した[13]。ソビエト期に比べれば、抗日意識の浸透という点で政治意識をもつ党員が増えていたことは認められるが、階級意識は鮮明ではなく、自らの便宜や安全のため入党する人々の状況がうかがえる。そして、このような状況はその後も大きく変化したわけではなかった。43年12月の工作報告によると、支部幹部級党員の入党動機は、圧迫を受けないため、共産党のため断固として抗日する、家族のためにいいことをしてやれる、飯を食い、新中国を作るため、プロレタリアートのため、財産の保険のため、何かの便宜を図れる、党の威厳を借りるため、となっており、保護を求め、私的な便宜を図ろうとする動機が政治的な動機と混在していた。同報告は、依然として入党手続きの厳格化を強調し、「発展の中で断固として詐欺、強制徴発、誘惑の方式に反対すべきである」としている[14]。

② 会門組織との混同・癒着

更に深刻な問題は、党員が「党の組織を軍隊組織の封建団体、ひどい場合には迷信団体と見なしていた」ことである。中共は「暗八路」、「秘密救国会」、「秘密八路」、「秘密道」、「共産道」などと理解されていた。「これは在家八路だ」、「我々の秘密道には、将来いいことがある」などと語り、新入党員を獲得する者もいた。自分の信じる宗教結社と党組織を混同させて、「朱徳は一地域の支配者になれる、入党して朱徳を守る」と語る者、マルクス・エンゲルス像を掛けるのを神を祭るものと考える者、自ら巫神になる者もいた。対外名義を救国会や「八路軍工作隊」とする中共の非公開活動の形態は、秘密の政治目的を掲げて組織を拡大する会門の活動に通じるものがあり、民衆が中共を「暗八路」などと理解するのにも十分な理由があった[15]。一部の民衆は、この地区において普遍的な会門の組織形態の影響下、会門と同様の保護機能を求めて入党していた。

一方、中共は日中戦争初期、民衆救亡団体の代替として村単位の会門を合法化し[16]、これらを改造して、大衆を獲得する方針を立てていた。王従吾（豫北地委書記）は、親戚友人、同郷、同業など、様々な社会関係と合法的地位を利用して、会門組織に接近すること、会門の大衆に工作員を信用させ、支持さ

せるために、必ずその組織に参加することなどを指示していた[17]。根拠地の会門は、救国会、自衛隊に組織され、会門工作は一定の成果を上げていたが、上述のような中共組織の脆弱さと民衆の行動様式は、中共と会門の境界を曖昧にすることもあった。長垣県の党員は皆、大衆が会門から利益を得ていることを理由に、「会門は消滅させるべきではない」と考え、大部分が会門に参加し、首領になる者もいた。聖道会に参加したある区委員会（区委）書記は、離党を要求して「党は人道であり、私は天道だ」、「天道と人道が一つになる時、再入党しよう」と語った。湖西区では専署参議議員に選ばれた無極道［会門の一派］首領が、八路軍の組織を利用するなどの方法で組織を拡大し、その後国民党の協力の下、暴動を起こしている[18]。

③ 規律問題と党支部の状況

　旧冀魯豫区の地委訓練班の30数人に、偽の自首の可否を問うたところ、3分の2が賛成し、残りは特に意見はなかった。転変する前線の環境において、このような態度は大衆が自身の安全を保証する有用な方法であったと考えられる。国民党による自首強要も組織的に進められており、基層の党員が集団で自首し、一部が国民党に入党することもあった[19]。41年、北方局と第18集団軍総司令部は、旧冀魯豫区の「党は依然として強固でなく、不健全であり」、「区村両級には大きな問題があり」、「思想的に組織はまだ多くの混乱現象が存在している」、「多くの党の政策は実行できず、多くのよい政策、よい決定は下にいくと変質し、いくつかの誤ったものがかえって断固として実行されている」、「党内のレベルは低く、党の政策は一般党員に理解されていないだけではなく、党の幹部にも理解されていない」[20]と指摘している。党の任務、政策などに対する党員の認識は非常に不足しており、魯西区委が41年に行った県区級党員に対するテスト（対象と人数は質問によって異なり、70から20人）では、17の質問中、正答率が50％を上回ったのは4つだけであった[21]。

　40年夏頃からの旧冀魯豫区の支部整理の基準は、①会議を開催できる、②党費を納める、③秘密を守る、④法令を執行する、⑤党員は軍と民衆団体に参加する、というものであった。これらの要求は高いものとはいえないが、第3地

委198支部の中で、条件に合致したものは18支部だけであった。41年8月の統計によると、旧冀魯豫区全946支部の中で徹底的に改造されたのは80支部のみで、半数が一般的な改造を受けた[22]。41年7月の党内工作報告において示された模範党支部の条件は、①堅強な自衛隊と民兵を有する、②10分の1か最低1人の党員が従軍している、③逃亡兵の原隊復帰を保証する、④全党員が民衆団体に参加する、⑤6割の民衆を民衆団体に組織する、⑥村長が民選され、三三制の村政委員会をもつ、⑦撫抗法令［抗日部隊兵士の家族への優待法令］・新合理負担を保証する、というものであった。この時に示された目標は、全支部の約3分の1を整理して、約2％の模範支部を創造するという水準であった[23]。およそ党の政策理念が基層の支部に徹底・貫徹されることは前提となっておらず、これらはまず模範地区で試行されるべきものであった。また、模範支部は戦時動員において多大な負担を強いられたことは確実で、整理によって支部が一時活性化し、模範となったとしても、「模範村は、暫くすると衰える」という過程が「ほぼ発展規律になってい」た。過去に模範となった古い基礎のある支部が、県委の整理により消滅した例もあった。模範のこのような状況もまた、ソビエト期に類似している[24]。

　表7-3は、42年春における全区支部の状況である。それぞれの支部のレベルの具体的基準は示されていないが、おおよその傾向を見ることはできる。「模範支部」は上述の基準と一致するならば、当初の目標の10分の1に留まっている。「最良支部」は、模範支部の条件をある程度達成したものと考えられ、当初の模範支部創設の目標数にも近く、支部整理の一定の成果を示していると見られる。これらと「比較的よい」、「普通」を合わせると、718支部となり、約4分の1の支部が一定の基準に達していたことになるが、これとほぼ同数の支部が「最悪」と判定されている。更に4割近くの支部は「情況不明」であった。「最悪」の支部の具体例なども示されてはいないが、他の報告によれば、地主や商人のみで支部が構成されていたという階級的な問題の他、巨北の一支部が「漢奸」嫌疑者、辺幣の偽造者、一貫道信者、村の土地を隠匿した者からなっていたというような、党の政策に敵対的な行動をとる支部の例が確認される[25]。

第7章　日中戦争期・国共内戦期における冀魯豫区の中国共産党組織　251

表7-3　1942年冀魯豫区中共支部整頓の結果［全支部数(3,076)　支部数( )内は%］

模範支部	最良支部	比較的よい	普通支部	小さく無力	討論で整理	未整理	最悪支部	情況不明
6	59	63	590	91	309	38	723	1,197
(0.2)	(1.9)	(2.0)	(19.2)	(3.0)	(10.0)	(1.2)	(23.5)	(38.9)

「冀魯豫辺区抗日根拠地発展史略」(1944年)『中共冀魯豫辺区党史資料選編』2下、417～418頁より作成

表7-4　魯西区中共幹部党歴(1941年)(%)

	5年	3年	2年	1年	半年以下
県級(130人中の一部)	4.8	25.0	60.0	8.8	―
区級(510人中の一部)	―	8.7	40.4	46.1	4.8
支部(3362人)	―	1.6	25.5	45.7	27.2

「冀魯豫鞏固党参考資料」(1941年12月)『中共冀魯豫辺区党史資料選編』2中、185、191頁より作成(県区級幹部は6、7月の統計、支部幹部は10月の統計)

表7-5　冀魯豫区中共幹部党歴(1941年9月)(%)

	7年以上	5年	4年	3年	2年	1年
県級(62人)	8.1	16.1	58.1	14.5	―	―
区級(159人)	抗戦前から	3.0		14.5*	65.4	17.0

「冀魯豫区党委的工作総結」(1941年9月20日)『中共冀魯豫辺区党史資料選編』2中、135頁、「冀魯豫辺区抗日根拠地発展史略」同2下、407頁より作成(*は、3年以上)

表7-6　1943年末冀魯豫区中共党員党歴

入党年	人数	%
1937年以前	95	0.6
1937年	81	0.5
1938年	625	4.0
1939年	2,203	14.2
1940年	2,038	13.1
1941年	1,691*	10.9
1942年	2,479	16.0
1943年	6,315	40.7
総計	15,527	100.0

「冀魯豫区党委給北方局的電報」(1944年2月12日)『中共冀魯豫辺区党史資料選編』2下、277頁より作成(第2・第3・第5・第6・第7地委の統計)
*原資料は「9,691」。しかし、総計が5つの地委の党員総数をはるかに超えるなど、過大な数字であることが明らかであるため、同様のやや古い党歴統計(「冀魯豫辺区(各地区)党員及党組織情況統計」[1944年1月]『中共冀魯豫辺区党史資料選編』2下、265頁)の数字「1,605」を参照して「1,691」に修整した。

④ 流動性

　日中戦争開始後に急速に拡大した中共党組織は、当然ながら経験の少ない新入者が多数を占める組織であった。41年の魯西区の支部幹部3,362人の統計によると、党歴1年以下の者は実に72.9%を占め、3年以上の者は1.6%のみであった。区級幹部については、不完全な統計では魯西区、旧冀魯豫区ともに、大部分は日中戦争開始後の入党者で、党歴も2年以下の者が多数である。県級幹部も日中戦争以降の入党者が多数を占めていたが、党歴は下級より顕著に長い（表7-4、5）。党員全体については、表7-6に見るように、43年末においても党歴2年以下の党員の比率は党員総数の67.6%で、党歴1年以下の党員は約4割を占め、党歴の短い党員が多数を占める状況が継続していた。

　区以下の幹部・幹部よりも党歴の長い県級幹部層が、長期的に安定して工作に従事していたともいい難い。根拠地の破壊、除名をともなう組織整頓や粛清などにより、彼らもまた時折激しい淘汰にさらされていた。40年6月からの日本軍の根拠地への侵攻後、旧冀魯豫区第2地委の6つの県委幹部46人中、残留して工作を続けた者は18人であった[26]。県レベルの中共の『組織史資料』によれば、県委書記の在任期間も比較的短く、多くは数カ月から1年ほどで交替している[27]。

　また、古参党員が全幅の信頼を得る条件を備えているわけでもなく、彼らには経歴の問題があった。上の旧冀魯豫区の幹部審査によると、県以上の幹部の内、日中戦争以前の入党者の大部分は、連絡を失うか入獄・自首した者や党籍・[共産主義青年団の]団籍不明の者で占められていた[28]。王従吾、潘復生といった区一級レベルの指導者も、入獄経験者であった。内黄では47年時点で日中戦争以前の入党者が300人いたが、37年9月時点で河南省全域の党員は150人であったとされる。また、翌年4月、同県の属する直南特委の下に組織された党員は100人余りであったという統計もあり[29]、これら日中戦争以前の入党者300人の多くは、他県からの異動を除けば、連絡を失うか入獄・自首していた可能性が高い。このような状況は華北では珍しいことではなく、日中戦争初期には出獄した多くの党員が組織再建に活躍していた。

しかし、離脱・入獄自首経歴者を党内に多く抱える状況は、厳格な幹部審査と思想教育の必要性を組織に認識させたであろうし、根拠地において主観的な危機意識が高まった際には、容易に彼らに対する懐疑を呼び起こし、粛清の引き金を引く要因となったと考えられる。皮肉なことに、湖西区「トロツキスト」粛清事件の指導的人物となった王須仁もまた、日中戦争以前に入党した自首経験者であった。王は、日中戦争後に中共根拠地に入ったいわゆる平津流亡学生であり、韓復榘の第三路軍政訓処で訓練を受けた後、魯西南工委の紹介で同地区に入り、湖辺地委組織部部長となった[30]。党の発展時期には組織の拡大に比して知識人幹部の組織経験者が少なく、このような背景を持つ離脱者が復党し重要な地位を占めることも可能であったと考えられる。

　古い支部にも同様に問題が指摘されていた。范県のある村の支部は日中戦争以前の組織で、「先輩風を吹かせて、指導しにくく」、日本軍の包囲に際して全村が日の丸を掲げ、中共側の負傷兵がこの村へ隠れると、銃とともに行方不明となり、敵が来ていないのに物資が奪われたと主張した[31]。

　41年半ば頃から43年にかけて、党員数は全体で約10,000人減少したが、この間も新入党員が補充され続けたので（表7-1、6）、実際の党員の喪失数（死亡、離党、連絡喪失、除名、投降など。少数の異動の可能性もある）は、この数字よりも高いはずである。41年時点の冀魯豫区の6つの地委の中で43年末までに党員数が減少したのは、第1・第3・第4地委の3つであり、他の地委は全て増加している。第1・第4地委については各年の党歴表を欠くため、詳細な増減状況が不明であり、一応両地委のこの間の党員減少数、14,525人が最低の喪失数となる。第3地委を含む他の4つの地委は、41年時点の党員数と43年末時点で残留している41年までの入党者数がわかる。前者の数は年途中のものなので若干正確さを欠くが、前者から後者を減じた7,229人を一応この間の喪失数とする。これにより、全区の喪失数の総計は21,754人となる。第1・第4地委は破壊が激しい地区であったので、第3地委並の党員の淘汰（41年までの入党者の残存率、34%）が行われたとすれば、両地委で更に約7,000人が喪失していたという見積もりも可能であり、全区党員の喪失者数は、約29,000人になる。おおよそ

41年半ば頃までの入党者は、2年数カ月の間に5割から7割ほど減少したこととなり、激しい流動性が確認できる[32]。

⑤ 階層・教育水準など

　41年以前の各種統計によると、党員の圧倒的多数は農民（農村家庭出身の学生、商人らを除くと、農民の比率は7割強）で、中農は総数のおよそ3割から4割、貧農はおよそ5割から7割を占めている。中共は党を強化する方針の下、党内の階級成分の改善を強調していたが、43年末の統計においても階層構成に大きな変化は見られない。表7-7に見るように、「階級成分」においては貧農と中農が86.7%と圧倒的多数を占め、労働者は極めて少ない。「社会出身」は、家族を含む本来の経済的基盤や職業上の分類を示すものと思われるが、表7-7と表7-8の労働者数の大きな差異は、雇農の一部を農村労働者として統計していることが関係していると思われる。

　県・区・村（支部）級の各幹部間においては、階層構成について顕著な差異を見出すことができる。表7-9、10のように、県級幹部の7割から8割程度が学生出身であり、農民は5%から12%程にとどまり、反対に村級（支部）幹部では学生出身は1割にとどまり、8割が農民である（なお、表7-12との対比から、学生は初等教育の高等小学校以上の学歴を指すことは明らかである）。「階級成分」としては、県級幹部の4割、区級幹部の2割ほどが地主・富農に分類されている（表7-11）。これらから、中農以上の家庭出身の一定の教育水準をもつ人々を中心とした県級以上の幹部と、貧農・中農を中心とした村級幹部と一般党員、その双方の性格を持つ区級幹部という構図が浮かび上がる。2年間でこの構成に大きな変化は見られないが、区級幹部の学生出身の比率が若干向上しており、一部に比較的高学歴の区級幹部がいることから、42年以降の簡政［行政の簡素化］政策により、下級組織の強化のため、上級から幹部の補充が行われたことが推察できる。党員全体の「階級成分」や「社会出身」と比較するなら、いずれのレベルでも学生・富農・地主の割合が高く、また地区級・県級では労働者の割合が高いことが確認される。上級幹部の労働者の中には、日中戦争以前の都市の労働運動から成長した外来幹部も含まれていたと考えられる。

第7章　日中戦争期・国共内戦期における冀魯豫区の中国共産党組織　255

表7-7　冀魯豫区中共党員の「階級成分」(1943年末)

	労働者	雇農	貧農	中農	富農	地主	その他	合計
人数	46	556	11,002	5,536	921	208	796	19,065
%	0.2	2.9	57.7	29.0	4.8	1.1	4.2	

「冀魯豫辺区(各地区)党員及党組織情況統計」(1944年1月)『選編』2下、264頁より作成(第2・第3・第4・第5・第6・水東地委の不完全な統計　第1・第7地委の統計を欠く)

表7-8　冀魯豫区中共党員の「社会出身」(1943年末)

	労働者	農民	学生	商人	兵士	自由職業	その他	合計
人数	430	14,525	592	989	120	11	314	16,981
%	2.5	85.5	3.5	5.8	0.7	0.06	1.9	

「冀魯豫辺区(各地区)党員及党組織情況統計」(1944年1月)『選編』2下、264頁より作成(第2・第3・第4・第5・第6・水東地委の不完全な統計　第1・第7地委の統計を欠く)

表7-9　魯西区中共幹部の「成分」(1941年6、7月)(％)

	労働者	農民	学生	商人	兵士	その他
地区級	10.0	—	90.0	—	—	—
県級	2.9	5.8	86.3	1.0	1.0	3.0
区級	0.6	43.9	49.1	3.5	—	4.8
支部級	3.2	80.8	9.0	2.7	—	0.3

「冀魯豫鞏固党参考資料」(1941年12月)『中共冀魯豫辺区党史資料選編』2中、185頁より作成

表7-10　冀魯豫区中共幹部の「社会出身」(1943年末)[人()内は％]

	労働者	農民	学生	商人	兵士	自由職業	その他
県級(174人)	6(3.4)	22(12.6)	120(69.0)	2(1.1)	4(2.3)	—	20(11.5)
区級(814人)	9(1.1)	263(33.0)	464(57.0)	20(2.5)	28(3.4)	—	24(2.9)
村級(2,551人)	42(1.6)	2073(81.3)	270(10.6)	101(4.0)	40(1.6)	3(0.1)	22(0.9)
総計(3,539人)	57(1.6)	2364(66.8)	123(34.8)	854(24.1)	72(2.0)	3(0.1)	66(1.9)

「冀魯豫辺区(各地区)党員及党組織情況統計」(1944年1月)『中共冀魯豫辺区党史資料選編』2下、267頁より作成(第2・第3・第5・第7地委の不完全な統計)

表7-11　冀魯豫区中共幹部の「階級成分」(1943年末)〔人( )内は%〕

	労働者	雇農	貧農	中農	富農	地主	その他
県級(202人)	—	1(0.5)	38(18.8)	68(33.7)	45(22.3)	38(18.8)	12(10.1)
区級(846人)	3(0.4)	7(0.8)	245(29.0)	359(42.4)	123(14.5)	77(9.1)	—
村級(2,552人)	11(0.4)	75(2.9)	1446(56.7)	838(32.8)	104(4.1)	38(1.5)	40(1.6)
総計(3,600人)	14(0.4)	83(2.3)	1729(48.0)	1265(35.1)	272(7.6)	153(4.2)	83(2.3)

「冀魯豫辺区(各地区)党員及党組織情況統計」(1944年1月)『中共冀魯豫辺区党史資料選編』2下、267頁より作成(第2・第3・第5・第7地委の不完全な統計)

表7-12　冀魯豫区中共幹部の教育水準(1943年末)(人)

	非識字	初等教育 少し識字	初小	高小	中等教育 初中	高中	師範以上	高等教育
県級(198人)	—	22	20	46	72	14	21	3
区級(827人)	60	86	194	276	163	11	36	1
村級(2,347人)	1,338	244	473	270	21	—	1	—

「冀魯豫辺区(各地区)党員及党組織情況統計」(1944年1月)『中共冀魯豫辺区党史資料選編』2下、269頁より作成(村級は、第1・第3・第5地委の統計、区県級は、第2・第3・第5・第7地委の不完全な統計)

　この他、41年の旧冀魯豫区の報告によれば、県級幹部57人中、25歳以下が38人、26から30歳までが15人、36歳以上がいないのに対し、区級幹部では、222人中、20歳以下が75人、36歳以上が25人(内50歳以上が8人)であった(ただし、21から30歳までの数字が欠落)[33]。県以上の幹部は主に教育を受けた比較的若い人々からなり、基層も若者が多数を占めるが、教育を受けられなかった貧しい農民を中心に幅広い年齢層が組織されていたものと考えられる。

⑥　低い組織率

　日中戦争以降、党組織は大規模に発展したが、基層社会において党員は依然として少数者であった。41年の旧冀魯豫区の各級党幹部の総数は、最低要求の2分の1であり、幹部らは「根拠地建設の経験が不足しており、特に政権と武装を指導することができない」と指摘されていた。40年9月の魯西区の報告では、幹部の数は少なくて質は低く、平均して地委、県委はそれぞれ4人に満たず、区委で約4人であると指摘されている[34]。41年の旧冀魯豫区において、党員の

総人口に占める比率は0.3％であった。支部もしくは個別関係のある村落は、第1地委で全村落の28.1％、第2地委で7.8％であった。魯西区の県政権は全員が党員であるが、村郷政権では5～10％のみが党員であったとされ、多くの党員は村長になりたがらず、村長は地主に操縦されていた。41年の同区の統計によれば、全区村落中、支部のある村落の割合は28.1％であった(35)。上述のように、42年の全冀魯豫区で機能していることが確認できる支部は、全体の4分の1程度であったが（表7-3）、支部さえ存在しない村が7割を越えていた。その一方で、40年の支部整理において、大村（100から300戸）では党員は5％を超えないという規定が出されたように(36)、一部の村では大衆が比較的大量に入党しており、党員数には地域によって大きな偏差があった。

その後も人口に占める党員の比率に大きな変化はなく、43年末、全冀魯豫区の人口の5割弱にあたる18県の統計では、この比率は0.45％であった。当時、全区の人口は5200,000人といわれており、これに基づくと、党員の比率は0.57％となる。全行政村数に対する支部数の比率は13.1％であり、支部の組織率はむしろ低下している(37)。多くの党員の経験が不足し、党員数が絶対的に不足する状況が根本から変わることはなかったようである。

第Ⅲ節　組織力・指導力強化の方策と根拠地の防衛

上述のような組織の脆弱性が、幹部審査、支部整理を経て、どの程度改善されたかは十分には確定できないが、長期の闘争を通じて、組織力の基礎が育成されつつあった。党員の流動性は激しかったが、抗戦6年を過ぎて党歴3年以上の党員が4分の1を超え、一定の層を形成するに至った（表7-6）。特に幹部の党歴が延び、4つの地委の統計では、県級幹部の約8割、区級幹部の約5割が党歴4年以上となっていた(38)。県・区級幹部は、41年には、それぞれ212人（全党員の0.5％）、843人（同2％）であったが、43年末には、7つの地委の内、4つの地委の不完全な統計でも県級202人（4つの地委党員総数の1.4％）、区級846

人（同5.7％）となっていた。欠けた統計を党員数の比率で推計すれば、この数はほぼ2倍となり[39]、幹部数は2年ほどで倍増し、全党員に対する比率も2、3倍に高まったことになる。これら県区級幹部は整風運動の対象でもあり、経験を積み、忠誠心を高めた彼らが、一定の指導力を発揮していったことは推察できる。44年5月からは、北方局の指示により、1,000人余りの幹部が平原分局党校で整風学習を行った[40]。この数は県級党員幹部数を優に超えており、非党員幹部をも含む数と考えられるが、県級幹部を中心に組織規律を貫徹する試みが強化されていった。

　一方、質・量ともに脆弱な党が根拠地において指導力を確保するために、政府・軍隊・民衆団体等の主要機関の指導的地位の人事を中共が占有し、これらにおける党員比率を確保するという方法がとられた。政権・民衆組織の脆弱な冀魯豫区においては、特に軍に対する党の指導確立の方針が顕著に見られる。各県の『組織史資料』によれば、多くの県において日中戦争期を通じて県委の委員が県長に就任しており、県委書記が各県所属大隊の政治委員を兼任し、県長が大隊長を兼任していた。県委に社会部が設立された県では、社会部長が県公安局長を兼任していた。当時の軍区の決議などでは、県長による大隊長職の兼任は、本来遊撃区・接敵区における原則とされていたが、根拠地の破壊にともない、この原則は広汎に適応されたものと考えられる。遊撃区・接敵区では区長は中隊長を兼任することも決められていた。41年7月には、県大隊・区隊は同級党委の指導を受けることが確認されており、また、これら部隊の軍政幹部の内、党員として活躍できる条件のある者の同級党委員への参加も許可されるようになった[41]。

　支部レベルでも、41年9月には、支部副支書が民兵政治指導員を担当すること、民兵中の党員の比率を3分の1から2分の1の水準に確保し、民兵中の優秀な青年を党員に抜擢することなどが決定された[42]。この他、遊撃戦争における小部隊の党員比率を、一般の部隊よりも高くすることなど、党による軍掌握の様々な目標が立てられていた[43]。43年末の統計では、全区部隊34,440人中、党員は12,592人（36.5％）を占め、この数は全党員の42.6％に相当する[44]。

軍隊内における幹部党員・一般党員の割合や配置などは不明であるが、上述のような様々な施策を経て、軍隊における党員の比重は高まっていた。

また、簡政政策では、軍党政機関人員は70,000人から45,000人に削減されたが(45)、この間、党員数は約10,000人の減員に留まっている。簡政は上級の余剰人員を削減し、下級機関の強化を目指しており、県以上の機関を党員が独占し、区以下の機関に党員が少ないという状況であったことを鑑みれば、上級での効率的な党員配置と下級の党員比重の強化が図られたものと考えられる。この他、国民党による教員の強制入党の方針に対抗して、小学教員の3分の1から5分の1を党員に獲得する目標が立てられていた(46)。

冀魯豫区の発展は、国民政府専員とその軍隊の支持・協力にも支えられており、会門などの農村自衛組織の武力にも依拠していた。このため、これらとの関係の悪化は、根拠地の存亡にも大きく影響することとなった。また、傀儡軍と国民政府軍は、装備、士気、内部の不統一などの問題を問わなければ、兵力数ではこの地域において圧倒的な比重を占めており、日本軍の大規模な作戦行動がない限りは、これらの勢力の動向が軍事的趨勢に大きな影響を与えていた(47)。

42年10月、北方局は冀魯豫区党委・軍区への指示の中で、同区の反漢奸反傀儡闘争においては、多くの必要のない攻撃や逮捕を行い、「多くの道を同じくする者を打倒し、到る所に敵をつくった」と総括し、今後の方針として「敵、傀儡、頑固派、土匪、会門の結合を断ち切り、これらを孤立あるいは瓦解させ、我々が掌握することを中心とし」、長期的闘争の見積もりを立て、統一戦線を堅持することを指示した(48)。これに対し、12月の冀魯豫区高級幹部会議において黄敬（区党委書記）は、「傀儡、頑固派、土匪と敵の結合を断ち切り、可能な限りこれらと我々の関係を緩和して、敵への対抗に集中できるようにし、辺区の闘争を堅持する」ことを当面の基本方針として報告し、北方局の指示に比べて、日本以外の諸勢力との緊張緩和に重点を置いた方針を示した(49)。

同年12月、遊撃戦争における小部隊の建設に関して、蘇振華（軍区政治委員）は、獲得した土匪・会門武装について、中共の指導指揮を受け、地元を離れず八路軍に参加したくない場合、改造の過程で「灰色面目名義［日本側、中国側

のどちらとも判別のつきにくい様相］での出現」を許すこと、根拠地が変質して中共の部隊が公開で活動できなくなった場合、一部の「灰色武装」を中共もしくは「両面派」［日本側、中共側双方に適宜、同調する勢力］が掌握し、積極的に根拠地に進攻しない限り存在を許すこと、地域性、民衆的性格など可能な限りの条件に合わせて、これらの長期存続を図ること、条件があれば内部に党組織を建設することなどを指示した。遊撃戦争中の小部隊では、正規兵団中にも俘虜が相当数おり、地方の武装集団の中にも兵隊ゴロ、「ごろつき」、土匪、俘虜の成分が依然として相当数残っていると指摘されていたが、これら党・軍の内外における様々な集団との関係調整が、根拠地の存亡に関わる重要な問題となっていた[50]。

　また、北方局は会門工作について、根拠地内での非合法化を明確にする一方で、敵占領地区および接敵区の会門を積極的に利用し、敵占領地区での合法闘争と両面政策を運用して日本・傀儡政権に対抗させる方針を指示した。高級幹部会議において黄敬は、敵占領区の会門が敵の秩序構築を妨げ、破壊することをもって、客観的には「革命的作用」を果たしていると主張している[51]。中共は日本占領地区の会門組織に中共党員を派遣し、一部の会門首領を入党させるなどして、その中立化ないし両面的な協力関係を維持させることに成功している[52]。このような敵占領地区・接敵区・遊撃区における小部隊工作や会門工作は、広範な抗日民族統一戦線政策の一部であるとともに、中立化・両面派工作という意味では統一戦線をも踏み越えたものであり、理論的にはこれらを「革命」の範疇で捉えることはできない。しかし、政策急進化の時期に拡大された「漢奸・傀儡・反革命」の範囲を見直し、諸勢力との関係を緩和する際において、敢えてこれら諸勢力の「客観的な革命性」を強調せざるを得なかったところに、当時の根拠地の置かれた困難の大きさと、政策転換へ向けた区党委の意志を読み取ることができよう。

第7章　日中戦争期・国共内戦期における冀魯豫区の中国共産党組織　261

第Ⅳ節　内戦期の中共党組織

　内戦期において、中共は改めて党組織の拡大を図っていく。46年6月の第3地委「民運中大量発展党的指示」は、大衆に共産党を理解させることを強調しながら、「圧迫を受け、苦しい目にあう人は誰でも」入党を要求できるとし、特に貧農と女性の党員拡大を指示した。こうして、根拠地の拡大と土地改革の進展にともない、党組織は再び大幅に拡大していった。47年3月時点で、根拠地の人口に対する党員の比率は0.5％のままであったが、前年11月の全区人口1,3560,000人をもとに推計すれば、党員数は67,800人となり、日中戦争後期から党員は2倍以上に増加したことになる。

　47年3月、潘復生（区党委副書記兼組織部長）は、「辺区は数年来、党建設の工作を軽視し、手を緩めてきた」、「党員の質はとても低く、教育がきちんと行われず、党員のレベルと農会員のレベルはたいして違わない」と批判している。しかし、同時に「党の発展は、必ず農民の現在のレベルから出発しなければならず」、要求が高すぎる「閉門主義」が現在の主な偏向であるとし、土地改革の大衆運動の中で大量に党員を増加させ、総人口の3％にまで発展させることを求めている。これは党員を現状の6倍増の40万人以上にまで拡大するという方針となる（この時期の党員拡大運動を大参党運動と称した）。この他、「地下党の工作態度を克服し」、党の政治活動を明らかにしていくことも求められ、内黄などでは、47年末に党組織が公開されて党員の拡大が行われ、党員の大衆的基礎が広げられた[53]。

　こうして土地改革の進展にともない、土地を獲得した大衆が集団で入党し、およそ党組織と大衆団体の区別のつかない状況が生じることとなった。濮県では、土地改革運動中の農民大会を通じて6日間で5,000人の農民が入党した。滑県3区では、13,000人の農民が入党申請を行い、人口1,800人の村で500人余り、人口480人の村で190人余りという大規模な申請が行われた（JL47.5.8、7.1）。清豊1区の党員数は、45年以前は247人であったが、47年の大参党運動を経て49

年1月には人口の8.7％にあたる2,206人に達しており、一村に70～80人を擁するまでになっていた。これらの多くは意識が低く、民衆と変わらなかったとされる(JL49.1.21)。党内雑誌も、一部の区では党の基本知識さえ、党外の人物を探して講義をしてもらわなければらない状況を指摘していた[54]。

　冀魯豫区全体での党員は、49年1月までに172,687人となった。この時点の全区人口1,155万人における党員の比率は1.5％ほどであり、社会全体では依然として少数であるが、倍増した人口比において党組織は日中戦争期の3倍の厚みをもつ組織になっていた[55]。しかし、その分、新党員の比率も高まることとなり、43年末の党員数約30,000人と単純比較しても、44年以降の新党員は8割を超える構成となり、旧党員の減員を考慮に入れるならば、その比率はより高まることとなる。49年1月の統計では、日中戦争後の入党者の全党員に占める比率は72.6％になっていた。内黄・高陵・漳南の3県の党員総数は、47年末までに、2,500人から11,263人に拡大したが、この時、内黄の党員5,383人の内、内戦期の入党者は4,051人（75.2％）であった。48年10月の工作報告によると、濮県では約5,000人の党員の6割ほどが新党員であった。これら新党員には地主・富農も混在し、政治的自覚の低さや避難的入党、「投機分子」、「ごろつき」の混入などの問題が指摘されていた[56]。

　無産者を中心に党組織を構成しようとする中共の方針は一貫したものであった。上の第2期整党［党組織と思想の整頓］の統計では、その意図が明確に示されている。この整党において、党籍を剥奪された地主・富農の党員は62人であり、これは党籍剥奪者全体の28.6％、審査に参加者した地主・富農全体の5分の1にあたり、中農以下の党籍剥奪者の割合（3.7％）と比べて極端に高い。また、遊撃区となった第3・第5地委の管轄区には地主・富農の中共特務支部が存在していたが、整党においてこれを一律解散し、「よいもの」のみを秘密吸収することとした。これらの地区では地主・富農党員は、最低条件のある者、遊撃戦に使える者は党籍を保留し、党建設工作をさせず、主要幹部にしないことが指示されていた[57]。

　内戦の勃発以後、根拠地は伸縮を繰り返し、基層の大衆は不安定な状況の下、

諸勢力の間で活路を探し求めていた。46年末、根拠地内の某県50余村では3つの国民党特務組織が発見され、摘発されたか自白した29村の120人中、13人が党員であり、村支部委員全員が特務組織に参加していた例もあった。別の県の2つの事件では、66人中6人が党員、18人は村幹部（6人は模範班長）、4人は抗属［出征兵士の家族］であった[58]。県級党幹部においても組織命令に逆らう行動が見られた。47年3月、潘復生は地委組織部長連席会議において、数人の県委書記が公然と第3地委の遊撃戦堅持の決定に抵抗し、9つの県は遊撃戦に出動せず、数千人の民衆が殺され、8、9年間経営してきた根拠地と工作基礎が一瞬にして灰燼に帰したと指摘している。作戦命令の妥当性は不明であるが、組織命令が県委書記にも徹底せず、根拠地が破壊されたことに指導部は危機感を募らせたものと考えられる。潘報告は、これら幹部の腐敗についてもふれ、ある幹部は公然と県委書記かあるレベルの職位を買収しようとし、受け入れられないと仕事を拒否した、一部の幹部は大衆闘争の果実を着服するか買収しており、「党内には富農の傾向、搾取意識が成長している」と批判している[59]。

　47年後半から48年前半にかけての土地改革の急進化の時期には、工作組によって組織された貧農団が村幹部の権力を奪い、党支部の多くも機能停止に陥った。土地改革の進展にも関わらず、貧農の土地問題解決が遅れている状況について、中共はその原因を幹部の腐敗や組織規律の不徹底にあると考え、48年、根拠地における整党運動を展開する。冀魯豫区においては、第1期整党に参加した幹部7,927人中、何らかの処分を受けたものは3,464人であり、その内、党籍剥奪者は1,039人で、全参加幹部の13.1％を占めた。第2期整党では、参加幹部4,393人中、855人が何らかの処分を受け、その内、党籍剥奪者は217人であった（第8・第9地委の統計を欠く）。ただし、この時期の整党運動の処分には多分に問題をはらんでいたようであり、湖西区での整党参加者の内、処分を受けた者の85％、除籍者の77.5％が処分を取消されたという[60]。県レベルで整党前後の党員数の推移が確認できる例を上げると、上述の内黄など3県は、49年9月に内黄に統合されたが、この時の党員数は8,343人であり、47年末から4,000人減少している。濮県では、上述のように47年に5,000人が集団入党したが、48

表7-13 冀魯豫区中共党員の「本人出身」(1949年1月)

	労働者	貧民	手工業者	雇農	貧農	中農	富農
人数	2,422	5,839	2,582	7,445	101,308	37,191	709
%	1.4	3.4	1.5	4.3	58.7	21.5	0.4
	地主	自由職業者	資本家	兵士	職員	学生	その他
人数	145	1,250	0	1,527	495	10,772	1,002
%	0.1	0.7	0	0.9	0.3	6.2	0.1

「冀魯豫区行政区画人口及党的組織総合統計表」(1949年1月2日)、張玉鵬・張文傑編『中共冀魯豫辺区党的建設』河南人民出版社、1994年、433頁より作成

表7-14 冀魯豫区中共党員の「家庭成分」(1949年1月)

	労働者	貧民	手工業者	雇農	貧農	中農	富農
人数	452	1,693	449	3,367	106,035	57,650	1,393
%	0.3	1	0.3	1.9	61.4	33.4	0.8
	地主	自由職業者	資本家	その他			
人数	690	370	12	276			
%	0.4	0.2	0.01	0.1			

「冀魯豫区行政区画人口及党的組織統計表」(1949年1月2日)『中共冀魯豫辺区党的建設』、433頁より作成

年10月時点での新入党員は約3,000人となっており、1年半の間に2,000人減少したことになる[61]。入党・離脱・復帰が容易でしばしば大量の除名処分が行われるという基層組織の状況は、内戦期においても繰り返されていた。

表7-13、14は、内戦末期の冀魯豫区の中共党員の「本人出身」、「家庭成分」についての統計である。これを表7-7、8の43年末の統計と比較するならば、「本人出身」において中農・富農・地主の割合が大きく低下し、富農・地主は実数においても減少している。党の大衆化は進展しているが、内戦期における貧雇農路線の大胆な採用にも関わらず、貧農・雇農の割合は若干の上昇が見られる程度である。党員の「本人出身」、「家庭成分」の零細化傾向は、戦争による社会の疲弊の他、土地改革に対抗して分家が進行したことを反映している可能性もある。

貧民・手工業者は43年の統計の項目にないため、割合の変化は不明であるが、貧民党員の半数は大規模な参軍動員の展開した第8分区に集中しており、更にその3分の2が昆吾の数字であり、この地区の特殊な社会経済状況と戦時動員の手法が影響している可能性がある[62]。

学生の割合は3.5％から6.2％へと若干向上しており、青年知識層の党員獲得が内戦期において重視され続けたことが理解できる。全区の青年党員数は39,772人であるから、青年の4人に1人の割合で一定の知識を持つ者が組織されたことになる。なお、青年党員は全党員の23％にあたる[63]。

女性党員は、43年末の1,041人(全党員数の4.7％)から49年1月には、39,154人(同22.7％)と大幅に増加しており、内戦期入党者の約3割を占め、党組織の拡大に大きな貢献をしている。

大参党運動では、男性党員と同様に大量の女性の一斉入党が見られた。斉禹3区翻身検査会[翻身は、土地改革による抑圧からの解放]では、入党要求者1,931人中、749人が女性で(JL47.5.28)、滑県路砦では500人の入党要求者の内、女性が300人を占め、全村青壮女性の3分の1に達していた(JL 47.6.20)。南楽5区の婦女翻身大会では訴苦[階級的抑圧の苦しみを加害者などの前で訴えることで、民衆が階級意識を獲得していく大衆動員の手法]を通じて1,800人が参党登録を行い、110人の入党が許可された(JL 47.7.13)。中共は参軍運動においても女性を重要な動員の手段としており[64]、女性党員の増加はこのような事情も反映していると考えられる。参軍動員に顕著な成果を上げた昆吾、濮、寿張の3県は、女性党員の全党員に占める比率も30～33.5％と他県に比べて顕著に高くなっている[65]。

急速に拡大した党組織は、整党による大規模な処分・除籍を通じて、改めてその強化が図られ、その対象は基層にまで及ぶようになっていた。整党運動には、全区党員数の約15％に当たる総計26,198人の党員幹部が参加したが[66]、この内、村幹部は20,000人に及ぶと推測される[67]。また、48年6月の区党委指示により、年末にかけて非党員を含む村幹部・党員訓練班が組織され、各地で平均半月の教育訓練が行われた。その規模は一部の統計不備を除いて、33,848

人に上る（JL49.2.5）。この数は全区人口の0.3%にも満たないが、20,000人前後の全区農村幹部[68]に加えて、1万数千人の一般党員が参加した計算となり、全区農村党員約150,000人[69]中の3割前後が訓練を受けたこととなる。基層組織は次第に質を高め、権力は確実に社会への浸透度を高めていた。

48年10月、冀魯豫区党委の華北局への報告は、「我区は規律がなく、無政府状態が比較的深刻であり」、「区党委自身に規律がなく、無政府状態が存在している」と指摘している[70]。また、同月の区党委内の指示において自らを総括し、同区は数省の接合部分で上級指導機関から遠く、抗戦、内戦中に敵に分断、封鎖されたため、「地方自治権を高度に発展させ、独立して問題を解決する能力を発揮させざるを得なかったが、同時に濃厚な遊撃主義、地方主義、本位主義［所属集団ごとの利己主義—引用者］と無規律・無政府の状態を育むこととなった」と指摘している[71]。高度な自治と独立した問題解決能力は遊撃主義、地方主義、「本位主義」と表裏一体のものであり、中央から見れば無規律・無政府の状態が、混乱極まりない根拠地の闘争において、組織を状況に応じて存続させることを可能にしたともいえる。

おわりに

日中戦争期から内戦期にかけての冀魯豫区では、国共両党・日本傀儡政権の各勢力が頻繁に交替し、中共の政策も転変する不安定な環境の下、基層の民衆は多方面に活路を探していた。中共の組織にも保護を求める人々が様々な背景と動機をもって浸透していた。中共基層組織は、幅広い勢力を大量に吸収する一方で、激しい党員の淘汰を通じて、激変する環境に適応していた。散漫な組織は、根拠地が困難な時期に各種の勢力と共存する上でも、機能した可能性が高い。区党委自身も地域の実情に応じた選択を行っており、地域の一定の自主性との独自な選択は、基礎の弱い根拠地で闘争を堅持するのに有用であったと考えられる。

第 7 章　日中戦争期・国共内戦期における冀魯豫区の中国共産党組織　267

　本章で検討した中共党組織の状況は、高橋伸夫が分析したソビエト期の党組織の状況に類似した特徴を備えている。しかし、「散漫な」党組織が、本章でみたような詳細な組織の情報を把握、蓄積して、幹部審査、支部整頓を継続していたことは、中共中央・北方局・区党委レベルの組織統制に対する強い意志を反映するものでもある。整風運動、整党運動による思想教育と組織整頓もまた、ソビエト期には見られない一定の組織力の向上を示している。党組織全体では、常に新入党員が多数を占め続け、流動性は激しかったが、長期的な闘争の経験を蓄積した党員が数万人の規模で成長し、県区級幹部層を中心に組織の厚みが増したのも事実である。そして、内戦末期には、組織整頓の圧力は村レベルに到達するに至っていた。この他、ここでは検討できなかったが、電信技術の発展は組織間の迅速な意思伝達と中央による巨視的な統制を可能にしたと考えられる。冀魯豫区においては、まずは組織原則の貫徹よりも、散漫で柔軟な大衆政党的な組織拡大が内戦期まで継続する一方で、これを統制しようとする党組織の漸次的な組織力の強化が見られたることを確認しておく。

註
(1)　高橋伸夫『党と農民─中国農民革命の再検討─』研文出版、2007年など。
(2)　冀魯豫区の状況については、主に斉武『一個革命根拠地的成長─抗日戦争和解放戦争時期的晋冀魯豫辺区概況』人民出版社、1957年、同『晋冀魯豫辺区史』当代中国出版社、1995年、冀魯豫辺区党史編纂委員会編『冀魯豫辺区党史大事記』山東大学出版社、1987年を参照。この他、楊子江主編『河南省志・共産党志』河南人民出版社、1997年、155頁、范県地方志編纂委員会編『范県志』河南人民出版社、1992年、303～304頁、「冀魯豫辺区群衆運動概述」、謝忠厚主編『冀魯豫辺区群衆運動資料選編』(上)(以下、『群衆運動選編』(上)のように略記)、河北人民出版社、1991年、17頁を参照。中共党組織の序列は、区党委－地委(あるいは特委)－県党委－区委－支部であり(地委は地方委員会の略称、特委は特別区委員会の略称)、これに行政公署－専員公署(専署)－県－区－村が対応している。
(3)　滑県地方志編纂委員会編『滑県志』中州古籍出版社、1997年、39～40、249頁、「張霖之同志在分局党校関於土地政策在辺区具体執行報告」(1945年春)、中共冀魯豫辺

区党史工作組辦公室・中共河南省委党史工作委員会『中共冀魯豫辺区党史資料選編』第2輯、文献部分(下)(以下、『冀魯豫党史選編』2下のように略記)、河南人民出版社、1988年、498頁、「冀魯豫区党委関於防止会門暴乱的指示」(1946年10月5日)、中共冀魯豫辺区党史工作組辦公室『中共冀魯豫辺区党史資料選編』第3輯、文献部分(上)(以下、『冀魯豫党史選編』3上のように略記)、山東大学出版社、1988年、145頁。

(4) この地域の中共根拠地については、以下のような先行研究がある。前掲斉武『一個革命根拠地的成長』、今井駿「抗日根拠地形成過程についての一考察―冀南根拠地を中心に―」『史潮』第108号、1971年、郭傅璽「冀魯豫区抗日根拠地的創出」『立命館法学』第188・189・190合併号、1986年、Ralph A. Thaxton, Jr., *Salt of the Earth ; The Political Origins of Peasant Protest and Communist Revolution in China*, University of California Press, 1997、陳煌耀「抗戦前冀南地区的硝塩問題―兼評Ralph Thaxton, *Salt of the Earth*一書」、彭明輝・唐啓華主編『東亜視角下的近代中国』国立政治大学歴史系、2006年。

R. サクストンの著作は、オーラルヒストリーの手法を使用した貴重な実証研究の成果である。しかし、国家権力に対抗するこの地区の塩民闘争を革命運動の根本的な動因として描くサクストンの主張は、今井駿が抗日民族統一戦線の形成の問題との関係で示した、塩民闘争の歴史的・社会的条件と限界に関する議論を参照しておらず、中共勢力の消長や政策の転変と塩民闘争の「一貫性」との関係の説明に大きな問題を残している。この点に関して、陳煌耀は、塩民の利害をも考慮した国民政府の塩政の実態、外部の武力に依拠した中共の武装暴動の実態の分析などから、サクストンの議論に根本的な批判を行っている。本章では、これらの成果が示した中共と社会、諸政治勢力との関係を問う分析視角とは異なり、中共党組織に限定した考察を行うが、中共の組織発展が、単一的な組織原理ではなく、会門的結合を含む社会の様々な勢力の党組織への浸透を許容することによって進展していたことを示す。なお、この地域の会門と中共などの諸政治権力との関係については、三谷孝「天門会再考―現代中国秘密結社の一考察―」『社会学研究』第34号、1995年、同「抗日戦争中的紅槍会」、南開大学歴史系中国近現代史教研室編『中外学者論抗日根拠地』檔案出版社、1993年、喬培華『天門会研究』河南人民出版社、1993年、馬場毅『近代中国華北民衆と紅槍会』汲古書院、2001年、孫江『近代中国の革命と秘密結社―中国革命の社会史的研究(1895〜1955)―』汲古書院、2007年などの研究がある。

第7章　日中戦争期・国共内戦期における冀魯豫区の中国共産党組織　269

(5)　「冀魯豫党委関於鞏固党的工作報告」(1941年)『中共中央北方局』抗日戦争時期巻(上冊)、中共党史出版社、1999年、357頁。本章で引用した統計や数字は、主に『中共冀魯豫辺区党史資料選編』と『中共中央北方局』に収録された文献に依拠したが、これらには明らかな誤りや矛盾が散見されるため、関連文献を参照しつつ適宜修正した。また各統計の百分率は、より詳細な数字が必要な場合を除いて小数点2位以下を四捨五入したものである(このため、各統計において百分率の総計が100にならない場合がある)。

(6)　「冀魯豫区党委的工作総結」(1941年9月20日)『冀魯豫党史選編』2中、160～161、90～91頁、内黄県地方史志編纂委員会編『内黄県志』中州古籍出版社、1993年、497頁。

(7)　「冀魯豫辺区抗日根拠地発展史略」(1944年)『冀魯豫党史選編』2下、406～407頁。

(8)　「黄敬同志在濮県范県工作大会上的発言」(1943年4月)『冀魯豫党史選編』2中、568頁、濮陽県地方史志編纂委員会編『濮陽県志』華芸出版社、1989年、49、112～113頁、前掲「冀魯豫区党委的工作総結」、90頁。

(9)　「冀魯豫鞏固党参考資料」(1941年12月)『冀魯豫党史選編』2中、182～183頁、前掲「冀魯豫党委関於鞏固党的工作報告」、357～358頁。

(10)　泰安市(地区)地方史志編纂委会編『泰安地区志』斉魯出版社、1997年、406頁、前掲「冀魯豫鞏固党参考資料」、185～186頁。

(11)　袁玉騮主編『湖西「粛托始末」』山東大学出版社、1991年、6～8頁、「中央的対魯西与冀魯豫辺区工作的指示」(1941年7月)『冀魯豫党史選編』2上、665頁、「山東分局関於政権、党務等工作状況向北方局報告」(1939年7月12日)『冀魯豫党史選編』2上、66頁。湖西「トロツキスト」粛清事件は、1941年の中共中央の決定以降、粛清そのものの必要性を前提とした上で、「拡大化」の誤りとされていたが、1983年、山東省委の報告に中央が同意を与える形で、完全な冤罪事件であると認定された(「中央組織部文件　中組発(1983)17号　中共中央組織部転発山東省委「関於湖西"粛托事件"遺留問題処理意見的報告」」『湖西「粛托始末」』、155～158頁)。

(12)　「魯西区党委関於思想上政治上鞏固党的系統教育的初歩総結」(1941年春)『冀魯豫党史選編』2上、611頁。

(13)　前掲「冀魯豫区党委的工作総結」、91、114頁、前掲「冀魯豫鞏固党参考資料」、192頁。

(14)　張霖之「一年来的党与群衆工作」(1943年12月12日)『冀魯豫党史選編』2下、76、

86頁。
(15) 前掲「冀魯豫辺区抗日根拠地発展史略」、406頁、前掲濮陽県地方史志編纂委員会編『濮陽県志』、44、49頁。
(16) 前掲斉武『晋冀魯豫辺区史』、629頁。
(17) 王従吾「如何進行会門工作」(1940年1月3日)『冀魯豫党史選編』2上、139～140頁。
(18) 「五個月的報告」(1940年3月10日)『冀魯豫党史選編』2上、186頁、前掲「冀魯豫区党委的工作報告」、120頁、「平息湖西無極道暴乱」、中共冀魯豫辺区党史工作組辧公室『中共冀魯豫辺区党史資料選編』第2輯、専題部分、山東大学出版社、1990年、431～437頁。
(19) 前掲「冀魯豫区党委的工作総結」、119頁。
(20) 前掲「冀魯豫鞏固党参考資料」、184頁、前掲「冀魯豫区党委的工作報告」、160～161頁。
(21) 前掲「魯西区党委関於思想上政治上鞏固党的系統教育的初歩総結」、616～622頁。
(22) 前掲「冀魯豫鞏固党参考資料」、192頁。第3地委の総支部数については、前掲「冀魯豫区党委的工作総結」、128頁に依拠した。
(23) 「冀魯豫辺区全面工作報告」(1941年7月)『冀魯豫党史選編』2中、48～51頁。
(24) 前掲「冀魯豫辺区抗日根拠地発展史略」、418頁、前掲高橋伸夫『党と農民』、151～152頁。
(25) 前掲「冀魯豫辺区抗日根拠地発展史略」、411頁。
(26) 前掲「冀魯豫区党委的工作総結」、105頁。
(27) 中共河南省范県委組織部他『中国共産党河南省范県組織史資料』、中共河南省南楽県委組織部他『中国共産党河南省南楽県組織史資料』、中共河南省内黄県委組織部他『中国共産党河南省内黄県組織史資料』、中共河南省濮陽県委組織部他『中国共産党河南省濮陽県組織史資料』、中共河南省清豊県委組織部他『中国共産党河南省清豊県組織史資料』(ともに河南人民出版社、1991年)。
(28) 前掲「冀魯豫区党委的工作総結」、135頁。
(29) 前掲内黄県地方史志編纂委員会編『内黄県志』、118頁、前掲楊子江主編『河南省志・共産党志』、155頁、前掲斉武『一個革命根拠地的成長』、202頁。
(30) 中共湖西地区党委文稿編写組『中共湖西地区党委文稿』山東大学出版社、1990年、96頁。

(31) 前掲「冀魯豫辺区抗日根拠地発展史略」、418頁。
(32) 前掲「冀魯豫区党委的工作総結」、99、109頁、「冀魯豫辺区（各地区）党員及党組織状況統計」（1944年1月）『冀魯豫党史選編』2下、261～262頁、前掲「冀魯豫鞏固党参考資料」、189頁、中共中央組織部・中共中央党史研究室・中央檔案館編『中国共産党組織史資料』第3巻（上）、中共党史出版社、2000年、693頁、「冀魯豫区党委関於泰西、運東工作討論記録」（1943年1月）『冀魯豫党史選編』2中、502頁、前掲「冀魯豫党委関於鞏固党的工作報告」、348頁。喪失者の内、死者と離脱者などの割合は組織の性格を左右する問題であるが、これに関する統計は見つけられなかった。また、復帰が容易であれば、再入党者も多く存在するかもしれないが、統計には示されていない。
(33) 前掲「冀魯豫区党委的工作総結」、116頁。
(34) 前掲「冀魯豫区党委関於鞏固党的工作報告」、355～356頁、前掲「冀魯豫鞏固党参考資料」、185頁。
(35) 前掲「冀魯豫鞏固党参考資料」、184～185、188頁、前掲「中央的対魯西与冀魯豫辺区工作的指示」、665頁。
(36) 前掲斉武『晋冀魯豫辺区史』、225頁。
(37) 「冀魯豫区党委給北方局的電報」（1944年2月12日）『冀魯豫党史選編』2下、277頁。
(38) 前掲「冀魯豫辺区（各地区）党員及党組織状況統計」『冀魯豫党史選編』2下、268頁。
(39) 前掲「冀魯豫区党委的工作報告」、109頁、前掲「冀魯豫鞏固党参考資料」、185頁、前掲「冀魯豫辺区（各地区）党員及党組織状況統計」、262、267頁。
(40) 陳鶴橋「鄧小平在北方局工作時的幾件大事」『中共中央北方局』抗日戦争時期巻（下冊）、816頁。
(41) 「冀魯豫辺区全面工作報告」『冀魯豫党史選編』2中、38頁、「冀魯豫軍区第三次軍政委員会決議」（1941年7月）『冀魯豫党史選編』2中、58～59頁、「冀魯豫区小部隊建設問題—蘇振華政治委員在区党委高幹会議上的報告」（1942年12月）『冀魯豫党史選編』2中、435頁、『中国共産党河南省范県組織史資料』河南人民出版社、1991年、38～39頁。
(42) 「冀魯豫区党委関於支部対民兵領導的決定」（1942年9月1日）『冀魯豫党史選編』2中、293頁。
(43) 前掲「冀魯豫軍区第三次軍政党委員会決議」、60頁。前掲「冀魯豫区小部隊建設問

題」、415頁。
(44) 前掲「冀魯豫区党委給北方局的電報」、277〜278頁。原文の全軍人総数は54,440人であるが、「成分」内訳の総計とずれがあるので、後者の数で修正した。
(45) 前掲斉武『晋冀魯豫辺区史』、403頁。
(46) 「冀魯豫区党委関於動員党員参加国民教育工作的指示」(1942年9月1日)『冀魯豫党史選編』2中、684頁。
(47) 「1941年冀魯豫辺区概況」(1942年12月5日)『冀魯豫党史選編』2中、179〜180頁、「冀魯豫二縦隊、軍区召開旅及分区第二次軍事討論会記録」(1942年3月1日)同上2中、210頁、楊得志「辺区近年来戦略戦術的検討」(1942年7月)同上2中、235頁、黄敬「対敵闘争報告」(1943年11月)同上2下、13頁、前掲「冀魯豫辺区抗日根拠地発展史略」、403、412頁。
(48) 「北方局対冀魯豫区党委軍区工作指示」(1942年10月20日)『冀魯豫党史選編』2中、313〜318頁。
(49) 「辺区的形勢与任務―黄敬同志在区党委高幹会上的報告」(1942年12月)『冀魯豫党史選編』2中、373頁。
(50) 前掲「冀魯豫区小部隊建設問題」、409〜410、420頁。
(51) 前掲「北方局対冀魯豫区党委軍区工作指示」、318頁、「辺区的形勢与任務―黄敬同志在区党委高幹会上的報告」(1942年12月)『冀魯豫党史選編』2中、393頁。
(52) 前掲喬培華『天門会研究』、185〜202頁。
(53) 「三地委関於在群衆運動中大量発展党的指示」(1946年6月20日)『冀魯豫党史選編』3上、98〜99頁、潘復生「開展立功表模運動発揮幹部的積極性和創造性」(1947年3月8日)『冀魯豫党史選編』3上、253頁、前掲内黄県地方史志編纂委員会編『内黄県志』、118頁。
(54) 申雲浦「提高文化是当前的政治任務」(1948年11月1日)、河南省文化庁文化志編集室編・文化史料徴編室編『冀魯豫辺区文芸資料選編』2、284頁。
(55) 「冀魯豫区行政区画人口及党的組織総合統計表」(1949年1月2日)、張玉鵬・張文傑編『中共冀魯豫辺区党的建設』河南人民出版社、1994年、432頁。1948年末の冀魯豫区の人口は、『中国共産党組織史資料』第4巻(上)、中共党史出版社、2000年、695頁を参照。
(56) 前掲内黄県地方史志編纂委員会編『内黄県志』、118頁、中共内黄県党委党史辦公室『中共内黄県歴史(1919〜1949)』河南人民出版社、1997年、245頁、「冀魯豫党委

第 7 章　日中戦争期・国共内戦期における冀魯豫区の中国共産党組織　273

九、十月份的総合報告」（1948年10月20日）『冀魯豫党史選編』3下、269〜271頁、「冀魯豫区行政区画人口及党的組織総合統計表」、432、434、453、455〜456、458頁。
(57)　「第二期整党幾個主要問題的初歩総結報告」（1948年1月）『冀魯豫党史選編』3下、137頁、「冀魯豫党委関於遊撃戦争新区工作、黄河南整党情況向晋冀魯豫中央局的報告」（1948年3月15日）『冀魯豫党史選編』3下、546頁。
(58)　「隴海戦役開始後四個月的反奸工作」（1946年12月13日）『冀魯豫党史選編』2上、190頁。
(59)　「潘復生在地委組織部長聯席会上的的総結発言」、冀魯豫区党委『1947年上半年以来区党委関於土改運動的重要文件』、37〜39頁、奥付なし。
(60)　「冀魯豫辺区群衆運動概述」『群衆運動選編』（上）、45頁、「第二期整党幾個主要問題的初歩総結報告」、125〜138頁、『中共湖西地区党委文稿』、263頁。
(61)　同註(56)、前掲中共河南省内黄県委組織部他『中国共産党河南省内黄県組織史資料』、7頁、JL47.5.8。
(62)　前掲「冀魯豫区行政区画人口及党的組織総合統計表」、432、434頁。
(63)　同上453〜454頁。
(64)　丸田孝志「国共内戦期、中国共産党冀魯豫根拠地の参軍運動」『広島東洋史学報』第15・16合併号、2011年。
(65)　前掲「冀魯豫区行政区画人口及党的組織総合統計表」、432〜458頁。
(66)　中共濮陽党史工作委員会編『中共濮陽党史大事記』上編、滑県印刷廠、1987年、178頁。
(67)　前掲「第二期整党幾個主要問題的初歩総結報告」、125頁の参加者の割合から推算。
(68)　前掲「冀魯豫区行政区画人口及党的組織総合統計表」、431〜432頁の幹部・党員数統計より推計。
(69)　同上432頁。
(70)　「冀魯豫党委関於無紀律或無政府状態的検査給華北局的報告」（1948年10月15日）『冀魯豫党史選編』3下、233頁。
(71)　「冀魯豫党委関於開展反対無紀律或無政府状態的指示」（1948年10月18日）『冀魯豫党史選編』3下、240〜241頁。

第8章　国共内戦期冀魯豫区の大衆動員と政治等級区分

はじめに

　本章では、前章に引き続いて、社会の流動性と権力による動員と秩序構成の問題に着目して、国共内戦期の冀魯豫区の土地改革における大衆動員の手法について検討する。中共が政治運動において使用した革命の基本勢力・同盟者・敵を示す様々な区分は、階級的範疇を基本としながらも、党員、各種模範、農会員、「開明紳士」、「悪覇」［地域の悪ボス］、「漢奸」［民族の裏切者］など、個々の政治的態度・選択とそれに基づく社会的な地位・資格などを包括している。政治的態度の評価が付着したこれらの区分は、多分に曖昧さと恣意性を孕んでおり、以下、このような区分を包括的に「政治等級区分」という語で表現する。階級区分という経済的状況に基づく比較的静態的な基準ではなく、転変する政治・軍事情勢と社会の流動性に対応したこのような概念を使用することによって、社会の流動性に依拠しつつ、これを統制しようとする中共の大衆動員の特徴を明らかにしたい。時期的には、47年3月以降の土地改革の急進化から48年の整党運動の展開までを中心とし、権威の序列化と社会秩序の構築に関わる中国伝統社会の手法との関係にも注意を払いつつ、分析を行うこととする。

第Ⅰ節　政治等級区分と権威の序列

①　政治等級区分の可変性と標識

　冀魯豫区では、46年の「五四指示」伝達以後、既に中農の利益侵犯も引き起こす激しい土地改革が展開していたが、内戦の本格化後も、国民党に対抗して国内

諸勢力を糾合しようとする中共の戦略方針において、地主は同盟可能な対象として位置づけられていた。11月の中共中央会議で毛沢東は、土地改革においても日中戦争期と同様に地主と団結できると発言しており[1]、翌年2月にも、地主には政治的態度に応じて「開明紳士」の区分を与え、その生命財産と政治的権利を保障する方針が示されていた[2]。

　冀魯豫区党委は、国民党軍の進攻により根拠地の半分が遊撃区となった情況下の46年11月、遊撃区において地主の「変天思想」[3]と家庭観念に依拠して、これを積極的に味方に獲得する方針を指示し[4]、『冀魯豫日報』社論は地主を含む広範な「反米反蒋統一戦線」の建設を主張していた（JL46.11.23）。遊撃区の農村では、地主と農民が、相互保証・不侵犯の誓約を取り交わして、国共双方の統治に対応しようとしており、農村の権力関係も流動的であった（誓約の手法と意義については後述）[5]。47年初めには『人民日報』紙上で、土地改革後に地主の生活を保障し、民衆と団結させて防衛と生産にあたる冀南区の村の例が紹介され（RR47. 1.14、1.19）、太行区の農村階級区分の基準では、分家や没落による地主の階級区分変更について言及されていた（RR47.1.24）。総じて土地改革推進の一方で、地主に対して一定の柔軟性を持つ方針が維持されていた。

　47年3月の延安陥落後の軍事情勢の緊迫を契機として、地主を反蒋統一戦線の中に位置づける議論は見られなくなり、地主への「妥協的な」対応が批判されるようになる。冀魯豫区党委は、「地主封建勢力」を徹底消滅するための土地改革を再提起し、これに連動した参軍運動が展開する[6]。これ以後の大衆動員では、標識を村民の身体や家に付けて、政治等級区分を可視化する手法が採用されるようになった。

　観城では参軍動員に際し、各村で農民登記が行われ、「毛主席に従う者」に「反蒋証」［彩色布製の標識］を発給し、胸に着けさせた。民衆の評議によって闘争対象は「蒋派」とされた（JL47.5.1）。濮県7区では、村民を腕章の色によって「積極的な翻身農民」（赤）［翻身は、土地改革による抑圧からの解放］、「地主と完全に闘争をしていない農民」（桃）、「変天思想を持つ両面派」（黄）、「敵の手先」（灰）、「統治者」（白）に分類し、出征兵士等の家庭についても、胸章と表札の色によっ

て、共産党軍系兵士の家族・遺族（赤）、政府人員の家族（桃）、国民党側兵士の家族（白）を識別した。これらは民衆の評議で決定し、胸章は直系家族全員に使用が義務付けられ、村は標識を使用しない者を拘留できた（JL47.5.6）。標識は、村単位の軍事的管理統制にも利用され、地主らは移動や外部との連絡を極端に制限され、厳しい監視下に置かれた。

　これらは厳格な身分規定のようにも見えるが、政治的態度の変化に応じて区分の変更が許容されていた。濮県7区の腕章は、「落後者を前進させ、確信者をより積極的にさせ、悪人に活動させない」ことを目的とし、民衆の検証を経て態度のよい者は変更可能とされていた。同県では、地主も「進歩すれば」農会員・農民に昇級可能であった（JL47.5.6、6.4）。太行区に跨る湯陰では、標識は土地改革での功績・妨害に応じて授与・剥奪された。同県では、「傀儡軍」、「特務」が「農会に潜入して」、日本・国民党・中共のいずれの統治にも対応していたとされ、人々は様々な関係を駆使して不安定な情勢の中で生き残ろうとしていた。急進化した中共の大衆動員は、まさにこのような随時の寝返りを保証する関係性に攻撃の矛先を向けており、農会員の階級・出身と親族関係が審査された。農会員には赤の標識（紅条）、地主を庇った者には灰色の標識（灰条）を着けさせ、地主と決別し立功すれば紅条を与えると呼びかけ、大きな効果を得た。同県7区では、実力闘争や訴苦［階級的抑圧の苦しみを加害者などの前で訴えることで、民衆が階級意識を獲得していく大衆動員の手法］に功績のあった者に、その場で「武状元」［状元は、科挙の最高試験の首席合格者］、「文状元」の紅条を与えた。奨励と懲罰を直截的に示す標識が人々を闘争へ駆り立て、20余日の闘争で大量の模範が生み出され、53,000余名の農民が農会に参加した（TH47.8.21）[7]。

　各自の政治的立場が可視化された情況下、負の標識は安全保障を奪われることを意味し、正の標識は中共権力による安全保障と果実の分配への参与資格を意味した。それ故、標識変更の可能性をもって人々の忠誠を獲得する方法も効果を発揮した。観城では蔣派にされたある者は泣き跪いて、「毛主席に従う者」になることを求めた。恐れて家を出ない者もおり、「毛主席に従う者の候補」も叩頭して「正式」になることを求めた（JL47.5.1）。濮県では、両面派の標識を着けさせられた

「ゴロツキ」が労働奉仕に積極的になり、国民党側兵士の家族は兵士との関係断絶を声明した（JL47.5.26）。両面派などの分類は、人々に傍観すら許さない権力の意志を示している[8]。

　この種の可変的な等級区分は、明確な標識はともなわないものの、以下の例でも確認できる。観城県馬溝では土地改革後、農民自身による民衆登記で、村民を「進歩農民」、「落後農民」、「地主・悪覇・悪人」に分類した。これらも、政治的態度により変更可能であり、登記後、各々が決意を表明して進歩を誓った（JL47.5.6）。鄧城では民衆の討議により土地改革での「罪悪」に応じて地主を4級に分類し、2年から7年の管理統制期間を設け、労働奉仕をさせた。3カ月後の会議で昇級・降級され、4級は銃殺されることになっていた。范県葛口村では、「落後分子」を「地主組」、「偽属組」、「頑固組」などに組織して労役の任務を与えたが、態度のよい者は農会、婦会に吸収することとした（JL47.5.16）。

　地主の区分変更が許容された背景には、中心地区の一部では以前の土地改革で地主が打倒されて久しく実態を失っていたか、闘争の拡大により、地主のいない村で相対的に富裕な者が地主とされた可能性も考えられる。また、国共両勢力の狭間におかれた不安定な農村の権力関係と、不利な情勢下で参軍動員を推進する中共の意図を反映して、「地主」とされた富裕者に対する柔軟な対応が、事実上継続していたことも示唆している。いずれにしても、厳密な階級区分とは異なる政治的な概念としての「地主」の区分が、大衆動員と社会統制の圧力として使用されていたことが確認できる。

　政治・軍事情勢の転変が「変天思想」を助長する情況下、人々の政治的態度は根拠地の死活問題に結びついていたが、不安定な情勢と複雑な社会関係を反映して、中共の想定する階級区分は、必ずしも人々の政治的姿勢に直接対応するものではなかった。階級区分に政治態度を付着させた等級区分は、このような現実に対応して生み出されていた。中共は敵・味方の間で動揺する多数の人々に対し、「帯罪立功」[罪を功績によって帳消しにする意]の道を示して獲得工作を行っていたが、このような「多数を獲得する」功利的な闘争方針は、特に新収復区や遊撃区で目前の勝利を得るためにも重要であったと考えられる。

② 政治等級区分と権威の序列

　このような政治等級区分は、様々な意味において伝統社会の秩序構築の方法を継承していた。誓約者の徳行・過失を記録し、集会によって顕彰・処分を行う手法は、明清以来の郷約の形式を踏襲している。政治的態度を基準として行われる評定は、規範に対する人々の内面からの服従を建前とする儒教的な秩序の理念に合致し、これらから伝統社会の秩序構築の手法と規範意識の継承が確認できる[9]。中共の階級区分論は農村社会を身分固定的に理解し、地主層による土地集中を過大評価するなどの点で実態と乖離していたが、可変性を許容する政治等級区分は、社会の流動性に対応して「発家致富」［家を興して豊かになる］、「昇官発財」［官僚となり、財を成す］を望む農民の伝統的意識にも合致していた。

　身体に付された標識は、明清朝の官位等級を示す補服や、職名を身体に付した雑務人員・兵卒の制服などとも発想を共有している。第6章でも確認したように、土地改革で抜擢された各種模範の顕彰は、科挙及第の儀礼に倣って行われた。范県の翻身群英大会では、牌楼と「英雄榜」が設けられた会場に4,000余人の英雄が招かれ（JL47.4.27）、博平の土地改革総括大会では5,000人の功臣が表彰されて、鼓楼に模範の名前が掲げられた。翌日には、英雄らが「英雄台」で功績と意識の高さを比べあった（JL47.9.2）。濮6区の大会では3,000余人の貧農を、「赤貧」を筆頭に状元、榜元、探花の三等級に分類しており（JL47.8.30）、転倒した政治等級は依然として伝統文化の観念に依拠していた。

　模範の極端な例として、「帯罪立功」の形式による「立功自報運動」が上げられる。これは、土地改革の行き詰まりを打開するために、地主の財産を預かった民衆に罪を告白させる運動であったが、告白者は最初から模範として顕彰された。大会では民衆が先を争って罪を告白し、多くの「立功模範」が生まれた。博平や陽穀1区では「立功模範」に献酒、献花、扁額の贈呈が行われ、功臣榜に名前が刻まれた（JL47.8.7、8.25、9.29）。

　可変的な等級区分は、闘争の急速な拡大と敵対者の鎮圧・統制に威力を発揮した。しかし、過剰な人口に対する絶対的な土地不足の下で、全民衆に果実を分配しようとする土地改革の高い目標は、必然的に闘争の拡大を招くこととなった[10]。

特に47年6月以降、中共は華北において戦略的進攻の準備を開始し、軍事情勢の好転を受けて、闘争は更に急進化していった。度重なる闘争は、没落した地主や上昇した貧農も含む広範な闘争対象を必要とし、地主・富農・特務などのレッテル貼りが横行した。商工業的富も敵視され、社会の混乱は加速した。47年6月には、区政権による基層指導体制を解体して、農会が村級の政権と民衆を統一指導する構想が検討されるに至り[11]、以後、貧雇農団への権力委譲を行う地区も現れ、基層幹部の地位も不安定さを増していった。そして、情勢が不安定で他の選択の余地が残されているが故に、大量の逃亡が発生することとなった[12]。

　一方、第6章で見たように47年後半以降、根拠地では、地主・富農・中農の子供をも闘争の対象として教育の機会を奪い、地主・富農出身の幹部・教師を罷免し、教育水準の低い貧雇農を教師にするなど、文化大革命期の出身血統主義を想起させるような情況が生じた(JL47.8.17、48.8.24)。等級を示す身体への標識は、ここにおいても使用され、地主・富農の子供には「落後条」[政治的な後れを示す標識]がつけられ、労役が課されて、体罰や監禁も行われた（JL48.8.10）。6月には、地主の農民・農会員への昇級を許容する濮県の方針が『冀魯豫日報』紙上で批判され（JL47.6.4）、地主・富農出身幹部の家庭についても、土地改革において一般地主・富農と同様の扱いをするとの行署指示が出された（JL47.6.26）。地主・富農にとって、幹部・工作人員の家族という区分は有効でなくなり、等級区分はより出身血統主義的なものへと移行しつつあるようにも見える。

　しかし、一見強固な身分秩序に見えるこの情況も、流動性の許容された伝統社会の特徴を備えている。伝統中国においては、身分固定がなくとも権威の序列を礼制の下に厳格に視覚化する特徴が維持されており、むしろ社会一般に没落の危険や上昇の機会が存在するからこそ、自身の地位や実力が顕著に誇示される。また、家族・宗族の縁故によって没落を回避し、上昇を果たそうとする志向が強くなるため、その意味で出身血統が重視される。それ故、土地改革における出身血統主義的情況は、身分固定のない社会における権威の序列化という意味において、伝統社会の心性の文脈の中に位置づけることができる。この時期には、貧者の三代前にまで遡って地主・富農が探し出されたが、これが容易であるのも均分相続

を基礎として社会に流動性が存在するからであり、家系の継承が階級的地位の継承として民衆にも受入れられていた[13]。地主家庭出身の幹部らは、自身の家との断絶を宣言することに迫られるようになった。また、思想の中にも「地主」を摘発する三査［階級、態度、思想の検査］が部隊と一部の機関で行われるようになり、整頓の対象は社会経済的問題から政治的態度、思想の問題へと明確に拡大された[14]。この時期、中共は更に幹部の地位を流動化させることで、基層政権の統制を強化しようとし、全国土地会議のために中共中央に提出された劉少奇の8月の報告では、貧農組による各級党政民組織・幹部の改造の方針などとともに、毎年村から県までの各級幹部を改選することが提案され、中央の同意を得ていた[15]。このように、政治等級区分は固定化したわけではなく、地主・富農・特務などの闘争対象は恣意的に拡大され、幹部の地位は不安定化する一方で、積極分子・幹部・党員は大量に生み出されており、社会は未だ激しい流動性の中にあった。

第Ⅱ節　盟誓による秩序形成と大参党運動

　47年3月以降、冀魯豫区では、土地改革の推進によって参軍動員を展開するため、一区数千人、一村数十人規模の積極分子を訓練・使用して闘争を指導させる方針の下、立功運動が展開し[16]、区・県単位で数千人規模の英雄・功臣が抜擢されていた。中心地区では、一区の人口は平均約20,000人、一村の人口は平均約400人であったので、およそ人口の1割程度を積極分子に登用しようとしていたこととなる[17]。同時に、党員を全区総人口の3％、現状の6倍増の約40万人にまで拡大する目標を掲げた大参党運動［党員拡大運動］によって、大衆に入党の機会が大きく開かれた。中共は、この時期、会門の宣誓方式（盟誓）を利用して党・大衆組織を拡大していった。

　冀魯豫省境地帯は、かつて会門勢力が隆盛を極めた地域であった。民国期の会門は、北京政府時期、「軍閥」混戦の無政府状態に対応して、在地有力者層が主導する郷村防衛組織として生まれ、流民層を吸収して広域に展開する武装組織と

なった。国民革命期には、この地域の30余県で200万人を超える各種会門の入会者があったともされ、中共は、この時期に会門の組織形態を利用して闘争を展開する経験を得ていた[18]。日中戦争以降、改めて活性化した各種会門勢力に対して中共は獲得・改造工作を進めていたが、一般に遊撃区では中共と会門は相互依存的であり、基層では両者の混同や癒着が著しかった(第7章)。このような背景の下、中共は根拠地を堅持して土地改革を貫徹する保証を、社会一般になじみの深い方法によって提示したのであった。

新収復区の浚県2区では、「変天」を恐れる民衆に土地改革を実行させるため、まず区幹部会議で区幹部を教育し、地主150余人を拘束した上で4,000人の農民大会を開催した。大会が合法的なものであり、八路軍は撤退しないことなどが説明され、区幹部の訴苦によって民衆の感情が高まると、各村の民衆、農民代表らは跪いて、「もし団結せず、従わず、途中で梯子を外したり橋を懸けたりすれば、銃弾の下に死ぬであろう」などと盟誓した。最終日に区長自ら鶏を殺し、全区幹部が跪き「もし地区を堅持しなければ、銃砲の下に死ぬであろう」と盟誓し、血を啜って盟約とすると、民衆は「非常に感動して」次々と台に登り、自らの計画を宣言した。この後の闘争により、人口の7割に当たる3,541戸が大衆組織に参加し、181人が幹部に抜擢された(RR47.6.22)。

前年の国民党軍進攻時に幹部が逃亡した高陵では、各区計70,000人の農民大会で幹部と民衆が生死をともにして戦うことを宣誓し、草を線香に見立て北に向い叩頭した(JL47.5.20)。濮県4区の幹部貧農積極分子大会では、幹部の再逃亡を恐れる民衆を前に、区長が鶏を殺して血を啜り線香を上げ、「如何なる情況下でも4区を離れれば皆の処分を受ける」と跪いて天に宣誓し、幹部、民衆もこれに続いた(JL47.8.12)。定陶県冉堌区では、各民衆団体の成立に際して民衆が集団で宣誓し、地主も線香を上げて宣誓した(JL47.7.14)。封邱の貧雇農大会では、裏切りは家族全員の死をもたらすことを天に宣誓した(JL47.9.12)。

中心地区では党組織を拡大する大参党運動が展開し、宣誓の対象は天から毛沢東へと転換された。清豊5区の農民大会では、闘争で得られた土地・家屋などは、「貧民の命の恩人、毛主席と共産党がくれたものである」などとの討論が行われ

ると、人々は自宅の神像を毛沢東像に換え、翌日の大会で700余人が入党した（JL47.5.8）。滑県3区では土地改革の完了後、盟誓が行われ、各村に毛沢東像が迎え入れられて、民衆は先を争って入党を申請した。銅鑼太鼓が響く中、旗を立て花を持った隊列に担がれた毛沢東像は、村々で三回の礼砲とスローガンで迎えられ、民衆は像に立礼、叩頭した。人口の約4割が入党を申請した村もあり、申請者は3日間で全区13,000人に達した（JL47.6.20、7.1）。

濮県では各区数千人規模の農民大会において、「中国人には共産党と毛主席があるだけで、他に生きた神仙はいない」とのスローガンが提起される中、6日間で全県人口の約4％に当たる5,020人の農民が入党した（JL47.5.8）。更に、「翻身節」とされたメーデーに全県で神像が打倒され、毛沢東像が八仙卓で担がれて迎え入れられた。秧歌隊等[19]を従えて村を一周した毛沢東像は、村の倶楽部［集会所］に安置された。像を前に、「毛主席に従わなければ、雷に五回打たれるであろう。村の旦那方に銃殺されるであろう」と盟誓する者もいた。倶楽部の毛沢東像の上には赤い飾り房と国旗が掲げられ、農民は入室すると、まず像に三立礼し、村幹部らは重要事項を像の前で討論した（JL47.5.16）。

盟誓は、前線支援の動員なども含めて中共根拠地で広く使用されており[20]、地主に盟誓させる場合はもちろん、幹部や民衆の盟誓も互いの猜疑心を晴らして、団結させることを目的としていた。規範の唱導者を中心に参加者の自発的盟約の形をとりながら、暴力的な制裁を提示して規範からの逸脱を抑止する盟誓の手法は、上述の村単位の管理統制と同様に、伝統社会の郷約の形態を継承している。本来、会門の盟誓も郷約の形式を踏襲したものであり、盟誓は広い社会的基盤を持っていた[21]。それ故、国民党や地主側もこの手法を利用しており（RR47.2.24、12.4）、遊撃区の村では、上述のように地主・農民が相互保障・不可侵の盟約により、国共双方の統治に対応しようとしていた。例えば長垣7区では、国民党軍の進駐時に土地改革の成果を破壊した地主らが、中共軍が進駐すると民衆と「相互安全保障条約」を結ぼうとした。官橋営のある地主は街頭で黄表紙［祈祷文を書いて神前で焼く黄色の紙］を燃やし、「中央軍が来たら私はあなたの安全を保障し、八路軍が来たらあなたが私の安全を保障する。抗日連合会が来てうちの村のこと

を尋ねれば、皆平和で問題がないと言おう」と唱え、民衆も「地主の虐待と威嚇の下、やむを得ず宣誓した」(RR47.6.29)。盟誓に表現される規範の流動的な情況は、転変する政治・軍事情勢と人々の「変天思想」を反映していた。

　会門が村の自衛組織を基礎に流民を巻き込んで広域に広がったのに対し、中共は区級に配置された幹部を中心に、上から盟約を形成していった。区級大会の動員規模は、報道の誇張があるとしても、各県区人口の1割から2割程度を包括し、高陵では全県人口の半数に上っている。これらは積極分子というよりも、不安と猜疑心に満ちた一般民衆であったと考えられる。不特定多数の人々を前に神に宣誓を行うため、会門の集会や決起と同様に、節句や廟など民俗的な時間と場所が利用された可能性もある。清豊9区では、旧閏2月1日の盟誓の後に共産党擁護運動［大参党運動の別称］が展開しており（JL47.4.9）、各地で「翻身節」とされた旧閏2月2日の利用が確認できる（第3章）。毛沢東像を安置した倶楽部は、政治会議や参軍動員での教誨の場とされたことからも、各村の廟であった可能性が高い[22]。

　盟誓では訴苦を織り交ぜた集団儀礼による精神的高揚の下、安全保障を求める人々の願望が利用された。滑県3区では入党申請者が登録用の机の前に押し寄せ、息子を自分の代わりに入党させようとする老人、拒否されると天に宣誓してでも入党しようとする者、出身が悪くて幹部に笑われる者もいた（JL47.6.20、7.1）。濮県6区某村の婦会主任は、「ゴロツキ」の夫が敵に投降したため入党できず、夫との関係断絶を宣言して入党が許された（JL47.5.8）。清西では、入党条件を満たせなかった若い夫婦が一日泣き明かしたという（JL47.4.22）。秩序の混乱時に、本来的に弱い村の組織性を代替して、人々に安全保障を提供する会門の機能は中共へ継承され、民衆にとって会門と中共の区別も曖昧なままであった。

第Ⅲ節　参軍運動

　参軍運動においても、秩序の混乱の中で安全保障を求める人々の心理に依拠した動員が行われた。内戦が本格化すると、中共は国民党軍が来れば生命・財産を

失うと宣伝し、訴苦によって民衆に日本や傀儡軍、国民党軍による占領期の苦しみ、地主による抑圧の苦しみを思い起こさせて感情を高め、中共に従う以外に生きる術はないことを強調した[23]。同時に、中共に有利な軍事情勢、諸戦闘の勝利が宣伝されて、自身や家族の参軍が有利な選択であることが強調された[24]。

　参軍動員には民衆の自発性が重視されたが、動員の過程は党と民衆団体の組織力に大きく依拠していた。地委から県委に割当てられたノルマは各区に振り分けられ、各区は村幹部・党員・積極分子を招集した会議、大会で思想動員を行い、これを基礎に各村の動員が展開した。民衆の自発性を喚起し、集団的「参軍熱潮」を引き起こすため、各級幹部が率先して参軍の意思を示し、民衆を率いて参軍することが一貫して求められた。これを「幹部帯頭」と称し、立功運動、大参党運動によって拡大した大量の積極分子、党員は、その一翼を担うこととなった。党組織以外に権力の源泉を持たない貧しい人々が短期間で基層幹部に抜擢され、その精神的高揚と政権への忠誠心をもって「帯頭参軍」を導くという手法が広く採用された。参軍模範村の南峰県馬労荘の青年党員辛広河は、動員の1カ月前に小区幹部に抜擢され、動員直前には4区の翻身模範に選ばれ、全村の参軍運動の指導者として自衛隊を率いて参軍した（JL47. 4. 19、RR47. 4. 27）。これら積極分子と党員は、家長・母などの立場から子弟の参軍を説得する役割も担っていた[25]。

　村の党支部では、党員大会・支部党員会議が開かれ、動員の配置を受けるとともに、党員自らが率先して帯頭すべきことが指示された[26]。部分的な統計ではあるが、参軍者に占める党員の高い割合が確認できる。47年4～5月の参軍運動では、寿張の3,000人の参軍者中、青年の5分の1（JL47. 6. 9）、南峰の1,500人の参軍青年の内、700人（RR47. 6. 2）が党員であった。47年11月の参軍運動では、濮陽4区の1,841人の参軍者中、党員が300人を占めた。晋冀魯豫辺区の11～12月の参軍動員の総括では、全区160,000人の入隊者の内、党員・区村幹部は18～20%以上であったとされ（RR47. 12. 25）、冀魯豫区の入隊者は50,000人であったから、この割合を当てはめれば、10,000人前後の党員・区村幹部が入隊したことになる。

　上述した濮県の「翻身節」では、5,000人に上る入党申請が行われ、その後の動員大会を経て、4,000人が正式に入隊した（JL47. 5. 17、5. 30）。同県戸部砦では、

人口の6.6%に当たる46人が参軍した (JL47.5.19)。47年4〜5月の参軍運動で、動員数と動員率において最高値を記録した昆吾は、48年末の党員数の対人口比においても全区第2位の5.8%を達成し、党員数の拡大が参軍を牽引した状況がうかがえる[27]。清西の擁党大会では、訴苦の過程で農民が「毛主席の恩に報いる」ため、毛主席の救援に行くとして入党要求を提起したと報道されており (JL47.4.22)、入党と参軍が緊密に結びついた動員が行われた。党員の多い支部は参軍負担が高く、党員69人の寿張県東金斗営支部では、48年11月頃までに16人が参軍した (JL48.11.6)。

参軍と連動した積極分子の抜擢は、「人民に奉仕する」、「人民のために立功する」という階級意識に基づき推進されるべきものであった[28]。しかし、積極分子や党員を集めた集会が安全保障を基本とした盟誓の場として機能していたことからうかがえるように、安全と果実の分配を保障するこれらの資格は参軍との交換条件とされていた可能性もある。臨沢県陳大廟では、参軍者に農会員の資格を授与して最積極分子に認定し (JL46.8.30)、第4分区の一部の地区では「「当官」[役人になる]」「発財」「威風」「名誉」など[の言葉]によって誘惑して」、新兵を獲得していたことが報告されている (JL46.9.5)[29]。村民の身体や家に標識を付けて、政治等級区分を可視化する手法は、参軍動員を推進する圧力となるとともに、不利な区分を避けようとする人々には安全保障を得る手段として機能することとなった。

地主が統一戦線の対象として位置づけられていた46年中は、闘争対象でない地主の参軍は奨励されることもあった (JL46.10.1)。47年3月以後、地主は統一戦線の同盟者としては言及されなくなり、地主とその子弟の参軍は拒否され、各地の部隊に「混入」していた者が摘発されるようになった[30]。しかし、地主の区分が可変的に設定されて、政治態度による変更が可能であったことは、これらの人々に参軍動員が利用される余地を残しており、個別の村から地主が送られていたことが確認されている (JL47.4.28)。遊撃区となった地域では、罪の帳消しを理由に旧政権の保長、排長を参軍させることが指示されるなど[31]、寛大政策によって旧政権側の人々が参軍する余地も存在していた。また、政策の急進化と出身血統主

表8-1 内戦期冀魯豫区の参軍運動と達成数(人)

	目標数	達成数	累計
1946年夏	5,000	8,000	8,000
1946年8〜10月	20,000	102,000	110,000
1947年4〜5月	50,000	37,000*1	147,000
1947年11〜12月	25,000	50,000*2	197,000
1949年2〜3月	16,000	14,000	211,000

*1は50,000人の参軍登録に対して、精鋭化の結果、37,000人を達成 *2は160,000人の参軍登録に対して50,000人を批准
中共冀魯豫辺区党史工作組辦公室『中共冀魯豫辺区党史資料選編』第3輯、文献部分（上）、山東大学出版社、1990年、132〜133、322、429頁、3下、513、522頁、謝忠厚主編『冀魯豫辺区群衆運動資料選編』（下）、河北人民出版社、1991年、1044、1046、1047頁より作成

義的な階級解釈が強まる一方で、政府機関・部隊内の地主・富農出身の党員・幹部が、自己の家族を民衆の処分に任せ、自己の出身階級との決別を表明するといった思想動員も行われるようになっていた[32]。敵対者の範囲が恣意的に広げられ、上述のように思想の中にも「地主」を摘発する三査が部隊と一部の機関で行われたことで、あらゆる既得権益者に革命的態度を表明させる圧力がかかっていた。このような圧力は、幹部帯頭、「自願参軍」、手段を選ばないノルマ超過を一層促進したであろう。47年11〜12月の参軍動員において、25,000人のノルマを大幅に超える160,000人の登録が行われたことには（表8-1）、このような背景があったと考えられる。

第Ⅳ節　会門の復活と迷信の流行

47年6月末以降、晋冀魯豫野戦軍主力の黄河以南への進攻開始を受けて、根拠地では徴兵・徴糧・労役の負担が引き続き増大していた。その一方で、土地改革の急進化により闘争対象は拡大し、逮捕・殺人が横行して社会不安は高まっていっ

た。更に48年2月からは整党運動によって村支部が機能を停止し、疫病の流行も加わって、工作は長期的に中断した。このような情況下、太行区・太岳区同様、冀魯豫区各地でも民衆の迷信活動が盛んになり、会門の活動も改めて活性化していった[33]。中共自身が会門の手法に倣って組織を拡大したこともあり、会門的結合は安全保障の重要な方法として民衆に認知され続けていた。

当時の人口約1,300万人の冀魯豫区では、既に46年10月までの3カ月間で、民夫動員数延べ600,000人、参軍動員数102,000人に達する空前の動員が実施され[34]、47年中も更に総計87,000人の正規軍動員が行われた(表8-1)。内戦開始から48年8月までの全区51県の戦時勤務の負担総数は、負担の少ない地区の統計を除いて延べ7,263,986人に上り、25回の主要戦役だけでも壮丁1人平均90.1回の負担に上ったという[35]。しかも、これらの動員は、比較的堅固な黄河北部の根拠地に集中していた。48年2月中旬から3月末の第8分区の戦時勤務では全分区総人口の13%が動員されており、その一方で、被災区では緊急の救済が必要な被災民が300,000人に上っていたとされる（JL48.4.2）。

戦時動員に対する民衆の不満が会門拡大の原因となっていたことを中共も認識しており、潘復生（区党委書記）は8月の区党委幹部会議において、「戦時勤務の負担が重く、黄河北に大軍が終始駐在していることで、後方の民衆は燃料の柴すらない。この問題に注意しなければ、民衆は会門を組織し、武装で我々を批判するであろう」と指摘していた[36]。軍区司令部は、会門が発展している地区は軍隊がよく出動して規律が悪く、区村幹部の強制命令が見られるところであると指摘し、「共産党を消滅させ、八路軍を遮れば、兵隊、担架隊、慰問隊にならずにすむ」というスローガンが用いられたことを明らかにしている[37]。

6月の区党委の調査によれば、迷信事件は27県に及び、冀魯豫区内の会門は約30種に達していた。会門の多くは秘密組織であり、活動は数村の範囲を出なかったが、第4分区の他、中心地区の第8分区にも多く出現していた。土地改革に不満を持つ地主らが組織したり、国民党と関係を持つものもあり、中共への敵対的傾向が強かったとされる。会門は、「毛沢東は死んだ」、「劉伯承が投降した」、「第三次世界大戦が勃発する」などのデマを飛ばし戦争の不安を煽る一方で、会門参

加者は難を免れることを宣伝していた。内黄県寶公集の一貫道は、「中共は拉滑子［椅子の上に人を立たせ、椅子ごと人を転ばせる拷問］と人殺し、国民党は民衆のものを奪う。ともに天下をとれない。一貫道の兵が派遣されれば、国共両党の兵は戦わずして退く」と称し、土地改革と内戦で疲弊した人々の支持を得ようとしていた[38]。

　一方、6月下旬までで冀魯豫区9個分区中の6個分区27県100余村において、「神水」、「神火」、「神土」、「古廟・古塚」が霊験を示すという流言が起こり、治病などの祈願に民衆が集まっていた。尚和の皇姑塚、南楽の倉頡廟には、毎日500人から1,000人の参拝客が100里［1里は500m］周囲から集まり、その多くは出征した息子・夫の無事な帰還を祈願したり、担架隊の息子の安全を祈願する女性であった。皇姑塚の「焼香事件」は濮陽の後天道首領の画策によるものともされ、土地改革で闘争にかけられた富農が春節［旧正月］前後に道徒300人を集めて暴動を準備し、4月には3,000人が「殺人には命をもって償わせ、借財は返済させる」などのスローガンを叫んだという[39]。民衆は現世利益的で多神教的な民間信仰を背景に、会門や流言が提供する様々な霊験に不安の解決を求めていた。

　区村幹部・工作人員は「神水」を汲む民衆を特務としたり、神像・墓土を破壊するなど、迷信行為を強圧的に取締まったため、民衆の激しい不満を引き起こし、流言は更に多くなった。事態を鎮静化するため、中共は巫神・会門・地主などの手口や画策を大会などで暴く一方で、無料診療、薬局の回復、被災民救済などの措置をとった。神が「効かない」ことを暴くことは、現世利益を基礎とする民間信仰の文脈にも即していた。土地改革の停止、党組織の回復、強制的互助組織の解散、商工業の保護など、政策転換による社会・経済の安定により迷信活動は減少していったが、尚和の皇姑塚、南楽の倉頡廟の女性を中心とした活動は8月時点で更に発展していたとされ、出征や徴用に対する不安は政策転換によっても解消されるものではなかった[40]。大参党運動、参軍動員において活性化した女性の行動は、党の統制を超えて拡大し、これらの迷信活動を支えていた。

第V節　整党運動と政策転換

①　整党運動と「平均主義」

　47年9月、中共の全国土地会議は、土地改革の徹底を目指す「中国土地法大綱」（以下、「土地法大綱」）を採択し、その実施のため、基層組織に及ぶ整党運動の展開を決定した。その一方で、中共中央は11月から土地改革の急進化の問題について検討を開始していた。晋冀魯豫辺区では、「土地法大綱」の方針と整党運動が実施に移される48年1月前後より、中央の急進的政策是正に関する諸指示が、徹底均分の目標を取り下げないまま段階的に伝達され[41]、相矛盾する方針が錯綜しながら提示されることとなった。

　冀魯豫区では48年1月、県・団以上の幹部に対する整党運動が開始され[42]、一切の権力を農会が掌握する準備が進められる中（TH48.1.23）、2月1日、晋冀魯豫中央局の指示により、村支部に対する整党運動が開始された。同指示は、土地改革の進展した地区での更なる均分運動を禁止し、階級区分を厳密化して貧雇農への極端な追従を戒めるなど、急進的政策是正の様々な論点を提示しながらも、一部の幹部・党員が地主・富農を庇護して徹底的に闘争せず、兵士・幹部を出している地主・富農家庭や多くの幹部が土地財産を多く所有しているとして、その調整を主張していた。この目的を達成するため、非党員の貧雇農と中農を党支部大会に参加させて支部を公開し、党員の思想、行動などを検査して、民衆の意見で「悪い幹部・党員」を処罰することが指示された[43]。急進化是正を指向する一方で、大衆動員によって整党を行う形で、運動への大衆参加を促す方針は維持されていた。

　工作組の指導下、貧雇農団が村幹部・党支部の権力を剥奪して展開した整党運動においては、党員・幹部の汚職、犯罪、強制命令、中農の利益侵犯などが批判され、民衆に貼られた特務のレッテルも剥がされた[44]。その一方で、幹部・党員に対する私的報復も引き起こされ、工作組も基層幹部を排斥・敵視する姿勢で臨んだため、支部の活動は停止し、党員は不安・不満を抱き、工作を放棄する者、

逃亡する者も現れた（JL48.5.1、5.7、9.25）。

　3月末から5月にかけて中共中央の整党の方針は、支部の「組織的不純」の整頓から、作風の批判・改善へと転換し、急進化是正が本格化すると、『冀魯豫日報』でも5月初めには、整党における「左傾冒険主義」的傾向が批判されるようになる。ここでは党の方針転換には触れられず、様々な問題は工作組の偏向として批判された。この転換により、党員の絶対多数は貧雇農であり、村支部には指導や教育の不足などによる問題があるものの、大きな誤りはなく、民衆への強迫命令は短期の重い任務によるもので上級の誤りであることが確認された（JL48.5.7）。

　しかし、整党はその後も大衆組織の優位の下、進行した。武安9区の整党の経験を紹介した、4月末の晋冀魯豫中央局の太行区党委宛て指示は、貧農団成立時に支部党員の約3分の1を同団に吸収し、農会成立時に更に約3分の1を同会に吸収する形で、支部を「良い党員」と「悪い党員」に分裂させながら、批判・自己批判を展開させた同区の経験を、旧解放区の整党の模範的事例として奨励していた。同指示は『冀魯豫日報』、『人民日報』にも掲載されており（JL48.5.10、RR48.5.3）、貧雇農団を中核とする大衆が党支部を整頓する形で、指導と同盟の関係が転倒した整党が奨励されていたのである。

　5月15日の冀魯豫区行署布告によって、村単位での地主に対する管理統制（腕章・標識使用の強制、外出許可申請など）は廃止され、逮捕・拘留・処罰の権限は県以上の公安機関に回収されることとなった（JL48.5.19）。政策転換にともない、帰還した地主・富農らの一部は土地・財産の奪回と報復を行うようになり、区村幹部や工作組がこれを放置、助長する事態も発生した。このため、政策転換は「地主を興す」ことだとする誤解も生まれた[45]。その一方で、土地改革での農民の過激な土地要求の行動は、富裕者から財産を奪い均分する「平均主義」の思想と捉えられ、中共の急進化是正の方針確定後は、それ自体は「反動的で、立ち遅れた退歩的な」思想とされた（TH48.5.10）。しかし、「平均主義」は46年秋から「土地法大綱」実施に至るまで中共の一貫した政策方針であった[46]。

　「土地法大綱」は、地主や国民党側人員の家族を含む全郷村民に同等の土地・財産を与える形で徹底均分を提起しており、「漢奸、売国奴、内戦犯罪人」の家族

であっても、犯罪歴がなく、耕作を望めば同じ措置を取ることが示されていた（TH47.12.31）。48年1月の晋冀魯豫辺区農会籌備会「告農民書」も、問題や功績の有無に関わらない徹底均分を指示していた（TH48.1.23）。このため、政策転換後に「土地法大綱」が実施に移されると、中心地区の幹部らは、土地改革で平均より多く土地を獲得した貧雇農の土地を削り、地主・富農・中農に与えて均分を実現しようとした。村の総耕地面積を人口で除した平均値によって機械的な調整を行い、結婚・出産・死亡による世帯人口の変化の度に調整を行う村もあった[47]。このような徹底均分は、農民の自発的な要求によるものではなく、遅れて到達した上級の政策を、区村幹部が忠実に遂行しようとして生まれたものであった（JL48.10.6、11.25）。

② 党組織の強化と社会への浸透

　一連の政策転変とそれにともなう様々な混乱は、中共権力の散漫さと脆弱さを示すように見えるが、統制の効かない偏向をともないながらも、上級の政策は中心地区や重点村を中心に、その都度村レベルにおいて遂行され、左右に揺れ動く政策方針に社会は極端に反応していた。幹部・党員は上級の指示を根拠に権力を行使し、上級の批判によって権力を剥奪された。党支部を民衆の批判に晒し、支部を批判した工作組をも批判し、運動の度に新たな積極分子を権力に吸収することで、民衆とともに党に忠実な組織を鍛え上げようとする干渉が繰り返された。党員・幹部となった貧雇農らは、党組織以外に権力の源泉を形成することは難しく、その意味では政権による統制力は高まった。しかし、これらの人々は教育水準が低く、実務経験にも乏しいため、任務遂行において様々な偏向を避けられず、ノルマや批判の圧力を受けて、しばしば極端な行動に走った。社会の亀裂に浸透した党権力は、不安定で強烈な干渉を繰り返すようになったのである。

　政策是正の本格化以後、機関紙による政府・幹部の監督も行われるようになった。華北各地の機関紙は民衆の投書欄を設けて、幹部の腐敗・不正を暴露させ、当地の関係部門に問題を調査報告させた（JL48.9.8）。『冀魯豫日報』紙上では、離婚を巡る紛争に関して幹部の不法行為を訴えた投書に、県の司法科が反論すると、編集者はこれを自ら調査せず責任を回避する官僚主義的態度として厳しく批

判した（JL48.7.18、8.11）。冀魯豫行署は、投書による民衆の批判が、政府・幹部を監督し、官僚主義を正す有力な武器であるとして、新聞に掲載された批判や疑義には、厳粛な態度をもって人民に奉仕する精神により、速やかに検査するよう指示した（JL48.9.8）。

　党員は48年末までに170,000余人に達し、日中戦争期より倍増した人口比において中共は3倍の厚みをもつ組織になっていた。前章で確認したように急速に拡大した党組織は、整党による大規模な処分・除籍を通じて、その強化が図られ、幹部訓練班による教育によって幹部の質の向上が図られた。組織整頓の力は確実に基層にまで及ぶようになっており、基層組織は次第に質を高め、権力は確実に社会への浸透度を高めていた。

第Ⅵ節　政治等級区分の再編成と出身・成分規定

① 階級区分の再定義と政治等級区分の再編成

　急進化是正の過程では、階級区分の再定義が重要な論点となり[48]、階級区分の厳密化を通じて、恣意性を孕む政治等級区分の整理が進められた。47年11月、任弼時は毛沢東に対して根拠地で階級分析に通用する文件の頒布を建議し、階級区分に関する33年の二つの文件、「怎様分析農村階級」、「関於土地闘争中一些問題的決定」が探し出された[49]。両文件は、搾取と労働の割合・時間を基本とした農村諸階級の区分方法を示したもので、11月末に各中央局・分局に伝達され、各地の議論に付された。12月31日の中共中央工委指示は、政治的態度や思想などを階級区分に持ち込む手法や、本人の現状を無視して時間や世代を遡って地主・富農を指定する手法などを批判し、階級区分の基準は生産手段の占有の有無とそれに関わる生産関係のみであると指摘して、33年の二つの文件に基づく階級分析を求めていた。同指示は、また両文件についての修正・補足意見の提出を改めて要求していた[50]。

　48年1月12日の西北人民解放軍前線委員会拡大会議での任弼時報告「土地改革

中的幾個問題」は、「階級成分を画定する基準」は「人々の生産資料に対する関係」のみであるとして、33年の二文件をもとに地主・富農の経済的定義を明示し、階級区分が経済情況の変化によって変動することを主張した。また、旧解放区において既に連続5年間農業労働に従事し、もはや他人を搾取していない地主および、既に連続3年間搾取をしていない富農は、その成分を改めるべきであること、中共軍に入隊した地主・富農など搾取者とその家庭出身の知識人については、革命教育を受け、戦闘の試練を経て勇敢に闘い、土地改革を妨害しないなどの条件に合う場合、搾取者本人は入隊後2年で、知識人は1年で革命軍人へ成分を変更できるなどの基準を示した。国民党打倒や土地改革の実施と矛盾しない形での開明紳士との協調も改めて提起され、ここで示された地主・富農の成分変更の原則は、1月18日の中共中央の決議草案においても確認された（TH48.3.24）[51]。

羅平漢によれば、毛沢東は任弼時報告を非常に重視し、新華社を通じて各地新聞等に即時掲載するよう求めたとされるが[52]、新華社電は実際には3月22日に発せられ、同報告が晋冀魯豫辺区各地の新聞に掲載されたのは3月下旬であった[53]。政策是正は漸次的に進んでおり、この間、2月15日起草の中共中央「関於土地改革中各社会階級的画分及其待遇的規定（草案）」（以下、「草案」）が、各中央局・分局級の討論に付されていた[54]。「草案」は、都市の諸階級を含む包括的な階級区分の文件であり、搾取・労働の性格およびその時間・割合等に応じた階級規定と成分変更の基準を詳細に示していた。これらの細かな規定からも、当時の社会の流動性の高さがうかがえる。

なお「草案」では、旧政権の職員・軍人は、「職員および革命職員」、「軍人および革命職員」の項目の中で言及され、「最も悪い者は必ず処罰し、脅されて従った者の罪は問わず、立功者は奨励する」という対応が示された。このように、職員・軍人は階級区分の中に位置づけられているが、ここには給与生活者としての経済的区分のみではなく、革命政権・軍ないし旧政権・軍への参加という政治的区分がその待遇に影響を与える構造が一貫している。この他、「反革命分子」、「悪覇」などは、階級区分の規定としてではなく犯罪者の枠組みで言及され、「反革命」の武装組織の一般人員、「反革命」組織に雇用・徴用された人々などを一律に「反革

命分子」としてはならないことも示された。旧政権の職員・軍人に一律に与えられていた「傀儡政権職員」、「傀儡軍軍人」という枠組みや、「反革命分子」、「特務」のような闘争を拡大するレッテルとして使用された曖昧な区分は整理され、改めて多数を獲得する方針が提示されていた。

5月、中共中央は、任弼時報告に基づく革命軍人の成分認定の原則を規定として各地に伝達した。同規定は、労働者・貧農・雇農出身幹部の抜擢を軽視してはならないとしながらも、思想行動上の態度をみずに、「労働者農民出身者は全てよく、地主・富農出身者は全て悪い」と考える「唯成分論」を正面から批判している。また、「草案」の規定に照らして、このような成分変更が非軍事機関にも適応できることが確認された[55]。革命軍人への成分変更に付随して、搾取者とその家庭出身の知識人が中共へ入党する制度的道筋も示された[56]。同月、33年の二文件が、任弼時報告による補足・修正などを経て再公布され[57]、任弼時報告と二文件は土地改革の最終段階における階級区分の基準としての地位を確定した。一方、中央局・分局級で討論された「草案」は公開・下達されなかったというが[58]、『冀魯豫日報』では、「草案」に体裁・内容が一致する諸文件が、現実の階級区分の解説のために断片的に引用されており（JL48.7.29、49.1.24）、「草案」は内部文書などの形で階級区分の指導に使用されていたと考えられる。

② 出身・成分規定

これらの文件では、出身家庭は「出身」、本人の現状は「成分」として区分されていた。革命職員、革命軍人への成分変更は、当人の社会経済的情況の変化を基礎に、思想行動上の「進歩」を反映するものであった。ただし、成分が変更可能であっても、「草案」や5月の革命軍人成分の変更に関する規定は、出身は変更できないことを明示していた。中国社会は本来階層間の流動性が大きく、特に近代には流動性が高まっており、ある時期の経済状況をもって、その世帯の出身を固定することは、社会経済的には不合理さを孕むが、その没落・上昇の時期が日本や国民政府の統治下であるか、中共政権成立後であるかの違いは、政権への忠誠心に関わる問題でもある。出身規定は、その意味で社会経済的情況を基準としながらも、社会の流動性に留意しつつ人々の政治的態度と社会統制の効率に着目し

た概念であったといえる。

　49年2月、中共中央組織部は、多くの地方の党支部が党章の規定に違反して、本人の成分によらず、出身によって候補期間や入党の時期を決定していると批判していたが[59]、出身規定の存在自体が、出身血統主義的発想で人々を統制しようとする圧力を生んでいたといえよう。社会の流動性とこれを利用しながら人々を統制する権力側の不信感は、表裏一体のものとして存在していた。革命の急速な勝利によって、政権内には旧政権の人々が大量に流入するようになり、軍隊においても、国民党系軍の俘虜は、48年6月末までの2年間で163,000人に達し、その2分の1から4分の3が中共軍に編入されたとされる（JL48.8.4）。冀魯豫区でも同年下半期の俘虜11,650人の内、約34％が参軍し、約14％が華北軍区に送られるなどしており[60]、これらの人々を統制するため、出身規定は重要な意味を持ったと考えられる。

　これに関連して成分変更においても、没落・上昇の時期が条件として考慮されていた。上述の諸文件は、中共政権成立以前に中農・貧農に下降して1年以上となる地主・富農の成分や待遇を中農・貧農に変更すること、地主・富農に上昇した者の成分変更を3年後とすることを規定していた。任弼時報告は、これらを新区での原則として言及し、地主・富農の没落を国民党の圧迫に求め、長年の労働により上昇した者の地主・富農認定を遅らせる形で、工作基礎の弱い地区での秩序構築を構想していた。同報告や「草案」はまた、中共政権成立後に新式富農となった者を富裕中農として処遇すべきことを主張していた（TH48.3.24）[61]。このように、成分規定もまた社会の流動性と人々の政治的態度に関わって形成された概念であった。

おわりに

　内戦勝利に至るまでの政治・軍事情勢の変化と中共自身の政策方針の転変により、中共が打倒を目指す敵や同盟者の範囲も伸縮を繰り返し、政治等級区分もこ

れに従い転変した。中共の政策方針の転変は、予測困難な情勢の変化に対応したものであるとともに、急進的な土地改革の指向性が社会との矛盾を引き起こした結果でもあった。いずれにしても、中共の大衆路線は、下層大衆を積極分子・党員・幹部として登用する指向を一貫して維持しており、この指向性は、運動の度に社会に流動性を与えていた。負の等級区分では、政治的態度の他、過去の経歴や親族関係、生活情況なども捉えて恣意的なレッテル貼りが横行し、没落の可変性が常時人々に示されていた。このような情況の下、政治等級区分には、内戦期を一貫して、厳格な区分の中に一定の流動性を許容することで、人々に忠誠を迫る特徴が維持されていた。

　以上のような政治等級区分と動員手法は、革命後の中国に継承されていった。日常生活の政治化と度重なる政治運動の中で、「黒五類」の人々は、更なる迫害の危険と僅かな上昇の可能性を前に、権力に対する従順ないし積極的な姿勢を示す必要に迫られ、権力は大衆の中から積極分子を登用・抜擢し続け、党員資格も一貫して拡大された。幹部は昇進の機会と失脚の危険の狭間におかれ、人々は恣意的な政治等級区分の流動性に翻弄されつつ大衆動員に参加していった。

　本来的に弱い村落の保護機能が、内戦の混乱で更に低減するにともない、任意の組織に保護を求める民衆の行動は過激なものとなった。郷約の形態を踏襲する不安定な規範の確認が盟誓の形で行われ、大参党運動の盛り上がりや各種会門勢力の勃興を支えていた。一方で中共は十数年来の闘争を経て、社会を動員する党組織を区から村へと浸透させつつあり、自治能力の弱い村落を代替して民衆を動員し、社会を変革する力を持つに至っていた。

註
(1)　「要勝利就要搞好統一戦線」（1946年11月21日）『毛沢東文集』第4巻、人民出版社、1996年、198頁。
(2)　「迎接中国革命的新高調」（1947年2月1日）『毛沢東選集』第4巻、人民出版社、1996年、1213頁。
(3)　権力の交替と政策の転変に対して、その変化を予期し、あるいは恐れつつ、現政権や他勢力との距離を測る思考・行動様式。

(4) 冀魯豫区党委「関於開展敵後遊撃戦与準備遊撃戦的指示」(1946年11月20日)、中共冀魯豫辺区党史工作組辦公室『中共冀魯豫辺区党史資料選編』第3輯、文献部分(上)(以下、『冀魯豫党史選編』3上のように略記)、山東大学出版社、1988年、165～171頁。
(5) 同上167頁。JL46.11.23。
(6) 冀魯豫区党委「関於深入土地改革群衆運動的指示」(1947年3月12日)『冀魯豫党史選編』3上、261～265頁、徐運北「参軍運動簡報」(1947年5月30日)同3下、322頁。
(7) 『人民日報』では、県名を湯(陰)東県としている(RR47.8.27)。
(8) 女性解放運動では纏足の禁止と断髪が強行され、「封建勢力」や家長権力と闘う政治的態度が身体に表現された(JL 47.4.21、5.26、6.2、8.8)。
(9) 郷約の性格については、寺田浩明「明清法秩序における『約』の性格」、溝口雄三編『国家と社会』東京大学出版会、1994年を参照。
(10) 田中恭子『土地と権力—中国の農村革命—』名古屋大学出版会、1996年、180～193頁。
(11) 冀魯豫区党委「関於改変政権与連合会組織機構的初歩意見」(1947年6月11日)『冀魯豫党史選編』3上、352頁。
(12) 逃亡の全体像を示す統計は見当たらないが、第4分区では政策転換後、中農を含む3万人の逃亡戸が帰還している(JL48.6.3)。
(13) 川井伸一「土地改革にみる農村の血縁関係」、小林弘二編『中国農村変革再考—伝統農村と変革—』アジア経済出版会、1987年、222～234頁。
(14) JL48.10.17、ZY47.9.12、10.21、11.17。部隊・党・政権内部の「享楽・腐敗・搾取」思想は、「内部の蒋介石思想」などとして批判され、濮県戸部砦村では、批判された幹部の首に「蒋根」の白牌を下げさせている(ZY46.7.10、JL47.5.19)。
(15) 中共中央「対劉少奇関於土地会議各地彙報情形及今後意見的報告的批示」(1948年8月13日)、中央檔案館編『解放戦争時期土地改革文件選編』中共中央党校出版社、1981年、71頁、劉少奇「関於土地会議各地彙報情形及今後意見」(1948年8月4日)、同上76～77頁。
(16) 前掲冀魯豫区党委「関於深入土地改革群衆運動的指示」、261頁。
(17) 以下、各県区村の人口は、「冀魯豫区行政区画人口及党的組織総合統計表」(1949年1月2日)、張玉鵬・張文傑編『中共冀魯豫辺区党的建設』河南人民出版社、1994年、432～458頁による。
(18) 三谷孝「紅槍会と郷村結合」『シリーズ世界史への問い4 社会結合』岩波書店、1989

年。48年末の冀魯豫区61県の人口約11,550,000人(註(17)、432頁)と比較すると、この地区での会門の隆盛がうかがえる。近代華北農村の会門組織と地域権力との対抗については、馬場毅『近代中国華北民衆と紅槍会』汲古書院、2001年を参照。
(19)　秧歌については、本書序章註(14)、28〜29頁を参照。
(20)　RR47.6.19、8.6、10.11、10.17、11.17、11.27、12.13。
(21)　前掲寺田浩明「明清法秩序における『約』の性格」、武内房司「清末四川の宗教運動——扶鸞・宣講型宗教結社の誕生」『学習院大学文学部研究年報』第37輯、1990年を参照。
(22)　華北郷村の廟の機能については、王福明「郷与村的社会結構」、従翰香主編『近代冀魯豫郷村』中国社会科学出版社、1995年、101頁を参照。
(23)　JL46.9.5、9.24、9.25、10.2、10.15、10.28、47.4.27。
(24)　JL46.10.24、46.11.9、11.23、47.11.27、48.6.27、8.12、49.3.8。
(25)　JL47.4.16、4.19、4.27、4.28、10.26、11.28、11.29。
(26)　JL47.10.26、11.24、49.2.25、26、3.4、3.7、3.8。
(27)　JL47.5.30。人口数と党員数については、前掲「冀魯豫区行政区画人口及党的組織総合統計表」、432〜458頁を使用し、人口数には参軍数を加算して計算した。
(28)　冀魯豫区党委「関於開展立功表模運動的指示」(1947年3月18日)『冀魯豫党史選編』3上、268頁。
(29)　参軍と政治的地位の交換例として、李里峰は、地主・富農・中農が、参軍する条件で党との組織関係を回復したり、入党を認められた事例、息子を参軍させた人々が優先的に村幹部に任命された事例を紹介している(李里峰「階級画分的政治功能——一項関於"土改"的政治社会学分析」『南京社会科学』2008年第1期、75頁)。
(30)　JL47.4.23、4.28、5.5、7.21、ZY47.9.6、10.21、RR47.12.25、冀魯豫区党委「関於中央局幹部会議伝達提綱」(1948年1月20日)『冀魯豫党史選編』3上、507頁。
(31)　冀魯豫四地委「対新区参軍的指示」(1947年3月17日)、中共河南省委党史工作委員会『河南的支前工作』河南人民出版社、1992年、136頁。
(32)　JL47.9.28、ZY47.9.12、9.24、10.9、10.21。
(33)　冀魯豫区党委「関於会門問題向中央局的報告」(1948年6月27日)『冀魯豫党史選編』3下、66〜67頁。
(34)　「冀魯豫辺区群衆運動大事記」、謝忠厚主編『冀魯豫辺区群衆運動資料選編』(下)(以下、『群衆運動選編』(下)のように略記)、河北人民出版社、1991年、1044頁。
(35)　「冀魯豫辺区群衆運動概述」『群衆運動選編』(上)、48〜52頁。

(36)　「潘復生在八月区党委幹部会議上的総結報告提綱」（1948年8月8日）、同上152～153頁。
(37)　冀魯豫軍区司令部「作戦工作総結」（1948年8月18日）、同上179～180頁。
(38)　前掲冀魯豫区党委「関於会門問題向中央局的報告」、66～67頁。
(39)　同上66～68頁。冀魯豫区党委「関於本区工商業及幾項主要工作向晋冀魯豫中央局的報告」（1948年5月3日）『冀魯豫党史選編』3上、606頁。
(40)　前掲冀魯豫区党委「関於会門問題向中央局的報告」、68～71頁。
(41)　中共冀魯豫辺区党史編委会編『中共冀魯豫辺区党史大事記』山東人民出版社、1987年、286頁。前掲田中恭子『土地と権力』、第七章。
(42)　前掲中共冀魯豫辺区党史編纂委員会編『中共冀魯豫辺区党史大事記』、286、292～293頁。
(43)　晋冀魯豫中央局「関於土地改革、整党与民主運動的指示」（1948年2月1日）『群衆運動選編』（下）、789～793頁、JL48.3.4。
(44)　JL48.3.4、4.24、7.15、8.3、9.20、11.15。
(45)　JL48.6.3、6.21、7.9、8.7、9.18、10.25、11.10。冀魯豫区党委「関於結束土改問題向華北局的総合報告」（1949年1月）『冀魯豫党史選編』3下、404～412頁。
(46)　前掲田中恭子『土地と権力』。
(47)　JL48.10.6、10.9、10.12、10.21、11.25。
(48)　本節については、浜口允子「地主富農階級区分考」『中国―社会と文化』第12号、1997年、前掲田中恭子『土地と権力』も参照。
(49)　「関於解放区政権和新富農政策問題給毛沢東的信」（1947年11月12日）『任弼時選集』人民出版社、1996年、411～412頁、羅平漢『土地改革運動史』福建人民出版社、2005年、223頁。二文件の成立に至る中共の農民階級区分論の変遷、特徴については、小杉一彰「中国共産党の農民階級区分論―その生成期に関する一考察―」、小林弘二編『中国農村変革再考―伝統農村と変革―』アジア経済出版会、1987年を参照。
(50)　中共中央工委「関於階級分析問題的指示」（1947年12月31日）『中共党史教学参考資料』第18冊、奥付なし、362頁。
(51)　「関於目前党的政策中的幾個重要問題」（1948年1月18日）『毛沢東選集』第4巻、1270～1271頁。
(52)　前掲羅平漢『土地改革運動史』、232頁。
(53)　同報告を転載した遼寧文化協会編『中共中央関於土改与整党指示和典型経験介紹』東

北書店遼寧分店、奥付なし、30頁に打電日の記載がある。TH48.3.24、XTY48.3.27、RR48.3.28。

(54) 中共中央「関於土地改革中各社会階級的画分及其待遇的規定(草案)」(1948年2月15日)前掲中央檔案館編『解放戦争時期土地改革文件選編』、172～227頁、中共中央「関於討論土地改革中各社会階級的画分及其待遇的規定草案的通知」(1948年2月16日)、同上228～229頁。

(55) 中共中央「関於地主富農知識分子入伍後改変成分的規定」(1948年5月14日)、前掲中央檔案館編『中共中央文件選集』第17巻、158～159頁。ただし、「草案」では搾取者出身・搾取家庭出身者は、工作期間2年を経て革命職員への成分変更が可能であるとするのみである(同上213頁)。

(56) 中共中央「関於革命軍人入党辦法的規定」(1948年5月10日)、同上154～155頁。

(57) 中共中央「関於1933年両個文件的決定」(1948年5月25日)、同上165～182頁。

(58) 前掲中共中央「関於討論土地改革中各社会階級的画分及其待遇的規定草案的通知」、228～229頁、「中国的社会経済形態、階級関係和人民民主革命」(1948年2月15日)『毛沢東文集』第5巻に付せられた注釈1(62頁)参照。

(59) 中央組織部「関於入党成分的解釈与規定」(1949年2月22日)『中国共産党組織史資料』第8巻、文献選編(上)、中共党史出版社、2000年、719～720頁。

(60) 冀魯豫区党委・軍区政治部敵工作部「1948年度処俘工作総結報告」(1949年1月24日)『冀魯豫党史選編』3下、392頁。

(61) 前掲中共中央「関於土地改革中各社会階級的画分及其待遇的規定(草案)」、197頁。

終章　中国共産党根拠地の政治動員と民俗

　本書では、日中戦争期から国共内戦期における中共の華北農村根拠地を中心に、時間・象徴・民俗とこれらに関わる信仰を利用した政治権力の宣伝動員工作について検討してきた。中共は節句・廟会・集市・祭祀などの農暦の民俗や民間信仰を利用しつつ、新暦の時間・記念日・国旗・指導者像などの近代的な政治象徴を取り入れた宣伝活動や儀礼を組織して、政治動員を行っており、本書はこの過程を、主に華北の傀儡政権の政策と対比させて考察した。

　また、本書では、民俗の視角による政治動員の分析を通じて、伝統社会のあり方が規定する中共権力の統治の手法の特徴を浮かび上がらせることを試みた。その際、身分固定を欠き、階層間の流動性が比較的大きい中国社会の特徴と、これに対応する専制国家の統治イデオロギーの性格にも着目して考察を行った。中共は、権力の動員を様々な関係に読み替える社会に対峙しつつ、個別家庭の行事としての性格の強い民俗を改造して、村や階級の凝集力を高めようとしていた。その一方で中共は、個別性の強い社会における人々の秩序に対する不安を利用しつつ、様々な社会関係に亀裂を入れながら、権力を浸透させていく動員手法を採用していた。中共の民俗利用工作は、大衆に共有された礼教の理想を最貧困層にまで「平等」に実現しようとする志向を持っており、社会の流動性の不安を利用した激しい政治運動は、出身血統主義的な様相を帯びて出現していた。以下では、本書の論点をまとめた上で、中共権力成立の意義を中国の政治権力と伝統社会の関係の文脈において確認したい。

第Ⅰ節　時間・象徴と政治動員

　日中戦争期から内戦期に至る中共根拠地を象徴する記念日構成と国旗・指導者像の使用状況は、国家権力構想・革命戦略の変化、国共関係の変化を反映しつつ、

また毛沢東の権威の確立過程に対応しながら、大きく変化していた。

　陝甘寧辺区においては、日中戦争初期、統一戦線の具体的なあり方を巡る国民政府との対立を背景として、国家と政権の関係を説得的に示す象徴操作が模索されており、37年の国慶節は慶祝されず、国旗の導入も遅れていた。象徴は、国共両党旗や蔣介石・毛沢東像を掲げることによって、国共合作のみを示し、両党が頂くべき国家の姿を示すことができなかった。国共関係の好転を受けて、国民政府の象徴は陝甘寧辺区のセレモニーに採用されるようになり、38年3月には抗敵陣亡将士追悼大会が、孫中山逝世13周年祭に合わせて挙行され、孫文像が国民政府の象徴として初めて単独で使用された。38年7月、国民参政会の創設によって限定的ながらも国民の政治参加の道が開かれ、全民抗戦の気運が高まる中、最初の中共成立・抗戦建国記念日にようやく国旗が延安全市に掲げられるようになり、この後、国旗は根拠地の政権の正統性を中華民国および統一戦線の枠組みから示す重要な象徴として積極的に使用されるようになる。

　陝甘寧辺区において国旗を初めて広範に使用したこの記念日活動は、中共成立記念日を7月1日に確定し、ナショナリズム擁護の文脈において中共の正当性を主張する形で導入されていた。その後、国旗は、中共が自らを中華民国の正統な継承者として演出するための象徴として活用された。陝甘寧辺区では孫文像と国旗を国家の最高の権威として掲げる形式が一時定着したが、整風運動以降の毛沢東の権威の高まりを受けて、毛沢東像と国旗を併用する形式が普及していく。陝甘寧辺区における農暦の民俗利用の宣伝動員活動は、「マルクス主義の中国化」の提起によって民俗利用の理論的根拠を示した整風運動の全面的発動とともに本格化する。43年の第1回陝甘寧辺区労働英雄大会は、農暦によって運営される集市を利用して組織され、これを機に毛沢東像が労働英雄らに頒布され、毛沢東の権威が大衆へ認知される契機となった。

　晋東南根拠地では、統一戦線が維持されていた前線の状況と良好な国共関係を反映して、記念日活動を含む国民政府の儀礼の形式は陝甘寧辺区よりも尊重されており、国旗・孫文・蔣介石像の使用が定着していた。しかし、39年末の国共関係の悪化を受けて、40年から41年前半まで一時、朱徳が根拠地の最高の権威とし

て突出する。この時期、中秋節［旧8月15日］を百団大戦記念日とする独自の農暦の記念日が創出され、百団大戦に託して農民の記念日を独自に確定する試みが行われるなど、中共独自の権威の創出が模索された。中共政権において農暦の時間は、新暦の帰属集団別記念日の構成において欠けていた農民の記念日としての意義をもって台頭していた。

　農民の他、青年、教師、児童など動員の対象として重視された帰属集団の記念日についても、中共は独自の権威を主張するために国民政府、華北傀儡政権と明確に対抗した。これらの記念日は、政治的意義、歴史的記憶についての理解がなくとも基層への導入が可能であり、諸権力が基層への浸透において最も重視した記念日でもあった。そのため、農暦の節句とともに帰属集団の記念日を重視する中共の基層における記念日構成は、結果として同様の志向を持つ華北傀儡政権の「節句」の構成と類似するものとなった。節句の民俗利用を含む余暇・娯楽の組織は、権力の象徴を基層に浸透させるための重要な方法であった。その一方で、国民政府系統の記念日については対照的な変化が確認され、正統国民政府を自任する汪精衛政権と合同した華北傀儡政権は、特に対華新政策以後、国民政府の権威に依拠する形で、国民政府の記念日構成を尊重するようになっていたが、中共根拠地では40年以降、民国の正統性を象徴する国慶節、中華民国成立記念日を除いて、国民政府系統の記念日活動の多くが停止され、中共独自の記念日構成による権威の確認が進められた。

　太行区・太岳区では、41年後半からは孫文の権威を継承する形で毛沢東像が最高の権威の地位を獲得していった。陝甘寧辺区と同様、毛沢東像は国旗とともに使用され、国家を代表する形での中共の権威が根拠地の諸階層に対して強調された。内戦期には、新解放区の県城、都市でも中共による民国の継承を意識する形で国旗が盛んに使用されたが、「以党治国」の象徴の意義もあわせもつ国旗の使用の制度化や基層への浸透は、根拠地においては限定的であった。

第II節　共同性と個別性：政治動員と統合

　日中戦争期の根拠地の生産運動が富農経済政策に基づく労働英雄の顕彰によって牽引されたように、農暦の民俗利用の宣伝・動員工作は、個別家庭の「昇官発財」［官僚となり、財を成す］意識に訴える形で展開した。その一方で、44年の農業合作運動推進の過程においては、節気に依拠した村ぐるみの生産計画の作成、村人の生活時間の鐘や銅鑼による統一管理、村での節句慶祝と合作事業での利用など、村落の共同性を強化する試みが模範村を対象に行われた。その後の土地改革においても、本来個別家庭の行事としての性格が強い諸節句に村の共同性を付与させつつ、農民の記念日、村の記念日としての翻身記念日、翻身節が創設された。土地改革と参軍動員を推進するために導入された追悼儀礼においても、階級意識を涵養させる目的で村の儀礼としての組織が試みられ、廟と節句を利用して集団性を担保しようとした。この他にも祝寿会［長寿者への慶祝会］、集団結婚式などの村の儀礼が組織された。

　しかし、土地改革もまた富農経済政策と同様に、共同性よりも個別家庭の経営を優先する原理を内包しており、中共の推進する「階級闘争」は村の社会関係に亀裂を入れつつ、社会の結合原理とは異なる政治等級区分によって個々人を分断して忠誠を迫り、直接権力に向い合せながら動員力を高める形で進行していた。飛躍的な動員力の向上は、必ずしも基層社会の凝集力の向上によって担保されていたわけではなく、むしろその対極にある個別化の進行にも依拠していたため、中共の意図した村や階級の凝集力の強化は、必ずしも十分に達成されたわけではない。政策が急進化すると合作経済の中核を担っていた労働英雄は批判にさらされ、合作事業は大衆運動の圧力の下、一旦は停滞したものと見られる。土地改革を記念する翻身記念日、翻身節もまたその後の継続は確認できない。追悼儀礼も個別家庭の祭祀の復活を望む民衆の願望に支えられており、祖宗墳墓への埋葬、族の祠堂での追悼を名誉と感じる農民の家族観念に配慮しつつ展開した。毛沢東像も、村の土地廟や村の団拝などに利用された例があるものの、現世利益的で多

神教的な民間信仰世界において、主に竈神を代替して個別家庭を司祭する神として受容され、中共の望むような絶対神としての地位を占めることはできなかった。冀魯豫区では会門の盟誓に倣った毛沢東像への拝礼が行われたが、これは個別性、流動性の高い特徴をもつ社会において、安全保障を求める人々を組織する伝統的な手法が活用されたものであった。

　安定した階級支配がなく、基層社会における地縁的な共同性の薄い中国農村では、民俗は個別家庭の論理が顕著であるが、中共は村落や階級の凝集性を生み出して社会を統合・動員する試みを繰り返えしつつも、土地改革の急進化にともない貧雇農に依拠する政策志向を強める中、個別性を中心とした民俗利用に傾斜していったと考えられる。

　中共の政治イデオロギーと会門との関係については、以下のようなことが確認できる。中共は、日本とその傀儡政権が積極的に利用した仏教の節句や会門を自らの権威づけに利用することはほとんどなく、自律的な行動原理をもつ会門とその独自の世界観を、自己のイデオロギーの反対物として一貫して排除し続けた。会門的結合が社会的に影響力を持っていた冀魯豫区では、会門そのものとは暫時の提携・相互依存関係を結びつつ、漸次に壊滅させる方針で対応し、内戦期には中共の権力掌握下に盟誓の方式を利用して大衆組織、党組織が拡大された。中共は中国の政治イデオロギーを継承して、毛沢東という新時代の真命天子を大衆に提示しようとし、万民に均しい天としての均分思想を土地改革において実現しようとしたが、この時期の大胆な民俗利用にも関わらず、真命天子と均分思想を宗教反乱として提示する自律的な宗教結社とその「封建・迷信」思想は、中共のイデオロギーの反対物として排除され続けた。中共が組織した民俗は、個別家庭や宗族の祭祀・儀礼としての、いわば「礼教」の側の民俗であり、千年王国的世界観を提示する宗教結社につながる民俗ではなかった。

第Ⅲ節　権威の序列と出身血統主義

　内田智雄が、中国の民衆と政治文化の関係を「儀礼主義」という語で説明したように、身分固定を欠いた中国社会においては、統治イデオロギーは一君万民的統治の理念に従い基層にまで浸透しており[1]、結社や大衆もまた、統治イデオロギーの性格に即して万民に均しい天を示す平等主義的理念を肯定しつつ、同時に身分序列的秩序を容認する心性を形成していた。このことは、会門の盟誓が郷約を踏襲して発展していたことにも端的に示されており、内戦期の根拠地においても、中共・農民・在地有力者を問わず、盟誓の手法が秩序形成と安全保障の手段として利用されていた。根拠地の民衆に浸透した権威の序列意識については、土地改革において行われた農民と地主の文化的地位の逆転を確認する儀礼や旧劇の流行などから確認できる。これらは、上昇と没落が許容された社会の状況を反映したものでもあり、上昇した農民は地主の生活や文化嗜好を自ら体現することが随時可能であった。

　土地改革が最も急進化した時期には、文化大革命の出身血統主義を想像させるような敵対者の家族・子弟を巻き込む差別・報復も行われた。文化大革命期の出身血統主義については、加々美光行が、これを中国の歴史的伝統の文脈に位置づけて理解するのに対して、奥村哲は、伝統中国社会が身分固定的でなく流動性の大きい社会であることを指摘し、出身血統主義は、日中戦争期より次第に形成された総力戦体制＝社会主義体制による社会の固定化の結果、生じたものであると主張している[2]。内戦期の土地改革において萌芽的に現われる出身血統主義の問題を考えるにあたっては、伝統中国社会が階層間の流動性の比較的大きい社会であることを確認する一方で、伝統中国においては身分固定はなくとも皇帝・官・民の枠組みが強固に持続され[3]、権威の序列を礼制の下に厳格に視覚化する特徴が維持されていたことにも注意を向ける必要がある[4]。このような流動性のある社会においては、むしろ社会一般に没落の危険や上昇の機会が存在するからこそ、自身の地位や実力が顕著に誇示されるものと考えられる。また、家族・宗族の縁

故によって没落を回避し、上昇を果たそうとする志向が強くなるため、その意味で出身血統が重視される。それ故、内戦期の土地改革や文化大革命における出身血統主義的情況は、身分固定のない社会における権威の序列化という意味において、伝統社会の心性の文脈の中に位置づけて理解することができよう。

　岸本美緒は、社会が流動性を増し、個人の自由度が拡大し続ける明清以降の中国において、かえって人倫規範の強い支配が確認される状況について、「激しい抗争と不安に満ちた社会であればこそ人びとは、疑う余地のない直接的・一体的な人間関係を求め」ると指摘し、血縁によって祖先から子孫へと受け継がれる「生命の流れ」を人々が共有しているという感覚――「血縁同気の感覚」が社会の規範形成の根底に存在していることを主張している。この感覚が血縁を超えて様々な関係の説明に援用され拡大していくことで、人々は強い人倫規範の拘束を受けることになる。「厳しい利害状況のなかで打算的につくられながら、しかも個の滅却に帰着していくような多様な社会集団――血縁同気の感覚がそうした社会集団を支えていた」という岸本の主張に依拠するならば[5]、流動性の反面において、人々が様々な文脈において権威を主張し、権威に従属することで安全を確保し、結果として人倫関係による権威の序列が人々を捉えていく状況が理解できるであろう。土地改革において見られた権威の序列の強調や出身血統主義も、このような歴史文脈において理解することができよう。

第Ⅳ節　平等主義と真命天子：中国共産党の政治イデオロギー

　民衆の均分思想については、土地改革について以下のことが指摘できる。晋冀魯豫辺区では「土地法大綱」の発布に先駆けて、既に激しい土地改革が行われていたが、「土地法大綱」が掲げた「徹底均分」自体は、冀魯豫区ではその理想主義が大衆の共鳴を受けて実行に移されたものではなく、遅れて到達した党の指示が、急進化是正時期の上級の方針に従う形で基層幹部によって機械的に実施されたもので、地主・富農への土地財産の再分配の施策として機能していた。また、「掠富

済貧」を求め、万民に均しい天を要求する反乱の思想として捉えられる平等主義的な思想は、民衆が自身の理想として肯定するようになった礼教に基づく文化的生活や祭祀を、「平等」に要求する意識としても表現されており、中共の土地改革はこれを社会の最底辺の貧雇農にまで実現させようとするものであったともいえる。このような理想を実現させる真命天子としての毛沢東のイメージは、人民の権力を象徴し、自己犠牲の精神を強調する「為人民服務」という標語とともに確立していった。人民のための革命を英邁な指導者の指し示す方向へと回収する構造は、民の意を天意とする民本的な天命思想に親和性を持つものであった。中共は立功運動や各種模範の奨励においても、科挙官僚及第を模した儀礼によって、農民に伝統文化の権威を付与しており、民衆に「官」としての権威意識を与え、その正統観念を利用することで、権威を高めようとしていた。しかし、現世利益的で多神教的な民間信仰は、中共の作り出した神をまずは個別家庭の復興の神と位置づけ、土地改革の急進化による混乱の下、人々は新たな神仙を探し求めるようになった。

　冀魯豫区では、国共両党・日本傀儡政権の各勢力が頻繁に交替し、中共の政策も転変する不安定な環境の下、保護を求める人々は、様々な背景と動機をもって中共の基層組織に浸透していた。中共基層組織は、このような参入を容認する散漫さによって、幅広い勢力を大量に吸収し、各種の勢力と共存しつつも、環境の変化に対応していた。しかし、その一方で、中共は下層大衆を積極分子・党員・幹部に登用する志向を一貫して維持しており、運動の度に社会に流動性を与えていた。政策方針の転変にともない、中共が打倒を目指す敵や同盟者の範囲は伸縮を繰り返し、党員幹部も急増した後に淘汰に晒された。社会の本来的な流動性と不安定な情勢の下、敵味方を区分する基準は階級区分のみでは十分ではなく、政治態度とこれに応じた資格・地位を授与・剥奪することで、人々の忠誠心を獲得する手法がとられた。運動が急進化すると、社会に蔓延する私的ネットワークを分断するため、過去の経歴や親族関係、生活情況なども捉えて恣意的なレッテル貼りが横行したが、そこには、厳格な区分の中に一定の流動性を許容することで、多数を獲得するという特徴が維持されていた。急進化が極点に達した段階では、

終章　中国共産党根拠地の政治動員と民俗　311

思想の中にも「地主」を摘発する三査運動［階級、態度、思想の検査］が展開され、あらゆる既得権益者に革命的態度を表明させる圧力がかかっていた。

　抜擢された幹部・党員は上級の指示を根拠に権力を行使し、上級の批判によって権力を剥奪された。党支部を民衆の批判に晒し、支部を批判した工作組をも批判し、運動の度に新たな積極分子を権力に吸収することで、民衆とともに党に忠実な組織を鍛え上げようとする干渉が繰り返された。党員・幹部となった貧雇農らは、党組織以外に権力の源泉を形成することは難しく、その意味では政権による統制力は高まった。しかし、教育水準が低く、実務経験にも乏しいこれらの人々は、任務遂行において様々な偏向を避けられず、ノルマや批判の圧力を受けて、しばしば極端な行動に走った。社会の亀裂に浸透した党権力は、不安定で強烈な干渉を繰り返すようになったのである。

　こうして、中共の組織力は次第にその力を高めつつあった。日中戦争期の整風運動、内戦期の整党運動による組織的な思想教育と組織整頓を経て、党組織は一定の組織力を獲得し、整頓の圧力は内戦末期には村幹部にまで及んだ。長期的な闘争の経験を蓄積した党員が数万人の規模で成長し、県区級幹部層を中心に組織の厚みが増した。このような短期的な組織拡大の下で展開した戦時動員は粗放さを免れえず、徴兵においては強迫命令、買兵、詐欺的行為、不公正、不適格者の大量登録、逃亡など様々な問題を引き起こしたが、戦争による秩序の混乱にも依拠しつつ、既存の権力構造を破壊し、本来的に弱い基層社会の保護機能が更に低減したところに権力を接合させる中共の手法は、強力な動員力を発揮することとなった。中共は十数年来の闘争を経て、社会を動員する党組織を区から村へと浸透させつつあり、自治能力の弱い村落を代替して民衆を動員し、社会を変革する力を持つに至っていた。

　人民のための革命を英邁な指導者の指し示す方向へと回収する毛沢東の表象は、経済構造や政治構造の変革の問題とは別に、人々の内面からの変革を求めることとなる。ここに個の自立や内面の自由の尊重ではなく、全体の調和を重視し、個人の修養によって天理に自己を同一化することができるという伝統的な倫理規範が重なる時、権力が人々の内面を支配・統制しようとする構造はより強化される

ことになるであろう。涂険峰は、現代中国のイデオロギー暴力の特徴のひとつとして、精神改造を目的とすることを指摘し、儒教における内面の道徳修養が政治的要求とされることで、魂の奥底までを監視、コントロールする苛酷な統治が出現すると主張しているが[6]、このような構造は既に内戦期に準備されていた。政治等級区分を駆使した動員手法は、革命後の中国に継承され、日常生活の政治化と度重なる政治運動の中で、人々は迫害の危険と僅かな上昇の可能性の狭間におかれ、恣意的な政治等級区分の流動性に翻弄されつつ大衆動員に参加していくこととなるのである。

註
(1) 内田智雄「華北農村家族に於ける祖先祭祀の意義」『同志社法学』第6号、1950年。
(2) 加々美光行『歴史のなかの中国文化大革命』岩波現代文庫、2001年、53～55頁、奥村哲『中国の資本主義と社会主義 近現代史像の再構成』桜井書店、2004年、412～413頁。
(3) 小島晋二『太平天国と現代中国』研文選書、1993年、同「太平天国とドイツ農民戦争―社会的基盤の相違について―」『アジア文化研究』別冊(通巻第9号)、2000年。
(4) 魏向東・厳安平『中国的礼制』中国国際広播出版社、2010年、張仁善『礼・法・社会 清代法律転型与社会変遷』天津古籍出版社、2001年。
(5) 岸本美緒・宮嶋博史『明清と李朝の時代』中公文庫、1998年、468～482頁。
(6) 涂険峰「現代中国のイデオロギー暴力」、高橋哲哉・北川東子・中島隆博編『法と暴力の記憶 東アジアの歴史経験』東京大学出版会、2007年。

参考文献一覧　(50音・ピンイン・アルファベット順)

[史料]
Ⅰ. 暦書
国立中央研究院天文研究所編製『国民暦』（中華民国24、25、27、33、34、38年版）
国民政府行政院教育部編暦委員会（南京）編製『国民暦』（中華民国30年〜34年版）
晋冀魯豫辺区太行行署編印『農家日暦』（中華民国35年版）
民国中央観象台編『中華民国13年暦書』
実業部編纂『満洲国時憲書』（大同2年〜3年版）
太岳行署『農家暦』（中華民国37年版）
中央観象台編纂『時憲書』（康徳元年〜12年版）

Ⅱ. 新聞・雑誌
日本語
『興亜教育』
『報知新聞』

中国語
『北方雑誌』
『部隊文娯』
『参戦工作』
『共産党人』
『工農兵』
『華北画報』
『華北文芸』
『解放日報』
『冀魯豫日報』
『晋察冀辺区画報』
『平原』
『辺区群衆報』
『群衆』

『人民画報』
『人民日報』
『太原日報』
『太岳日報』
『新大衆』
『新大衆』(雑誌)
『新地』
『新華日報(華北版)』
『新華日報(太行版)』
『新華日報(太岳版)』
『新民報（北京版）』
『新民報（山西版）』
『新中華報』
『戦友報』

Ⅲ. 公報・年鑑

国民政府『国民政府公報』1927～1948年

華北政務委員会『華北政務委員会公報』1940～1945年

教育部『第一次中国教育年鑑』戊編、1934年（伝記文学出版社、1971年影印）

満州国政府『政府公報』1932～1945年（遼瀋書社、1990年復刻）

山西公署・山西省政府『山西省公報』1939～1943年

太岳行署『太岳政報』第7期、1946年12月

Ⅳ. 文書

国民政府「紀念節日案(11)」(1940年7月11日～1947年12月30日)、国史館、国民政府檔案0010516160005

国民政府「紀念節日案　史略暨宣伝」(1934年11月20日～1935年4月10日)、国史館、国民政府檔案001051616A004

冀魯豫行署「冀魯豫区35年度供給制度」、法務部調査局蔵

内政部「廃止旧暦節日改訂替節日案」、国史館、内政部檔案026000012327A、1930年

「山東省人民政府関於懸掛領袖片規定的通知」（1949年10月13日）、山東省檔案館、全宗
　　G004-01-0187-005
「陝甘寧辺区政府便函」（1939年5月9日）、陝西省檔案館蔵
「陝甘寧辺区政府民政庁通知」（1949年3月13日）、陝西省檔案館蔵
太行区党委宣伝部「対毛主席・朱総司令的像和像片的印售、衝洗、張掛等的有関規定的通知」
　　（1948年1月）、山西省檔案館、全宗A1-5-20-10

V. 史料集

程棟・霍用霊・劉樹勇主編『図文20世紀中国史』第4巻、広東旅游出版社、1999年
丁世良・趙放主編『中国地方志民俗資料彙』西北巻、書目出版社、1985年
馮毅主編『太岳革命根拠地教育資料選編』第1輯(初稿)、山西省教育志編審委員会、1987年
国民政府『国民政府現行法規』第2集、商務印書館、1930年
河南省文化庁文化志編集室編・文化史料徴編室編『冀魯豫辺区文芸資料選編』1、2、5、
　　奥付なし
黄修栄主編『中国共産党八十年画巻』上、中央文献出版社、2001年
冀魯豫辺区党史編纂委員会編『冀魯豫辺区党史大事記』山東大学出版社、1987年
晋冀魯豫辺区政府編『晋冀魯豫辺区法令彙編』韜奮書店、1945年
晋冀魯豫辺区政府編『晋冀魯豫辺区法令彙編』華北書店、1943年
軍事資料図書出版部『中国人民解放軍歴史図集』4～6、長城出版社、1984～1985年
立法院編訳処編『中華民国法規彙編』第12編、中華書局、1934年
李小山等主編『明朗的天-1937-1949解放区木刻版画集』湖南美術出版社、1998年
李長遠主編『太岳革命根拠地農業史資料選編』山西科学技術出版社、1991年
『毛沢東文集』第4巻、人民出版社、1996年
『毛沢東選集』晋察冀中央局版、1947年
『毛沢東選集』第4巻、人民出版社、1996年
毛沢東文献資料研究会編『毛沢東集（第二版）』第6巻、蒼蒼社、1983年
南開大学歴史学院中国現代史教研室『晋冀魯豫区抗日根拠地歴史資料』第2、3、16、17巻、
　　奥付なし
『任弼時選集』人民出版社、1996年
陝甘寧辺区財政経済史編組、陝西省檔案館『抗日戦争時期陝甘寧辺区財政経済史料摘編』第
　　6編、陝西人民出版社、1980年

山西省檔案館編『太行党史資料彙編』第1～7巻、山西人民出版社、1989～2000年
陝西省檔案館・陝西省社会科学院『陝甘寧辺区政府文献選編』第8輯、檔案出版社、1990年
山西省史志研究院『山西犠牲救国同盟会歴史資料選編』山西人民出版社、1996年
陝西省総工会工運史研究室編『陝甘寧辺区工人運動史料選編』(上)、工人出版社、1988年
太行革命根拠地史総編委会『財政経済建設』(上)(太行革命根拠地史料叢書之六)、山西人民出版社、1989年
太行革命根拠地史総編委会『群衆運動』(太行革命根拠地史料叢書之七)、山西人民出版社、1989年
太行革命根拠地史総編委会『文化事業』(太行革命根拠地史料叢書之八)、山西人民出版社、1989年
太行革命根拠地史総編委会『公安保衛工作』(太行革命根拠地史料叢書之九)、山西人民出版社、1989年
太行行署『1946年重要文件彙集』、奥付なし
太岳軍区司令部・政治部編印『太岳人民武装建設(材料彙集)』、1949年、奥付なし
王大斌主編『太行木刻選集』山西人民出版社、1991年
謝忠厚主編『冀魯豫辺区群衆運動資料選編』(上)(下)、河北人民出版社、1991年
延安文芸叢書編委会編『延安文芸叢書』(12)美術巻、湖南文芸出版社、1987年
張玉鵬・張文傑編『中共冀魯豫辺区党的建設』河南人民出版社、1994年
中共河南省范県委組織部他『中国共産党河南省范県組織史資料』河南人民出版社、1991年
中共河南省南楽県委組織部他『中国共産党河南省南楽県組織史資料』河南人民出版社、1991年
中共河南省内黄県委組織部他『中国共産党河南省内黄県組織史資料』河南人民出版社、1991年
中共河南省濮陽県委組織部他『中国共産党河南省濮陽県組織史資料』河南人民出版社、1991年
中共河南省清豊県委組織部他『中国共産党河南省清豊県組織史資料』河南人民出版社、1991年
中共河南省委党史工作委員会『河南的支前工作』河南人民出版社、1992年
中共湖西地区党委文稿編写組『中共湖西地区党委文稿』山東大学出版社、1990年
中共冀魯豫辺区党史編委会編『中共冀魯豫辺区党史大事記』山東人民出版社、1987年

中共冀魯豫辺区党史工作組辦公室『中共冀魯豫辺区党史資料選編』第2輯、専題部分、山東大学出版社、1990年

中共冀魯豫辺区党史工作組辦公室『中共冀魯豫辺区党史資料選編』第3輯、文献部分（上）（下）、山東大学出版社、1990年

中共冀魯豫辺区党史工作組辦公室『中共冀魯豫辺区党史資料選編』第4輯、回憶資料部分（中）、山東大学出版社、1992年

中共冀魯豫辺区党史工作組辦公室・中共河南省委工作委員会『中共冀魯豫辺区党史資料選編』第2輯、文献部分(上)(中)(下)、河南人民出版社、1988年

中共冀豫魯辺区党史資料選編編輯組『中共冀豫魯辺区党史資料選編』第1輯(下)、山東大学出版社、1985年

中共内黄県党委党史辦公室『中共内黄県歴史(1919～1949)』河南人民出版社、1997年

中共濮陽党史工作委員会編『中共濮陽党史大事記』上編、滑県印刷廠、1987年

中共濮陽市郊委党史資料徴編委員会辦公室『中共濮陽党史資料』第4、6集、1985年、奥付なし

『中共中央北方局』資料叢書編審委員会編『中共中央北方局』抗日戦争時期巻、上冊、下冊、中共党史出版社、1999年

中共中央書記処編『六大以来―党内秘密文献―』（下）、人民出版社、1981年

中共中央宣伝部辦公庁・中央檔案館編研部編『中国共産党宣伝工作文献選編』2（1937-1949)、学習出版社、1996年

中共中央組織部・中共中央党史研究室・中央檔案館編『中国共産党組織史資料』第3巻（上）（下）、第4巻（上）（下）、第8巻（上）、中共党史出版社、2000年

中共中央統戦部・中央檔案館編『中共中央抗日民族統一戦線文件選編』下、檔案出版社、1986年

中共中央文献研究室編『毛沢東年譜(1893-1949)』下巻、人民出版社・中央文献出版社、1993年

中国第二歴史檔案館編『中華民国檔案資料彙編』第5輯第1編「文化」(1)(2)、第5輯第2編「文化」(2)、江蘇古籍出版社、1994年

中国革命博物館編『中国共産党七十年図集』(上)、上海人民出版社、1991年

中国人民解放軍国防大学党史党建政工教研室編『中共党史教学参考資料』第17、18冊、奥付なし

中国人民解放軍政治学院党史教研室編『中共党史参考資料』第11冊、奥付なし

中国人民革命軍事博物館『中国人民革命軍事博物館蔵証章図録』山東画報出版社、1997年
中国社会科学院法学研究所・韓延龍・常兆儒編『中国新民主主義革命時期根拠地法制文献選編』第4巻、中国社会科学出版社、1984年
中国郵票博物館編『毛沢東郵票図集』人民教育出版社、1993年
中国史学会・中国社会科学院近代史研究所編『抗日戦争』第6巻『日偽政権』、四川大学出版社、1997年
中央檔案館・第二歴史檔案館・吉林省社会科学院『華北治安強化運動』中華書局、1997年
中央檔案館『中共中央文件選編』第10〜17巻、中共中央党校出版社、1991年
中央檔案館編『解放戦争時期土地改革文件選編』中共中央党校出版社、1981年
中央教育科学研究所編『老解放区教育資料』(2) 抗日戦争期下冊、教育科学出版社、1986年

VI. 地方志

安塞県志編纂委員会編『安塞県志』陝西人民出版社、1993年
長子県志編纂委員会編『長子県志』海潮出版社、1998年
范県地方志編纂委員会編『范県志』河南人民出版社、1992年
甘泉県志編纂委員会編『甘泉県志』陝西人民出版社、1993年
内黄県地方史志編纂委会編『内黄県志』中州古籍出版社、1993年
河南省地方史志辦公室編『河南省志・軍事志』河南人民出版社、1995年
華池県志編写領導小組編『華池県志』甘粛人民出版社、1984年
滑県地方志編纂委員会編『滑県志』中州古籍出版社、1997年
交城県志編纂委員会編『交城県志』古籍出版社、1994年
米脂県志編纂委員会編『米脂県志』陝西人民出版社、1993年
濮陽県地方史志編纂委員会編『濮陽県志』華芸出版社、1989年
慶陽県志編纂委員会編『慶陽県志』甘粛人民出版社、1993年
寿陽県志編纂委員会編『寿陽県志』山西人民出版社、1989年
泰安市(地区)地方史志編纂委員会編『泰安地区志』斉魯出版社、1997年
太原市南郊区志編纂委員会編『太原市南郊区志』三聯書店、1994年
聞喜県志編纂委員会編『聞喜県志』中国地図出版社、1993年
呉旗県地方志編纂委員会編『呉旗県志』三秦出版社、1991年
武郷県志編纂委員会編『武郷県志』山西人民出版社、1986年

延安市志編纂委員会編『延安市志』陝西人民出版社、1994年
延長県地方志編纂委員会編『延長県志』陝西人民出版社、1991年
塩池県志編纂委員会編『塩池県志』寧夏人民出版社、1986年
楊世瑛等編『安沢県志』巻4、1932年（成文出版社、1964年復刻）
鎮原県志編纂委員会編『鎮原県志』（上）（下）、寧夏人民出版社、1987年
子長県志編纂委員会編『子長県志』陝西人民出版社、1993年

VII. その他
日本語
小野忍編『延安の思い出』平凡社、1972年
北支那方面軍「山西南部［牛島兵団］於ケル紅槍会利用ノ現状」(1938年10月)防衛研究所『陸軍省陸支密大日記』13-26-59
北支那方面軍司令部『華北に於ける思想指導要綱』、1940年、奥付なし
京都大学地域研究統合情報センター「満洲国ポスターデータベース」
　http://app.cias.kyoto-u.ac.jp/infolib/meta_pub/CsvSearch.cgi
軍務課「新支那ノ国旗ニ関スル件」(1939年1月11日)防衛研究所『陸軍省陸支密大日記』S14-69-147
『支那工作資料』3（スクラップ）、防衛研究所戦史研究センター、奥付なし
杉本部隊報道課『宣伝宣撫参考手帖』、1939年、奥付なし
『宣伝宣撫工作資料』4(スクラップ)、防衛研究所戦史研究センター、奥付なし
多田部隊報道部『中国の年中行事を利用する宣伝』、1939年、奥付なし
多田部隊本部『宣撫班教化工作実施概況』、1940年、奥付なし
東亜新報天津支社『華北建設年史』社会・文化編、奥付なし
防衛庁防衛研修所戦史室『北支の治安戦』(1)朝雲新聞社、1968年
北支軍報道部『情報主任参謀会議ニ於ケル報道部主任将校説明事項』、1939年、奥付なし

中国語
八路軍政治部「共匪宣伝画報」（法務部調査局資料室蔵）
曹聚仁・舒宗僑編『中国抗戦画史』連合画社、1947年
第十縦二十八旅組織科『入党志願書』、奥付なし
東海県委組織部『入党志願書』、奥付なし

馮紀漢「翻身」、華応申編『翻身』新華書店、1948年

華北政務委員会総務庁情報局編『我国重要紀念日』、1945年、奥付なし

冀魯豫辺区第五地委組織部『入党志願書（甲種表之一）』、奥付なし

冀魯豫区九地委組織部『入党志願書（甲種表之一）』、奥付なし

晋察冀軍区政治部・晋察冀画報社編『中国人民偉大領袖毛主席近影集』、1945年

『冀寧道第一次県政会議紀要』、奥付なし

『明太祖実録』巻34、中央研究院歴史語言研究所、奥付なし

遼寧文化協会編『中共中央関於土改与整党指示和典型経験介紹』東北書店遼寧分店、奥付なし

劉大鵬（喬志強標注）『退想斎日記』山西人民出版社、1990年

『陝甘寧辺区民衆敵後後援会工作概況』、1939年、奥付なし

「晋西北文化建設与出版事業—節録晋西北区党委文化教育工作報告」（1942年）『山西革命根拠地』1990年第4期

山西省党史研究室編『太岳革命根拠地紀事』山西人民出版社、1989年

「三年早知道」太行区輝県文化書店、中華民国37～39年（中華民国法務部調査局資料室蔵）

『太行区第二届群英大会会刊』太行群衆書店、1947年

太行文聯美術部「永遠跟着毛主席走」、民国三十七年 歳次戊（中華民国法務部調査局資料室蔵）

新民会中央指導部『新民会定県指導部工作経過概況 民国27年度』（『工作資料』第10号）1939年

許育藩編『節日記念日教学法』商務印書館、1948年

趙景桐『臨汾県第五次治安強化運動彙編』、1942年、奥付なし

中共冀魯豫区党委宣伝部『党内活頁文件』、1946年、奥付なし

『荘稼人怎様穿上軍装了』冀魯豫書店、奥付なし

[著作・論文]

日本語

C・ジョンソン（田中文蔵訳）『中国革命の源流』弘文堂新社、1967年

相田洋『中国中世の民衆文化 呪術・規範・反乱』中国書店、1994年

愛知大学現代中国学会編『中国21』第31号「特集 帝国の周辺—対日協力政権・植民地・同盟国」、2005年

青木舜三郎『大日本軍宣撫官―ある青春の記録―』芙蓉出版社、1970年
荒武達朗「1940年代山東省南部抗日根拠地の土地改革と農村経済」『アジア経済』第39編第11号、1998年
荒武達朗「抗日戦争期中国共産党による地域支配の浸透」『名古屋大学東洋史研究報告』第25号、2001年
石川禎浩「20世紀初頭の中国における"黄帝"熱―排満・肖像・西方起源説―」『20世紀研究』第3号、2002年
石川禎浩「思い出せない日付―中国共産党の記念日―」、小関隆編『記念日の創造』人文書院、2007年
石島紀之「中国占領地の軍事支配」、岩波講座『近代日本と植民地』2、岩波書店、1992年
井上徹『中国の宗族と国家の礼制』研文出版、2000年
今井駿「抗日根拠地形成過程についての一考察―冀南根拠地を中心に―」『史潮』第108号、1971年
上田誠「村に作用する磁力」、橋本満・深尾葉子編『現代中国の底流―痛みの中の近代化』行路社、1990年
内田智雄「華北農村家族に於ける祖先祭祀の意義」『同志社法学』第6号、1950年
内田知行『抗日戦争と民衆運動』創土社、2002年
内田正男『暦と時の事典』雄山閣、1986年
宇野重昭編『中国共産党史研究の現段階』アジア政経学会、1974年
エズラ・ヴォーゲル・平野健一郎編『日中戦争期中国の社会と文化』慶應義塾大学出版会、2010年
大沢武彦「内戦期、中国共産党による都市基層社会の統合」『史学雑誌』第111編第6号、2002年
大沢武彦「戦後内戦期における中国共産党統合下の大衆運動と都市商工業」『中国研究月報』第675号、2004年
大沢武彦「国共内戦期の農村における『公民権』付与と権力」『歴史評論』第681号、2007年
岡田春生編『新民会外史―黄土に挺身した人達の歴史』前編・後編、五稜出版社、1987年
岡田芳朗『明治改暦―「時」の文明開化』大修館書店、1994年
奥村哲『中国の現代史―戦争と社会主義―』青木書店、1999年
奥村哲『中国の資本主義と社会主義―近現代史像の再構成―』桜井書店、2004年

小田則子「華北農村における社会変化と同族結合」『アジア経済』第40巻第3号、1999年

小田則子「解放後の華北農村における社会変化と宗族結合」『アジア研究』第45巻第4号、2000年

小野寺史郎「抗戦期・内戦期における国民党政権の国民統合政策―政治シンボルと政治儀式の再編をめぐって―」『2005年度　財団法人交流協会日台交流センター　日台研究支援事業報告書』、2005年

小野寺史郎『国旗・国歌・国慶―ナショナリズムとシンボルの中国近代史』東京大学出版会、2011年

郭傅璽「冀魯豫辺区抗日根拠地の創出」『立命館法学』第188・189・190合併号、1986年

桂川光正「東亜連盟運動小史」、古屋哲夫編『日中戦争史研究』吉川弘文館、1984年

加藤新吉『北京年中行事』満鉄北支事務局、1939年

角崎信也「新兵動員と土地改革―国共内戦期東北解放区を事例として―」『近きに在りて』第57号、2010年

川井伸一「中国における土地改革運動：1946～1949―北部農村社会と革命的指導」『歴史学研究』別冊、1980年

川井伸一「土地改革にみる農村の血縁関係」、小林弘二編『中国農村変革再考―伝統農村と変革―』アジア経済出版会、1987年

川瀬千春『戦争と年画―「十五年戦争」期の日中両国の視覚的プロパガンダ―』梓出版社、2000年

川田進「魯迅芸術学院と毛沢東―凌子風と王朝聞のレリーフをめぐって―」『野草』第56号、1995年

川田進「毛沢東の肖像に見る権力象徴化の過程」『野草』第65号、2000年

韓敏「毛沢東の記憶と神格化―中国陝西省北部の「三老廟」の事例研究にもとづいて―」『国立民族博物館研究報告』第29巻第4号、2005年

韓敏「韶山の聖地化と毛沢東表象」、塚田誠之編『民族表象のポリティクス―中国南部における人類学・歴史学的研究―』風響社、2009年

韓敏編著『革命の実践と表象―現代中国への人類学的アプローチ―』風響社、2009年

祁建民『中国における社会結合と国家権力―近現代華北農村の政治社会構造』御茶の水書房、2006年

貴志俊彦『満洲国のビジュアル・メディア　ポスター・絵はがき・切手』吉川弘文館、2010年

岸本美緒「モラルエコノミー論と中国社会研究」『思想』第792号、1990年
岸本美緒「土地を売ること、人を売ること」、三浦徹・岸本美緒・関本照夫編『比較史のアジア 所有・契約・市場・公正』東京大学出版会、2004年
岸本美緒「中国中間団体論の系譜」、岸本美緒編『帝国日本の学知 3 東洋学の磁場』岩波書店、2006年
岸本美緒・宮嶋博史『明清と李朝の時代』中公文庫、1998年
興晋会在華業績記録編集委員会『黄土の群像』興晋会、1983年
小島晋二『太平天国と現代中国』研文選書、1993年
小杉一彰「中国共産党の農民階級区分論―その生成期に関する一考察―」、小林弘二編『中国農村変革再考―伝統農村と変革―』アジア経済出版会、1987年
小林一美「抗租抗糧闘争の彼方―下層生活者の想いと政治的・宗教的自立の途―」『思想』第584号、1973年
小林一美「中国前近代史像形成のための方法的覚書」、青年中国研究者会議『中国民衆反乱の世界』汲古書院、1974年
小林一美「斉王の反乱―嘉慶白蓮教反乱研究序説―」、青年中国研究者会議『続中国民衆反乱の世界』汲古書院、1983年
小林一美『義和団戦争と明治国家』汲古書院、1986年
小林一美「家産均分相続の文化と中国農村社会」、路遥・佐々木衞編『中国の家・村・神々―近代華北農村社会―』東方書店、1990年
小林一美『増補版 義和団戦争と明治国家』汲古書院、2008年
小林弘二『中国革命と都市の解放―新中国初期の政治過程―』有斐閣、1974年
小林弘二『20世紀の農民革命と共産主義運動―中国における農業集団化政策の生成と瓦解―』勁草書房、1997年
駒込武『植民地帝国日本の文化統合』岩波書店、1996年
金野純『中国社会と大衆動員』御茶の水書房、2008年
笹川裕史・奥村哲著『銃後の中国社会―日中戦争下の総動員と農村―』岩波書店、2007年
笹川裕史『中華人民共和国誕生の社会史』講談社、2011年
佐藤卓己・孫安石編『東アジアの終戦記念日』ちくま書房、2007年
佐藤次高・福井憲彦編『ときの地域史』山川出版社、1999年
澤田瑞穂『中国の民間信仰』工作舎、1982年

柴田哲雄『協力・抵抗・沈黙―汪精衛南京政府のイデオロギーに対する比較史的アプローチ』成文社、2009年

ジェィムス.L.ワトソン・エヴリン.S.ロウスキ編（西脇常記・神田一世・長尾佳代子訳）『中国の死の儀礼』平凡社、1994年

ジュルジュ・ルフェーブル（二宮宏之訳）『革命的群衆』創文社、1982年

妹尾達彦「帝国の宇宙論―中華帝国の祭天儀礼―」、水林彪・金子修一・渡部節夫編『王権のコスモロジー』弘文社、1998年

孫江『近代中国の革命と秘密結社―中国革命の社会史的研究（1895～1955）―』汲古書院、2007年

瀧本弘之「抗戦時期新興版画の生成と展開」、瀧本弘之・奈良和夫・鎌田出・三山陵『中国抗日戦争時期　新興版画史の研究』研文出版、2007年

武内房司「清末四川の宗教運動―扶鸞・宣講型宗教結社の誕生」『学習院大学文学部研究年報』第37輯、1990年

田中恭子『土地と権力―中国の農村革命―』名古屋大学出版会、1996年

田中仁『1930年代中国政治史研究―中国共産党の危機と再生―』勁草書房、2002年

田中仁「"終戦""抗戦勝利"記念日と東アジア」、西村成雄・田中仁編『現代中国地域研究の新たな視圏』世界思想社、2007年

田原史起「村落自治の構造分析」『中国研究月報』第639号、2001年

田原史起『中国農村の権力構造　建国初期のエリート再編』御茶の水書房、2004年

田原史起「中国農村における革命と社会主義経験―地域社会の『原子化』と『組織化』―」『歴史学研究』別冊第820号、2007年

程歗「中国の民間信仰にみられる信仰意識」、路遙・佐々木衞編『中国の家・村・神々―近代華北農村社会―』東方書店、1990年

鄭浩瀾『中国農村社会と革命―井岡山の村落の歴史的変遷』慶應義塾大学出版会、2009年

寺田浩明「明清法秩序における『約』の性格」、溝口雄三編『国家と社会』東京大学出版会、1994年

徳田教之『毛沢東主義の政治力学』慶應義塾大学出版会、1977年

涂険峰「現代中国のイデオロギー暴力」、高橋哲哉・北川東子・中島隆博編『法と暴力の記憶　東アジアの歴史経験』東京大学出版会、2007年

利谷信義「「東亜新秩序」と「大アジア主義」の交錯 ―汪政権の成立とその思想背景―」、仁井田陞博士追悼論文集編集委員会編『日本法とアジア』勁草書房、1970年

富田和広『現代中国社会の変動と中国人の心性』行路社、1993年

内藤陽介『マオの肖像―毛沢東切手で読み解く現代中国―』雄山閣出版、1999年

西川長夫「国民化と時間病」『国民国家論の射程―あるいは"国民"という怪物について』柏書房、1998年

能田忠亮『東洋に於ける暦の政治的文化史的意義』、大政翼賛会興亜局『暦法調査資料』第4輯、1942年

能田忠亮『迷信と暦注』、大政翼賛会興亜局『暦法調査資料』第7輯、1942年

野村浩一『蒋介石と毛沢東―世界戦争のなかの革命―』岩波書店、1997年

旗田巍「廟の祭礼を中心とする華北村落の会―河北省順義県沙井村の辦五会―」、小林弘二編『旧中国農村再考』アジア経済研究所、1986年

馬場毅『近代中国華北民衆と紅槍会』汲古書院、2001年

浜口允子「地主富農階級区分考」『中国―社会と文化』第12号、1997年

平野健一郎編『日中戦争期の中国における社会・文化変容』東洋文庫、2007年

平野義太郎「北支村落の基礎要素としての宗族及び村廟」、平野義太郎・戒能通孝・川野重任共編『支那農村慣行調査報告書』第1輯、東亜研究所、1943年

深尾葉子「中国西北省黄土高原における廟会をめぐる社会交換と自律的擬集」『国立民族博物館研究報告』第23巻第2号、1998年

福本勝清「阿Qたちの祝祭―中国革命史の再検討―」『季刊中国研究』第3号、1986年

堀井弘一郎「新民会と華北占領政策」(上)(中)(下)『中国研究月報』第539、540、541号、1993年

堀井弘一郎『汪兆銘政権と新国民運動―動員される民衆』創土社、2011年

本庄比佐子「中国ソビエト運動の研究」、野澤豊編『日本の中華民国史研究』汲古書院、1995年

マーク・セルデン(小林弘二、加々美光行訳)『延安革命 第三世界解放の原点』筑摩書房、1972年

牧陽一『中国現代アート―自由を希求する表現―』講談社、2007年、

牧陽一・松浦恒雄・川田進『中国のプロパガンダ芸術―毛沢東芸術に見る革命の記憶―』岩波書店、2000年

増田福太郎『東亜法秩序序説』ダイヤモンド社、1942年(大空社『アジア学叢書』78、2001年復刻)

丸田孝志「国共内戦期、中国共産党冀魯豫根拠地の参軍運動」『広島東洋史学報』第15・16合併号、2011年

丸田孝志「満洲国『時憲書』と通書―伝統・民俗・象徴の再編と変容―」『アジア社会文化研究』第14号、2013年

満洲帝国政府編『満洲建国十年史』原書房、1969年

三品英憲「「社会主義中国」研究と現代中国」『歴史評論』第667号、2005年

三品英憲「近代華北村落における社会秩序と面子―『中国農村慣行調査』の分析を通して―」『歴史学研究』第870号、2010年

三品英憲「1940年代における中国共産党と社会―「大衆路線」の浸透をめぐって―」『歴史科学』第203号、2011年

三品英憲「毛沢東期の中国における支配の正当性論理と社会」『歴史評論』第746号、2012年

みずのかほる『北支の農村』華北交通社員会、1941年

溝口雄三『中国の公と私』研文出版、1992年

溝口雄三・伊東貴之・村田雄二郎『中国という視座』平凡社、1995年

三谷孝「伝統的農民闘争の新展開」『講座中国近現代史』第5巻、東京大学出版会、1978年

三谷孝「天門会再考―現代中国秘密結社の一考察―」『社会学研究』第34号、1995年

ミヒャエル・プリンツ「ナチズムと近代化―ドイツにおける最近の討論」、山内靖・ヴィクター・コンシュマン・成田龍一編『総力戦と現代化』柏書房、1995年

村松祐次『中国経済の社会態制』東洋経済新報社、1949年

モナ・オズーフ（立川孝一訳）『革命祭典』岩波書店、1989年

森田鹿三『支那暦と年中行事』、大政翼賛会興亜局『暦法調査資料』第5輯、1942年

安井三吉「日本帝国主義とカイライ政権」『講座中国近現代史』6、東京大学出版会、1978年

安富歩・深尾葉子「中国農村社会論の再検討」、安富歩・深尾葉子編『「満洲」の成立―森林の消尽と近代空間の形成』名古屋大学出版会、2010年

八巻佳子「中華民国新民会の成立と初期工作状況」、藤井昇三編『1930年代中国の研究』アジア経済研究所、1975年

八巻佳子「中国における東亜連盟運動」『伝統と現代』第32号、1975年

山田勝芳『中国のユートピアと「均の理念」』汲古選書、2001年

山田賢『中国の秘密結社』講談社選書メチエ、1998年

山本真「土地改革からみた中国農村社会」、飯島渉・久保亨・村田雄二郎編『シリーズ20世紀中国史3 グローバル化と中国』東京大学出版会、2009年

山本真「土地改革・大衆運動と村指導層の変遷──外来移民の役割に着目して─」、三谷孝編『中国内陸における農村変革と地域社会──山西省臨汾市近郊農村の変容』御茶の水書房、2011年

山本真「福建省西南部農村における社会紐帯と地域権力」、山本英志編『近代中国の地域像』慶應義塾大学出版会、2012年

湯浅正一『中国の各種記念日の沿革概説』帝国地方行政学会、1941年

遊佐徹『中国近代文化史研究　時間・空間・表象』岡山大学文学部研究叢書、2011年

吉澤誠一郎『愛国主義の創成　ナショナリズムから近代中国をみる』岩波書店、2001年

渡邊欣雄『漢民族の宗教』第一書房、1991年

中国語

北京市政協文史資料研究委員会編『日偽統治下的北京』北京出版社、1987年（大沼正博訳『北京の日の丸』岩波書店、1991年）

柏明・季穎科『黄帝与黄帝陵』西北大学出版社、1990年

陳煌耀「抗戦前冀南地区的硝塩問題─兼評Ralph Thaxton, *Salt of the Earth*一書」、彭明輝・唐啓華主編『東亜視角下的近代中国』国立政治大学歴史系、2006年

陳恵恵「国民党対社会時間的利用与制作─民国農民節研究」『江西大学学報』第42巻第6期、2009年

陳永発『延安的陰影』中央研究院近代史研究所、1990年

陳蘊茜「"総理遺像"与孫中山崇拝」『江蘇社会科学』2006年第6期

陳蘊茜『崇拝与記憶─孫中山符号的建構与伝播─』南京大学出版社、2009年

従翰香主編『近代冀魯豫郷村』中国社会科学出版社、1995年

竇坤「為天安門絵制毛主席巨像的人」『文史精華』1998年第6期

竇応泰「開国大典主席画像的来歴」『文史博覧』2004年第12期

方慧容「"無事件境"与生活世界中的"真実"─西村農民土地改革時期社会生活的記憶」、楊念群『空間・記憶・社会転型　"新社会史"研究論文精選集』上海人民出版社、2001年

費孝通「郷土中国」『費孝通文集』第4巻、群言出版社、1999年

高華『紅太陽是怎様昇起的─延安整風運動的来龍去脈』中文大学出版社、2000年

顧棟・方偉『中国解放区撮影史略』山西人民出版社、1989年
顧棟編著『中国紅色撮影史録』(下)山西人民出版社、2009年
洪長泰『新文化史与中国政治』一方出版、2003年
侯傑・范麗珠『世俗与神聖―中国民衆宗教意識―』天津人民出版社、2001年
黄金麟『歴史、身体、国家　近代中国的身体形成 1885-1937』聯経、2000年
黄金麟『政体与身体　蘇維埃革命与身体、1928-1937』聯経、2005年
簡濤「略論近代立春節日文化的演変」『民俗研究』1998年第2期
梁肇唐・李政行『山西廟会』山西経済出版社、1995年
李秉奎『太行抗日根拠地中共農村党組織研究』中共党史出版社、2011年
李長莉他編『近代中国社会文化変遷録』全3巻、浙江人民出版社、1998年
李軍全「論抗日根拠地的春節娯楽（1937～1949）」、田中仁・江沛・許育銘編『現代中国変動与東亜新格局』第1輯、社会科学文献出版社、2012年
李里峯『革命政党与郷村社会　抗戦時期中国共産党的組織形態研究』江蘇人民出版社、2011年
李里峰「階級画分的政治功能―一項関於"土改"的政治社会学分析」『南京社会科学』2008年第1期
李里峰「土改与参軍:理性選択視角的歴史考察」『福建論壇　人文社会科学版』2007年第11期
梁肇唐・李政行『山西廟会』山西経済出版社、1995年
李世偉『中共与民間文化』知書房出版社、1996年
羅平漢『土地改革運動史』福建人民出版社、2005年
馬烽・西戎『呂梁英雄伝』人民文学出版社、1984年
能田忠亮(呈海訳)「東亜新秩序与暦法改正」『中国文化月刊』第1巻第1期、1941年
斉武『一個革命根拠地的成長―抗日戦争和解放戦争時期的晋冀魯豫辺区概況』人民出版社、1957年
斉武『晋冀魯豫辺区史』当代中国出版社、1995年
喬志強主編『近代華北農村社会変遷』人民出版社、1998年
喬培華『天門会研究』河南人民出版社、1993年
喬志強主編『近代華北農村社会変遷』人民出版社、1998年
三谷孝「抗日戦争中的紅槍会」、南開大学歴史系中国近現代史教研室『中外学者論抗日根拠地』檔案出版社、1993年

王生甫・任恵媛『犠盟会史』山西人民出版社、1987年

魏宏運主編『二十世紀三四十年代太行山地区社会調査与研究』人民出版社、2003年

魏向東・厳安平『中国的礼制』中国国際広播出版社、2010年

烏丙安『中国民俗学』遼寧大学出版社、1985年

呉群『中国撮影発展歴程』新華出版社、1986年

伍野春・阮栄「民国時期移風易俗」『民俗研究』2000年第2期

小野寺史郎「南京国民政府的革命紀念日政策与民族主義」、彭明輝・唐啓華主編『東亜視角下的近代中国』国立政治大学歴史系、2006年

謝世誠・伍野春・華国梁「民国時期的体育節、音楽節、戯劇節与美術節」『民国檔案』1999年第1期

行龍「二十年中国近代社会史研究之反思」『近代史研究』2006年第1期

習五一「近代北京廟会文化演変的軌跡」『近代史研究』1998年第1期

許芳・紹福主編『老業畢証書』中国檔案出版社、2009年

楊昊成『毛沢東図像研究』時代国際出版有限公司、2009年

楊小平『新中国撮影60年』河北美術出版社、2009年

閆樹軍編著『天安門新影 1949-2009』解放軍出版社、2009年

閆樹軍『紅舞台上的永恒—天安門楼上八版毛主席画像的絵制』中共党史出版社、2010年

袁玉騮主編『湖西「粛托始末」』山東大学出版社、1991年

岳謙厚・李鑫「太岳解放区之土改整党」『中共党史研究』2012年第7期

張従海・漢風主編『燕趙文芸史話』 第4分冊(書法巻、美術巻、撮影巻)、花山文芸出版社、2006年

張俊南・張憲臣・牛玉民編『陝甘寧辺区大事記』三秦出版社、1986年

張楽天『告別理想 人民公社制度研究』上海人民出版社、2005年

張仁善『礼・法・社会 清代法律転型与社会変遷』天津古籍出版社、2001年

中共山西省委党史研究室『侵華日軍在山西的暴行』山西人民出版社、1986年

左玉河「評民初暦法上的"二元化社会"」『近代史研究』2002年第3期

左玉河「由"文明結婚"到"集団婚礼"―従婚姻儀式看民国婚俗的変化」、薛君度・劉志琴主編『近代中国社会生活与観念変遷』中国社会科学出版社、2001年

英語

David Goodman, *Social and Political Change in Revolutionary China : The Taihang Base Area in the War of Resistance to Japan, 1937-1945*, Rowman & Littlefield Publisher, 2000

David Holm, *Art and Ideology in Revolutionary China*, Clarendon Press, 1991

Henrietta Harrison, *The Making of the Republican Citizen : Political Ceremonies and Symbols in China, 1911-1929*, Oxford University Press, 2000

James C. Sccot, *The Moral Economy of the Peasant : Rebellion and Subsistence in Southeast Asia*, Yale University Press, 1976 (ジェームス・C. スコット (高橋彰訳)『モーラル・エコノミー: 東南アジアの農民反乱と生存維持』筑摩書房、1999年)

John Fitzgerald, *Awakening China; Politics, Culture, and Class in the Nationalist Revolution*, Stanford University Press, 1996

Kathleen Hartford and Steven M. Goldstein, "Perspectives on Chinese Communist Revolution", in Kathleen Hartford and Steven M. Goldstein ed., *Single Sparks : China's Rural Revolutions*. M. E. Sharpe, 1989

Philip C. C. Huang, Rural Class Struggle in the Chinese Revolution: Representational and Objective Realities from the Land Reform to the Cultural Revolution, *Modern China*, vol. 21, 1995 (黄宗智「中国革命中的農村階級闘争——土改和文革時期的表達性現実与客観性現実」『中国郷村研究』第2輯、商務印書館、2005年)

Prasenjit Duara, *Culture, Power, and the State Rural North China, 1900-1942*, Standford University, 1988 (杜賛奇『文化、権力与国家——1900-1942年的華北農村』江蘇人民出版社、2008年)

Ralph A. Thaxton, Jr., *Salt of the Earth ; The Political Origins of Peasant Protest and Communist Revolution in China*, University of California Press, 1997

Ralph Thaxton, *China Turned Right Side up : Revolutionary Legitimacy in the Peasant World*, Yale University Press, 1983

Stephen C. Averi, "Local Elites and Communist Revolution in the Jiangxi Hill Country, in Joseph W. Esherick and Mary Backus Rankin edit., *Chinese Local Elites and Patterns of Dominance*, University of California Press, 1990

Yung-fa Chen and Gregor Benton, *Moral Economy and the Chinese Revolution,* University of Amsterdam, 1986

あとがき

　本書を構成する最初の論文を発表してから、はや10数年が過ぎてしまった。当時、社会史的な視角を持った中国近現代史研究は、まだまだ一般的ではなかったが、現在ではフィールド調査、オーラル・ヒストリーを含む様々な手法を駆使した多くの論著が豊富な論点を提示するようになっており、自分の歩みのあまりの遅さに驚く他ない。

　本書の各章の基礎となった論文の初出は、以下のとおりである。序章・終章は、各初出論文にも依拠しつつ書き下ろした。本書執筆にあたって、大幅な加筆・修正を行っており、異動のある際は、本書を参照されたい。

第1章
　「陝甘寧辺区の記念日活動と新暦・農暦の時間」『史学研究』221号、1998年
第2章
　「華北傀儡政権における記念日活動と民俗利用―山西省を中心に―」、曽田三郎編著『近代中国と日本―提携と敵対の半世紀』御茶の水書房、2001年
第3章
　「時と権力―中国共産党根拠地の記念日活動と新暦・農暦の時間―」『社会システム研究』第9号、第10号、2005年
　「日本傀儡政権・中国共産党根拠地の記念日と時間」、田中仁・三好恵真子編『共進化する現代中国研究―地域研究の新たなプラットフォーム―』大阪大学出版会、2012年
第4章・第5章
　「抗日戦争期・内戦期における中国共産党根拠地の象徴―国旗と指導者像―」『アジア研究』50巻3号、2004年

「中国共産党根拠地の権力と毛沢東像―冀魯豫区を中心に―」、奥村哲編『変革期の基層社会―総力戦と中国・日本―』創土社、2013年

第6章
「太行・太岳根拠地の追悼のセレモニーと土地改革期の民俗」『近きに在りて』第49号、2006年

第7章
「抗日戦争期・内戦期における冀魯豫区の中国共産党組織」『史学研究』第259号、2008年

第8章
「国共内戦期冀魯豫区の大衆動員における政治等級区分と民俗」『アジア社会文化研究』第11号、2010年

　本書のテーマに辿りつくまでの道もまた、全く平坦ではなかった。「アジアの伝統」や社会主義などへの個人的な「共感」を基礎に、広島大学での中国史の専攻を選んだ私は、当時次第に明らかになり始めていた中国社会主義の矛盾や、学部3年時の中国旅行で見聞した社会の混乱した状況などへの疑問から、社会主義が本来の理想から外れて人間を抑圧する権力になってしまったことの原因を知りたいと考えるようになり、問題の根源にあると思われた延安整風運動を卒論のテーマに選び、この課題を修論まで引きずった。留学中に1989年の民主化要求運動を経験したことも、このテーマにこだわる原因となった。

　駆出しの頃から私の研究は、広島中国近代史研究会に集った先生方、先輩方、同学諸氏によって絶えず支えられてきた。皆さんに心からお礼を申し述べたい。

　ご退職間際に指導を受けた横山英先生は、率直な語り口で、時折戦中戦後の困難な時期のご自身の経験も交えて、研究の歩みを始めたばかりの私を導いて下さった。当時は、これらのことを十分に自分の課題として展開できなかったが、先生の飾らない真摯な語りから、本書のテーマへと繋がる社会と権威の問題を様々に読み解くヒントを頂いた。曽田三郎先生は、留学終了後も研究の方向性が定まらない私を辛抱強く導いて下さった。先生は、研究に関する個々の問題はも

ちろんのこと、研究を志す者が持つべき心構え、日本人研究者が中国史を研究することの意義、日本の歴史学研究を継承することの重要性、研究者の社会的な責務などについて、いつも熱心に語って下さった。先生は現在も、このような問いを鋭く我々に発しておられ、想起する度に内心忸怩たるものがあるが、先生の一つ一つの言葉が、院生時代から今に至るまで研究の志を再確認するための大きな励みとなり続けている。

　話を院生時代に戻すと、修士論文で抱えた問題を考えるにあたり、中西功や三浦つとむの著作は大変刺激的であったが、修論を書き終えたあたりで、当時博士課程後期に在籍されていた松重充浩先生から、これらを参照とした私の関心の向かう方向は、中共の「逸脱」という意味でマルクス主義を「救う」ことにはなっても、中国を説明したことにはならないだろう、との指摘を受けた。当時の自身の経験に引きつけて考えるならば、天安門事件に対する権力の宣伝を「あるべき理念」であげつらい、学生や民衆に共感したつもりになるよりも、権威主義と私的情実が織りなす窮屈でもあり無秩序でもある社会が、突然正義を求める大きなうねりを巻き起こし、弾圧の途端に何もなかったような静けさと白けた雰囲気に戻ったことの意味に向き合うべきだ、ということであったと思う。この反省に立って、当時日本史・西洋史で盛んになっていた社会史の手法からも学ぼうとしたが、方向は見えなかった。

　博士課程後期を終えて韓国で仕事をしていた3年間、広島に戻る度に中国帰国者の子女である妻の実家の温かいもてなしを受けた。そのような生活の中で、義母が「今日は立春だから、外に出るのはよくない。」と語っていたことが、本書に辿り着く研究を着想するきっかけとなった。農暦の時間に根付く慣習・信仰の感覚を多少とも経験する中で、これまで扱ってきた中国政治史の史料を伝統的な時間のリズムで読んでみたら、意外な発見があるのではないか、という思いつきが生まれ、日中戦争期の中共の機関誌などを、地方志と新旧暦対照表とを手掛りに読み込むことから研究に着手した。革命史研究隆盛の時代に読み尽された感のある『解放日報』から、民衆の農暦の時間のリズムが再発見されたことには、若干の高揚感があった。無味乾燥に見える政治動員の記事も、時間と場所に関わる民

俗が理解できれば、そこから、民俗・信仰を通じて政治目的を達しようとする権力と、これを別の文脈で解釈する民俗とがせめぎあう状況をみることもできると考えた。このような研究から更に進んで、近代的な象徴と民間信仰との関係、烈士追悼儀礼と葬送の民俗との関係、そこに見られる政治と民俗との矛盾、中国の政治と文化の関係などに関心が広がっていった。

　現在のテーマを見つけてからも、相変わらず研究の進展の遅い私に対し、曽田先生は、絶えず暖かい励ましとご支援を下さり、常に明確な言葉で行く先を示して下さった。出版に関しても、多大なご配慮を賜ったのにも関わらず、すみやかにご期待に沿えなかったことは全く斬鬼の念に堪えない。水羽信男先生と金子肇先生には、学部時代からの長いお付き合いの中で、研究のことはもとより、公私にわたって実に様々なことでお世話になり通しである。金子先生には、本書の草稿について博士論文審査の段階からご指導頂いた。出版に際しては更にお二人に丁寧に目を通して頂き、それこそ細やかなご指導と多大なご支援を頂いた。諸先生方のこのようなご支援なくしては、私の歩みは更に遅くおぼつかないものであったあろうし、本書が世に出ることはなかった。深くお礼申し上げたい。また、土居智典さんと鈴木昭吾さんには入念な原稿のチェックをして頂いた。感謝申し上げたい。

　姫田光義先生には、中国留学中に三光作戦の村の調査にお誘い頂き、現代中国農村を実際に見るという大変貴重な経験をさせて頂いた。また、同じ頃、三谷孝先生が行っておられた農村調査にも同行する機会を頂いた。三光作戦に関する姫田先生と陳平先生の共著において、翻訳を担当させて頂いたこと、同調査の聞き取りの録音記録の整理をお手伝いしたことなどを含めて、これらの経験は、私の関心を農村問題に導く貴重な契機となった。

　中国社会の特性を日本との比較において考察する視点は、奥村哲先生の主催する中国基層社会史研究会において学ばせて頂いた。奥村先生、石島紀之先生、笹川裕史先生、山本真先生ら諸先生方、院生諸賢と、毎回の東京日帰り出張の短い時間を惜しんで議論をした。笹川先生には、上京の際にはいつも激励を頂き、毎回の論稿や博士論文の審査においても丁寧なご指導を頂いた。本書の特

に後半部分の構想は、このような過程で暖められた。

　田中仁先生には、院生時代より中共史研究の基礎からご指導を仰ぎ、近年は大阪大学中国文化フォーラム・南開大学・東華大学共催の国際会議において研削の場を頂いている。また、石川禎浩先生主催の京都大学人文科学研究所の研究班、馬場毅先生主催の愛知大学の日中戦争史研究会においても、最先端の研究に触れつつ、自身を省察する機会を頂いてきた。貴志俊彦先生には学部時代から様々にお世話になったばかりでなく、近年非文字資料研究のプロジェクトにおいても、自身の象徴研究に直接関わる貴重な機会を頂いている。富澤芳亜さんには、院生時代から様々な啓発を受け続けただけでなく、就職してからも事あるごとに様々なご助力、激励を頂いている。岡元司先生には、社会史の手法や中国の伝統と近代化の問題などに関して、更にご教示を賜りたかったが、本書をご覧頂けなかったことは、残念でならない。

　また、教育研究を巡る昨今の厳しい状況の中で、研究に専心する時間を与えて下さった、かつての職場の韓国清州大学校および広島女学院大学、現在の職場の広島大学の教職員の皆様にも深く感謝の意を表したい。

　そして、昨今の厳しい出版事情にも関わらず、本書の出版にご尽力賜った汲古書院の石坂叡志氏、編集の労を取って下さった柴田聡子さんに、衷心よりお礼を申し上げたい。

　私事にわたるが、私の日常を支えてくれた家族にも感謝の言葉を述べたい。

　本書を既に鬼籍に入った、父、姉、義母に捧げる。

丸 田 孝 志

人名・地名索引

※本文および註の文章中に登場した人名・地名を採録した。史料・記事名中や図表のみに登場するものは除外してある。また、人名は歴史上の人物に限った。

あ

安沢　112, 127, 145, 162, 178, 233
禹城　188, 231
延安(県)　65
延安(市)　21, 45, 46, 49, 52, 54, 58-60, 62, 67, 100, 118, 120-123, 142, 150, 153, 155, 156, 159, 161, 165, 167, 168, 170, 172, 185, 186, 188, 196, 197, 199, 276, 304
袁世凱　40, 82, 86, 163
閻錫山　106, 119, 171, 181, 224
王亜平　194
王式廓　202
王従吾　248, 252
王須仁　253
汪精衛　88, 116, 162, 163, 166
温　136, 139

か

何雲　218
何貴明　220
華中　16
介休　127
郭国言　218
岳飛　40, 82
滑　78, 242, 246, 261, 265, 267, 283, 284, 289
甘粛　21
関羽　12, 40, 82, 93, 188
関向応　221
観城　164, 193, 230, 276-278
韓祥起　67, 74
冀南　21, 23, 129, 217, 225, 242, 276
許光　122
曲沃　222, 225, 230
慶陽　58, 66
鄴城　278
湖西　242, 246, 247, 249, 253, 263, 269
壺関　131
五台山　90, 93, 99, 100
呉印咸　197, 210, 212
高戈一　120
高崗　152, 168
高平　131-133, 180, 181
高陵　230, 262, 282, 284
康克清　111
康生　53
黄河　23, 186, 221, 287, 288
黄敬　259, 260
黄陵　225
昆吾　190, 193, 265, 286
昆明　141

さ

左権(県名)　123, 131, 179, 218, 220, 222, 223, 233
左権(人名)　216, 218, 225
沙河　160, 183
沙河城　157
済源　133, 178-180, 183
済南　96
三辺　56, 59, 152
士敏　123, 131, 179
史群　120
磁　184
朱瑞　203, 211, 212
朱徳　66, 118-120, 122, 165, 166, 172, 202, 248, 304
寿張　188, 191, 265, 285, 286
寿陽　99
周恩来　116, 150, 153
戎子和　120
重慶　186, 199
徐肖氷　197
渉　123, 179, 220, 223
蒋介石　111, 112, 116, 159, 162-164, 166, 181, 195, 222,

224, 276, 277, 294
上官中　　　　　　　　133
沁　　　　123, 133, 183, 219
沁源　　　　　　　122, 123
沁水　　　　131, 133, 179, 229
晋察冀　　　160, 169, 196, 197, 199, 225
晋城　　　　　　　133, 181
晋綏　　　　　　　220, 234
秦檜　　　　　　　163, 164
秦邦憲　　　　　　　　221
瑞金　　　　　　　　　149
清澗　　　　　　　　　62
清西　　　　　190, 284, 286
清豊　　　193, 230, 261, 282, 284
石振明　　　　　118, 177, 180
銭筱章　　　　　　　　197
綏徳　　　　　　53-56, 61, 66
蘇振華　　　　　　　　259
蘇魯豫　　　　　　242, 246
宋任窮　　　　　　　　231
孫文　　8, 40, 41, 86, 115, 116, 157, 162, 164, 165, 171, 173, 212

た
太原(県)　　　　89, 93, 101
太原(市)　　8, 26, 83, 86, 89-91, 96, 100, 101, 106, 119, 126
長子　　　　　　　　183
長治　　　99, 120, 133, 178, 181
張浩　　　　　　　　169
張国燾　　　　　　　　71
張思徳　　　　　　　　170

張秋　　　　　　　　191
張如心　　　　　　　　53
張新栄　　　　　　139, 181
張聞天　　　　　　　143
朝城　　　　　　　191, 192
趙金林　　　　　　　178
青島　　　　　　　　96
陳垣　　　　　　　　101
陳学昭　　　　　　　　49
定陶　　　　　　　230, 282
鄭景康　　197, 199, 210, 212
天津　　　　　　96, 203, 243
湯陰　　　　　　　　277
屯留　　　　　　86, 179, 183

な
内黄　　190, 191, 244, 252, 261-263, 289
南楽　　193, 229, 230, 265, 289
任聚興　　　　　　　178
任弼時　　　　　　293-296

は
博愛　　　　　　　　184
博平　　　　　　190, 230, 279
范　　13, 32, 127, 233, 242, 253, 278, 279
范子侠　　　　　　　218
潘復生　　190, 252, 261, 263, 288
プラハ　　　　　　　159
溥儀　　　　　　　75-77
武安　　136, 139, 183, 184, 193, 291
武郷　　20, 123, 128, 129, 133-

135, 138
聞喜　　99, 139, 181, 182, 184, 225, 230
米脂　　　　　　　　64
偏城　　　　　　　128, 131
彭徳懐　　　　　　122, 166
北平（北京）　23, 26, 42, 45, 47, 78, 80, 82, 83, 91-94, 96, 101, 103-107, 109, 124, 127, 166, 203, 216, 218, 243
濮　　163, 185, 190-192, 231, 261-263, 265, 276, 277, 279, 280, 282-285
濮陽　　191, 193, 231, 285, 289

ま
綿上　　　　　　　　127
毛沢東　　9, 10, 52-54, 60, 116-119, 122, 131, 132, 139, 151, 156, 157, 159, 162-173, 175, 176, 179, 180, 182-186, 188-192, 195, 196, 200, 202, 203, 205, 215, 227, 229, 230, 233, 276, 277, 282, 283, 286, 288, 293, 294, 304, 307, 310, 311

や
陽穀　　　　132, 187-191, 279
陽城　　86, 112, 131-133, 140, 179, 182, 222, 229
楊廷賓　　　　　　196, 209

ら
羅炳輝　　　　　　　221

李兆麟	221	劉伯承	288	黎北	129, 131
李伯釗	120	遼	83, 123, 126, 127, 173,	潞城	184
陸定一	120		174, 218, 219	隴東	56, 168
劉志丹	66, 67, 218	林軍	202	鹿鐘麟	166
劉少奇	281	臨沢	286		
劉大鵬	101	黎城	123, 132, 184		

事項索引

※本文及び註の文章中に登場した事項を採録した。史料・記事名中や図表のみに登場するものは除外してある。

あ

悪覇　19, 20, 130, 131, 188, 189, 221, 230, 275, 278, 294
安全保障　13, 17, 189, 194, 277, 283, 284, 286, 288, 307, 308
為人民服務　169-171, 173, 189, 194, 310
一二八淞滬抗戦記念日　117
盂蘭盆　121, 227
雲南起義記念日　86
エンゲルス像　167, 248
映画　8, 29, 79, 90, 91, 197
王道楽土　75, 79
汪精衛政権（南京国民政府）21, 23, 75, 80, 85-89, 93, 98, 103, 115-117, 305

か

下元節　219, 220, 225
華北政務委員会成立記念日　86
華北連合大学　194
会門　10, 12-14, 16, 17, 20, 21, 23, 33, 79, 82, 120, 121, 143, 183, 184, 190, 194, 205, 227, 229, 242, 246-248, 259, 260, 268, 281, 283, 284, 287-289, 297, 299, 307, 308
階級（階級区分）　8, 12, 16, 19, 20, 137, 163, 180, 187-189, 193, 221, 224, 225, 232-234, 241, 244, 246, 250, 254, 256, 265, 275-279, 281, 287, 290, 293-295, 303, 306, 307, 310
階級意識　163, 182, 187, 188, 221, 223, 224, 226, 228, 233, 234, 247, 248, 265, 277, 286, 306
階級敵　20, 228
階級闘争　43, 123, 137, 149, 164, 189, 193, 205, 221, 223, 306
革命政府記念日　86, 115
革命先烈記念日　41, 86, 112, 156
寒衣節　66
漢奸　7, 19, 20, 131, 156, 174, 189, 219, 221, 230, 247, 250, 259, 260, 275, 291
関岳廟祭祀（祀関岳）　40, 77, 82
関帝廟会　93
祈穀祭　104
紀元節　77, 83
帰属集団別記念日　42, 45, 68, 83, 103, 111, 112, 117, 119, 127, 130, 134, 136, 140, 142, 216, 305
記憶　5, 6, 8, 41, 43, 83, 87, 88, 96, 102, 132, 134, 136, 140, 164, 305, 312
記念塔、一碑　66, 94, 216, 218-220, 225, 227, 228
跪拝礼　81, 87, 221
冀魯豫文芸連合会　186, 194
儀礼　8, 12, 21, 40, 47, 60-62, 66, 77, 81, 94, 96, 111, 112, 133, 137-139, 141, 163, 168, 170, 179, 181, 189, 190, 192, 193, 196, 204, 205, 218, 220, 221, 223, 224, 226, 227, 230, 231, 279, 284, 303, 304, 306-308, 310
犠牲救国同盟会　111, 119, 124, 126
北支那方面軍　83, 85
休日（休暇）　41, 43, 44, 48, 49, 52, 54, 69, 77, 83, 96, 99, 116, 117, 127, 129, 135, 139
急進化　12, 17, 20, 22, 35, 121-123, 136-140, 155, 159, 171, 183, 184, 188, 189, 193, 194,

200, 204, 205, 228, 229, 231, 232, 243, 260, 263, 275, 277, 280, 286, 287, 290, 291, 293, 306-310
救国会　48, 123, 152, 161, 177, 242, 244, 247-249
救世主　10, 13, 184
救星　164, 178, 194, 200
共和制　39, 40, 41, 82
教師節　86, 116, 117, 129, 134
均分思想　10, 11, 227, 307, 309
禁煙記念日　87, 117
倶楽部　49, 192, 283, 284
群英大会(冀魯豫)　168, 185, 231, 279
啓蟄　54, 62, 64, 66
敬老節　86, 134
劇　11, 44, 49, 52, 53, 56, 60, 62, 66, 90, 100, 119-122, 126, 130, 139, 185, 195, 230, 232, 233, 308
劇団　52, 53, 56, 58, 60, 62, 66, 72, 73, 120-122, 126, 131, 191, 232
血縁　19, 247, 309
決戦生活日　97, 100, 105
結婚式　133, 180, 181, 190, 200, 206, 306
建国神廟創建記念日　77
権威　3, 4, 7, 9, 18, 41, 45, 67, 68, 80, 83, 111, 116-118, 121, 127, 130, 140, 156, 161, 162, 164-173, 177, 182, 184, 186,

188, 192, 195, 202-206, 219, 226-228, 231-234, 275, 279, 280, 304, 305, 307-310
現世利益　13, 183, 194, 204-206, 226, 289, 306, 310
元宵節　52, 54, 62, 79, 100, 119, 127, 134, 152, 180, 220
減租減息　121, 131, 172, 174
五三〇運動記念日　44, 126
五四運動記念日　43, 45, 112
五四指示　186, 275
五族協和　75, 77
娯楽　6, 7, 29, 46, 49, 50, 52-55, 62, 64, 79, 87, 90, 91, 93, 103, 119, 122, 126-128, 131-133, 136, 139, 141, 180, 232, 305
工作組　183, 186, 263, 287, 290-292, 311
公祭　66, 67, 152, 216-218, 220, 221, 223-225
孔子祭祀(祀孔)　40, 81, 87, 88, 94
孔子誕辰　8, 40, 43, 70, 77, 81, 86, 101, 116, 156
叩頭　131, 188, 190, 193, 229-231, 277, 282, 283
広州暴動記念日　44
抗戦建国記念日　41, 46, 62, 66, 115, 117-119, 126-128, 130, 134, 139, 151, 153, 155, 164, 172, 186, 216, 222, 304
抗属　49, 53, 120, 128, 130, 136, 138, 263

抗日民族統一戦線　3, 45, 46, 48, 65, 68, 70, 111, 112, 115, 118, 121, 122, 140, 149-151, 153, 155, 156, 159, 161, 164, 165, 169, 172, 216, 259, 260, 268, 276, 286, 304
孝服　218, 221, 230, 236
皇帝　11, 76, 77, 163, 308
皇帝万寿　76, 77
高崗像　168
黄帝　40, 52, 69, 166, 225, 228, 235
興亜院　89, 104
興亜節　83, 87, 88, 91, 96, 117
国際共産主義運動　3, 42-44, 46, 83, 162, 167
国際共産主義運動の記念日　44, 45, 68, 155, 162
国際青年デー　46, 47
国際反戦デー　44, 46, 47
国際婦人デー　42, 47, 62, 119, 134, 161
国定記念日(国民政府)　39, 41, 45, 49, 70, 81, 85, 86, 88, 112, 116
国民革命軍誓師記念日　86
国民参政会　151, 172, 304
国民政府　6, 8, 9, 21, 41-46, 48, 49, 52, 68, 75, 79, 81-83, 85, 86, 89, 92, 94, 96, 97, 102, 111, 112, 115-119, 123, 127, 134, 140, 142, 150, 151, 153, 155-157, 159, 161-163, 171, 172, 174, 206, 221, 225, 236,

242, 244, 246, 259, 295, 304, 305
国民政府参戦記念日　87, 97
国民精神総動員運動　115, 141
国民統合　4-6, 8, 9, 39
国歌　8, 88, 97, 161
国旗　8, 21, 27, 30, 89, 90, 103, 149, 166, 228, 303, 305
国旗(五色旗)　88, 89, 103, 151
国旗(青天白日満地紅旗)　44, 89, 96, 103, 111, 118, 119, 149-151, 153, 155-157, 159-162, 164, 165, 167, 169, 172-174, 181, 192, 204, 221, 222, 228, 283, 304
国旗(中華ソビエト共和国)　44, 149, 150
国旗(日章旗)　89, 253
国共合作　48, 150, 161, 172, 304
国慶節　41, 45, 47, 48, 82, 87, 103, 118, 129, 130, 134, 140, 151, 153, 159, 161, 164, 165, 216, 217, 304, 305
昆明惨案記念日　119

さ

祭祀　17, 19, 40, 50, 67, 76, 77, 81, 82, 86-88, 93, 94, 103, 135, 204, 218, 221, 222, 225-228, 233, 235, 303, 306, 307, 310

財神　164, 178, 182, 184, 185, 190, 192
殺敵・労働英雄大会(太行・太岳)　118, 168, 178, 185
三査　81, 287, 311
三民主義　80, 86, 112
三民主義青年団　111, 112
三立礼　87, 89, 111, 139, 152, 153, 181, 188, 192, 283
参議会　115, 126, 129, 142, 152, 162, 164, 169
参軍運動　133, 171, 188-190, 192, 220, 222, 225, 265, 276, 278, 281, 284-289, 296, 299, 306
指導者像　21, 27, 149, 152, 155, 161-164, 167, 168, 178, 181, 185, 186, 191, 192, 194-197, 199-201, 303
地主　12, 19, 20, 32, 35, 136, 139, 163, 164, 182, 186, 187, 190, 193, 205, 221, 224, 225, 228, 230, 231, 233, 234, 243, 246, 250, 254, 257, 262, 264, 276-280, 282, 283, 285-296, 299, 308, 309, 311
児童節　43, 47, 63, 83, 84, 86, 116, 117, 126, 134, 155, 167
時間規律　6, 75, 96, 97, 103
時憲書　94
朱徳像　156, 159, 165, 166, 168, 179-182, 191, 201, 212
儒教(礼教)　11, 12, 80, 82, 90, 101-102, 156, 180, 226, 227,

241, 279, 303, 307, 310, 312
宗教　5, 10, 12, 18, 30, 33, 65, 78-90, 120, 121, 216, 227, 248, 307
宗教反乱　11, 227
週曜制(一週間のリズム)　49, 61, 64, 123, 124
集市　39, 50, 56, 58, 60-64, 66, 68, 72, 99, 103, 107, 108, 120, 122, 127, 136, 159, 168, 179, 187, 303, 304
祝寿　54, 62, 121, 133, 136, 138, 162, 177, 179, 180, 203, 306
出身血統主義　280, 286, 296, 303, 308, 309
春節　7, 29, 41, 52-55, 62-64, 66, 67, 69, 77, 81, 90, 94, 98, 100, 107, 108, 119-122, 126-134, 136-141, 152-154, 178-181, 185-187, 192, 193, 220, 221, 233, 289
春聯　53, 62, 94, 121, 125, 185, 192
除夕　53
昇官発財　60, 279, 306
蒋介石像　111, 156, 161-165, 167, 172, 174, 224, 304
状元　60, 170, 231, 277, 279
嘗新祭　77
蕭栄臻像　196
植樹日(植樹節)　40, 55, 81, 94, 115, 130
心性　4, 8, 10-13, 31, 61, 67, 71, 100, 101, 103, 126-128,

131, 138, 141, 177, 182-184, 195, 201, 204, 215, 228, 229, 231, 232, 280, 308, 309
身体　5, 6, 8, 86, 102, 163, 276, 279, 280, 286, 298
信仰　3, 10, 11-13, 16, 18, 21, 31, 32, 50, 51, 55, 58, 64-68, 72, 73, 79, 93, 101, 120, 122, 143, 173, 177, 182-184, 186, 188, 190, 194, 195, 201, 204-207, 215, 226-230, 289, 303
神像　27, 94, 132, 177-179, 181-183, 185-187, 191, 192, 194-196, 200, 201, 204, 205, 210, 283, 289
真命天子　11, 200, 227, 307, 309, 310
清朝　5, 6, 8, 12, 23, 40, 41, 58, 75-77, 81, 93, 101, 228, 309
新国民運動　87, 97, 99, 102
新年(新暦)　63, 67, 89, 90, 108, 118, 121, 122, 125, 129, 130, 132-134, 137, 139, 153, 166, 181, 230, 231
新民会　8, 78, 79, 83, 88, 89, 97, 98, 102, 104
新民会成立記念日　100
人生儀礼　111, 133, 136, 138, 141, 180, 190, 204
神社　91, 92
スターリン像　162, 165, 167
生活規律　87, 94, 97, 98
生産運動　45, 52-54, 60, 63, 67, 123, 124, 129, 130, 306

政治協商会議　157, 165, 205
政治等級区分　275, 276, 279, 281, 286, 293, 297, 306
政府連合記念日　81, 82
清明　40, 43, 44, 50-52, 55, 63, 66, 69, 73, 74, 79, 81, 87, 94, 130, 134-136, 141, 218, 220, 222, 225, 235
聖人(聖賢)　60, 166, 178, 180, 184
整党運動　138, 183, 193, 205, 229, 262, 263, 265, 267, 288, 290, 291, 293
整風運動（延安整風）　52, 61, 62, 122, 138, 156, 162, 164, 167-170, 172, 186, 258, 267, 304
節気　39, 40, 43, 50, 54, 55, 64, 68, 76, 78, 79, 97, 99, 123, 124, 127, 129, 135, 138, 218, 220, 306
千年王国論　10, 11, 13, 177, 184, 227, 241, 307
宣講　12
宣誓　112, 117, 128, 162, 168, 170, 171, 182, 185, 186, 190, 192, 193, 204, 224, 281, 282, 284
宣撫班　78, 93, 94, 104
専制国家　11, 14, 303
戦時動員　6, 15, 23, 75, 96, 137, 241, 243, 250, 265, 288, 311
ソビエト革命　16, 19, 43, 120,

索引　343

150, 165
ソ連赤軍成立記念日　45, 52
訴苦　163, 187, 188, 191, 221, 224, 225, 265, 277, 282, 284-286
宗族　16, 18-20, 179, 180, 184, 223, 226, 227, 233, 280, 307, 308
総理(国父)遺嘱　86, 90, 115, 153, 161, 164, 165
総理記念週　112
総理(国父、孫中山)逝世記念日　48, 66, 82, 86, 112, 115-117, 127, 130, 142, 156, 161, 162, 304
総理(国父、孫中山)誕辰記念日　82, 86, 87, 115, 156
総力戦　6, 15, 34, 79, 103, 241, 308
村落共同体　11, 13, 17, 31, 235
孫文(総理、国父)像　90, 111, 112, 117, 118, 156, 161, 162, 164, 165, 167, 168, 172, 181, 196, 204, 209, 304

た

多神教　13, 183, 194, 205, 289
大衆運動系統記念日　42, 45, 111, 119
大衆動員　6, 10, 21, 123, 163, 188, 189, 204, 205, 221, 265, 275-278, 290, 297, 312
太陰太陽暦　39
太原復興記念日　84

太陽暦　　　　　　　43, 97
対華新政策　86, 103, 117, 305
対聯　58, 119, 126, 178, 187, 200, 201
泰山府君　　　　　　　227
大参党運動 189-191, 205, 261, 265, 281, 282, 284, 285, 289
大東亜共栄圏　75, 79, 80, 87
大東亜戦争記念日　87, 91, 96
大東亜暦(新東亜暦)　　97
端午　44, 55, 64, 81, 100, 122, 129, 130, 135, 136, 184
団拝　119, 128, 131, 179, 306
地縁　9, 14, 16, 17, 19, 234, 241, 307
治安強化運動　90, 91, 94, 97, 99
中華ソビエト　13, 17, 21, 44, 45, 48, 52, 65, 66, 120, 149, 150, 241, 248, 250, 267
中華ソビエト共和国成立記念日　　　　　　　44
中華民国　5, 8, 10, 21, 23, 26, 39-41, 44, 45, 48, 77, 78, 81, 82, 89, 117, 118, 134, 140, 149-151, 156, 159, 161, 165, 172, 173, 200, 201, 206, 216, 220, 222, 281, 304, 305
中華民国成立記念日　41, 45, 103, 118, 153, 305
中華民国臨時政府　23, 77, 80-82, 88, 151
中元節　64, 66, 90, 91, 94, 101, 131, 136, 152, 218, 219, 225,

227
中国共産党旗　149-151, 160, 161, 172, 183, 193, 304
中国共産党成立記念日　45, 117, 118, 126, 132-136, 151, 155, 169, 196, 223, 304
中国工農紅軍成立記念日　44, 45, 119, 130, 134, 150, 216
中国国民党　8, 9, 15, 26, 40-43, 46, 48, 49, 54, 58, 60, 75, 80, 101, 103, 112, 116, 118, 119, 155, 156, 160, 162, 163, 193, 203, 212, 218, 221, 244, 249, 259, 263, 275-278, 282-284, 288, 291, 294, 296
中国国民党旗　111, 150, 151, 156, 172, 181, 304
中国国民党徽　　　　　160
中国青年節　45, 62, 86, 115, 119, 134, 141, 153, 156, 167
中国土地法大綱　118, 234, 290-292, 309
中国復興節　　　　　　88
中秋節　44, 55, 81, 100, 119, 126-131, 134, 136, 137, 141, 178, 181, 191, 192, 218, 220, 224, 305
中農　140, 186, 231, 243-254, 262, 264, 280, 290, 292, 296, 298, 299
重日　　　　　87, 103, 136
追悼　8, 29, 49, 66, 68, 86, 90, 91, 93, 94, 100, 115, 127, 134-136, 138, 156-157, 161, 163,

169, 170, 215-227, 229-231, 233, 236, 304, 306
天長節　　　　　　77, 83
天命思想 77, 82, 173, 205, 310
土地改革　6, 9, 12, 15, 19, 21, 22, 32, 130-133, 136-140, 157, 163, 164, 171, 178, 180-183, 186-190, 192-194, 200, 201, 204, 205, 208, 215, 221-223, 225-228, 230, 231, 233, 234, 241, 243, 261, 263-265, 275-283, 287-295, 297, 306-309
土地神　131, 146, 178, 179, 184, 190, 206, 223, 227, 235
冬学　　　　　　　49, 64
冬至　40, 44, 50, 60, 73, 76, 77, 82, 135
東亜新秩序　75, 79, 80, 87
東方の文化道徳の発揚　78, 79, 102, 120
東北淪陥(失陥)記念日　41, 46, 111, 124, 126, 127, 129, 130, 135, 146, 167, 216, 218
党支部　55, 123, 171, 183, 193, 224, 228, 244, 246-250, 252-254, 257, 258, 263, 267, 285, 288, 290, 292, 296, 311
道教　　　　80, 92, 93, 227

な

ナイチンゲールデー　　63
ナショナリズム　3, 6, 8, 9, 44, 80, 83, 89, 94, 104, 151, 153,

索　引　345

155-157, 159, 164, 169, 204, 215, 219, 221, 223, 226, 228, 233, 234, 243, 304
七期二中全会(中国共産党)　203
七全大会(中国共産党)　117, 155, 169, 170, 196, 200
二七惨案記念日　43, 44, 117, 119
日本陸軍記念日　83, 87
娘娘廟会　56
年画　6, 29, 53, 67, 94, 119-121, 125, 168, 178, 181, 184-186, 191, 192, 194, 195, 200, 202
農家暦　138, 179, 201
農会　20, 131, 186, 187, 189, 275, 277, 278, 280, 286, 290-292
農諺　54, 64, 67, 72, 124
農民節　127, 145
農民の記念日　68, 117, 124, 127, 130, 141, 305, 306
農暦　5, 21, 23, 39-41, 43, 44, 49-52, 54, 55, 58, 61, 63-66, 68, 75-78, 81, 86, 87, 89, 91-94, 96, 97, 102, 103, 111, 116, 117, 119, 120, 123-130, 133-136, 138, 140, 141, 159, 181, 200, 215, 218, 219, 224, 303-306

は

パリコミューン記念日　44, 45, 124, 127, 135, 216, 218
拝年　118, 131, 139, 179, 181
麦収節　64, 137
八路軍総司令部　22, 53, 56, 166, 216, 243, 249
八路軍115師　242
八路軍129師　21, 121, 167, 216, 219
反ファシズム国際統一戦線　46, 68, 118
版画(木刻)　7, 120-122, 181, 185, 191, 194, 196, 199, 200, 202
百団大戦勝利記念日　126
平等主義　10-13, 31, 33, 241, 308-310
廟　10, 12, 56, 58, 64, 72, 77-79, 82, 91-93, 96, 99-101, 108, 122, 131, 145, 179, 180, 183, 187, 188, 190, 192, 195, 216, 218-220, 223, 284, 286, 289, 299, 306
廟会　7, 39, 50, 53, 55-58, 61-64, 66-68, 79, 90, 93, 96, 99-101, 103, 120-122, 126, 136, 144, 179, 180, 219, 220, 223, 303
貧雇農　130, 131, 139, 178, 182, 189, 193, 215, 219, 221, 224-226, 228, 230-234, 264, 280, 282, 290-292, 307, 310, 311
貧雇農団　183, 228, 280, 290
貧農　20, 48, 187, 193, 225,

230, 231, 234, 254, 261, 263, 264, 279-282, 291, 295, 296
巫神　65, 248, 289
富農　19, 20, 35, 137, 171, 228, 230, 231, 243, 247, 254, 262-264, 280, 287, 289-296, 306, 309
武廟祭祀(祀武)　40, 82, 88
仏教　80, 90, 91, 93, 94, 96, 101, 102, 121, 227, 307
文化大革命　3, 16, 231, 280, 308
北京政府　6, 8, 21, 39, 41, 75, 78, 81, 82, 88, 103, 281
辺区参議会　117, 122, 126, 153, 165, 168
変天　171, 172, 184, 282
変天思想　243, 276, 278, 284
ポリティカル・エコノミー　13
保護　12, 13, 16, 43, 79, 127, 129, 135, 244, 248, 266, 289, 297, 310, 311
墓参　55, 66, 68, 74, 79
封建迷信　7, 66, 122, 123, 187, 227, 232
訪日宣詔記念日　77
北平惨案記念日　45, 124, 127, 135, 216, 218
北方局　22, 117, 138, 166, 242, 243, 249, 258-260, 267
北方大学　192, 202
本党記念日　41, 45
翻身　131-133, 139, 178-181, 188, 190, 191, 193, 208, 222,

224, 230-232, 265, 276, 279, 285, 306, 321

翻身記念日（節）　131-133, 136, 138, 141, 179, 188, 283-285, 306

ま

マルクス像　167, 203, 248
満州国　75-77, 81, 82, 87, 94, 96, 101, 104
身分　11, 12, 15, 20, 46, 232, 233, 277, 280, 303, 308
南満州鉄道株式会社　78
民間芸人　121, 181, 187, 191, 192, 194, 202
民衆反乱　10, 11, 30, 31, 215
民俗利用　5-8, 21, 23, 39, 44, 52, 68, 75, 78, 79, 91, 102, 111, 116, 119-122, 124, 125, 139-141, 146, 163, 172, 177, 178, 188, 192, 200, 205, 215, 218-220, 225, 227-229, 234, 303-307
民族形式　51, 52, 122
民族掃墓節　43, 52, 66, 94, 225
民兵　118, 120, 122-124, 127, 134, 135, 148, 153, 183, 216, 217, 220-223, 250, 258
民謡　44, 55, 126
村の記念日　124, 127, 130, 134, 135, 141, 306
村の儀礼　131, 138, 179, 306
メーデー　42, 44, 49, 66, 119,

130, 134, 150, 153, 155, 156, 162, 167, 168, 185, 283
明治節　83
盟誓　190, 205, 281, 284, 297, 307, 308
モラル・エコノミー　11, 12, 32
模範（英雄）　12, 20, 40, 45, 53-55, 58-60, 62-64, 118, 124, 131, 133, 134, 137-139, 146, 153, 160, 168, 170, 177, 178, 180, 181, 183, 185, 189, 193, 200, 205, 206, 217, 220, 222, 231, 243, 250, 263, 275, 277, 279, 281, 285, 291, 306, 310
毛沢東像　9, 52, 131, 133, 139, 156, 159, 161, 164-169, 171-173, 177-197, 199-206, 210-212, 228, 230, 233, 283, 284, 304-307
門神　186, 190

や

秧歌　6, 7, 28, 54, 56, 59, 62, 66, 72, 99, 108, 119, 121, 122, 125, 126, 131, 132, 164, 188, 193, 232, 283
遊撃区　23, 242, 243, 246, 258, 260, 262, 276, 278, 280, 282-285, 288
余暇　6, 46, 49, 50, 68, 87, 103, 305
遥拝　86, 92, 206
擁軍運動　53-55, 67, 128, 130, 138

擁政愛民運動　53, 122, 128, 130, 185
浴仏節　92, 121

ら

ラジオ　79, 90, 96, 97, 102
騾馬大会　59, 60, 62, 168
立功運動　189, 205, 224, 281, 285, 310
立春　97, 128, 179
流動性　9, 11, 14, 15, 20, 21, 231, 233, 236, 247, 252, 254, 257, 267, 275, 279, 280, 294-297, 303, 307-310, 312
劉伯承像　181, 191
龍抬頭　55, 62, 64, 127, 131-133, 136, 179, 218
林伯渠像　151
臨時政府成立記念日　82
レーニン像　162, 165, 167
烈士　66, 68, 74, 78, 112, 115, 134-136, 138, 146, 156, 157, 170, 215-223, 225, 226, 230, 336
烈士祠、一廟、一墓、一陵園　66, 94, 216, 218, 220, 222, 223, 225
烈士塔、一碑　169, 216, 217, 219, 220, 222-226, 230
連合国デー　46, 153
連合政府　115, 118, 119, 156, 159, 165, 203, 205
ロシア10月革命記念日　44, 45, 62, 66, 130, 155, 160, 162

索　引　347

魯迅芸術学院　　59, 62, 120-122, 202, 207
労働英雄大会(陝甘寧)　　10, 52, 59, 60, 62, 117, 123, 168, 202, 304
臘八節　　78, 121

六期六中全会(中国共産党)　　52, 119

著者紹介

丸田　孝志（まるた　たかし）

1964年　宮崎市に生まれる。
1987年　広島大学文学部卒業。
1995年　広島大学大学院文学研究科博士課程後期単位取得退学。
1995年　大韓民国清州大学校人文大学講師。
1998年　広島女学院大学生活科学部助教授。
現　在　広島大学大学院総合科学研究科准教授、博士（文学）。

主な論著

曽田三郎編著『近代中国と日本―提携と敵対の半世紀』御茶の水書房、2001年

奥村哲編『変革期の基層社会―総力戦と中国・日本―』創土社、2013年

「太行・太岳根拠地の追悼のセレモニーと土地改革期の民俗」『近きに在りて』第49号、2006年

「国共内戦期冀魯豫区の大衆動員における政治等級区分と民俗」『アジア社会文化研究』第11号、2010年

革命の儀礼─中国共産党根拠地の政治動員と民俗─

平成25年8月29日　発行

著　者　丸　田　孝　志
発行者　石　坂　叡　志
製版印刷　富　士　リ　プ　ロ　㈱
発行所　汲　古　書　院

〒102-0072 東京都千代田区飯田橋2-5-4
電話03（3265）9764　FAX03（3222）1845

ISBN978-4-7629-6509-8　C3022
Takashi MARUTA ©2013
KYUKO-SHOIN, Co., Ltd. Tokyo.